金融数据库转型实战

基于OceanBase

太保科技有限公司数智研究院 ◎ 著

电子工业出版社
Publishing House of Electronics Industry
北京·BEIJING

内 容 简 介

全书共 10 章：第 1 章介绍金融业务系统架构、数据库使用现状及太保的数据库转型历程；第 2 章介绍金融行业分布式数据库选型标准以及数据库选型考察要点；第 3 章重点介绍金融数据库转型降本策略，包括应用改造、测试成本、迁移成本、硬件成本、架构设计等环节，具有指导意义；第 4~7 章结合数据库转型实战经验以及 OceanBase 4.2 版本新特性，从数据库配置基线、开发规范、性能调优、管理转型等方面介绍 OceanBase 的最佳实践；第 8~9 章介绍数据库改造及迁移案例，内容翔实；第 10 章介绍 OceanBase 备份与恢复的最佳实践。

本书适用于金融 IT 从业者及 OceanBase 使用者。

未经许可，不得以任何方式复制或抄袭本书之部分或全部内容。
版权所有，侵权必究。

图书在版编目（CIP）数据

金融数据库转型实战：基于 OceanBase / 太保科技有限公司数智研究院著. -- 北京：电子工业出版社，2025. 1. -- ISBN 978-7-121-49474-1

Ⅰ. F83-39

中国国家版本馆 CIP 数据核字第 2025H4U616 号

责任编辑：张　爽
文字编辑：张　晶
印　　刷：三河市鑫金马印装有限公司
装　　订：三河市鑫金马印装有限公司
出版发行：电子工业出版社
　　　　　北京市海淀区万寿路 173 信箱　邮编：100036
开　　本：787×980　1/16　印张：20.75　字数：498 千字
版　　次：2025 年 1 月第 1 版
印　　次：2025 年 1 月第 1 次印刷
定　　价：108.00 元

凡所购买电子工业出版社图书有缺损问题，请向购买书店调换。若书店售缺，请与本社发行部联系，联系及邮购电话：（010）88254888，88258888。
质量投诉请发邮件至 zlts@phei.com.cn，盗版侵权举报请发邮件至 dbqq@phei.com.cn。
本书咨询联系方式：faq@phei.com.cn。

推荐语

作为国内领先的金融企业，中国太平洋保险集团在数字化转型过程中，以开创性思维采取"先难后易"的策略完成了数据库架构的战略升级，取得了显著成效。难能可贵的是，他们将在这一过程中积累的经验和方法论系统性地总结出来，为金融行业的核心系统升级提供了可借鉴的范本。本书既从战略高度阐述了金融行业数据库转型的必要性和选型考量因素，又结合实战经验，分享了从架构设计到部署运维的最佳实践，详细展现了分布式数据库 OceanBase 在中国太平洋保险集团的使用过程。这是一本理论与实践兼顾、战略与战术并重的著作，值得金融科技从业者细细品读。

——OceanBase CEO　杨冰

实践出真知，百炼自成钢。中国太保集团数据库在从 Oracle 向 OceanBase 迁移的过程中，采用"先难后易"的战略，成功完成了企业核心系统的升级，为行业贡献了宝贵的最佳实践经验。"事虽难做则必成"，林春亲历了整个项目的攻坚过程，并见证了卓越团队的百炼铸造过程，他由此总结出的著作，必将对行业数字化转型大有裨益。

——云和恩墨创始人　盖国强

"数据量庞大，总代码量近百万行"、"现有系统使用了海量程序包、存储过程、自定义函数、视图及自定义类型等，深度绑定 Oracle 的特性，异构迁移过程复杂度极高"。拜读了林春老师新作的样章，我深感金融核心数据库信创替换工作的艰辛。

中国太保集团迎难而上，采取"先难后易"的战略，选择从最复杂、业务影响最广的核心客服系统等着手，顺利完成了信创替换。由此可见其数据库团队的技术实力之强，着实让人佩服。太保集团技术团队自研的应用改造预评估工具"指南针"，尤其值得称赞，此工具将信创替换过程中的应用改造成本直接降低了 25% 至 35%。在迁移前对很多关键的潜在问题进行优化改造，大幅降低了迁移后的排错成本。

本书是当前国内少有的信创替换实战图书，不仅值得 DBA 工程师参考阅读，对企业的 IT 部门负责人来说也有着极高的借鉴价值。

——ITPUB 社区负责人，中国数据库技术大会（DTCC）创办人　唐川近年来，国产数据库的替代工作虽然如火如荼，但是大家都在"摸着石头过河"，甚至在深水区根本没有"石头"可摸，只能随波逐流，极易迷失方向。这本《金融数据库转型实战：基于OceanBase》可谓"及时雨"，帮助正在做这项工作的人纠正方向，少走弯路。

——南京基石数据技术有限责任公司CTO　徐戟（白鳝）

本书内容涵盖OceanBase数据库的经典设计和优化技术，不落俗套，角度独特，还特别介绍了金融行业数据库转型的最佳实践。广大读者大可畅游其中，揣摩知识技巧，学习品味技术人生。

——渤海银行信息科技部生产运行中心副主任、首席数据库技术专家　王飞鹏

作为分享国产分布式数据库在金融行业内实践经验的第一本书，《金融数据库转型实战：基于OceanBase》不容错过。我与林春相识多年，了解其在金融行业内有着二十余年经验。他结合自身实践，在本书中深入剖析OceanBase数据库在金融领域的应用过程，分享其在助力金融机构实现国产数据库迁移、降本提效、日常管理等方面的经验。从理论到实践，为金融行业数据库的选型、优化、实施提供了宝贵参考。无论是数据库管理员、架构师，还是对金融科技感兴趣的读者，都能从中获得启发，洞悉数据库技术如何赋能金融创新。

——前SphereEx联合创始人，公众号"韩锋频道"主理人，畅销书作者　韩锋

金融是国之重器，数据库作为金融业信息系统的基石，其重要性不言而喻。本书源于林春多年来在金融机构数据库转型中积累的一手实战经验，从选型、规划、应用、调优和运维管理等方面详细阐述了OceanBase技术原理与最佳实践，干货满满。本书是我看过的最有价值的技术实践书，对金融业分布式数据库技术应用具有重要的指导意义。

——四川农商联合银行信息科技部副总经理　唐明剑

对于当前处于数据库技术转型创新关键时期的各个金融机构来说，本书的出版无疑是一个巨大的福音，堪比雪中送炭。我与本书的主笔人林春先生相识多年，他不仅在数据库技术上有很深的造诣，而且在深度参与太保集团数据库转型的过程中积累了大量实践经验，从而形成了一套金融核心数据库转型方法论。本书解答了金融机构会遇到的诸多困惑：在面对五花八门的数据库时，如何结合自身的业务特点选择最合适的数据库？在数据库转型过程中，如何在保障稳定、可靠的前提下，降低转型成本？对于这些问题，本书一一给出了答案。太保集团选择原生分布式数据库OceanBase作为数据库数字化转型的核心方案，林春先生结合自己的经验和思考，对数据库迁移改造的全生命周期抽丝剥茧，详细讲解了将核心数据成功迁移到OceanBase的每个必经阶段。对于准备将OceanBase作为转型目标数据库的企业来说，本书具有极高的指导价值和借鉴意义。

——平安科技数据库技术部总监　汪洋

业务系统向信创数据库转型势在必行，但具体怎么做，少有人总结经验，图书更是稀缺。本书主笔人林春作为资深数据库专家，主导并成功攻坚了多个金融核心系统从 Oracle 转型到 OceanBase 的项目，并积累了丰富的经验。本书内容丰富且实用，既有信创转型的方法论，又有 OceanBase 数据库运维管理的全面实践经验，以及信创转型的大量实践案例，是一本不可错过的好书！

——中亦科技资深数据库专家 黄远邦（小 y）

在金融科技的"棋局"中，林春先生以其精湛的技艺和对方法论的深刻理解，巧妙地驾驭着数据库转型的复杂局面。本书正是这样一本精妙的"棋谱"，从开局的分析判断到中盘的战术策略，再到收官的优化完善，无不凝聚了林春先生丰富的实战经验与前瞻性思考。

好友林春先生是业界令人尊敬的数据库专家，本书分享了中国太保集团的数据库转型经验，为业界提供了宝贵的方法论和最佳实践经验，是一本不可多得的好书，相信你一定能从中受益良多。

——福州点点教育 CEO 梁敬彬

OceanBase 数据库作为纯自主研发的国产数据库代表，已经在各个领域承担很多核心业务，但是关于 OceanBase 技术的图书还比较稀缺。林春老师能写出这样一部大作，从侧面反映了中国太保集团的国产化进程已走在前沿，在金融行业内起到了带头作用。本人研究 Oracle 数据库 20 多年（专注于性能优化），也在转型学习包括 OceanBase 在内的国产优秀数据库，非常期待从本书中了解更多的知识点。相信很多 DBA 和我一样，都在从 Oracle 向国产数据库转型，有这样一本从实践总结而来的参考书，是非常难得的。

——数据库优化专家 刘永甫（老虎刘）

林春拥有丰富的金融行业知识和深厚的金融 IT 系统设计、开发与运维经验。在中国太保集团数字化转型的大背景下，选型 OceanBase，产用联合攻坚，不仅成功实施了"先难后易"战略，而且实现了产品研发和项目实施双丰收。的确，好的产品需要在工程实践中不断完善，在实施中需要深度了解产品特性，将产品功能发挥到极致。Oracle 曾经栉风沐雨，但并未深耕中国市场，希望正在进行的数据库国产化能真正实现业务、应用、产品和技术的高度融合。本书就是这个方向非常有价值的经验总结之作，值得深入学习、领悟，并在工作中实践。

——数据库资深技术顾问 罗敏

金融行业的数据库转型升级之路充满挑战，却至关重要。本书中揭示的技术难点与挑战，都是从业者的肺腑之言和切肤之痛，而其中提出的策略与实践，无疑是经过高度提炼的宝贵经验。作为数字化转型的同路人,我深有共鸣。强烈推荐业界同人阅读本书,希望大家能携手推进金融技术的创新与发展。

——中国人寿数据库团队负责人　卢强

数据库转型是近年来金融行业数字化转型的重点,本书以中国太保集团核心数据库系统向 OceanBase 改造实践为基础,通过丰富的实战案例,详细介绍了金融核心系统数据库的选型、使用和改造方法,语言精炼,逻辑清晰,是一本非常难得的技术结合实践的参考书,推荐所有金融 IT 从业者阅读。

——中国人保财险科技部架构师　潘曦

序一

数据库是业务系统的基石。迄今为止，数据库系统主要是集中式的。一直以来，集中式数据库系统支撑着金融、交通、能源和政务等各行各业的业务系统。

近十多年来，互联网，特别是移动互联网已渗透人们工作和生活的方方面面。快速增长的业务访问量以及由此产生的海量数据，对业务系统提出了更高的要求，此外，底层的集中式数据库因扩展能力有限，更是面临着处理能力和存储容量的挑战。"小马拉大车"的矛盾日益尖锐，业务风险日益严峻，特别是对中国太平洋保险集团等头部保险企业来说，更是如此。

解决"小马拉大车"问题的一个思路是把"车"变"小"。由于保险业务种类繁多、需求繁杂，不同业务之间关联紧密，若要把整个业务拆分成可以被容纳到单个集中式数据库的一个一个的分片，就要重构整个业务系统，包括把原本存在于数据库内部的业务之间的关联关系提升到业务层实现。对业务体量大、发展历史悠久、数据积累多的头部保险企业来说，这样做不仅工作量大，耗费的人力多、时间长，而且业务风险很高。

解决"小马拉大车"问题的另一个思路是把"马"做"大"，即引进原生分布式这类可以水平扩展的数据库，比如 OceanBase。这种做法虽然不需要重构业务系统，但其中的挑战、困难和风险依然不可小觑。新数据库与原数据库毕竟是两个不同的数据库，可能原数据库的少数功能在新数据库中并没有实现，也可能少数功能的表现存在差异、性能各有千秋等。我们需要结合业务流量，对新数据库进行完整和细致的测试，从中找出新数据库不支持的、有差异或性能差距显著的地方，通过与新数据库厂商联合攻关，解决问题。例如，针对业务改动较小、较易于修改且风险较小的问题，可以修改业务；针对数据库改动小且风险小的问题，可以修改数据库；针对业务修改和数据库修改都比较困难或者风险都比较大的问题，可以双方协同解决，使总体工作量和风险最小。

在过去三年的时间里，中国太平洋保险集团成功将承载大量业务的数据库从集中式数据库 Oracle 升级为分布式数据库 OceanBase，由于业务复杂、体量大、数据多，整个升级过程中存在许许多多的挑战和困难。本书主笔人林春不仅全程参与其中，而且是整个工作的核心骨干之一。本书内容是对整个升级改造过程的总结提炼，既提纲挈领，又全面翔实，对保险行业乃至整个金融行业的数据库升级改造都具有重要的参考意义！

蚂蚁集团副总裁，OceanBase 创始人兼首席科学家
阳振坤
2024 年 11 月 17 日于望京

序二

数据库是三大基础软件之一,也是关键信息基础设施的重要组成部分,关系到国家的经济安全与金融安全。当下,我们正处于数字化时代,见证着一场前所未有的技术革命,而数据库作为支撑金融系统运转的核心基石,其转型与升级显得尤为重要。

《金融数据库转型实战:基于OceanBase》一书,恰似一盏明灯,为众多前行路上的探索者指引方向。书中不仅深入剖析了数据库迁移过程中面临的挑战与机遇,而且通过丰富的案例分析、翔实的技术细节以及前瞻性的视角展望,引导读者深入了解、体验、感受数据库技术在金融行业中的应用进展,同时为其他行业的数据库升级提供了实用的参考信息。

中国软件评测中心(工业和信息化部软件与集成电路促进中心)执行主任

刘龙庚

前言

编写背景

目前，金融数据库的数字化转型方兴未艾。以 OceanBase 为代表的新型分布式数据库凭借其高可用性、水平扩展能力和成本优势，正在成为金融数据库数字化转型的重要解决方案。然而，相较于 Oracle 等成熟的商业数据库，市场上关于 OceanBase 的应用实践和深度使用的图书较少。许多金融机构在开展数据库数字化转型工作时往往感到无从下手，缺乏有效的指导。作为本书的主笔人，近 3 年来，我有幸参与到中国太平洋保险集团（简称"太保"）的数据库数字化转型工作中，在这个过程中，我所在的团队经历了无数个日夜的努力和奋斗，在公司领导及数智研究院院长的悉心指导下，与数据库团队、研发侧各项目组以及厂商专家紧密合作，共同面对困难和挑战。我们通过不懈的努力，最终实现了大量复杂系统的成功上线，并保证了其稳定运行。这一成果不仅是一个重要里程碑，也为整个金融行业树立了标杆。鉴于此，我深感有必要将这些宝贵的实战经验和方法论整理成书，以供那些正处在或即将步入金融数据库转型过程中的同行借鉴。本书旨在填补市场上关于 OceanBase 应用和实践的空白，为更多希望使用 OceanBase 产品的企业及用户提供有力的支持。

本书特色

数据库知识体系庞杂，将其精华浓缩在一本书中实非易事。我对本书中的内容进行了精心安排，每章都从实战出发进行讲解。本书的特色如下。

（1）内容来自金融数据库转型实战，包括选型、降本、最佳配置、最佳管理、核心攻坚、最佳优化、最佳备份等案例，实战性强，有的放矢，具有很好的指导意义。

（2）原理和实战结合，图文并茂、内容翔实，将 Oracle 与 OceanBase 从存储架构、内存架构、术语等方面进行对比，帮助广大技术人员快速完成已有知识的升级。

（3）介绍了 OceanBase 4.2 版本新特性，为广大 OceanBase 用户补充必要的知识。

（4）包含大量实战技巧及案例，为金融数据库转型提供了避"坑"指南。

（5）深入剖析金融数据库转型痛点，提供大量原创解决方案。

本书共分为 10 个章节。

第 1 章介绍金融业务系统架构、数据库使用现状及太保的数据库转型历程；第 2 章介绍金融行业分布式数据库选型标准以及数据库选型考察要点；第 3 章重点介绍金融数据库转型降本策略，包括应用改造、测试成本、迁移成本、硬件成本、架构设计等环节，具有指导意义；第 4~7 章结合数据库转型实战经验以及 OceanBase 4.2 版本新特性，从数据库配置基线、开发规范、性能调优、管理转型等方面介绍 OceanBase 的最佳实践；第 8~9 章介绍数据库改造及迁移案例，内容翔实；第 10 章介绍 OceanBase 备份与恢复的最佳实践。

对于金融 IT 从业人员和 OceanBase 使用者等不同需求层次的人群，本书都堪称"一桌色香味俱全的饕餮盛宴"，欢迎热爱技术的您"享用"。好书趁手，只争朝夕，不负韶华！

建议和反馈

写书是一项极其琐碎、繁重的工作，尽管我已尽力使本书接近完美，但仍然可能存在很多漏洞和瑕疵。欢迎读者提供关于本书的反馈意见，在帮助我们改进和提高的同时，帮助更多的读者。如果您对本书有任何评论和建议，或者遇到问题需要帮助，可以致信作者邮箱 lin_chun_ascend@sina.com 或本书编辑邮箱 zhangshuang@phei.com.cn，我将不胜感激。

致谢

感谢电子工业出版社的张爽编辑在本书出版过程中给予的大力支持和帮助。

本书是在太保科技、产险、寿险、长江养老、资管、健康险等各子公司项目组的数据库改造经验基础上提炼而成的。本书在编写过程中得到了太保品牌部、太保科技云服务事业群、太保科技应用开发事业群、太保科技技术财务部、太保科技行政综合部、产险车险理赔项目组、产险会计核算项目组的大力支持。太保科技管理部张文若老师对本书提供了指导和建议，数据库团队段家生、寿险架构师陆进等老师提供了很多宝贵的素材和建议。本书第 3 章中的指南针工具调试过程得到了李源琛老师、何秉卫老师的协助；闵文涛、田慰、谢宙栋、张鹏、丛旭升、窦如军、杨敏华、潘泽锦、张文钦、吕宾伟、陈守锋、许思梅等老师从项目组角度提供了第 8 章和第 9 章中的部分素材。数智研究院张希运老师阅读了第 1 章，并从读者角度提供了感想。在此一并表示感谢！

衷心感谢 OceanBase 公司 CEO 杨冰对本书所涉及项目的大力支持。特别感谢项目总负责人曾宪鹏在项目交付过程中提供的支持，他以客户满意度为导向，积极协调顶尖的专家团队参与项目建设，为众多核心业务系统的顺利交付上线筑牢根基，提供全方位保障；特别感谢技术服务团队的领导隗华，以及乔国治、杨志丰、乔鹏飞、李皓成、王春辉、赵晓秋、易翔、徐政、李有伟、张海平、罗兰瑞婧、刘昭、陶然、柴国树、渠澈源等一众高级技术专家与产研专家对项目建设和本书编写提供的帮助和支持。

太保科技有限公司数智研究院首席数据库专家
林 春
2024 年 11 月于上海

目录

第1章 金融数据库转型概述 1
　1.1 金融数据库转型背景 1
　　1.1.1 金融业务系统架构及数据库使用现状 1
　　1.1.2 金融数据库转型的特殊性要求 2
　　1.1.3 金融数据库转型原因 3
　1.2 金融数据库概述 4
　　1.2.1 金融行业主流开源数据库简介 4
　　1.2.2 商业数据库与主流开源数据库对比 5
　　1.2.3 金融数据库使用痛点 6
　1.3 数据库转型历程 7
　　1.3.1 因地制宜确定技术路线 7
　　1.3.2 核心攻坚方案 7
　　1.3.3 知识沉淀，工具创新 7
　　1.3.4 育才多优 7

第2章 金融行业分布式数据库选型 8
　2.1 分布式数据库分类 8
　　2.1.1 存算架构分类 8
　　2.1.2 分布式架构分类 8
　　2.1.3 交易类型分类 9
　2.2 分布式数据库现状 9
　2.3 分布式数据库选型考察要点 11
　　2.3.1 数据层面 11
　　2.3.2 功能层面 12
　　2.3.3 效果层面 12
　2.4 核心客服系统改造选型案例 13
　　2.4.1 核心客服系统特点 13

2.4.2　核心客服系统分布式数据库选型评估技术难点 13
　2.5　OceanBase 对数据库转型的价值 14

第3章　金融数据库转型降本策略

　3.1　整体概述 16
　　3.1.1　应用改造降本 17
　　3.1.2　测试成本优化 19
　　3.1.3　迁移成本优化 19
　　3.1.4　硬件成本优化 19
　　3.1.5　架构设计优化 20
　3.2　改造预评估的意义 20
　3.3　改造预评估方案 20
　　3.3.1　采集信息 21
　　3.3.2　分析确定不兼容点 23

第4章　OceanBase 安装及配置最佳实践

　4.1　OceanBase 基本概念 26
　4.2　OceanBase 部署最佳实践 28
　　4.2.1　数据库高可用选择 28
　　4.2.2　OceanBase 集群部署流程 30
　　4.2.3　OBServer 目录结构 44
　　4.2.4　部署 OBServer 服务器常见问题及解决方案 45
　4.3　租户创建最佳实践 46
　　4.3.1　OceanBase 4.0 版本租户特性 46
　　4.3.2　通过 SQL 语句创建租户 49
　　4.3.3　通过 OCP 白屏创建租户 50
　4.4　OceanBase 配置最佳实践 53
　　4.4.1　OBServer 集群参数 53
　　4.4.2　OBServer 租户参数 55
　　4.4.3　OBProxy 参数 58

第5章　OceanBase 高性能开发最佳实践

　5.1　术语定义 60
　5.2　OceanBase 设计规范 62

- 5.2.1 集群设计 ... 62
- 5.2.2 租户设计 ... 63
- 5.2.3 数据库报表设计 ... 64
- 5.2.4 表设计 ... 65
- 5.2.5 字段设计 ... 67
- 5.2.6 序列设计 ... 69
- 5.2.7 分区设计 ... 70
- 5.2.8 索引设计 ... 71
- 5.2.9 OceanBase 对象限制 ... 73
- 5.3 OceanBase 过程化语言编写规范 ... 75
- 5.4 SQL 语句编写规范 ... 76
  - 5.4.1 查询语句规范 ... 76
  - 5.4.2 增删改语句规范 ... 78
  - 5.4.3 多表连接规范 ... 79
  - 5.4.4 事务规范 ... 82
  - 5.4.5 DDL 语句 ... 82
- 5.5 分布式对象设计 ... 82
  - 5.5.1 OceanBase 分布式对象设计最佳实践 ... 82
  - 5.5.2 表组设计 ... 83
  - 5.5.3 复制表设计 ... 87
- 5.6 字符集 ... 90
- 5.7 Java 应用访问 OceanBase 规范 ... 90

第 6 章 OceanBase 性能调优实战 ... 92

- 6.1 性能调优 ... 92
  - 6.1.1 调优特点 ... 92
  - 6.1.2 全链路调优关键因素 ... 93
  - 6.1.3 调优考量要点 ... 94
  - 6.1.4 SQL 性能问题来源 ... 94
  - 6.1.5 SQL 调优方法 ... 96
- 6.2 定位性能问题 ... 97
  - 6.2.1 检查系统全局资源负载 ... 97
  - 6.2.2 检查数据库运行状态 ... 98
  - 6.2.3 检查数据库慢查询 SQL ... 99

	6.2.4	检查数据库关键参数和变量	101
	6.2.5	检查 JDBC 连接配置参数	101
	6.2.6	检查 OBProxy 性能参数	103

6.3 数据库优化器解析及统计信息收集 104
    6.3.1 优化器 104
    6.3.2 基于规则的路径选择 104
    6.3.3 基于成本的路径选择 105
    6.3.4 统计信息 105
    6.3.5 直方图 106
    6.3.6 统计信息的收集 111

6.4 SQL 语句监控及执行计划查看工具 115
    6.4.1 GV$OB_SQL_AUDIT 视图 115
    6.4.2 GV$OB_PLAN_CACHE_PLAN_STAT 视图 118
    6.4.3 GV$OB_PLAN_CACHE_PLAN_EXPLAIN 视图 120
    6.4.4 EXPLAIN 命令输出内容 121
    6.4.5 DBMS_XPLAN 系统包 123
    6.4.6 GV$SQL_PLAN_MONITOR 视图 128
    6.4.7 SQL Trace 131

6.5 OceanBase 常见算子 133
    6.5.1 TABLE SCAN 133
    6.5.2 JOIN 136
    6.5.3 MATERIAL 137
    6.5.4 UNION 138
    6.5.5 GROUP BY 138
    6.5.6 SUBPLAN FILTER 140
    6.5.7 SUBPLAN SCAN 142
    6.5.8 EXCHANGE 143
    6.5.9 GI 144
    6.5.10 分布式与并行执行 144

6.6 分区表及索引设计 147
    6.6.1 分区表 147
    6.6.2 索引 149

6.7 SQL 语句优化实战技巧 152

- 6.7.1 SQL 语句查询技巧与示例 ... 152
- 6.7.2 Hint ... 153
- 6.7.3 如何分析存储过程性能问题 ... 154
- 6.8 性能优化案例 ... 158
  - 6.8.1 避免滥用并行特性优化的案例 ... 158
  - 6.8.2 表分片数据不平衡导致的性能问题案例 ... 160
  - 6.8.3 FOR 循环优化思路 ... 161
  - 6.8.4 PL 相关的性能问题案例 ... 162
  - 6.8.5 使用 with 子句优化的案例 ... 162

第 7 章 OceanBase 管理转型实战 ... 165

- 7.1 OceanBase 架构 ... 165
  - 7.1.1 存储架构 ... 165
  - 7.1.2 内存架构 ... 171
  - 7.1.3 OceanBase 锁类型 ... 173
  - 7.1.4 隔离级别 ... 175
  - 7.1.5 线程架构 ... 178
  - 7.1.6 多版本读一致性 ... 182
  - 7.1.7 并发控制 ... 183
  - 7.1.8 Oracle 转型 OceanBase 术语映射 ... 184
- 7.2 OceanBase 管理基础 ... 189
  - 7.2.1 OceanBase 系统日志 ... 189
  - 7.2.2 OceanBase 视图 ... 193
  - 7.2.3 OCP 白屏管理 ... 194
- 7.3 OBServer 启动停止操作内幕 ... 198
  - 7.3.1 OBServer 的启动 ... 198
  - 7.3.2 OBServer 的停止 ... 201
- 7.4 OceanBase 日常管理操作 ... 201
  - 7.4.1 集群运维管理 ... 201
  - 7.4.2 OBServer 运维管理 ... 202
  - 7.4.3 停机运维 ... 203
  - 7.4.4 替换故障节点 ... 204
  - 7.4.5 容量不足问题 ... 204
- 7.5 数据库监控 ... 205

	7.5.1	常见监控方法	206
	7.5.2	性能监控	208

7.6 常见异常处理 210
    7.6.1 事务监控和问题处理 210
    7.6.2 内存监控和问题处理 214
    7.6.3 锁监控和问题处理 216
    7.6.4 转储与合并监控和问题处理 222
    7.6.5 Clog 日志监控和问题处理 224
    7.6.6 主备库监控和问题处理 226

7.7 管理维护实战案例集锦 228
    7.7.1 OBServer 参数设置错误导致启动失败 228
    7.7.2 系统等待事件时间未能观测 230
    7.7.3 超高频 TRUNCATE 语句引发的性能问题 234

第 8 章 核心客服系统大库评估及改造 237

8.1 核心客服系统改造概况 237
    8.1.1 核心客服系统改造背景及上线情况 237
    8.1.2 核心客服系统攻坚思考 238

8.2 核心客服系统集群架构设计与优化 240
    8.2.1 核心客服系统集群架构设计 240
    8.2.2 核心客服系统应用优化 243
    8.2.3 核心客服系统迁移 246
    8.2.4 租户关键参数配置 250

8.3 OceanBase 大库改造评估与优化 255
    8.3.1 国产服务器 CPU 性能快速评估方法 255
    8.3.2 OceanBase 租户 CPU 设计 255
    8.3.3 迁移资源换算标准 258
    8.3.4 大库改造标准 259

8.4 某金融核心大库改造预评估案例 260
    8.4.1 资源评估 260
    8.4.2 数据库大表容量与设计优化 263
    8.4.3 迁移链路规划 264
    8.4.4 大库设计分析 264

8.5 核心客服系统改造实战案例 268

        8.5.1　V$SESSION 视图报错问题 268
        8.5.2　OceanBase 兼容 Oracle 特性内存挤占问题 273

第 9 章　金融核心业务系统优化改造典型案例 279
  9.1　事务处理场景海量并发优化 279
        9.1.1　Queuing 表优化 280
        9.1.2　业务高峰期大量删除表优化 281
        9.1.3　插入性能优化 282
        9.1.4　更新优化 283
  9.2　分析处理场景海量数据优化 284
        9.2.1　支付清单报表模块优化 284
        9.2.2　固定费用报表模块优化 284
        9.2.3　全成本模块优化 284
        9.2.4　实收模块优化 286
  9.3　核心资金交易系统改造迁移 286
        9.3.1　改造和迁移难点 286
        9.3.2　改造优化方案 287
        9.3.3　迁移方案 291

第 10 章　OceanBase 备份与恢复 293
  10.1　OceanBase 备份恢复概述 293
  10.2　OceanBase 备份恢复架构 296
        10.2.1　备份原理 296
        10.2.2　恢复机制 300
        10.2.3　备份目录文件格式 301
  10.3　OceanBase 备份恢复配置 302
        10.3.1　NFS 参数配置 302
        10.3.2　OSS 参数配置 303
        10.3.3　二次备份 304
        10.3.4　备份校验 304
        10.3.5　备份清理 305
        10.3.6　备份注意事项 305
        10.3.7　恢复注意事项 306
  10.4　OceanBase 备份策略 307

10.4.1 备份空间评估 307
10.4.2 备份恢复参数 307
10.5 OceanBase 备份恢复监控 310
10.5.1 备份恢复相关视图 310
10.5.2 备份恢复监控 310
10.6 OceanBase 备份及恢复问题处理案例 311
10.6.1 日志延时问题排查 312
10.6.2 备份异地恢复报错 312
10.6.3 NFS 备份报错 312
10.6.4 恢复任务报错 313

第1章
金融数据库转型概述

金融是国民经济的命脉,数据是金融企业的核心资产。近些年,新兴技术方兴未艾,与金融行业深度融合,孕育出各种创新的金融服务模式,推动金融业态发生深刻变革。作为当今社会新型生产要素,数据对生产效率的提升、社会的发展起着举足轻重的作用。在传统金融业务受到冲击、市场竞争加剧、客户习惯变化的背景下,转型早已成为金融行业共识。同样,金融数据库作为与数据关系最密切的核心支撑产品,它的转型也是金融企业适应未来快速发展的重要战略举措。

1.1 金融数据库转型背景

1.1.1 金融业务系统架构及数据库使用现状

近几年,随着互联网移动业务的蓬勃发展,保险、银行等金融行业数据库呈现拥有海量数据、瞬时业务高并发等特征。同时,出于安全可控、降低成本和引入分布式架构等原因,金融企业近年来加快了从商业数据库向新型国产分布式数据库的转型速度。未来,分布式数据库着力于适配云环境以实现存储和计算资源的独立扩展与按需付费,并以此降低成本、提升资源效率。此外,通过同城双活异地容灾、实时数仓与 AI 技术结合等方式提升数据库管理能力,以降低运维复杂度的探索、实施及推广也是金融企业重要的趋势之一。

由于金融行业数据库对账务交易事务一致性、业务连续性、业务系统性能、业务系统水平扩展、同城双活异地容灾等方面具有极高的要求,从商业数据库向开源数据库及分布式数据库转型,在性能、高可用、功能、迁移性能及功能、数据库兼容及应用改造成本、可维护性、生态等各个方面均面临巨大挑战。金融数据库转型实战可谓是诸多行业数据库转型中最艰难、最有技术含量、也最有技术参考价值的"天王山"战役,对其他行业有很大的启示与借鉴价值。

保险核心业务系统是最复杂、最典型的金融业务系统之一,具有深度绑定商业数据库特性、海量数据、大量使用 Cognos 和 DataStage 等第三方成品软件、业务逻辑复杂、高并发实时交易与高负载批处理混合负载需求并存等特点。保险行业目前使用最广泛的数据库是 Oracle,同时少量使用 DB2、Informix。近些年,互联网金融的发展推动了开源的数据库如 MySQL、PostgreSQL 在保险行业中的应用。此外,由于业务系统的需要,保险行业还引入了 ADB、DWS 等分析型数据库产品。

保险行业的业务系统按照功能可以划分为包括保险核心业务在内的企业供应链、公共服务、客户端系统、IT 管理和安全管理基础平台、大数据平台等。保险行业应用系统架构图如图 1-1 所示。

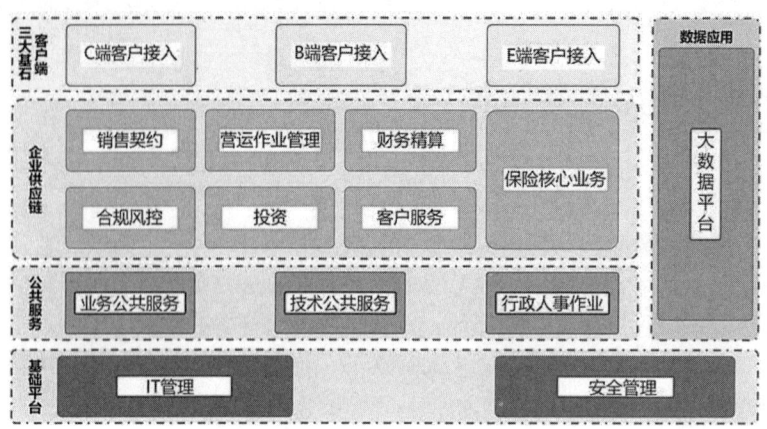

图 1-1 保险行业应用系统结构图

保险核心业务系统是保险业务系统架构最关键的"内核",它包括产险车险核心应用系统、产险非车核心应用系统、寿险个人核心应用系统、核心客服系统等,同时包括这些业务运营所需的所有数据,如客户信息、账户信息、产品信息等。核心业务系统一般通过某种接口提供服务,接受外围系统的请求并按照这些请求处理数据。较大规模的头部保险核心业务系统呈现海量数据并发、应用连接数量多、交易 TPS 高、批处理加工逻辑复杂等特点。受互联网金融的影响,核心业务系统在特殊时间段存在瞬时高频交易,其常用的数据库是 Oracle,数据库的压力主要来自较高的 TPS 和 QPS、较频繁的日志写入、较多热块读(尤其是索引热块读)等。

从上述内容可以看出,保险核心业务系统的转型之路极具挑战性。

1.1.2 金融数据库转型的特殊性要求

金融行业的业务系统涉及资金交易、信息安全及监管,对核心系统数据库有着极为严格的要求。

1. 核心系统数据的一致性

信用是金融行业的重要特征之一,金融行业对数据一致性的要求很高。金融交易需要遵循 ACID(原子性、一致性、隔离性、持久性)原则,尤其是事务处理的一致性至关重要。这意味着一旦事务开始,除非所有的操作都成功完成,不会有任何改变反映到数据库中。如果一个数据库不能够保证并发条件下的数据实时一致性,就无法在金融行业使用。

2. 核心交易的稳定性

金融行业的核心系统数据库为客户提供最重要的服务,这些服务必须持续稳定运行,避免任何中断。数据库必须能够在高负载下保持稳定,不受外部或内部错误的影响。所以,只有在头部金融企业核心系统的复杂金融场景中打磨过、比较成熟的国产数据库产品,金融客户才敢放心大胆地使用。数据库转型最重要的是信心,头部金融企业的案例可以起到示范作用,在催熟数据库产品和解决方案的同时,给更多项目组、企业信心,从而形成良性循环。一款稳定的数据库产品不光是数据库厂商设计出来的，更是典型复杂金融场景打磨出来的。

3. 数据库高可用

金融行业保存了企业或个人的重要金融信息，系统内的每一笔交易对用户来说都很重要，监管部门对金融行业服务能力的要求也非常高，所以金融行业对数据库的连续服务能力要求很高。而在现实情况中，无论是软件还是硬件都不能保证没有缺陷，除此之外，还要考虑软硬件维护。为了保证服务不间断，金融数据库必须具备高可用能力，这通常通过多副本架构、主备集群、负载均衡、故障自动切换、同城双活异地容灾数据中心等方案实现。

4. 高性能和支持混合负载

金融业务系统几乎是实时为客户提供服务的，随着业务的发展和互联网金融的推广，金融业务系统在特定时间段呈现高并发特点，需要同时处理转账、支付等业务，尤其是在交易高峰期，如保险"开门红"活动或理财产品限时促销时。数据库需要支持高并发读写操作，同时保证低延时和高吞吐量，确保业务的即时处理和查询的快速响应。

由于业务具有复杂性，金融行业的重要业务系统存在海量数据加工的需求，因此需要一款通用数据库，同时支持高并发交易和海量数据加工。

5. 数据库可扩展性

金融行业数据量巨大且不断增长，数据库应具备在线水平和垂直扩展的能力，以满足未来业务发展和数据增长的需求。

6. 数据库使用成本和可维护性

数据库使用成本是选择数据库产品时需要考虑的重要因素。根据已有的经验，按成本高低排列，数据库使用成本包括数据库改造成本、数据库硬件成本、数据库软件成本。考虑到金融数据库转型时的平滑迁移，目标数据库能否在功能上兼容 Oracle 关键应用特性是一个重要衡量指标，并且，为了在运维阶段实现管控平台的图形化，数据库的管理和操作必须简便。数据库管控平台必须完整地支持参数变更、在线扩容、数据迁移、报警监控、性能分析、平台高可用等功能，并配备方便的操作接口。

1.1.3 金融数据库转型原因

1. 架构转型驱动

工业和信息化部 2021 年 11 月印发的《"十四五"软件和信息技术服务业发展规划》中确定"关键基础软件补短板"是八大专项行动之一，提出"须聚力攻坚基础软件，对数据库进行补强"；《"十四五"大数据产业发展规划》则提出"到 2025 年，大数据产业测算规模突破 3 万亿元"的目标，并明确夯实基础、打造生态等六大主要任务。

2022 年 1 月 10 日，中国银保监会发布《关于银行业保险业转型的指导意见》（以下简称"意见"），意见明确要求"加快数据库、中间件等通用软件技术服务能力建设，支持大规模企业级技术应用"，对银行业和保险业转型过程中的数据库能力建设提出明确要求。

上述系列政策从国家顶层设计的高度，给出了我国数据库产业的发展方向、目标和宏伟蓝图。这些政策不仅强调了数据库技术和标准的持续创新，还明确指出了推动企业转型、构建数字产业化与产业数字化深度融合的重要性，也为金融业数据库架构转型指引了方向。

2. 互联网业务海量数据、高并发需求

随着互联网的高速发展，互联网海量高并发场景孵化出以 OeeanBase 为代表的诸多国产分布式数据库。以 OceanBase 为例，2014 年被支付宝正式应用于金融级业务场景；2014 年"双11"开始承担交易库部分流量；2015 年在支付宝的交易库和支付库完成上线；2016 年"双11"成功承担了 100%交易、100%支付流量，此外支撑了 30%的花呗账务流量。2017 年，支付宝将所有核心数据链路搬到 OceanBase 上，并在同年创造 4200 万次/秒数据库处理峰值纪录。

某头部保险公司作为金融数据库转型的先驱者，已率先联合 OceanBase 厂商完成核心系统改造，并将数据库升级为 OceanBase，实现规模化推广。这一举动加速了数据库产品向好用演进，在完善数据库生态、催熟数据库产品和解决方案的同时，给更多项目组、企业信心。

3. 降本增效需求

传统商业数据库具有比较完善的功能和较强的可靠性，但由于维护费逐年递增，再加上服务收费，其使用成本非常高。同时，传统商业数据库针对通用的需求进行开发，金融行业一些独特的需求往往不能被满足，对于使用过程中的缺陷，供应商难以快速修复。另外，传统商业数据库源代码不对外开放，对于金融行业技术人员是一个"黑盒子"，客户对厂商的依赖性非常强。因此，从减少数据库投入成本和降低对厂商依赖的角度，金融数据库转型也势在必行。

1.2　金融数据库概述

1.2.1　金融行业主流开源数据库简介

金融行业主流开源数据库包括 MySQL 和 PostgreSQL。MySQL 和 PostgreSQL 为开源数据库中市场占有率最高的两个数据库，根据 DB-Engines 2024 年 5 月的数据库排名，MySQL 以微弱差距仅次于 Oracle 排名第二，而 PostgreSQL 排名第四。目前，金融行业 MySQL 存量数据库使用规模明显大于 PostgreSQL 数据库使用规模。

以阿里巴巴为代表的互联网企业因超高并发和成本原因采用分布式架构，较好地支撑了其业务发展。我国互联网分布式架构大多采用 MySQL 数据库，与其相关的生态已经形成。金融业为了适应互联网渠道交易瞬时高并发、多频次、大流量的特点，引入互联网分布式体系，同时采用 MySQL 数据库。部分头部银行从 2018 年起大规模推广 MySQL 数据库，在大机下移过程中，MySQL 实例数大幅增加，但实际上，MySQL 数据库的单库处理能力弱于商业数据库。

1. MySQL 历史

MySQL 起源于 1979 年，2000 年，MySQL AB 公司将 MySQL 以开源 GPL 协议和商业协议两种协议同时运作。2008 年年初，Sun 公司收购 MySQL，2009 年 4 月，Oracle 公司收购 Sun

公司，MySQL 随之转到 Oracle 公司。MySQL 最新的创新版本为 MySQL 9.0，长期稳定版本为 MySQL 8.4。但由于 MySQL 8.4 和 MySQL 9.0 问世时间较短，目前大部分企业还在使用 MySQL 5.7 或 MySQL 8.0 版本，其核心功能已较为成熟。

2. MySQL 分支

除了 Oracle 公司维护的主流版本，MySQL 还有一些分支，如 Maria DB、Percona 等。

3. MySQL 社区版与商业版的区别

Oracle 官方的 MySQL 包括社区版和商业版，分别以 GPL V2 协议和商业许可两种不同的形式发布。GPL V2 协议强调开源，不容许将修改后和衍生代码的版本作为闭源的商业软件发布和销售。MySQL 商业版包括 MySQL 标准版、MySQL 企业版和 MySQL Cluster，其中 MySQL 企业版除了包含标准版的功能，还支持监控、数据备份、审计等功能。MySQL Cluster 是适合特定场景使用的分布式内存事务型数据库。Oracle 公司声称商业版核心功能的源代码与社区版相同，商业版所特有的监控、数据备份、审计等功能不开源。

1.2.2 商业数据库与主流开源数据库对比

作为一款老牌商业数据库，Oracle 功能强大但成本较高，并且复杂度相对较高。MySQL 侧重 OLTP 类型，分析函数相对较少。PostgrepSQL 支持复杂查询较好，支持哈希连接，生态弱于 MySQL。表 1-1 是三种数据库的对比。

表 1-1 Oracle、MySQL 和 PostgrepSQl 的对比

	Oracle	MySQL	PostgrepSQL
总体功能	对 OLTP 类型和 OLAP 类型支持比较全面	侧重 OLTP 类型，8.0.18 版本才开始支持哈希连接，分析函数相对较少	支持复杂查询较好，支持哈希连接，生态弱于 MySQL
OLTP 场景	在并发量不大的情况下，Oracle 的读写性能约为 MySQL 的两倍	在有较高并发量时，MySQL 不易产生 I/O 瓶颈	多进程架构，类似于 Oracle，对于很多更新操作的场景，内部相当于先打上删除标记再做插入
索引功能	索引维护消耗资源较少	索引维护消耗资源较多	对于有较多更新、删除操作的数据库，需要定期维护，回收空间
表特点	Oracle 的表默认按照堆组织	MySQL 的引擎表是索引组织表，按照主键顺序组织	PostgreSQL 的表按照堆组织
水平扩展	由于极高的一致性要求，其架构上的扩展存在限制	MySQL 架构的优势在于并发性较好，架构灵活性较高	多进程架构，类似于 Oracle，可以考虑 PGBouncer 和 PGPool 实现连接池

续表

	Oracle	MySQL	PostgrepSQL
并发性	使用行级锁，每条记录头部锁字节记录 ITL 槽事务，只锁定 SQL 需要的资源，不依赖索引	可以使用行级锁，但其机制依赖表的索引，InnoDB 中主要的锁类型和机制包括行级锁（Row Level Locking）、共享锁（Shared Locks）、排他锁（Exclusive Locks）、意向锁（Intent Locks）、间隙锁（Gap Locks）、自旋锁（Spin Locks）等	支持多种类型的锁，包括行级锁、表级锁、模式锁（Schema Locks）、事务 ID 锁等，以确保数据的一致性和并发控制。PostgreSQL 中主要的锁类型包括排他锁、共享锁、更新锁（Update Locks）、共享行排他锁（Shared Row Exclusive Locks）、行共享锁（Row Share Locks）、模式锁等
数据持久性	Oracle 的重做日志相当于逻辑日志和物理日志的结合，可以通过联机在线日志恢复客户已经提交的数据	MySQL 使用 InnoDB 存储引擎提供 redo/undo、两阶段提交特性，以及 binlog 日志保证数据的完整性和持久性	PostgreSQL 使用 wal 日志保证数据库可靠性，对于有较多更新、删除操作的数据库，需要 Vacuum 定期维护，回收空间
维护性	Oracle 提供了丰富的工具，具有非常大的优势	MySQL 原生工具相对简单	PostgreSQL 需要额外开源工具支持

1.2.3 金融数据库使用痛点

目前，金融行业存量数据库被使用最广泛的就是 Oracle 和 MySQL，金融数据库普遍存在以下使用痛点。

1. 海量数据导致频繁扩容

随着互联网移动业务的飞速发展，金融行业数据呈爆炸式增长。传统的存储方案难以满足数据增长的需求，需要频繁扩容。在线扩容通常需要复杂的操作，可能引起服务中断或性能下降，这对于追求稳定性的金融系统来说是不可接受的。频繁扩容不仅增加了存储、服务器、网络设备、机柜、场地等成本，还可能带来高昂的维护和管理成本。

2. 大库备份与恢复时间过长

头部金融企业中大小在数十 TB 的数据库并不鲜见，这些大库的备份往往需要很长时间，会占用大量的 I/O 资源，可能影响正常的业务运行。如果发生灾难性事件，从备份中恢复数据都需要很长时间，那么在金融行业是不可接受的，因为每一秒的停机都可能造成巨大的经济损失。

3. 异构数据库管理风险与成本高

目前，金融机构主要使用 MySQL、Oracle 等异构数据库，这些数据库有不同的管理和监控机制，缺乏统一的管控平台，会花费更多的人力成本，运维效率低下。MySQL 开源数据库没有自带的数据库管控平台，在发生故障时不能自动切换主从实例，而开源的 MHA（Master High

Availability）虽然提供了基本的 MySQL 主备实例切换功能，但在大规模部署和复杂场景下表现不佳，例如在多数据中心的情况下。

1.3 数据库转型历程

1.3.1 因地制宜确定技术路线

某头部保险公司在 2022 年年初确定了"根据数据库特性、兼容性、业务场景、成本等方面综合考虑，因地制宜部署，不绑定特定一家数据库产品"的数据库转型技术路线，这里的"因地制宜"既包括要根据公司应用的特点选择合适的数据库，也包括要吃透数据库产品，充分沉淀能力，挖掘国产数据库特性换道超车，而不是简单"刻舟求剑"照搬旧有的商业数据库模式。在核心场景、海量数据、未来业务规模有较大增长的系统中大规模使用分布式数据库 OceanBase。

1.3.2 核心攻坚方案

某头部保险公司在试点基础上确定了数据库转型技术路线，随即选出最复杂、和 Oracle 绑定最深、数据体量最大、业务影响最大的核心系统，如 P17 核心客服系统，要求在不改动或者少改动代码和保障业务系统稳定安全的前提下进行数据库改造。该公司与 OceanBase 厂商联合攻坚，对关键技术重点突破，带动全局，快速打造自主数据库转型能力，既要打赢数据库转型战役，又要获得较好的投入产出比。

1.3.3 知识沉淀，工具创新

某头部保险公司通过聚焦核心攻坚场景，形成了本地化知识体系，在数据库转型知识库中沉淀问题超过 1000 条，总结出完善的集群设计规范、数据库开发规范、OceanBase 配置基线、应用开发框架及 JDBC 配置最佳实践等内容。

在本地化知识库基础上，该公司自研国产数据库应用改造预评估工具"指南针"，针对 Oracle 或 MySQL 进行预扫描，检查了 33 个大类近 600 个分项。这些分项全面、有效、高效，可以极大提升项目组排查问题的效率、缩短项目周期，从而降低应用改造的成本。"指南针"能够对程序代码进行扫描分析，并初步给出问题原因、代码位置、改造建议，弥补了程序代码改造问题排查工具的空白，同时能够辅助识别冗余大表、冗余索引，助力"数据库减负"。

1.3.4 育才多优

某头部保险公司通过推广 OceanBase 认证，培养数据库转型土壤，形成 OBCA、OBCP、OBCE 的国产数据库既深且广的人才梯队。通过系统化的培训认证课程，培育精通 OceanBase 运维的专业团队，从而更加高效地完成相关工作。

第 2 章
金融行业分布式数据库选型

随着数据库转型的深入,企业面临着前所未有的数据增长、复杂度提升以及实时性要求的挑战。传统数据库在过去几十年中为企业数据存储和管理提供了坚实的基础,但在面对海量数据、高并发、实时数据分析、云原生部署等情况时,往往显得力不从心。因此,选择一款适配应用业务需求的分布式数据库,成为数据库转型成功的关键。

2.1 分布式数据库分类

与传统集中式数据库相比,分布式数据库更能满足数据和海量计算需求,而且处理数据的速度更快。最重要的是,分布式数据库更加灵活,可以在线扩容,具有较强的扩展性。目前国产分布式数据库百花齐放,具有代表性的有 OceanBase、TiDB、TDSQL、GoldenDB 等。

2.1.1 存算架构分类

存算分离指存储节点和计算节点解耦,将存算资源拆分为独立的模块。按照存算是否分离,分布式数据库可分为两类:存算分离和存算不分离。

(1)存算分离的架构可以实现计算资源和存储资源的弹性伸缩,提高系统的整体性能和可靠性。

(2)存算不分离的架构常见于中小型企业,可以通过集群的多租户功能提供逻辑实例,极大地提升服务器资源的利用率。此外,存算不分离的架构部署和运维相对便捷。

2.1.2 分布式架构分类

按照分布式架构,分布式数据库可分为基于 Proxy 的分布式数据库和原生分布式数据库。基于 Proxy 的分布式数据库在集中式数据库的基础上依赖分库分表中间件实现分布式架构,而原生分布式数据库基于分布式一致性协议实现分布式架构,不需要依赖额外的分库分表中间件。

基于 Proxy 的分布式数据库通常在国外成熟开源数据库架构的基础上进行深度优化或本土化适配,具体是对原有架构进行一定比例的代码修改。在这种情况下,基于 Proxy 的分布式数据库对用户原有部署的相关商业或开源软件的兼容性和可迁移性更好,但数据库厂商也面临对数据库内核的掌控能力的挑战。基于 Proxy 的分布式数据库对应用的入侵性比原生分布式数据库强,需要对应用侧做较大的改造,成本较高;同时,在数据库基座发生大版本升级时,面临如何把兼容 Oracle 的自研新特性与新的数据库基座版本进行融合的问题。

随着移动互联网、5G 等技术的发展,数据量呈爆发式增长,基于 Proxy 的分布式数据库遭遇瓶颈。最典型的场景是，在扩/缩容时，需要复杂的人工操作，且很难保证扩/缩容后数据的正确性，原生分布式数据库应运而生。

原生分布式数据库能够处理复杂的数据分布和大规模的并发访问问题，具有对应用入侵性低的优点，并通过分片、复制、分区等技术实现数据的分布存储和处理，提升了系统的可伸缩性和性能。

2.1.3 交易类型分类

按照交易类型不同，分布式数据库可分为以下三类。

（1）在线事务处理（Online Transactional Processing，OLTP）。OLTP 主要处理企业级应用中的实时业务，涉及添加、删除、修改和查询等操作。OLTP 系统需要支持大量用户同时执行事务，因此需要具备高并发性能、低延时的响应和高可用性。

（2）在线分析处理（Online Analytical Processing，OLAP）。OLAP 主要用于支持复杂的分析操作，通常是对大量数据进行高速复杂查询或多维分析。OLAP 技术可以帮助用户从多个维度分析数据，发现数据的隐藏模式和关联关系，进而为企业的决策提供有力的支持。

（3）混合事务分析处理（Hybrid Transaction Analytical Processing，HTAP）。HTAP 是 OLTP 和 OLAP 的合称简写，因此，HTAP 既可以实现在线事务处理，又可以完成在线分析处理。在一个数据库中同时处理事务和分析数据，减少了多个系统之间的传输和同步需求，从而提升了整体业务效率；减少了数据延时，能够更快地基于最新的事务数据做出决策；增强了数据的一致性，可以避免因数据同步问题而导致的错误决策；通过整合事务处理和分析功能，可以减少对多个系统的依赖，从而降低硬件、软件和维护成本。

2.2 分布式数据库现状

本节就分布式数据库现状展开讨论，2018—2021 年，金融行业分布式数据库市场态势尚未明朗。主要体现在以下几个方面。

1. 运维复杂度提升

相比于传统数据库，分布式数据库有更多节点和组件，运维复杂程度增加不少。例如跨节点聚合类查询，多节点备份恢复的一致性问题等。

2. 成本增加

迁移升级至分布式数据库，不仅会增加硬件成本，人员投入也较多。升级过程持续时间较长，包括需求调研、应用开发适配、测试、上线运维等环节，会耗费大量人力。

3. 产品成熟度不足

分布式数据库尚需金融业务场景打磨，尚无 100% 成熟的产品，主要问题体现在 Bug 较多，金融业非功能性需求适配、开发及运维管理平台不够友好，以及周边工具功能不足等方面。存量 Oracle 改造的痛点主要体现在应用适配评估工具需提升、存储过程改造工作量较大、迁移工具性能及稳定性需提升等方面。

4. 产品类型繁多

分布式数据库能够跨多个物理节点存储和管理数据，成为处理大规模数据集、满足高可用性和水平扩展性需求的理想选择。不同的分布式数据库设计理念和实现方式不同，导致它们在性能、一致性、可用性、易用性、成本等方面存在显著差异。因此，选择合适的分布式数据库需紧密结合具体业务场景。

5. 产品迭代问题

分布式数据库产品处于从可用向好用演进的中间状态，后期需要关注分布式数据库厂商的服务及支持、数据库生态、数据库产品底层掌控能力、软硬件成本、服务成本及应用改造成本。

分布式数据库产品呈现多条技术路线同时快速发展的态势。在分布式数据库选型上和使用上需要采取高度兼容的策略，结合业务场景需求，在应用开发过程中简化、优化、标准化 SQL，在适配分布式数据库特点、提升应用性能的同时，做到技术产品灵活可控。

但是随着一些头部金融企业开始探索在核心系统中使用国产数据库，情况发生了很大变化。2021—2024 年，金融数据库市场状态愈发明朗，呈现以下特点。

（1）**国产分布式数据库加速分化，头部产品趋于好用，加速形成完善生态**。国内数据库厂商最终会形成头部两三家、中间四五家的格局。

（2）**头部金融企业核心系统产、用联合攻坚是产品向好用演进的加速器**。数据库转型不是单靠厂商或用户就能闭环的，头部金融企业需要提供核心金融场景以及业务侧、应用侧、产品侧无解时的解决方案；厂商要有数据库内核代码研发的能力，需要从稳定性和成本角度合理化权衡改造方案；数据库转型不是产品层面简单替代，需要合理拆解；数据库转型方法论、工具创新需要从实践中来，到实践中去，做到"产品无解，问题有解"。

（3）**头部金融企业核心系统改造催熟数据库生态**。头部金融企业核心系统改造成功会起到示范效应，在催熟数据库产品、解决方案的同时，给更多项目组、企业信心去使用产品。

可以看出，金融领域数据库市场逐渐趋于稳定。在这个前提下，企业更加重视数据库转型降本策略。实际上，数据库转型的成本超过 60% 是应用改造成本。Oracle 在金融行业长期处于领先地位，形成了金融行业的事实标准和技术壁垒，金融企业长期沉淀的 Oracle 核心代码和技能是金融企业宝贵的无形资产。国产分布式数据库需要从降低企业数据库成本角度考虑，不仅要在功能上兼容 Oracle 关键应用特性，而且要在性能上满足金融企业业务系统需求。金融企业则需要考虑在保证业务系统稳定性的前提下，如何降低数据库转型综合软硬件成本，同时兼顾远期业务发展的需求，"攻坚牵引、改造前置、架构优化、工具创新、知识沉淀"是降低金融数据库转型升级成本尤其是应用改造成本的有效手段。

此外，企业也会综合考虑数据库的兼容性及迁移改造问题。不同厂商的产品对国外现有数据库的兼容性存在差异，数据库的兼容性与后续数据迁移密不可分。兼容性高的数据库能帮助用户有效降低数据迁移复杂性，节省迁移成本。因此，用户对于能否在不影响业务正常运行的条件下实现安全、无损迁移是十分重视的。用户在将数据迁移至新的集中式或分布式数据库前，通常会对数据库的兼容性和性能进行评估和模拟测试，要求快速、准确完成迁移，且不影响线上生产环境应用的正常运行，同时代码修改量要尽可能小。迁移完成后，用户还需要进行多轮全量数据校验和业务测试，以保证迁移的正确性。

2023 年赛迪顾问发布的《核心数据库升级选型参考》中提到一些常见的国产数据库对国外数据库的兼容程度，如表 2-1 所示。表格中的数字越大，说明兼容性越强，反之则说明兼容性越弱。从表 2-1 中我们可以看到，OceanBase 对 Oracle 和 MySQL 的兼容性表现出色，特别是对于 Oracle 的兼容性尤为突出。

表 2-1 国产数据库对国外数据库的兼容程度

可兼容对象（语法层面）	达梦	人大金仓	GBase	华为云	阿里云	腾讯云	OceanBase	PingCAP	GoldenDB
Oracle	4	4	4	4	4	4	5	3	3
MySQL	4	4	4	5	5	4	4	5	5
DB2	4	2	3	1	1	2	4	2	1
SQL Server	3	2	1	1	1	2	-	2	1
PostgreSQL	2	4	2	3	5	5	2	3	1

2.3 分布式数据库选型考察要点

分布式数据库选型主要考虑以下内容。

2.3.1 数据层面

1. 数据一致性

"数据一致性"是数据库的生命线，面对 PC 服务器稳定性比大机/小机低、数据库主备模式解决不了"脑裂"及 RPO=0 的问题、磁盘固件门及各类静默错误的新挑战。

分布式数据库不仅要考虑分布式事务中数据的一致性，更要考虑主备副本之间、集群之间的数据一致性，必须具备防篡改的能力以及应对静默错误的能力。

2. 数据安全性

数据的安全性通常包括三个方面：一是数据库运行安全性，即避免数据库在运行过程中受到入侵，否则将导致数据库无法正常运行；二是数据资源安全性，即避免业务数据被他人盗取；三是数据在存取过程中的完整性。

分布式数据库的安全性不容忽视，它直接关系到企业或组织的数据资产安全、业务连续性及合规性。例如数据库鉴权、访问控制、安全审计、高危 SQL 拦截、数据传输加密、备份加密及等保等级等。

3. 底层代码安全性

底层代码安全性主要和产品底层代码自研率有关，这是因为数据库底层代码可能存在系漏洞和知识产权风险等。如果底层代码大量依赖第三方或开源库，则可能面临未知漏洞、兼容性问题及知识产权纠纷等多重挑战，增加了系统遭受攻击或损失的风险。

2.3.2 功能层面

1. 兼容性及可移植性

分布式数据库需要支持国产芯片、国产操作系统、国产处理器、国产服务器及国产中间件，必须具备较高的兼容性及可移植性，从而减少数据库升级过程中的适配工作。实际上，用户在迁移过程中特别关注是否会影响业务、能否无损迁移。在迁移前，需要进行充分的数据校验和业务测试，确保正式迁移能够顺利完成。

2. 功能性

分布式数据库的功能性也是重要考察点之一，主要考察分布式数据库的基础功能、SQL 语法标准、数据库对象支持情况、单库事务及分布式事务支持情况、数据切片算法等。

3. 性能方面

分布式数据库除了具备基本功能，更多的是要注重数据库本身的性能问题。例如分布式数据库读写性能、TPC-C 标准测试性能表现、多表关联 JOIN 查询的性能等。

4. 回迁能力

回迁指数据从数据库 A 迁移到数据库 B 后，当数据库 B 出现问题时能够及时回切至数据库 A。进行数据迁移时，回迁能力是业务正常稳定运行的必要条件。

2.3.3 效果层面

1. 分布式数据库的易用性

对于运维操作人员来说，分布式数据库的运维管理需要简单便捷。运维管理需要支持可视化，并且支持自动化运维及智能化分析、自动化巡检等。

2. 分布式数据库的可扩展性

分布式数据库需能够实现自动化的扩/缩容操作，并且做到水平扩容对业务的无感知。此外，扩容需要支持自动化的数据重分布。

3. 分布式数据库的可维护性

一款优秀产品的可维护性必须强。为避免出现问题，数据库需要具备较强的可观测性，即需要有性能检测模块。在出现故障后，能够对故障进行分析，并针对各种故障实现自治自愈。

4. 分布式数据库的可靠性

对于核心系统来说，保证业务 7×24 小时稳定运行是最基本的要求。因此需要实施一系列的稳定性测试、模拟故障节点测试、断电断网测试等，以考量分布式数据库的可靠性。

2.4 核心客服系统改造选型案例

2022年1月，中国银保监会发布《关于银行业保险业数字化转型的指导意见》，明确到2025年，银行业保险业转型要取得明显成效，并提出"提高新技术应用和自主可控能力""加大数据中心基础设施弹性供给"等若干意见。

某头部保险公司从降本增效和支撑未来保险业务发展角度考虑，采取"先难后易"策略，切实推进数据库转型。该公司根据业务场景和数据库特性，因地制宜开展数据库选型工作，从最为复杂的核心客服系统着手，重点突破关键共性技术，淬炼本地化知识体系，实现数据库最佳应用。

2.4.1 核心客服系统特点

与银行业客服系统不同，保险行业核心客服系统直接承载报案等业务，在重大灾害天气，并发报案业务数量会大幅上升，一旦系统出现问题，就会造成重大舆情事件。

核心客服系统具有系统关联关系复杂、传统集中式数据库绑定程度最深、业务影响极大、海量数据等特点。核心客服系统为公司6地8个电话中心超过2000个座席提供系统服务，涵盖所有子公司业务的服务入口，包括车险报案、车险增值服务、道路救援、寿险保单查询、寿险保全受理、投保预约等。同时，核心客服系统需要提供 7×24 小时的服务，全年系统可用性在99.9%以上，对停机时间有着严苛的要求，因此也是某头部保险公司运维保障要求最高的系统之一。

核心客服系统有以下技术改造难点。

（1）数据量庞大，总代码量近百万行，对于传统集中式数据库特性使用非常深入，包括自定义锁、自治事务、嵌套表、索引组织表、PLSQL 包、物化视图、DB Link、触发器、系统视图，改造难度极大，代码彻底重构成本极高，如何提升存储过程中改造点识别效率至关重要。适配改造还需要权衡改造成本和稳定性，尽可能利用数据库能力，减少代码重构量。

（2）配套的 Datastage、Cognos 等产品对于传统集中式数据库深度依赖，适配改造复杂度很高。

（3）涉及的上下游接口众多，本身又是 7×24 小时服务平台，对于数据库高并发、高可用要求极高。

2.4.2 核心客服系统分布式数据库选型评估技术难点

（1）**需要满足报案场景高并发连接 TPS、响应时间指标**。核心客服系统对接全司报案业务入口，在重大灾害天气时 2000 个座席需要同时在线，各渠道报案接口访问量也会快速增加。对数据库架构整体并发 TPS、QPS 要求较高，响应时效要求高。

（2）**成品软件适配难度高**。系统中有数百张报表用到 Cognos，并且用到 Datastage 调度功能。需要提出一套与 DataStage、Cognos、帆软适配的解决方案。

（3）**迁移数据量极大且迁移窗口短**。核心系统整体数据量在 20TB，但因其业务的重要性，切换时间不超过 5 小时。在上线前需要专门设计整体数据库集群配置方案、硬件资源规划、数据迁移方案、数据库异地容灾及预生产发布方案以保证切换顺利且高效。

（4）**数据库表数量庞大且设计复杂，大量使用存储过程**。客户服务系统表总计 14000 多个，用到 Sequence 的表较多且存在高并发插入；存在部分表分区，并且存在先按子公司分区再按范围分区的复合分区场景；包含存储过程 500～600 个，最长的代码有几千行，用到了 rownum 伪列。为了对应用的入侵尽可能小，降低测试及业务压力，需要设计分布式解决方案。

（5）**备份方案复杂**。系统部分模块是 7×24 小时运行，在 22 点后也有业务高峰。为此需要设计备份方案、备份资源流控方案。

（6）**系统批处理存在大文件导入、导出情况，需要满足批处理时效需求**。系统中存在这样的场景：批处理需要 3 小时完成，全量数据约 900GB，每天的增量文件有 70 多个，其中大文件有 20 多个，单个文件在 20GB 以上。

（7）**存在较多应用系统间的实时数据传输需求**。核心客服系统 Oracle 与多个其他系统 Oracle 使用 DB Link 进行实时数据传输，而当核心客服数据库改造为 OceanBase 后，将会变成 OceanBase 与 Oracle 之间的异构数据库数据实时传输，改造难度大幅上升。

（8）**存在大表频繁更新的场景**。核心客服系统的任务更新表可以 7×24 小时访问，更新频繁，更新数量大，存在较多查询。同时，该表在现有生产环境中的记录为 7300 万条，为了满足性能需要，需要设计空间清理方案。

（9）**批量业务存在和普通业务并发的情况，且存在时效性要求**。批量业务分为准实时和 $T+1$ 两种，调度类跑批要求时效高，大部分调度需要 3 秒内完成。同时，批量业务通常极为复杂，存在需要关联多张表或 3 张以上的 10GB 以上的大表的场景，SQL 语句优化难度极大。

（10）**存在历史数据加工需求，且有时效要求**。对于历史数据，存在前台业务实时查询的场景，访问数据量大且时效性要求极高。同时存在同步每日最新数据到历史库并进行报表加工的场景，个别重要报表需加工的主要基表数量过亿，每日更新数据超万条，逻辑复杂，同时有时效要求。

2.5 OceanBase 对数据库转型的价值

综合上述考察要点，某头部保险公司最终选择 OceanBase 作为数据库转型的核心方案，最终取得理想效果，大量复杂系统上线 OceanBase 均运行稳定，成为金融行业的新标杆。该方案具有以下价值。

1. 架构转型

业务系统数据库由原来的集中式架构变为现在的原生分布式架构，实现了良好的扩展性，在面对海量高并发秒杀或开门红场景时，具备良好的弹性扩容能力。满足未来业务增长和发展需求，可以很好地适配金融监管或业务的应用双活需求。

2. 降本显著

OceanBase 具备严苛复杂金融场景打磨过的良好兼容 Oracle 特性，对应用入侵少，大幅降低了应用改造成本。在不影响处理性能的同时，兼容 Oracle 版本和 MySQL 版本，并具备非常好的存储压缩能力，平均将存储量压缩到原来的 1/3，大幅减少了服务器硬件扩容需求，对于有大机下移存在场地瓶颈、MySQL 大库分库分表痛点的企业极具价值，备份恢复性能较 Oracle 提升了约 5 倍。实现了兼容 MySQL、Oracle 版本同集群部署、同 OCP 管控，大幅提升了资源利用率并降低了运维成本。

3. 稳定保障

OceanBase 经过大量复杂金融场景打磨，稳定性有保障，在硬件发生故障的情况下，根据数据库版本不同，自动切换时间在 8~30 秒，适合有很高业务连续性要求的金融场景。

4. 技术保障

OceanBase 公司具备很强的数据库内核研发掌控能力，Bug 修复速度很快，在产品演进、生态体系建设、培训体系建设、帮助文档建设、工具建设方面取得了巨大的进步。

第 3 章
金融数据库转型降本策略

降本策略在金融数据库转型过程中扮演着至关重要的角色,它不仅关乎成本控制,更是企业竞争力提升的关键因素。其核心思想是在保证应用系统稳定运行的前提下,通过提升应用改造效能、降低应用改造成本、优化应用性能、管理数据生命周期、降低硬件资源投入及架构重构等手段,有效降低金融数据库改造、迁移与运维成本,同时确保改造后的核心系统更加灵活、高效地支撑企业未来业务的发展。这一策略的实施,不仅关乎企业的短期成本控制,更对其长期战略目标的实现具有深远影响。

本章主要探讨金融数据库转型降本策略,着重介绍金融数据库转型应用改造预评估工具——指南针,从应用改造、测试、迁移、硬件规划、架构设计等环节,全面剖析如何通过科学的方法和有效的措施,实现转型过程中的成本节约与经济效益提升。我们将结合行业最佳实践分享成功案例,为正在或计划进行核心系统应用改造的金融企业提供宝贵的参考与借鉴。由于目前金融行业大部分企业均使用 Oracle,如无特殊说明,本章将以 Oracle 转型至 OceanBase 为例,展示金融数据库转型降本策略。

3.1 整体概述

金融企业在数据库国产化的新征程中,既希望转型后的数据库能够稳定运行,又希望控制转型改造成本,还要确保这一举措能够稳固支撑金融企业长期的业务发展需求。为实现这一目标,我们需聚焦五大重要措施:应用优化与数据生命周期管理合理化、前置性的系统改造规划、精细化的架构优化设计、创新工具的研发与应用,以及淬炼本地化知识体系。这些措施形成合力,能够显著降低数据库转型的总成本,特别是针对应用改造这一成本重头戏,通过策略性优化,有效控制其占比,从而为企业数据库转型之路铺就一条既快速又经济的通途。

实际上,对于金融数据库转型来说,降本策略是极为重要的。数据库转型降本策略主要包括五大关键环节,分别是应用改造降本、测试成本优化、迁移成本优化、硬件成本优化、架构设计优化,如图 3-1 所示。根据实际经验,应用改造的人工成本(包括应用改造、测试和迁移)超过数据库转型总成本的 60%。因此,降低应用改造的人工成本可以直接降低数据库转型总成本,带来可观的经济效益;而提升应用改造效能可以减少应用改造的人工投入,从而大幅加快数据库转型的进程,提升数据库转型工作的最终效果。

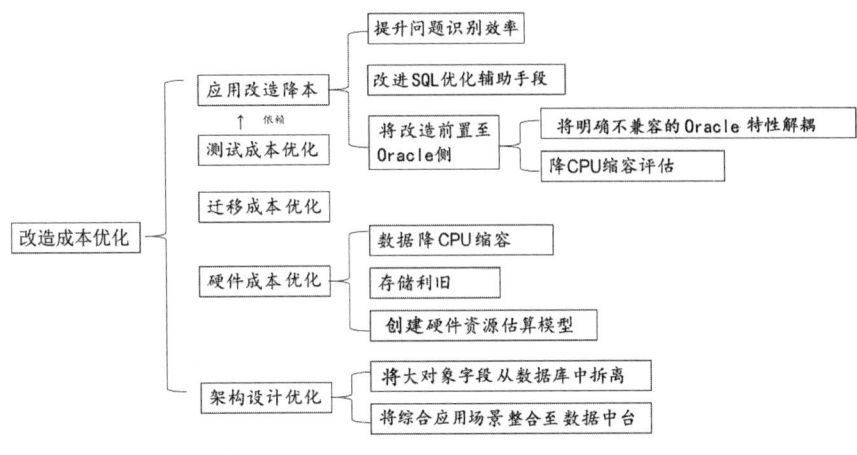

图 3-1 数据库转型降本策略

3.1.1 应用改造降本

应用改造降本主要包括问题识别和应用优化两个环节,这两个环节消耗的人力成本各占约 50%。应用改造降本主要通过提升问题识别效率、改进 SQL 优化辅助手段、将改造前置至 Oracle 侧进行这三个方面实现。

1. 提升问题识别效率

所谓问题识别,是指在数据从 Oracle 迁移至 OceanBase 前,需要对 Oracle 对象及应用程序代码进行全面扫描,识别出在迁移过程中需要进行改造的问题。问题识别的价值在于在数据库转型的最初环节就能发现并处理这些问题,在源端数据库即 Oracle 层面进行必要的预改造。显而易见,问题发现得越早,处理成本越低;问题发现得越晚,中间经过的环节越多,参与的人员越多,则人工成本越高。此外,问题识别能从整体上识别需要改造的问题的量级,以便提前评估应用改造的难度、需要投入的人力,并提前做好相应预算。某头部金融企业通过自研应用改造预评估工具"指南针"将问题识别环节的成本降低 50%~70%,目前已覆盖 Oracle 和 MySQL 数据库。

2. 改进 SQL 优化辅助手段

我们通过研发优化辅助工具、给出索引建议等手段提升 SQL 优化效率,结合调优实战培训和开发规范,降低优化环节的人工成本约 30%。

3. 将改造前置至 Oracle 侧

为了进一步优化改造过程,我们可以将部分改造工作前置到 Oracle 侧进行,主要包括两个方面:一方面是将明确不兼容的 Oracle 特性解耦,主要是明确会影响迁移性能或影响 OceanBase 稳定运行的 Oracle 特性,例如,索引组织表会大幅降低异构数据库中数据迁移的性能。OceanBase 中的表是以主键进行物理排序的,实质就是索引组织表,因此在 OceanBase 中保留索引组织表没有意义,解决方案是在 Oracle 侧将索引组织表改造为普通表。另一方面是降 CPU 缩容评估。

所谓降 CPU 就是通过对 Oracle 中高逻辑读的 SQL 语句进行优化，降低服务器 CPU 使用率，这样，在应用迁移到 OceanBase 后，CPU 的需求也会降低，减少计算资源开销。缩容指存储缩容，通过识别冗余大表、冗余索引，以及数据生命周期管理合理化，减少有效迁移数据集。通过"数据库瘦身"，可以降低迁移的复杂度、成本，以及长期运维的人工成本和硬件成本。

逻辑读是 Oracle SQL 优化的重要概念，当 Oracle 优化器为该条 SQL 语句进行语法检查、语义分析后，会利用 hash 算法搜索共享缓冲池，查看这条语句是否被其他用户分析过，以及 Oracle 是否可重用计划。如果这条语句已经被其他用户分析过并且 Oracle 可重用计划，Oracle 就会做软解析，这时就会直接从内存读取，叫作逻辑读。在获得了计划后，下一步就是直接执行 SQL 语句的计划。如果在共享缓冲池中找不到可重用的计划，数据库就访问 SYSTEM 系统表空间获取统计数据生成计划，产生物理读。

在 SQL 语句执行计划过程中，如果请求的数据全在内存中，那么直接访问内存就能满足需求，在这种情况下，只有逻辑读而没有物理读；如果请求的数据不全在内存中，就需要访问硬盘获取数据，产生物理读。当获取请求的数据写入 SGA 的数据缓冲池后，服务器进程就会访问内存获取请求数据，这时同样会产生逻辑读，在这种情况下，既有逻辑读也有物理读。

一条 SQL 语句产生逻辑读的多少，是评价其性能好坏非常重要的标准，一条 SQL 语句产生逻辑读的总数=这条 SQL 语句的执行次数×这条 SQL 语句每次执行的逻辑读数量。在优化 SQL 时，如果能将 SQL 语句执行次数减少一半，则等效于优化 SQL 语句使其逻辑读减少一半。因此，在优化 SQL 时，有两条思路：一是改进设计，减少 SQL 语句的执行次数。二是优化 SQL 语句，减少逻辑读。在一般的 OLTP 系统中，如果逻辑读的数量上千，就是比较高的，如果上万，那么需要引起注意，看是否能够优化 SQL 语句。

在我们把应用从 Oracle 迁移到 OceanBase 后，由于数据库架构变了，所以只有对 Oracle 中高逻辑读的 SQL 语句进行优化，才能对 OceanBase 的 CPU 使用率产生影响，其他类似于 Oracle 底层 Latch 造成的 CPU 开销可以不用关注，因为即使优化了，对 OceanBase 也没有任何价值。

我们可以在 Oracle 侧把逻辑读超过 50MB 的 SQL 语句挑出来，提前进行优化。如果 SQL 语句在 Oracle 侧就"带病运转"，那么在迁移到 OceanBase 后，大概率会"水土不服"，性能难以令人满意。将其前置在 Oracle 侧进行优化，防微杜渐，就可以减少排查 OceanBase 性能问题的人工成本。此外，我们需要把每日高频执行的 SQL 语句挑出来，在 OceanBase 性能压测阶段重点覆盖，由于数据从 Oracle 迁移到 OceanBase 时，优化器发生了改变，如果计划发生偏差，高频执行的 SQL 语句就有可能对系统稳定性构成较大的威胁。

改造前置中的存储缩容也很必要，如果想减少迁移的数据量，那么首先要在 Oracle 侧识别冗余大表、冗余索引，并进行数据的生命周期管理，从而实现"数据库瘦身"。在数据迁移过程中，尽量减小迁移的数据集规模，从而缩短迁移时间。实际上，数据的迁移工作就像搬家，提前整理一下瓶瓶罐罐，搬家的效率就会高很多，搬到新房子后，场地占用成本及后续打扫房子的成本也会减少。因此，在数据迁移前对业务数据进行全面梳理至关重要，有助于降低目标数据库的数据量，同时显著降低存储和应用维护的成本。

根据保险行业业务特点,大表生命周期管理策略包括以下 6 类。

(1)对系统初始配置表进行归档。

(2)对应用系统的备份表、临时表、日志表进行清理或者将其设置为不迁移到目标数据库。

(3)对历史数据进行归档。

(4)清理无主键表历史数据、合并保全信息等。

(5)根据大表访问方式优化索引架构,清理未使用的冗余索引。

(6)将大对象字段从数据库中剥离。

3.1.2 测试成本优化

测试环节一般包括全量回归测试(包含关联系统测试)、针对改动开发功能点的集成测试、性能测试等,性能测试成本占测试总成本比重较高,测试成本与应用改造成本有相关性,测试成本通常约为应用改造成本的 25%。降低测试成本的关键在于提升应用改造效能,降低应用改造的成本也会间接降低测试成本。通过问题识别提前发现问题,并且将改造前置,在 Oracle 侧优化"带病运转"的 SQL 语句,可以减少 OceanBase 侧性能测试的工作量,从而降低测试成本。

3.1.3 迁移成本优化

迁移成本包括预迁移成本和上线迁移成本。预迁移也就是迁移演练,包括全量迁移、增量迁移、数据比对等环节。迁移演练总时长=迁移演练时间×演练次数,一般系统上线迁移演练不超过 3 次。上线迁移包括上线环境部署、正式迁移,以及迁移后 72 小时重点保障。迁移成本主要取决于 Oracle 侧有效迁移数据集的大小,理想状态下,使用 OMS 迁移工具,数据同步的速度可按照每小时 150GB 估算,每天大约可同步 3T 数据。数据迁移完成后,OMS 迁移工具会进行数据校验,数据校验速度等于数据迁移速度。

通过"数据库瘦身"可以降低迁移成本,并且可以在有限的迁移窗口更从容地应对突发情况,顺利完成迁移。超过 20TB 的大库或者需要长期同步数据的异构数据库,也可以考虑使用 DSG 方案提升迁移效率及可靠性。

3.1.4 硬件成本优化

硬件成本优化主要包括数据降 CPU 缩容、存储利旧、创建硬件资源估算模型。

(1)数据降 CPU 缩容能够优化 CPU 使用情况、降低存储容量。通过优化 CPU 使用情况,即使数据库运行在国产服务器上,性能表现也不会下降太多,甚至更优。如果这样,就没有必要采购昂贵的高端服务器,从而降低服务器采购成本。一方面,通过降低迁移的数据量降低存储成本;另一方面,迁移至 OceanBase 后,其独特的存储架构也可以降低存储成本。

(2)存储利旧指重复利用原有的存储设备,不必采购新的存储设备,也能够降低硬件成本。

(3)创建硬件资源估算模型指根据企业业务现状,创建一套适合自己的硬件资源估算模型,大致估算出数据库转型所需的硬件资源。

3.1.5 架构设计优化

架构设计也需要进一步优化。实际上，原有的 Oracle 承担了许多非数据库应承担的功能。在数据迁移至国产数据库后，可以考虑将一些大对象字段从数据库中拆离。以某电子保单系统为例，原先的数据库占用量高达 22TB，但在将大对象字段拆离后，数据库占用量低至 2~3TB。这种调整不仅使得数据迁移到目标平台后运行更为稳定，而且显著降低了运营成本。同时，一些综合应用场景下的任务也可以被整合至数据中台进行处理。

3.2 改造预评估的意义

现有系统使用了海量程序包、存储过程、自定义函数、视图及自定义类型等，深度绑定 Oracle 的特性，异构迁移过程复杂度极高。识别程序代码中功能或性能的改造点工作量大，并且人工识别与改造的方式极易导致遗漏，埋下隐患。因此，提升海量存储过程、触发器、视图中不兼容点识别效率至关重要。

为此，我们开发了一款快速、高效的应用改造预评估工具——指南针，可以在源库侧识别应用改造不兼容点、冗余大表及索引、数据对象不兼容点等。改造预评估的意义如下。

（1）预评估可以帮助团队在迁移前全面识别改造项，包括数据对象、存储过程、触发器、视图等方面的不兼容问题。

（2）提前估算资源。通过详细的预评估，团队可以更准确地估计所需的时间、人工和物力资源，并据此确定合理的资源规划和分配策略，确保迁移过程的高效进行。

（3）降低改造难度。通过预评估，团队可以针对可能遇到的不兼容点进行预研，提前准备相应的解决方案，降低改造难度。

（4）提升改造效率。预评估中的识别方法可以帮助团队快速、高效地识别出需要改造的不兼容点，减少后期在测试、定位、识别和改造过程中的工作量，提高整体迁移效率。

（5）提前进行成本分析。预评估还可以帮助团队进行成本效益分析，比较不同迁移方案的成本和效益，选择最为经济、高效的迁移方案。

3.3 改造预评估方案

将数据从 Oracle 迁移至 OceanBase 是一个极为复杂的过程，特别是迁移一个历时久远、迭代开发多年的系统。对于这样的系统，仅仅依靠开发测试来发现和解决不兼容问题，效率极低。

以核心客服系统异构数据库改造为例，该系统的改造预评估过程如下。首先，对源数据库的存储过程、自定义类型、自定义函数、Package 包等源码及元数据信息进行预扫描，整理目标数据库独有特性与通用 SQL 不兼容项，并梳理出不兼容关键字集合。然后，根据通用 SQL 不兼容关键字集合扫描源数据库存储过程、自定义类型、自定义函数、Package 包等源码，进行排查识别。最后，根据白名单进行过滤并返回最终结果，从而提升问题识别效率、减少应用改造交互环节，进而降低异构数据库改造成本。

此外，通过上述收集的信息，可以做出相应的优化处理。

（1）根据收集信息期间 Oracle 大表数据插入、删除、修改、索引物理读情况，辅助识别冗余大表、冗余索引、待归档候选表，有助于迁移前"数据库瘦身"。

（2）根据收集信息期间大表数据插入、删除、修改总量设计迁移链路，使得各条迁移链路插入、删除、修改总量尽可能均匀，从而提升异构数据库增量同步复制性能。

（3）根据收集信息期间大表数据修改情况，筛选出可能发生表膨胀的大表，判断其是否为宽表，从而辅助进行相应优化。

改造预评估大致包括以下步骤。

（1）收集 Oracle 源端数据库的源代码信息、大表容量信息及操作信息、表与列元数据信息、分区信息、对象信息、索引信息、约束信息、失效对象信息、SQL 语句信息、最长执行时间和超时参数，将这些信息作为初始信息。

（2）根据 Oracle 与 OceanBase 间的不兼容规则，生成改造点信息和改造建议。

3.3.1 采集信息

为了执行深入的数据分析任务，首先需要从源数据库中系统地提取和采集相关信息，这些信息将作为数据分析的基础，为后续的洞察与决策提供有力依据。这一过程确保了数据分析的准确性和有效性，是数据分析流程中不可或缺的一环。

在 Oracle 侧采集获取源数据库存储过程源代码、元数据表信息等，元数据包括表元数据信息、列元数据信息、分区信息、索引信息和约束信息等。采集的具体内容如图 3-2 所示。

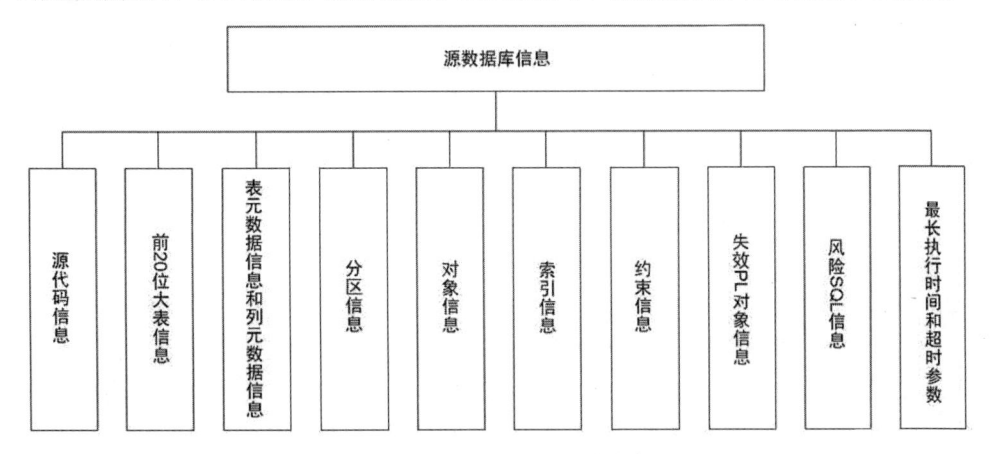

图 3-2 需要采集的源数据库信息

（1）源代码信息。采集源数据库存储过程、自定义函数、自定义类型、Package 包等源代码信息，包括属主、源码对象名称、源码对象类型、源码文本、源码文本在源码对象中的行数等信息。

（2）前 20 位大表信息。采集数据库中表大小排名前 20 位的大表数据容量信息及收集信息期间数据插入、删除、修改的情况，包括表的属主、表名、表记录总数、表平均行长度、表使用空间大小、每个表的所有索引使用空间总和、采集间隔时间段更新操作总数、采集间隔时间段删除操作总数、采集间隔时间段插入操作总数等信息。

本次操作优化点及注意事项如下。

◎ 采集间隔期数据更新变化量=采集间隔期结束时更新总数累计值－采集间隔期开始时更新总数累计值。

◎ 采集间隔期数据插入变化量=采集间隔期结束时插入总数累计值－采集间隔期开始时插入总数累计值。

◎ 采集间隔期数据删除变化量=采集间隔期结束时删除总数累计值－采集间隔期开始时删除总数累计值。

◎ 该步骤涉及多个数据字典表的性能访问，为避免对数据字典表重写引发的性能开销，指定/*+no_rewrite*/关键字。

该步骤性能开销较大，尤其是计算每个表上所有索引总大小，涉及表段和索引段外连接及聚合求和运算。在数据库中，返回一条记录叫作标量，将外连接改写成在 select 子句中返回单行单列的标量子查询，利用主键字段检索可以将性能提升约 30%。

（3）表元数据信息和列元数据信息，包括如下内容。

◎ 属主、表名、字段名、字段类型、字段在建表时的位置。用于对字段数据类型是否兼容进行判别。

◎ 属主、表名、字段总数。用于判断表单条记录字段数量是否超过 OceanBase 上限。

◎ 属主、表名、平均行长度等信息。用于判断表单条记录长度是否超过 OceanBase 上限。

（4）分区信息。

数据库分区信息包括如下内容。

◎ 数据库表分区与索引分区总数。

◎ 分区表属主、表名、一级分区类型、二级分区类型、单表分区总数等。

（5）对象信息，包括属主、对象名、对象类型等。

（6）索引信息，包括属主、索引名、索引类型等。

（7）约束信息，包括属主、约束名、约束类型、约束对应的表名、各表的主键等。

（8）失效过程化语言（Procedure Language，PL）对象信息。过程化语言对象包括存储过程、自定义函数、自定义类型、Package 包等。失效过程化语言对象信息包括失效对象属主、失效对象名称、失效对象类型、对象创建时间、最后修改时间。采集完失效过程化语言对象信息后，核心任务是深入剖析这些对象失效的根本原因。这一步至关重要，旨在预防将带有根本性问题的对象迁移至 OceanBase，避免因重复且无效的编译尝试而过度消耗 CPU 资源。通过预先识别并解决失效根源问题，可以显著降低迁移过程中的风险，确保数据迁移的平稳进行，同时优化系统性能，避免资源浪费。

（9）风险 SQL 信息，包括 sqlid、SQL 文本、对应的 SQL 语句执行时长、执行频率、逻辑读大小、计划。主要针对 Oracle 慢 SQL 语句、高逻辑读 SQL 语句、高频 SQL 语句、计划存在风险 SQL 信息。慢 SQL 语句信息采集源码如下。

```
select sql_id,sql_fulltext,query_seconds
from v\$sqlstats a,(
select * from
(
select maxqueryid, sum(maxquerylen) query_seconds
from v\$undostat
group by maxqueryid
order by 2 desc
)
where rownum<=10
) b
where a.sql_id=b.maxqueryid;
```

（10）最长执行时间和超时参数用于设置 OceanBase 查询超时参数、事务超时参数、事务空闲超时参数时参考。

3.3.2 分析确定不兼容点

以收集的信息作为基础进行加工分析，确定异构数据库不兼容点及改造方案。如图 3-3 所示，不兼容点主要如下。

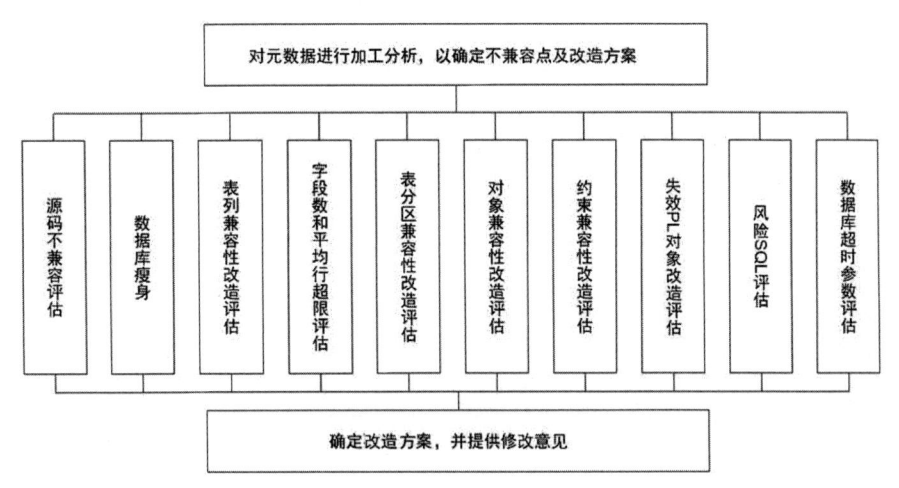

图 3-3 分析确定不兼容点

（1）源码不兼容评估。以采集的源代码信息为基础，根据不兼容规则扫描源码对象，识别待评估存储过程、自定义函数、自定义类型、Package 包等源代码对象中的不兼容点，并生成评估结果，包括属主、源码对象名称、源码对象类型、不兼容点所在行文本、不兼容点文本在源码中的行数、不兼容原因及改造建议等。

（2）数据库瘦身。根据采集的前 20 位大表信息筛选数据库瘦身目标表、目标索引。表 3-1 为某项目组瘦身待归档表。

表 3-1 某项目组瘦身待归档表

表 名	每日更新记录数	每日删除记录数	每日插入记录数	记录总数	平均记录长度	表大小（MB）	索引大小（MB）
TEST_OPERATOR_ACTION3	0	0	2539839	45597496	235	12806	11732
TEST_LOCINHIS8	0	0	5440811	122757554	53	8255	19722
TEST_LOCINHIS43	0	0	506856	129350334	53	8353	20123
TEST_LOGINHIS53	0	0	2252718	127218468	53	8340	20084
TEST_LOGINHIS23	0	0	5335306	123213068	53	8334	19970
TEST_LOGINHIS48	0	0	1675633	127507487	53	8320	20209
TEST_LOGINHIS88	0	0	483925	128804384	53	8320	19986
TEST_LOGINHIS78	0	0	2691662	126118986	53	8320	19759
TEST_LOCINHIS68	0	0	491413	128201160	53	8320	20076
TEST_LOGINHIS33	0	0	513092	128928983	53	8314	20116
TEST_LOGINHIS13	0	0	5443717	123410025	53	8299	20374
TEST_LOGINHIS58	0	0	1705382	127411546	53	8289	20062

实际上，数据库瘦身最关键的是筛选冗余表、冗余索引及归档表。它们的判断逻辑分别如下。

◎ 冗余表判断逻辑。较长时间没有插入、删除、修改操作的大表，其主键是序列（Sequence）字段，而且自实例启动以来（实例启动超过 3 个月），表上所有索引都没有物理读。需要结合业务侧对冗余表进行生命周期管理，进行归档或清理。

◎ 冗余索引判断逻辑。自实例启动以来（实例启动超过 3 个月），没有物理读的较大索引（超过 1GB）。需要结合业务侧对表访问方式进行评估，确认是否需要对索引进行清理。

◎ 归档表判断逻辑。较长时间只有插入、没有更新与删除操作的大表，需要考虑是否对部分数据归档，将该表信息提交给项目组结合业务逻辑进行分析。

此外，进一步对采集的信息进行处理，按照插入、删除、更新操作的总和可计算出大表变动负载情况，在迁移链路时实现负载均匀分布，提升迁移效率。

（3）表列兼容性改造评估。基于采集的列元数据信息，根据不兼容规则扫描表中使用的数据类型并生成需要修改的表字段，包括属主、表名、列名、字段类型、列标识号。为方便项目组查找与修改，该方案特意提供了列标识号。以将数据从 Oracle 迁移至 OceanBase 为例，对不兼容的 LONG、LONG RAW、UROWID、RAW、BFILE、NCLOB 字段类型，Oracle 深度绑定的 ROWID 类型，以及兼容但需要关注长度的 CLOB、BLOB 字段类型进行扫描并提示。

（4）字段数和平均行超限评估。基于采集的表元数据信息和列元数据信息，预评估方法还会对总字段数和平均行长度进行分析，找出总字段数超出限制，以及平均行长度超出限制的表，并返回属主、表名、总字段、平均行长度信息。

（5）表分区兼容性改造评估。基于采集的分区信息，分析分区使用情况并找到改造点，生成总分区数、分区较多的表信息，包括属主、表名、分区或二级分区数量，以辅助区优化及二级分区改造设计。

（6）对象兼容性改造评估。基于采集的对象信息，依据不兼容规则，识别所有不兼容的对象，并生成属主、对象名、对象信息。以将数据从 Oracle 迁移至 OceanBase 为例，不兼容对象类型包括 MATERIALIZED VIEW、DIRECTORY 等。

（7）约束兼容性改造评估。基于采集的索引和约束信息，依据不兼容规则，识别所有不兼容的约束，并生成属主、表名、约束名、约束类型。以将数据从 Oracle 迁移至 OceanBase 为例，识别出所有外键及不兼容索引，包括位图索引、聚簇、域索引等。

（8）失效过程化语言对象改造评估。根据采集的失效过程化语言对象信息，包括失效对象属主、失效对象名称、失效对象类型、对象创建时间、最后修改时间，增加 IP、实例信息区分实例，供项目组进行失效过程化语言对象处理。

（9）风险 SQL 评估。基于采集的风险 SQL 信息并结合相应计划，通过分析存在风险的算子，例如全表扫描、多层嵌套循环、FILTER 等，找出存在风险的 SQL。针对存在风险的 SQL，提醒项目组进行优化，并确保性能测试全面覆盖风险 SQL，从而降低应用系统可能存在的投产风险。

（10）数据库超时参数评估。基于采集的最长执行时间和超时参数信息，增加 IP 地址、实例信息供项目组参考，方便项目组合理地设置 OceanBase 查询超时参数、事务超时参数、事务空闲超时参数。以从 Oracle 迁移至 OceanBase 为例，考虑到 OceanBase 与 Oracle 之间的差异，按照经验值，将 OceanBase 超时参数设置为 Oracle 最长 SQL 语句执行时间的 1.2 倍。

第 4 章
OceanBase安装及配置最佳实践

很多金融企业在生产环境中遇到的数据库问题是由于安装不规范、参数配置不合理导致的，制定高质量的数据库安装及配置规范，并且确保规范能得到有效执行，可以减少不必要的生产故障。

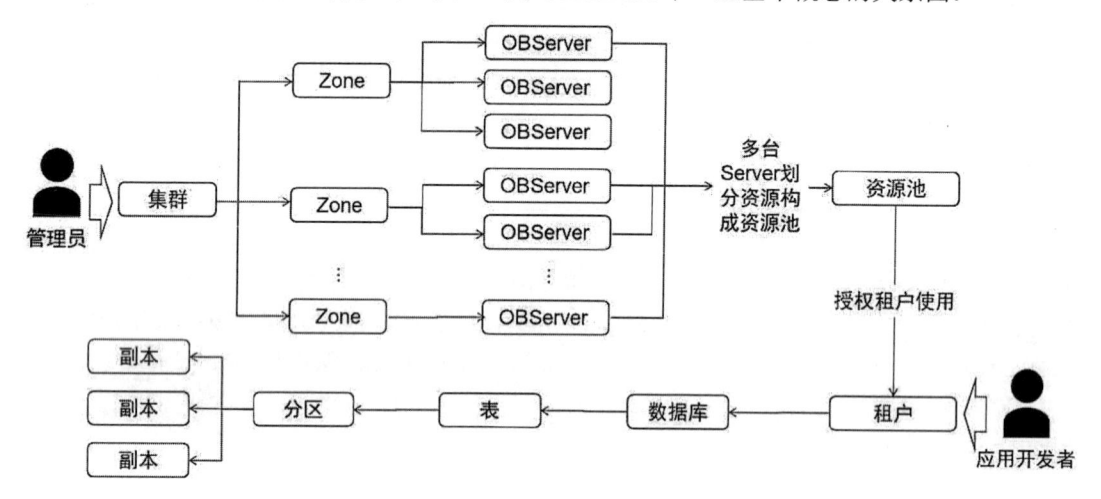

4.1 OceanBase 基本概念

在开始安装 OceanBase 之前，需要向大家介绍它的一些基本概念，包括集群、Zone、OBServer、资源池、租户、分区等。图 4-1 为 OceanBase 中一些基本概念的关系图。

图 4-1 OceanBase 基本概念关系图

- 集群。OceanBase 的一个集群由若干节点组成。这些节点分属于若干可用区（Zone），每个节点属于一个可用区。
- Zone。在 OceanBase 中，Zone 是一个逻辑上的概念，它代表一个数据中心或物理区域，通常包含多个存储节点。这些节点可以分布于不同的机房、机架或服务器上，但归属于同一个逻辑 Zone。一个 Zone 可以跨越多个数据中心（如多个机房），但每个数据中心通常只能归属于一个特定的 Zone。

在 OceanBase 中，Zone 通常被用于实现跨数据中心的数据容灾。OceanBase 将数据按照 Paxos 协议分布到不同的 Zone 中，从而实现数据的冗余备份。这种设计确保了在某个 Zone 发生故障时，系统可以自动切换备用 Zone 中的数据，从而保证数据的持续可用性和业务的连续性。

除了数据容灾，Zone 还可以作为 OceanBase 中数据分片的容器。数据分片是一种将数据划分为多个分片，并将这些分片分散存储在不同节点上的技术，可以提高系统的吞吐量和性能。在 OceanBase 中，可以将不同的 Zone 设置为不同数据分片的 Primary Zone，从而实现分布式存储和数据处理。这种设计有助于提升系统的可扩展性和处理大量数据的能力。

- OBServer。OBServer 通常指数据库节点，在一台物理机上可以部署一个或者多个 OBServer。在 OceanBase 内部，OBServer 由其 IP 地址和服务端口唯一标识。每个 OBServer 都有独立计算和存储引擎，每个节点的功能都是对等的，每个 OBServer 服务负责自己所在节点上分区数据的存取，也负责路由到本机的 SQL 语句的解析和执行。

- 资源单元（Unit）与资源池。为了隔离租户的资源，每个 OBServer 进程内可以有多个属于不同租户的虚拟容器，叫作资源单元 Unit。资源单元包括 CPU 和内存资源。每个租户在多个节点上的资源单元组成一个资源池。每个资源单元描述位于一个 OBServer 上的一组计算和存储资源，可以视为一个轻量级虚拟机，包括若干 CPU 资源、内存资源和磁盘资源等。

- 租户（Tenant）。租户是一个逻辑概念。在 OceanBase 中，租户是资源分配的单位，是数据库对象管理和资源管理的基础，对于云数据库的运维有着重要的影响。OceanBase 通过租户实现资源隔离，采用单集群多租户的管理模式。对于系统运维来说，OceanBase 集群的一个租户相当于一个 MySQL 或者 Oracle 的实例。在资源使用方面，OceanBase 的租户之间的资源和数据都是隔离的，其中，内存是物理隔离的，CPU 是逻辑隔离的，这样可以避免租户之间争抢资源。在数据安全方面，OceanBase 不允许跨租户的数据访问，以确保租户的数据资产没有被窃取的风险，表现为租户"独占"资源配额。从总体上来说，租户既是各类数据库对象的容器，又是资源（CPU、内存、I/O 等）的容器。

- 分区（Partition）。在 OceanBase 中，一个表中的数据可以按照某种划分规则水平拆分为多个分片，每个分片叫作一个表分区，简称分区。某一行数据属于且只属于一个分区。分区的规则由用户在建表时指定，包括 Hash、Range、List 等，同时支持二级分区。例如，对于交易库中的订单表，可以先按照用户 ID 划分为若干一级分区，再按照月份把每个一级分区划分为若干二级分区。对于二级分区表，二级分区是物理分区，而一级分区只是逻辑概念。一个表的若干分区可以分布在一个可用区内的多个节点上。每个物理分区有一个用于存储数据的存储层对象，叫作 Tablet，用于存储有序的数据。Tablet 是数据均衡的最小单位，支持在服务器之间迁移（Transfer）。

- 总控服务（Root Service，RS）。总控服务指 OceanBase 集群的总控服务，一套 OceanBase 仅包含一套总控服务。一个 OceanBase 集群由 3 个或更多 Zone 组成，包含若干服务器，如此庞大的系统需要一个"大脑"来统一管理，总控服务就是这样一个"大脑"，它负责资源分配与调度、全局数据定义语言（Data Defination Language，DDL）、集群数据合并等全局事宜，是 OceanBase 的核心模块。总控服务属于集群内置的服务，无须额外部署软硬件，一般与 Zone 内的一个 OBServer 共用一台服务器。为了消除单点故障的风险，建议每个 Zone 部署一个总控服务，但只有一个 Zone 的总控服务是"主"，其他 Zone 的总控服务为"备"，当"主"出现故障时，"备"可以自动接管整个服务。总控服务部署架构如图 4-2 所示。

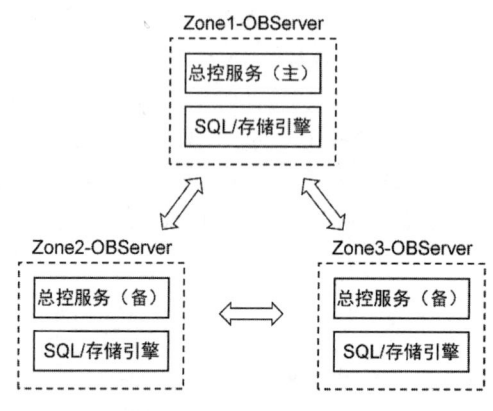

图 4-2 总控服务部署架构

4.2 OceanBase 部署最佳实践

OceanBase 提供企业版和社区版。OceanBase 企业版是一款完全自研的企业级原生分布式数据库，在普通硬件上实现金融级高可用，首创"三地五中心"城市级故障自动无损容灾新标准，刷新 TPC-C 标准测试，单集群节点超过 1500 个，具有云原生、强一致性、高度兼容 Oracle/MySQL 等特性。OceanBase 社区版兼容 MySQL 的单机分布式一体化数据库，具有原生分布式架构，支持金融级高可用、透明水平扩展、分布式事务、多租户和语法兼容等企业级特性。此外，OceanBase 社区版数据库内核开源，与 MySQL 兼容，可对接虚拟化和大数据技术及产品，支持多种图形化的开发工具、运维监控工具和数据迁移工具。同时，OceanBase 社区版提供开放的接口和丰富的生态能力，支持企业或个人更好地实现定制业务。

本节主要就 OceanBase 企业版的部署提供一个最佳实践。

4.2.1 数据库高可用选择

OceanBase 采用 Shared-Nothing 架构，各节点之间完全对等，每个节点都有自己的 SQL 引擎、存储引擎。OceanBase 运行在普通 PC 服务器组成的集群上，具备可扩展、高可用、高性能、低成本、云原生等核心特性。OceanBase 支持单机（单机房部署 OceanBase 集群）、机房（同城多机房部署 OceanBase 集群）、城市（多城市部署 OceanBase 集群）级别的高可用和容灾，可以进行单机房、双机房、两地三中心、三地五中心部署，且支持部署仲裁服务来降低成本。下面简要阐述一下常见的部署方案。

方案一：同城三机房三副本架构。在同一个城市中三个机房各部署一个副本，共计三个副本，组成一个集群。在发生机房级灾难时，剩余的两个副本依然可以形成多数派，保证 RPO=0。该方案最大的缺点是无法应对城市级灾难。

方案二：三地五中心五副本架构。在三个城市的五个机房中各部署一个副本，组成五副本集群。该架构最多允许损坏两个副本，当集群内少数派节点出现故障时，能够保证 RPO=0。由于每个城市最多只有两个副本，部署两个副本的两个城市距离应该近一些，这样可以降低同步 REDO 日志的延时。

方案三：主备集群架构。在同城两机房或两地各部署一个集群，每个集群有独立的 Paxos 组，保证多副本一致性。集群之间相互独立，通过 REDO 日志进行数据同步，类似于传统数据库的"主从复制"模式，从主库"异步复制"到备库，类似于 Oracle 数据库 Active Data Guard 中的"最大性能"模式。在最大性能模式下，事务只需要等待 REDO 日志在主集群持久化成功后就可以提交，可以最大限度地确保主集群的性能。

表 4-1 中介绍了常用的三种高可用架构的高可用能力，以及各种架构的适用场景。

表 4-1 高可用架构选择表

架　　构	高可用指标	适用场景
同城三机房三副本	最多允许损坏一个副本，集群内少数派节点故障，RPO=0，RTO<30s	大部分非关键业务系统，成本较低，限制使用
五中心五副本	最多允许损坏两个副本，集群内少数派节点故障，RPO=0，RTO<30s	对可用性要求更高的核心业务系统，对响应时间不敏感的系统
主备集群	最多允许损坏两个副本，主、备集群均具备一台服务器故障无损容灾的能力，RTO<30s，RPO=0。若城市间手动切换进行容灾，RTO 为分钟级，RPO>0	跨地域容灾

在 OceanBase 4.1 企业版中，开始引入仲裁服务（Arbitratrion Service），不仅可以解决两地三中心同城架构的副本出现故障时响应时间变长的问题，还能降低跨城带宽开销，并将第三机房的成本降到极低。需要注意的是，OceanBase 社区版暂不支持仲裁服务。

仲裁成员具备如下特征。

◎ 仅参与选举、Paxos Prepare 及成员组变更投票，不参与日志多数派投票（Paxos Accept）。
◎ 不存储日志，无 MemTable 和 SSTable，资源（带宽/内存/磁盘/CPU）开销极小。
◎ 不能当选为主副本提供服务。

当半数全功能副本故障导致日志同步失败并且达到日志流降级控制时间时，仲裁服务会自动执行日志流降级流程，将故障副本从成员列表中删除（但租户的 Locality 不会变化），从而恢复服务，且能做到 RPO=0。待故障的全功能副本恢复后，仲裁服务又会执行日志流升级流程，将被降级的副本重新加入成员列表，提供更高的可用性保证。

以两地三机房仲裁服务部署为例，主城市有两个机房，分别包含两个 Zone，用于部署全功能副本。备城市有一个机房，用于部署仲裁服务，可降低部署成本及跨城带宽开销。部署方案如图 4-3 所示。

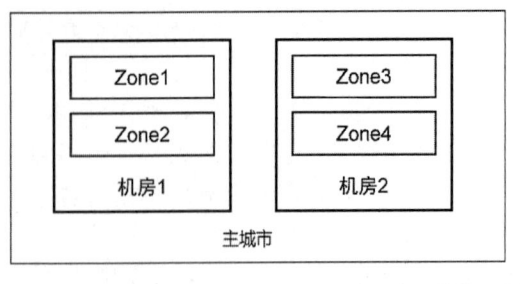

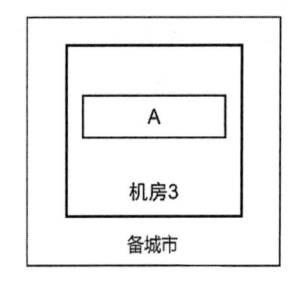

图 4-3 两地三中心仲裁副本部署图

主城市任意一个 IDC 故障，至多损失两份副本，此时可能不足多数派节点要求（2/4），可以通过仲裁服务触发降级恢复，确保 RPO=0。对于城市级灾难，与常规的两地三中心架构相同，该两地三机房仲裁服务部署无法应对主城市灾难，备城市灾难对业务无影响。

4.2.2 OceanBase 集群部署流程

OceanBase 集群支持部署在 x86_64 及 ARM_64 架构的物理服务器和主流的虚拟机上，其操作系统支持主流的 Linux 版本。接下来详细介绍 OceanBase 的部署流程。

1. 部署总流程

OceanBase 集群部署流程主要包括部署前准备和部署实施。部署实施主要依赖 OceanBase 管理者工具（OceanBase Admin Toolkit，OAT）或 OceanBase 云平台。部署流程如图 4-4 所示。

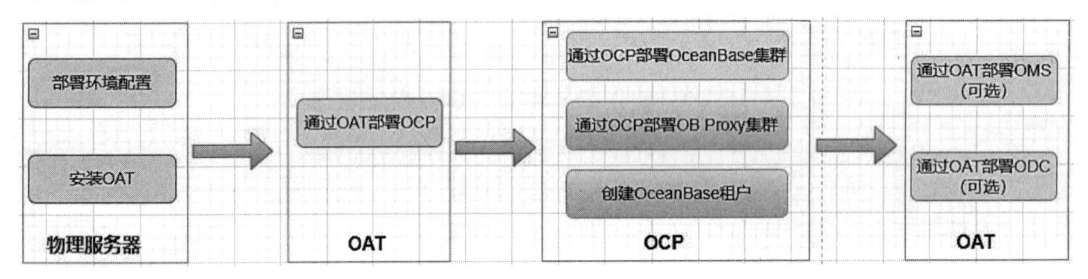

图 4-4 OceanBase 部署流程

2. 部署前准备

在安装 OceanBase 前，需要准备服务器、配置服务器、准备安装包、部署 OAT、配置部署环境、配置时钟源、上传安装包、配置主机信息、检查部署前环境。

（1）准备服务器。

OceanBase 集群至少由 3 个节点组成，每个节点对应 1 个 OBServer 进程，不同节点上的 OBServer 进程组成一个集群对外提供服务。

OceanBase 云平台（OceanBase Cloud Platform，OCP）为数据库集群管理工具，最小化部署 OCP 需要 1 台服务器，常规部署 OCP 需要 3 台服务器。服务器通常应满足的最低配置要求如表 4-2 所示。

表 4-2 服务器最低配置表

服务器类型	数　　量	功能最低配置	性能最低配置
OCP 管控服务器	3 台	32C、128 GB 内存、1.5 TB SSD（包含 OAT 与 ODC 所需资源）	32C、128 GB 内存、1.5 TB SSD、万兆网卡（包含 OAT 与 ODC 所需资源）
OceanBase 计算服务器	3 台	32C、128GB 内存、1.2 TB SSD	32C、256 GB 内存、2 TB SSD、万兆网卡
OBProxy 计算服务器	3 台，可复用 OBServer 服务器	4C、8 GB 内存、200 GB SSD	N/A
OMS Docker 部署服务器	1 台	12C、24 GB 内存、500 GB SSD	32C、128 GB 内存、2 TB SSD
ODC Docker 部署服务器	3 台，可复用 OCP 管控服务器	2C、4 GB 内存	4C、8GB 内存

（2）配置服务器。

本节主要介绍服务器的硬件配置要求，包括操作系统、BIOS 设置、磁盘挂载、网卡设置。

◎ 操作系统：OceanBase 支持的操作系统包括 AliOS（7.2 及以上版本）、CentOS / Red Hat Enterprise Linux（7.2 及以上版本）、SUSE Enterprise Linux（12SP3 及以上版本）、Debian / Ubuntu（8.3 及以上版本）。

◎ BIOS 设置：BIOS 需要关闭的选项包括 Numa、Cstate、Pstate、EIST、Power saving、Turbo Mode、BMC share link。

BIOS 需要配置以下选项。

- 启动顺序 1：HDD > Network > USB。
- 启动顺序 2：在 HDD 启动项中，将第一块磁盘作为第一启动项。
- Automatic Power on After Power Loss: Always on。
- 网卡 PXE 启动：开启。
- Intel Virtualization Technology：开启。
- SOL console redirection（串口重定向）：开启。
- Hyper-threading：开启。
- Hardware Perfetcher：开启。
- VT-d：开启。
- SR-IOV：开启。
- CSM boot：Legacy。
- BMC network configuration：开启 DHCP（需要根据现场情况设置）。
- Energy performance：开启最大性能模式。

◎ 磁盘挂载：OCP 服务器的磁盘挂载点要求如表 4-3 所示。OBServer 服务器的磁盘挂载点要求如表 4-4 所示。OMS 服务器的磁盘挂载点要求如表 4-5 所示。

表 4-3 OCP 服务器磁盘挂载点要求

挂载点	大小	用途	磁盘格式
/home	100~300 GB	各组件运行日志盘	建议 ext4
/data/log1	内存大小的 3~4 倍	OCP 源数据库日志盘	建议 ext4
/data/1	取决于所需存储的数据大小	OCP 源数据库数据盘	建议 ext4,当大于 16 TB 时使用 xfs
/docker	200~500 GB	Docker 根目录	建议 ext4

表 4-4 OBServer 服务器磁盘挂载点要求

挂载点	大小	用途	文件系统格式
/home	100~300 GB	OBServer 运行日志盘	建议 ext4
/data/log1	内存大小的 3~4 倍	OBServer 日志盘	建议 ext4
/data/1	取决于所需存储的数据大小	OBServer 数据盘	建议 ext4,当大于 16 TB 时使用 xfs

表 4-5 OMS 服务器磁盘挂载点要求

挂载点	大小	用途	文件系统格式
/home	100~300 GB	OBServer 运行日志盘	建议 ext4
/docker	100~300 GB	Docker 根目录	建议 ext4
/data	取决于所需同步变换的数据大小	store 存储目录	建议 ext4,如果存储目录空间大于 16 TB 则使用 xfs

◎ 网卡设置:建议配置 2 块万兆网卡。
  ○ bond 模式取名 bond0,使用 mode1 或 mode4,推荐使用 mode4。对于 mode4 模式,交换机需要配置 802.3ad。
  ○ 网卡名建议使用 eth0、eth1。
  ○ 建议使用 Network 服务,不建议使用 NetworkManager,这是由于使用 NetworkManager 后,将无法识别绑定后的设备带宽指标。OceanBase 4.2.1 版本使用 OAT 安装时,会指定一个 10GB 的默认值,如果实际设备带宽不是 10GB,则需要修改 ob_work_dir/etc 目录下的配置文件 nic.rate.config,将设备带宽值调整为实际的设备带宽值。

(3)准备安装包。

部署前,根据安装环境、安装内容及安装部署方式准备好需要的安装包,用于后续的安装部署。

(4)部署 OAT。

部署前,需要在所有服务器上安装 oat-cli 的 RPM 包,用于自动化部署。从 OceanBase 3.2.4 版本开始,建议使用 DAT 图形化版本进行部署。

OAT 的安装步骤如下。

1)将 oat-cli 的安装包复制到任意一台服务器上。

2）使用 root 用户登录该服务器，执行以下命令，安装 oat-cli 工具。
◎ x86_64 平台。

```
[root@hostname /]# rpm -ivh t-oceanbase-antman-1.3.9-1931064.alios7.x86_64.rpm
```

◎ ARM_64 平台。

```
[root@hostname /]# rpm -ivh t-oceanbase-antman-1.3.8-1930530.alios7.aarch64.rpm
```

3）重复步骤 1）和步骤 2），完成所有服务器上 oat-cli 的安装。

（5）通过 oat-cli 配置部署环境。

需要使用 oat-cli 配置各服务器的部署环境。

◎ 添加 admin 用户：为便于后续维护，部署前需要为每台服务器添加 admin 用户。

```
[root@hostname /]# cd /root/t-oceanbase-antman/clonescripts
[root@hostname clonescripts]# ./clone.sh -u
```

◎ 修改操作系统内核配置。
  ○ OCP 服务器：执行以下命令，对每台 OCP 服务器进行设置。

```
[root@hostname /]# cd /root/t-oceanbase-antman/clonescripts
[root@hostname clonescripts]# ./clone.sh -c -r ocp
```

  ○ OBServer 服务器：执行以下命令，对每台 OBServer 服务器进行设置。

```
[root@hostname /]# cd /root/t-oceanbase-antman/clonescripts
[root@hostname clonescripts]# ./clone.sh -c -r ob
```

◎ 安装依赖包。
  ○ OCP 服务器：在每台 OCP 服务器上执行以下命令，安装依赖包。

```
[root@hostname /]# cd /root/t-oceanbase-antman/clonescripts
[root@hostname clonescripts]# ./clone.sh -m -r ocp
```

  ○ OBServer 服务器：在每台 OBServer 服务器上执行以下命令，安装依赖包。

```
[root@hostname /]# cd /root/t-oceanbase-antman/clonescripts
[root@hostname clonescripts]# ./clone.sh -m -r ob
```

  ○ 信创 OBServer 服务器：在每台信创 OBServer 服务器上执行以下命令，安装依赖包。

```
[root@hostname /]# yum install
[root@hostname clonescripts]# ./clone.sh -m -r o
```

在国产操作系统上（如统信 UOS）通过 OCP 安装 OceanBase RPM 包时，可能会因为脚本包含一些依赖声明导致报错。此时，可以根据具体的安装环境自行安装对应的解释器，或者使用 rpm --nodeps 命令强制安装。

◎ OCP 与 OMS 服务器安装 Docker：在 OCP 与 OMS 服务器上执行以下命令，安装 Docker。

```
[root@hostname /]# cd /root/t-oceanbase-antman/clonescripts
```

```
[root@hostname clonescripts]# ./clone.sh -i
```

（6）配置时钟源。

OceanBase 集群的多个节点以及 OCP 节点的时钟必须配置时钟同步服务 NTP 或者 chrony，并且所有节点的时钟偏差不能超过 100ms。

Paxos 选举协议会检查每个消息在发送端和接收端的时间差（即消息的延时），并且设置了允许的最大延时（100ms×2+200ms=400ms），考虑了 2 台服务器的时钟延时上限（100ms）和 RPC 延时上限（200ms）。当消息延时超过该值后，会被认为是过期消息，从而被选举模块忽略。

如果服务器间时钟偏差大于 100 ms，则会导致系统不可用，此时数据库不能读写，但不会丢数据。

假设默认的时钟服务器地址为 10.100.100.1 和 10.100.100.2。如果 NTP 客户端未配置，则可以执行以下命令配置 NTP 客户端。

```
echo "tinker panic 500
restrict default kod nomodify notrap nopeer noquler
restrict -6 default kod nomodify notrap nopeer pdquery

restrict 127.0.0.1
restrict -6::1

server 10.100.100.1 minpoll 3 maxpoll 6
server 10.100.100.2 minpoll 3 maxpoll 6

keys /ete/ntp/keys

driftf1le /var/1ib/mtp/crLft">/etc/ntp.conf
启用 NTP 服务器
systemctl enable ntpd
重启 NTP 服务
systemctl restart ntpd
```

查看 NTP 客户端时间同步状态，确保延时在 100ms 以内。

```
[root@obocp3-M3~]#ntpq -4p
    remote         refid        st t when poll reach  delay   offset  jitter
===============================================================================
*10.100.100.1   10.183.54.235   2 u   50   64  377    0.300   0.009   0.028
+10.100.100.2   10.183.54.236   2 u   18   64  377    0.304  -0.018   0.020
```

当时钟偏差大于 100ms 时需要及时调整。如果 OBServer 节点上的系统时间比标准时间慢，则可以直接调整。如果 OBServer 节点上的系统时间比标准时间快，则需要先停止问题节点的 OBServer 进程，再将时间调整正确。但是在停止 OBServer 进程之前，建议先通过 stop server 动作将该 OBServer 上的主副本的主节点切换为其他节点。

(7）上传安装包。

在使用 oat-cli 命令行工具部署 OCP、OMS 或 ODC 前，需要向安装 oat-cli 的服务器上传各产品所需的安装包。将本地的安装包上传到第一台 OCP 服务器的/root/t-oceanbase-antman/目录下，该服务器后续会执行 install.sh 脚本。

对于 OCP 部署，需要向安装 oat-cli 的服务器中上传 OCP、OCP MetaDB 的 OBProxy，以及 OCP MetaDB 的 OceanBase 三个安装包。如果在三个节点的 OCP 部署中使用 DNS 模式，则还需要准备 DNS 安装包。

示例代码如下，其中 oat_server 表示部署 oat-cli 的服务器的 IP 地址。

```
[root@hostname /]# scp ./ ocp_all_2.5.5_1931254.tar.zip \
<oat_server>:/root/t-oceanbase-antman/ocp_all_2.5.5_1931254.tar.zip
[root@hostname /]# scp ./proxy187.tar.zip \
<oat_server>:/root/t-oceanbase-antman/proxy187.tar.zip
[root@hostname /]# scp ./OB2276x8620210409.tar.zip \
<oat_server>:/root/t-oceanbase-antman/OB2276x8620210409.tar.zip
[root@hostname /]# scp ./obdns_20200929_x86.tar.zip \
<oat_server>:/root/t-oceanbase-antman/obdns_20200929_x86.tar.zip
```

对于 ODC 部署，需要向安装 oat-cli 的服务器中上传 ODC 的镜像，示例代码如下。

```
[root@hostname /]# scp ./ obodc3.1.1.tar.zip \
<oat_server>:/root/t-oceanbase-antman/obodc3.1.1.tar.zip
```

对于 OMS 部署，需要向安装 oat-cli 的服务器中上传 OMS 的镜像，示例代码如下。

```
[root@hostname /]# scp ./oms.feature_3.1.0-bp2.tar.zip \
<oat_server>:/root/t-oceanbase-antman/oms.feature_3.1.0-bp2.tar.zip
```

（8）配置主机信息。

在所有服务器上通过以下步骤配置主机信息。

在每台服务器上执行以下命令，为服务器配置主机名。

```
[root@hostname /]# hostnamectl set-hostname <hostname>
```

在 hosts 中添加主机名解析。

```
echo "xx.xx.xx.xx ocpone">>/etc/hosts
```

执行以下命令，确保可以正确获取当前主机的 IP 地址。

```
[root@hostname /]# hostname -i
```

（9）检查部署前环境。

服务器和操作系统参数设置完成后，为确保部署的正常进行，需要验证 OBServer 和 OCP 服务器是否满足标准安装条件。

◎ 在 OCP 所有服务器上执行以下命令。

```
[root@hostname /]# cd /root/t-oceanbase-antman/clonescripts
[root@hostname /]# sh precheck.sh -m ocp
```

执行后，如果显示 FAIL 的信息，则根据错误提示进行修改。

◎ 在 OBServer 所有服务器上执行以下命令。

```
[root@hostname /]# cd /root/t-oceanbase-antman/clonescripts
[root@hostname /]# sh precheck.sh -m ob
```

执行后，如果显示 FAIL 的信息，则根据错误提示进行修改。

3. 部署 OCP

在部署 OceanBase 集群前，需要先部署 OCP。OCP 以 Docker 形式运行，对服务器结构和 Linux 操作系统的要求与 OceanBase 服务器一致。

OCP 是一款专门用来管理 OceanBase 集群的管控平台。通过 OCP，可以一键安装、升级、扩容、卸载 OceanBase 集群，创建和管理运维任务，监控集群的运行状态，并查看告警。

对于 OCP 的部署，目前支持单节点和三节点两种模式。

◎ 单节点部署。通过单个节点提供全部 OCP 能力。其中，单节点部署的负载均衡模式为 none。

◎ 三节点部署。OCP 支持通过三节点部署来实现高可用。

三节点部署可以选择 DNS 或者外部负载均衡设备，例如 F5 等，目前，在测试和开发环境中使用 DNS 负载均衡模式。

OCP 的部署流程如下。

（1）生成配置文件。

在部署 OCP 前，需要使用 oat-cli 命令行工具生成配置文件模板，并根据实际信息修改模板。

1）单节点部署。

◎ 以 root 用户登录用于部署 OCP 的服务器，执行以下命令。

```
[root@hostname /]# cd /root/t-oceanbase-antman/clonescripts
[root@hostname clonescripts]# bash init_obcluster_conf.sh
```

◎ 在模式中输入 1，表示单节点部署。系统会生成对应的配置模板。
◎ 根据注释信息修改配置模板，需要修改的信息如下。
  ○ 必须填写服务器 IP 地址、root 密码和 admin 密码，单节点部署只需要填写 1 台服务器的信息。
  ○ 对于单节点部署场景，负载均衡 lb_mode 选择 none 模式，表示不使用负载均衡。
  ○ 根据物理机的 CPU 和内存资源编排 Docker 资源。
  ○ 可使用命令 docker load -i <docker image>和命令 docker images 获取 OCP 各组件 Docker 的版本信息，包括 OBServer、OBProxy 和 OCP。
  ○ 如果准备部署 OMS，则填写 OMS 基本信息，包括部署 OMS 服务器的 IP 地址和 OMS Docker 的版本信息。

- 如果准备部署 ODC，则填写 ODC Docker 的版本信息。

2）三节点部署。
- 以 root 用户登录 OCP 服务器，执行以下命令。

```
bash init_obcluster_conf.sh
```

- 在模式中输入 3，表示三节点部署。系统会生成对应的配置模板。
- 需要修改的信息如下。
  - 必须填写服务器 IP 地址、root 密码和 admin 密码，三节点部署需要填写 3 台服务器。
    - 如果负载均衡模式选择 DNS，则默认会有一个推荐域名 oceanbase.com，该域名仅部署 OCP 的节点可以自由访问，其他节点访问需要配置域名解析。我们以负载均衡 lb_mode 选择 DNS 为例。
    - 如果负载均衡模式选择 F5，则需要配置准备好的 obproxy vip 和 vport、ocp vip 和 vport，需要预先申请。
- 根据物理机的 CPU 和内存资源编排 Docker 资源。默认规格为 OBServer 32C/128GB、OCP 8C/16GB、OBProxy 4C/12GB。若物理机资源为推荐最低配置，则可以自定义调整，OBServer 不低于 24C/100GB、OCP 不低于 4C/8GB、OBProxy 不低于 2C/10GB。
- 可使用命令 docker load -i <docker image> 和命令 docker images 获取 OCP 各组件 Docker 的版本信息，包括 OBServer、OBProxy 和 OCP。
- 如果准备部署 OMS，则填写 OMS 基本配置，包括部署 OMS 服务器的 IP 地址和 OMS Docker 的版本信息。
- 如果准备部署 ODC，则填写 ODC Docker 的版本信息。

（2）开始部署 OCP。

配置完成后，可以通过 oat-cli 部署 OCP。

说明：对于三节点部署，在一台服务器上执行安装命令后，oat-cli 会根据上一步提供的 IP 地址与连接信息，自动将 OCP 安装到 3 台服务器上。

执行以下命令部署 OCP，其中，1-8 表示执行第 1~8 步。

```
[root@hostname t-oceanbase-antman]# bash install.sh -i 1-8
```

如果某一步执行失败，只需要清除失败的步骤，根据日志的报错内容修复后，从当前步骤继续安装。例如，第 5 步安装失败，通过查看日志可知是由配置文件错误导致的，则将其修改正确后执行以下命令。

```
[root@hostname t-oceanbase-antman]# bash install.sh -c 5 -i 5-
```

如果日志中返回如下信息，则表示 OCP 的部署已经完成。

```
[2020-02-11 22:53:20.978315] INFO [xxx.xxx.xxx.xxx post_check_ocp_service start]
[2020-02-11 22:53:20.980821] INFO [Curl xxx.xxx.xxx.xxx -> http://xxx.xxx.xxx.xxx:8080/services?Action=GetObProxyConfig&User_ID=admin&UID=alibaba]
```

```
[2020-02-11 22:53:21.194190] INFO [xxx.xxx.xxx.xxx: post_check_ocp_service done]
[2020-02-11 22:53:21.201536] INFO [step8: post check done]
```

（3）部署后检查。

OCP 部署完成后，可以登录 OCP 进行部署后检查。需要注意，不同 OCP 版本的操作页面可能不同，请以实际页面为准。

1）访问 OCP。

◎ 在浏览器中输入 OCP 的访问地址，按回车键。

访问地址为：http://<*OCP 服务器的 IP 地址*>:8080

◎ 弹出的登录页面如图 4-5 所示，使用默认账号 admin 登录，默认密码为 root。登录后请及时修改密码。

图 4-5　OCP 登录页面

说明：如果需要通过域名访问，则需要配置本机的域名解析服务。

2）检查 MetaDB 集群信息。

◎ 在导航菜单上单击"集群"选项。

◎ 在集群概览页面查看性能指标、机器资源及集群名等是否正常显示，如图 4-6 所示。

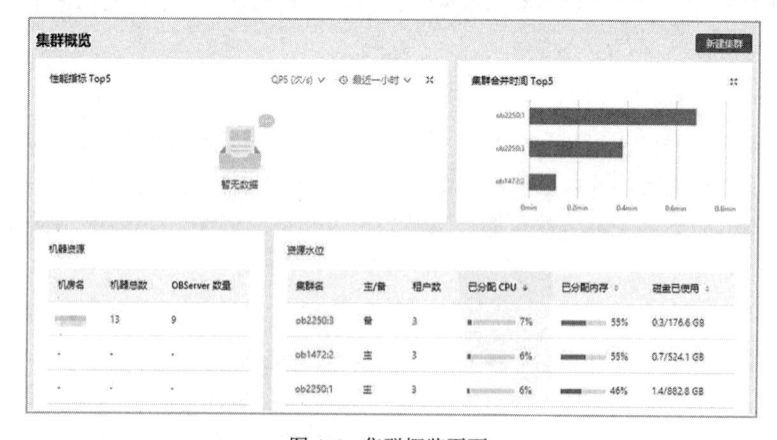

图 4-6　集群概览页面

◎ 在集群概览页面的集群名中找到 MetaDB 集群并单击，进入概览页面，查看 MetaDB 数据库的基本信息、资源水位等是否正确显示，如图 4-7 所示。

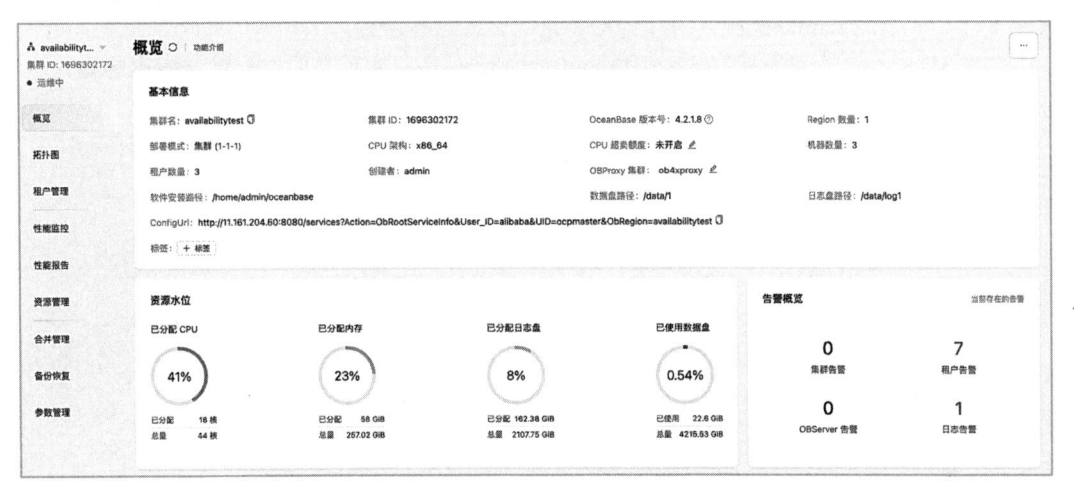

图 4-7　概览页面

3）检查监控状态。

在导航菜单上单击"性能监控"选项，进入集群的性能监控页面，如图 4-8 所示，查看数据库性能及主机性能曲线是否正常显示。

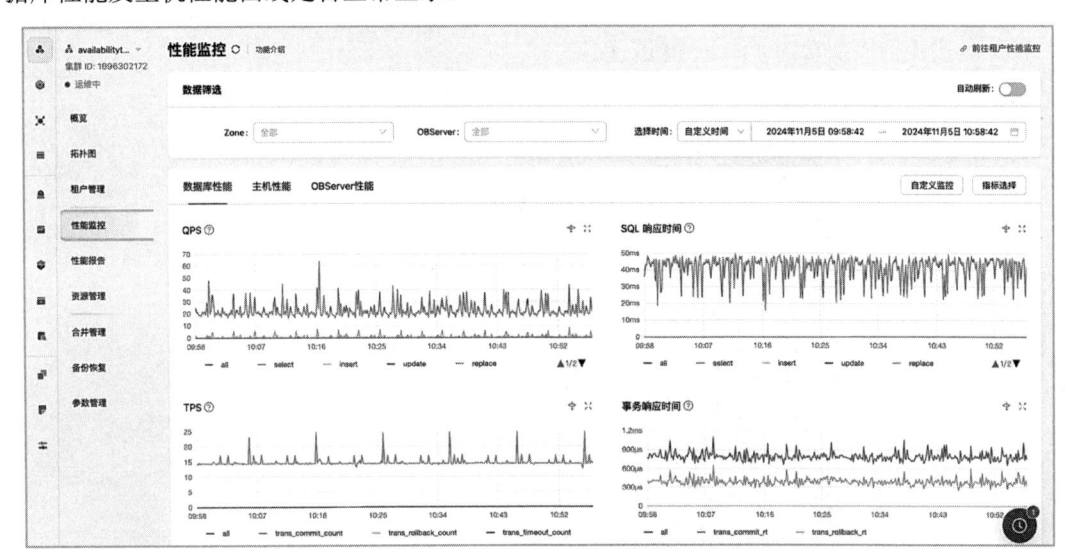

图 4-8　性能监控页面

4. 部署 OceanBase 集群

OceanBase 支持单副本部署和多副本部署，并且单副本 OceanBase 集群可以扩容。

（1）配置 DNS。

如果 OCP 采用三节点部署模式，并且负载均衡模式为 DNS，则需要执行本步骤。对于 OCP 单节点部署与负载均衡模式为 F5 的场景，请跳过本步骤。

修改 OBServer 服务器的 /etc/resolv.conf 配置文件。在配置文件中配置 nameserver，以下为开发和测试平台的配置，在生产环境中请根据实际的 DNS 服务器的 IP 地址填写。

```
[root@obocp3-M3~]#cat /etc/resolv.conf
options timeout:1 attempts:1
nameserver 29.157.16.202
nameserver 29.157.19.203
nameserver 29.157.20.144
; Created by cloud-init on instance boot automatically, do not edit.
;
search localdomain
#DNS config END
```

（2）添加 OBServer 服务器到 OCP 资源池。

在部署 OceanBase 集群前，需要将 OBServer 服务器添加到 OCP 资源池。

具体操作步骤如下。

1）在浏览器中输入"http://<*OCP 服务器的 IP 地址*>:8080"，使用 admin 账号登录 OCP，默认密码为 root。

2）单击导航菜单上的"主机"选项。

3）单击页面右上角的"添加主机"选项。

4）在弹出的对话框中填写主机服务器信息，如图 4-9 所示。

图 4-9　添加主机页面

添加主机字段说明如表 4-6 所示。

表 4-6 添加主机字段说明

字段	描述
IP 地址	OBServer 对应网卡的 IP 地址
SSH 端口	默认为 22
机型	如果没有对应的机型，那么可以单击新增机型，添加新的机型。机型是为配置相同的主机指定的一个标签，建议指定有意义的名称，便于更好地管理主机
机房	选择服务器所处机房，机房信息包括机房与区域。 ➢ 区域表示主机所处的地理区域，一个物理区域下可以存在一个或多个物理机房。 ➢ 区域和机房是 OceanBase 负载均衡和 SQL 语句路由策略的参考项，请按照实际情况填写。 说明：OCP 3.1.1 版本开始支持多 AZone 模式，新增机房时，将在当前 OCP 所在的 AZone 中创建新的机房
主机类型	主机类型，此处选择物理机
凭据	选择远程登录物理机使用的凭据，可以在下拉菜单中单击新增凭据来新建凭据
主机别名	主机别名是为配置相同的主机指定的标签，建议指定有意义的名称，以便更好地管理主机
说明	主机的注释，便于更好地管理主机

5）完成后，单击确定。

（3）创建 OceanBase 集群。

这里主要介绍如何通过 OCP 创建 OceanBase 集群，操作步骤如下。

1）在浏览器中输入 http://<*OCP 服务器的 IP 地址*>:8080，使用 admin 账号登录 OCP。

2）在导航菜单上单击"集群"选项。

3）在集群概览页面右上角单击"新建集群"选项。

4）在基础信息页面设置集群的基础信息，如图 4-10 所示。

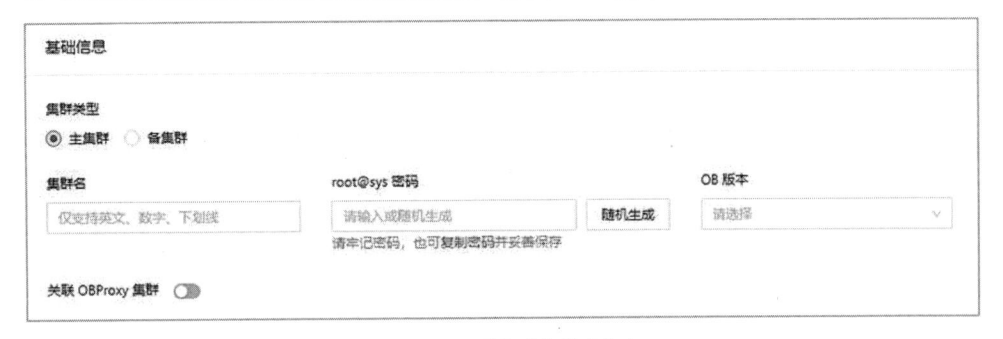

图 4-10 设置集群的基础信息

基础信息字段说明如表 4-7 所示。

表 4-7 基础信息字段说明

配 置	描 述
集群类型	可选择主集群或备集群，此处选择主集群
集群名	自定义待管理的集群的名称。集群名称必须以英文字母开头，可支持大小写字母、数字和下画线，长度为 2~48 个字符
root@sys 密码	支持自定义或随机生成。 密码需要满足以下条件： ➤ 长度为 8~32 位； ➤ 至少包含 2 个数字、2 个大写字母、2 个小写字母和 2 个特殊字符； ➤ 支持的特殊字符包括~!@#%^&*_-+=`|(){}[]:;',.?/。 此外，可以单击复制密码，将自定义或随机生成的密码复制到剪贴板中
OB 版本	单击添加版本，上传 OceanBase RPM 版本包
关联 OBProxy 集群	该选项用于关联已有的 OBProxy 集群

5）设置集群的部署模式信息。

默认添加 3 个 Zone 的信息，部署模式页面如图 4-11 所示。

图 4-11 部署模式页面

部署模式部分字段说明表 4-8 所示。

表 4-8　部署模式部分字段说明

配　　置	描　　述
Zone 名称	一般会有一个默认名称，可以根据需要自定义名称。Zone 名称必须以英文字母开头，支持大小写字母、数字和下画线，长度为 2~32 个字符
机房	Zone 所在的机房，每个 Zone 中的主机只能部署在同一个机房中
机型	可选项，如果选择了机型，则主机列表会根据机型进行过滤
机器选择方式	选择刚刚添加的服务器
IP	从列表中选择若干 IP 地址
Root Server 位置	可以选择一个 IP 地址作为 RootService 所在的服务器
Zone 优先级排序	该优先级顺序影响 sys 租户的 Primary Zone 的优先级顺序，图 4-11 左侧的列表框中显示了当前集群的所有 Zone。 可以在左侧的列表框中选择一个或多个 Zone 添加到右侧的列表框中，默认先选择的 Zone 的优先级高于后选择的 Zone；一次选中的多个 Zone 的优先级相同。 移动到右侧的列表框中后，也可以在右侧的列表框中通过拖曳调整顺序，列表框上方的 Zone 的优先级高于下方的 Zone

6）完成后，单击"提交"。

7）在弹出的"确认提交信息"对话框中确认信息无误后，单击确定。

5. 部署 OBProxy

OBProxy 可以将用户发起的数据访问请求转发到正确的 OBServer 上。

在任何一台服务器上部署 OBProxy 后，可以通过对外暴露一个 IP 地址和端口（IP:PORT）来提供 OceanBase 的代理服务。用户可以像访问 MySQL 一样通过该 IP:PORT 访问 OceanBase。

一般推荐将 OBProxy 服务部署在 OBServer 节点上，建议一台服务器上只部署一个 OBProxy 服务，并且使用约定的 2883 端口。当同一台服务器上部署多个 OBProxy 服务时，需要指定不同的端口予以区分。

具体操作步骤如下。

（1）在导航菜单上单击"OBProxy"选项，进入 OBProxy 页面。

（2）单击右上方的"创建 OBProxy 集群"。

（3）在"创建 OBProxy 集群"页面填写如下信息。

1）在基本信息中填写集群名、访问地址、访问端口、SQL 端口、Exporter 端口，添加或删除可连接 OB 集群，选择或上传对应版本的软件，如图 4-12 所示。

2）在部署模式中选择机房、机型（选填）、机器选择方式、主机，添加或删除 OBProxy，如图 4-13 所示。

3）打开高级设置，添加或修改启动参数和其他参数，如图 4-14 所示。

（4）单击"提交"，完成 OBProxy 部署。

图 4-12　创建 OBProxy 集群基本信息页面

图 4-13　创建 OBProxy 集群部署模式页面

图 4-14　创建 OBProxy 集群参数设置页面

4.2.3　OBServer 目录结构

在标准配置下，OBServer 目录结构如下所示。

```
$ob_dir
├── bin
│   ├── ob_admin
│   ├── obproxy
│   └── observer
├── etc
```

```
│   ├── io_resource.conf
│   └── observer.config.bin
├── lib
│   ├── libmysqlclient.so.18
│   └── libstdc++.so.6
├── log
│   ├── election.log
│   ├── observer.log
│   └── rootservice.log
└── store
    ├── clog -> /data/1/clog
    │   └── 1
    ├── ilog -> /data/1/clog
    │   └── 1
    ├── slog -> /data/2/clog
    │   └── 1
    └── sstable -> /data/2/clog
        └── block_file
```

其中,几个比较关键的目录和其中的文件内容如下。

◎ bin 目录下存储的是 OBServer 以及一些其他工具的二进制文件。
◎ etc 目录下主要存储配置项文件,尤其是进程的一些启动参数。
◎ log 目录下是进程运行日志,通常用于排查问题或反映系统运行的记录。
◎ store 目录下存储的是与存储引擎关系最紧密的日志和数据文件,其目录通常是一个软连接,用于单独挂载磁盘。

日志目录有 3 个,分别是 clog、ilog、slog。clog 是数据的 commit log 或 redo log。ilog 是 clog 的索引。slog 是存储引擎的 redo log,是元数据的日志。三种日志的文件都以单调递增的序号命名。

sstable 目录存储的是数据库数据。OceanBase 和其他多文件数据库不同,它使用统一的 2MB 大小的数据块来组织和管理数据与元数据。因此在存放数据库数据的 sstable 目录下,会看到一个名为 block_file 的大文件。

4.2.4 部署 OBServer 服务器常见问题及解决方案

本节介绍部署 OBServer 服务器时最常见的问题及解决方案,涉及规范主机名,设计 MySQL 安装、存储空间。

1. /etc/host 文件中的主机名应与主机实际名称一致

在安装 OBServer 服务器时,需要确保各节点主机名正确无误,这是非常重要的。主机名不一致会导致节点间通信失败,以及添加 OBServer 服务器失败。检查主机名与/etc/hosts 文件中的主机名是否一致的步骤如下。

（1）在安装 OBServer 服务器时，可以执行 hostname -i 查看/etc/hosts 文件中对主机名的修改是否生效，返回的主机名是否与/etc/hosts 文件中修改的主机名称一致。

（2）如果返回的主机名与修改的主机名不一致，则需要修改/etc/hosts 文件中的主机名，并添加 echo "xx.xx.xx.xx hostname">>/etc/hosts。

（3）修改完成后重新执行 hostname -i 验证，确认返回的主机名称正确。

2. MySQL 客户端命令路径配置问题

在某次安装 OBServer 的过程中，通过 yum 安装完所有依赖后，验证过程中发现执行 mysql 命令报错"mysql not find"。通过 find 命令发现 MySQL 客户端已安装在/usr/local/mysql/bin 目录下，查询/etc/profile 后发现 mysql 命令并未注册到默认路径 PATH 中。找到了问题的症结，就可以着手解决了，手动在/etc/profile 中添加如下内容。

```
export PATH=/$PATH:/usr/local/mysql/bin
```

添加完成后，重新执行 which mysql 命令，如果命令返回结果包括 mysql 命令所在的路径，则说明问题已解决。

3. 配置预留空间注意事项

在 OBServer 的运行过程中，如果发生异常导致 OBServer 进程崩溃，则系统会生成一个 CORE 文件。CORE 文件的大小通常是运行内存（RAM）的 1.5 倍，这是因为它记录了进程崩溃时的内存状态，包括所有变量的值、函数调用栈等，这样做的好处是可以方便后续问题的分析和调试。在默认情况下，CORE 文件会被保存在/data/1 目录下，这个目录也是 OBServer 存储数据的地方。

因此，虽然 OBServer 默认配置为空间的 95%，但是配置时还应额外预留至少 1.5 倍于 OBServer 运行内存的空间，以确保在 OBServer 进程崩溃生成 CORE 文件时，系统有足够的空间来保存这个文件。

4.3 租户创建最佳实践

在日常运维过程中，OceanBase 提供了两种方式用于创建租户，一种是通过 SQL 语句创建，另一种是通过 OCP 白屏创建。OceanBase 作为多租户架构，一般支持系统租户和用户租户两个大类，但从 OceanBase 4.0 版本开始，引入了 Meta 租户。本节将针对 OceanBase 4.0 版本中租户新特性及租户创建最佳实践展开介绍。

4.3.1 OceanBase 4.0 版本租户特性

在 4.0 版本之前，OceanBase 仅支持两种类型的租户：系统租户和用户租户。从 4.0 版本开始，OceanBase 引入了 Meta 租户的概念，即租户有三种类型：系统租户、用户租户以及 Meta 租户。

（1）系统租户是集群默认创建的租户，与集群的生命周期一致，负责管理集群和所有租户的生命周期。系统租户仅有一个 1 号日志流，仅支持单点写入，不具备扩展能力。系统租户可以创建用户表，所有的用户表和系统表数据均由 1 号日志流提供服务。系统租户的数据是集群私有的，不支持主备集群物理同步和物理备份恢复。

（2）用户租户是由用户创建的租户，对外提供完整的数据库功能，支持 MySQL 和 Oracle 两种模式。用户租户支持将服务能力水平扩展到多台服务器上、支持动态扩容和缩容，可以根据用户的配置自动创建和删除日志流。用户租户的数据有更高的数据保护和可用性要求，支持跨集群物理同步和物理备份恢复，典型数据包括 Schema 数据、用户表数据及事务数据等。

（3）作为 OceanBase 4.0 版本引入的新租户，Meta 租户是 OceanBase 自管理的租户。每创建一个用户租户，系统就会自动创建一个对应的 Meta 租户，其生命周期与用户租户保持一致。Meta 租户用于存储和管理用户租户的集群私有数据，这部分数据不需要进行跨库物理同步及物理备份恢复，包括配置项、位置信息、副本信息、日志流状态、备份恢复相关信息、合并信息等。

从用户角度来看，系统租户、用户租户和 Meta 租户的差异如表 4-9 所示。

表 4-9 系统租户、用户租户和 Meta 租户的差异

属　性	系统租户	用户租户	Meta 租户
租户 ID	仅有一个 1 号日志流	• 最小值：1002 • 编码方式：最低位编码为 0	• 最小值：1001 • 编码方式：最低位编码为 1 • 与用户租户 ID 关系：Meta 租户 ID+1= 用户租户 ID
租户命名规范	sys	用户自定义，由大小写英文字母、数字和下画线组成	META$\{user_tenant_id\} 例如：用户租户的租户 ID 为 1002，对应 Meta 租户的租户名为 META$1002
租户类型	sys	USER	META
数据属性	集群私有数据，不支持集群物理同步和物理备份恢复	集群非私有数据，支持跨集群物理同步和物理备份恢复	集群私有数据，不支持集群物理同步和物理备份恢复
扩展性	数据不可水平扩展，只有一个日志流	具备水平扩展能力，支持动态扩容和缩容	数据不可水平扩展，只有一个日志流
租户运维	• 创建：不支持 • 删除：不支持 • 重命名：不支持 • 用户登录：支持 • 修改 Locality：支持 • 修改 Primary Zone：支持	• 创建：支持 • 删除：支持 • 重命名：支持 • 用户登录：支持 • 修改 Locality：支持 • 修改 Primary Zone：支持	• 创建：不支持 • 删除：不支持 • 重命名：不支持 • 用户登录：不支持 • 修改 Locality：不支持 • 修改 Primary Zone：不支持

续表

属　性	系统租户	用户租户	Meta 租户
数据对外访问接口	系统租户下的视图	系统租户下： • CDB_xxx 视图和动态性能视图会展示所有用户租户的数据； • DBA_OB_TENANTS 视图会展示所有用户租户的信息。 用户租户下： DBA_xxx 视图和动态性能视图会展示本租户的数据	Meta 租户不能直接登录，它的信息可以通过用户租户和系统租户进行访问。 系统租户下： • CDB_xxx 视图和动态性能视图会展示所有用户租户的数据； • DBA_OB_TENANTS 视图会展示所有用户租户的信息。 用户租户下： Meta 租户管理的数据会通过用户租户下的视图展示出来。如路由信息查询视图 DBA_OB_LS_LOCATIONS、配置项信息查询视图 GV$OB_PARAMETERS 等

OceanBase 从 4.0 版本开始支持租户间 CPU、MEMORY、IOPS 隔离，一个 Unit 可以指定 CPU 核数、MEMORY 内存大小、IOPS 和 LOG_DISK_SIZE 这 4 个参数，其中 IOPS 为可使用的 IOPS 数量，LOG_DISK_SIZE 为最大可用日志盘大小。这两个参数设置是 OceanBase 4.0 及以上版本特有的功能。示例如下。

```
CREATE RESOURCE UNIT name
MAX_CPU = 1, [MIN_CPU = 1,]
MEMORY_SIZE = '5G',
[MAX_IOPS = 1024, MIN_IOPS = 1024, IOPS_WEIGHT=0,]
[LOG_DISK_SIZE = '2G'];
```

需要注意的是，当租户所属集群为 OceanBase 4.0 及以上版本时，不支持选择 1C 以下的 CPU 规格，支持在 OCP 中通过 CPU 高级设置对 CPU 超卖进行分配。开启高级设置后，可分别配置最小 CPU（核）数和最大 CPU（核）数。

Meta 租户没有独立的 Unit，OceanBase 在租户资源管理过程中不管理 Meta 租户。系统在创建租户时默认为 Meta 租户从用户租户的资源中预留资源。目前 Meta 租户的各项资源采用默认配置，不支持用户指定，包括 CPU、MEMORY、IOPS 及 LOG_DISK_SIZE。

Meta 租户和用户租户共享 CPU 资源，在 GV$OB_UNITS 视图中展示的 Meta 租户的 CPU 资源规格为 NULL，表示与用户租户共享。Meta 租户和用户租户还会共享 IOPS 资源，在 GV$OB_UNITS 视图中展示的 Meta 租户的 IOPS 资源规格为 NULL，表示与用户租户共享。

由于内存资源不支持共享，Meta 租户和用户租户的内存资源需要隔离。默认 Meta 租户占整体租户的 10%。为了保证 Meta 租户正常运行，Meta 租户内存资源最小为 512MB，不设最大值。整体租户内存减去 Meta 租户内存即为用户租户的内存。下面举例说明。

（1）当租户内存大于或等于 10GB 时，Meta 租户和用户租户内存比例为 1：9。

（2）当租户内存大于或等于 2GB，但小于 10GB 时，Meta 租户的内存固定为 1GB，剩余资源给用户租户。

（3）当租户内存小于 2GB，但大于 1GB 时，Meta 租户固定分配 512MB，剩余资源给用户租户。

（4）当租户内存为 1GB 时，Meta 租户占用 512MB，用户租户占用 512MB。

用户可以不指定日志盘资源大小，默认值为内存资源的 3 倍，最少为 2GB。日志盘资源和内存资源一样，不支持共享，Meta 租户和用户租户的日志盘资源需要隔离。默认 Meta 租户占整体租户的 10%。为了保证 Meta 租户正常运行，Meta 租户的日志盘资源最少为 512MB。

4.3.2 通过 SQL 语句创建租户

创建租户前，需要确定租户的资源配置、使用资源的范围等。创建租户的通用流程如下：（1）配置资源；（2）创建资源池；（3）创建租户。

资源配置用来指定资源池中每个资源单元可用的 CPU、内存、存储空间和 IOPS 等的规格。需要注意，资源配置指定的是对应资源单元能够提供的服务能力，而不是资源单元的实时负载。创建资源配置的示例语句如下。

```
CREATE RESOURCE UNIT uc1 MAX_CPU 5, MIN_CPU 4, MEMORY_SIZE '36G',
MAX_IOPS 128000, MIN_IOPS 128000, LOG_DISK_SIZE '2T' ;
```

CREATE RESOURCE UNIT 语句中的必选参数包括 MAX_CPU 和 MEMORY_SIZE。

对于可选参数 MIN_CPU、MAX_IOPS、MIN_IOPS 和 LOG_DISK_SIZE：MIN_CPU 默认等于 MAX_CPU，表示使用该资源配置的资源单元能够提供的 CPU 的下限；MIN_IOPS 默认等于 MAX_IOPS；LOG_DISK_SIZE 默认等于 3 倍的内存大小，最少为 2GB。MIN_IOPS 和 MAX_IOPS 的最小值为 1024，并且要求 MAX_IOPS 大于或等于 MIN_IOPS。如果用户未指定 MIN_IOPS 和 MAX_IOPS 的值，则 MIN_IOPS 和 MAX_IOPS 的值默认为 INT64_MAX。IOPS_WEIGHT 代表租户的操作权重。如果用户未指定 IOPS_WEIGHT，则 IOPS_WEIGHT= MIN_CPU；如果用户指定了 IOPS_WEIGHT，则以用户指定的为准。如果仅指定了 MAX_IOPS 的值，则 MIN_IOPS 的值默认为 INT64_MAX；反之亦然。如果用户未指定 IOPS_WEIGHT 的值，则默认为 0。

资源池由若干资源单元组成，通过给资源池指定资源配置，可指定资源池下各资源单元的物理资源。创建资源池的示例语句如下。

```
CREATE RESOURCE POOL rp1 UNIT 'uc1', UNIT_NUM 2, ZONE_LIST ('zone1', 'zone2');
```

在该示例语句中，创建了一个资源池 rp1，该资源池有三个要素，缺一不可。

（1）UNIT 'uc1' 表示为该资源池指定的资源配置为 uc1。

（2）ZONE_LIST ('zone1','zone2') 为资源池指定的使用范围，表示该资源池要在 zone1 和 zone2 上创建资源单元。

（3）UNIT_NUM 2 为资源池指定资源单元的个数，表示在 ZONE_LIST 内的每个 Zone 上都创建 2 个资源单元。

任何一个资源单元都需要放置在资源足够容纳它的物理机中，并且单台物理机中最多能放置同一个资源池下的一个资源单元，如果 Zone1 或 Zone2 上的物理机个数小于 2，或物理机的资源小于 uc1 的规格，那么上述创建资源池的示例语句将无法执行成功，资源池最终会创建失败。

创建好资源池后，可以继续创建租户，一个资源池仅能属于一个租户，一个租户可拥有一个或多个资源池，租户在同一个 Zone 上仅能有一个资源池，即属于同一个租户的多个资源池的 ZONE_LIST 不允许有交集。一个租户的所有资源池下的全部资源单元的集合描述了该租户可以使用的全部物理机资源。

实际上，OceanBase 支持两种类型的租户：MySQL 和 Oracle。若创建时未指定租户类型，则默认为 MySQL。只有 sys 租户的管理员 root 用户（root@sys）才有权限执行创建租户的命令。

（1）创建一个三副本的 MySQL 租户的命令如下。

```
CREATE TENANT IF NOT EXISTS test_tenant
CHARSET='utf8mb4',
ZONE_LIST=('zone1','zone2','zone3'),
PRIMARY_ZONE='zone1;zone2,zone3',
RESOURCE_POOL_LIST=('pool1');
```

（2）创建一个三副本的 Oracle 租户的命令如下。

```
CREATE TENANT IF NOT EXISTS test_tenant
CHARSET='utf8mb4',
ZONE_LIST=('zone1','zone2','zone3'),
PRIMARY_ZONE='zone1;zone2,zone3',
RESOURCE_POOL_LIST=('pool1')
SET ob_compatibility_mode='oracle';
```

（3）root@sys 用户登入 sys 租户查询 oceanbase.gv$tenant 视图，确认租户是否创建成功。

```
SELECT * FROM oceanbase.gv$tenant;
```

（4）租户创建完毕后，相应管理员用户密码为空，需要登录到数据库后修改管理员的密码。

4.3.3 通过 OCP 白屏创建租户

在 OCP 创建租户有如下两种方式。
（1）通过导航菜单打开租户管理页面创建租户。
（2）在集群管理中，指定集群的租户管理页面创建租户。

本节以第二种方式为例，展示 OCP 白屏创建租户的流程。在创建租户前，需要做一些准备工作，确认好以下信息。

◎ 集群状态为运行中。

◎ 主备集群模式下,只能在主集群创建租户,备集群不支持独立创建租户。
◎ OCP 登录用户具备 CLUSTER_MANAGER 角色权限。

具体的创建步骤如下。

(1)登录 OCP。

(2)单击导航菜单上的"集群"选项。

(3)在集群列表区域选择待操作的集群并单击其集群名。

(4)在导航菜单上,单击"租户管理"。

(5)在页面右上角单击新建租户,如图 4-15 所示。

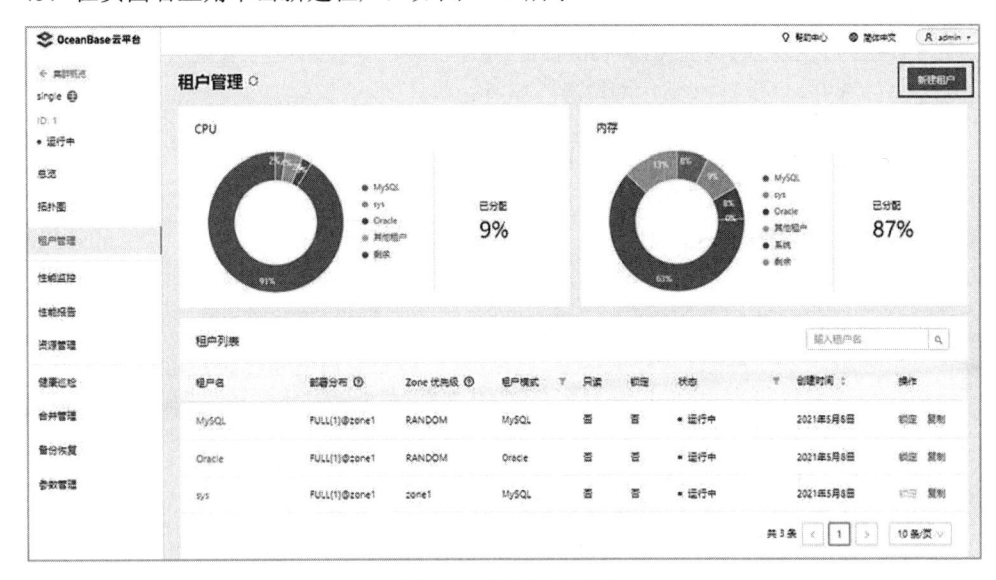

图 4-15 新建租户页面

(6)填写基础信息。输入租户名称。租户名称支持英文大小写字母、数字和下画线,长度为 2~63 个字符。

(7)填写 Zone 信息。系统会根据所选集群的 Zone 信息显示可配置的 Zone 列表,对于无须做副本分布的 Zone,可以单击后面的删除按钮进行删除。需要配置的 Zone 信息及相关说明如表 4-10 所示。

表 4-10 需要配置 Zone 信息及相关说明

Zone 信息	说明
副本类型	有以下选项: 1. 全功能型副本; 2. 只读型副本; 3. 日志型副本。 请选择多个全功能副本类型,确保全功能副本类型占多数

Zone 信息	说 明
Unit 规格	可以选择内置的 Unit 规格，或者在列表下方单击新增规格按钮新增自定义规格
Unit 数量	指定该 Zone 下的 Unit 数量。Unit 数量不能超过该 Zone 下的 Server 个数
Zone 优先级排序	Zone 的优先级排序。该优先级顺序影响创建租户的 Primary Zone 的优先级顺序

（8）基本设置。需要完成的基本设置及说明如表 4-11 所示。

表 4-11 基本设置及说明

设置项	说 明
管理员初始密码	租户管理员账号的密码，支持随机生成。 对于 MySQL 模式，管理员账号为 root； 对于 Oracle 模式，管理员账号为 sys。 密码格式要求如下：长度为 8~32 个字符，支持字母、数字和特殊字符，且至少包含大小写字母、数字和特殊字符各 2 个，支持的特殊字符包括 ~!@#%^&*_-+=`|(){}[]:;',.?/
租户模式	当前支持 MySQL 和 Oracle 两种租户模式
字符集与编码	对于 MySQL 模式，可选字符集有 utf8mb4、binary、gbk 和 gb18030，默认为 utf8mb4； 对于 Oracle 模式，可选字符集有 utf8mb4、gbk 和 gb18030，默认为 utf8mb4
备注	可选，备注说明信息
IP 地址白名单	用于指定该租户允许登录的客户端列表。如果不指定，则默认为%，表示允许所有客户端登录。 自定义白名单列表时需要注意，OCP 服务器地址及其所依赖的 OBProxy 地址必须在此名单中，否则 OCP 无法管理此租户。 白名单格式说明如下。 IP 地址示例：10.10.10.10，10.10.10.11 子网/掩码示例：10.10.10.0/24 模糊匹配示例：10.10.10.% 或 10.10.10._ 多种格式混合示例：10.10.10.10，10.10.10.11，10.10.10.%，10.10.10._，10.10.10.0/24

（9）打开参数设置模块并配置租户参数。可以在图 4-16 中的 ① 处添加启动参数并为其配置值。也可以将鼠标悬停于图 4-16 中的 ② 处的选择参数模板字样上，然后选择一个参数模板，系统会将模板中的参数连同配置自动填充到此处。

图 4-16 参数设置图

（10）单击提交。在弹出的选项卡中单击查看任务按钮，查看新建租户任务的执行进度。当任务状态为完成，且集群租户管理页的租户列表中该新建租户的状态为运行中时，表示租户新建成功。

4.4　OceanBase 配置最佳实践

在成功部署 OceanBase 集群后，相关参数的配置也极为重要。通过确定数据库系统的配置标准，规范数据库系统的配置管理，确保数据库系统的安全性和稳定性。

数据库配置基线是数据库安全基线的一部分，包括数据库管理员账号、密码、权限、日志等。通过合理配置数据库，可以显著减少人为错误，降低对数据库的威胁。同时，数据库配置基线是数据库性能优化的基础，可以帮助数据库管理员了解数据库系统的运行状态，及时发现和解决问题，提高数据库系统的运行效率。

接下来主要介绍三类参数的最佳设置实践：OBServer 集群参数、OBServer 租户参数和 OBProxy 参数。

4.4.1　OBServer 集群参数

OBServer 集群参数及说明如表 4-12 所示。

表 4-12　OBServer 集群参数及说明

参数名称	建议值	说　　明
memstore_limit_percentage	80	MemStore 内存可用百分比，如果服务器内存大于 256 GB，则建议配置为 80；否则保持默认值 50。 参数调整语句示例：ALTER SYSTEM SET memstore_limit_percentage = '80'
clog_sync_time_warn_threshold	1 s	用于控制 clog 在主从之间同步超过多长时间报 WARN 日志，建议设置为 1 s，默认为 100 ms。 参数调整语句示例：ALTER SYSTEM SET clog_sync_time_warn_threshold = '1s'
freeze_trigger_percentage	50	转储触发水位百分比，默认为 70%
server_permanent_offline_time	7200 s	用于设置节点心跳中断的时间阈值，即节点心跳中断多久后被认为永久下线，永久下线的节点上的数据副本需要被自动补足，默认为 3600 s
autoinc_cache_refresh_interval	43200 s	用于设置自增列缓存的刷新间隔。修改自增列可能导致不连续性问题，所以需要定期刷新。默认为 3600 s
max_stale_time_for_weak_consistency	2 h	设置弱一致性读允许读取多长时间的数据，默认为 5 s
syslog_io_bandwidth_limit	30 MB	用于设置系统日志所能占用的磁盘 I/O 带宽上限，超过带宽上限容量的系统日志将被丢弃。默认为 30 MB

续表

参数名称	建议值	说明
major_compact_trigger	200	用于设置多少次转储触发一次全局合并,当 major_compact_trigger 配置项的取值为 0 时,表示无论转储多少次都不会自动触发合并
_ob_enable_prepared_statement	true	默认打开,可以大幅提升信息系统的安全性,防止 SQL 注入,还可以在一定程度上提升查询性能
clog_transport_compress_all	true	用于设置事务日志传输时是否压缩,默认为 false
clog_max_unconfirmed_log_count	8000	用于设置事务模块中未确认日志的最大数目,默认为 1500
recyclebin_object_expire_time	0	用于自动 Purge 回收站中过期的 Schema 对象,单位为 s。取值说明如下: 当其值为 0 时,表示关闭自动 Purge 回收站功能,为默认值; 当其值为非 0 时,表示回收一段时间前进入回收站的 Schema 对象
_enable_parallel_minor_merge	true	用于设置并行转储,并行转储可以提高大分区转储效率,建议开启
__easy_memory_limit	20 GB	用于设置发往单个 OBServer 的 rpc packet 内存上限,默认为 4 GB,当数据库存在大查询时建议调大该参数。 由于 __xx_xx 格式的参数为隐藏参数,无法通过 SHOW PARAMETERS 语句进行查询,如果想查询隐藏参数的值,则可以查询 __all_virtual_sys_parameter_stat 视图
__easy_memory_reserved_percentage	10	一般与 __easy_memory_limit 配合使用,可以降低 Easy 占用太多内存的风险
max_syslog_file_count	300	用于设置在回收日志文件之前可以容纳的日志文件数量,默认为 0。每个日志文件最多可以占用 256 MB 的磁盘空间,当该配置项的值为 0 时,不会删除任何日志文件
enable_syslog_recycle	true	用于设置是否开启回收系统日志的功能。仅当 max_syslog_file_count 配置项的值设置为非 0 正数时,该功能才会生效。默认为 false
memory_limit_percentage	85	用于设置系统总可用内存大小占总内存大小的百分比,默认为 80
trace_log_slow_query_watermark	500 ms	用于设置查询的执行时间阈值,如果查询的执行时间超过该阈值,则被认为是慢查询,慢查询的追踪日志会被输出到系统日志中,默认为 100 ms
datafile_disk_percentage	80	用于设置数据文件占用其所在磁盘总空间(/data/1)的百分比,该配置项与 datafile_size 同时配置时,以 datafile_size 设置的值为准
log_disk_percentage	80	log_disk_percentage 用于设置 Redo 日志占用其所在磁盘总空间的百分比,log_disk_size 配置项取值为 0 时,该配置项才生效,若 log_disk_size 取值不为 0,则该配置项不生效

OBServer 参数可按需调整,修改方式如下。

```
ALTER SYSTEM SET [参数名称] = '[参数值]';
```

示例如下。

```
ALTER SYSTEM SET enable_syslog_recycle = 'true';
```

批量检测参数值的命令示例如下。

```
select
  distinct name,
  value
from
  __all_virtual_sys_parameter_stat
where
  name in (
    'memstore_limit_percentage',
    'clog_sync_time_warn_threshold',
    'freeze_trigger_percentage',
    'server_permanent_offline_time',
    'autoinc_cache_refresh_interval',
    'max_kept_major_version_number',
    ...
  )
order by name;
```

4.4.2 OBServer 租户参数

本节介绍一些常见的租户参数，OBServer 租户参数及说明如表 4-13 所示。

表 4-13 OBServer 租户参数及说明

参数名称	建议值	说明
writing_throttling_trigger_percentage	70	用于调整写入速度的阈值，在 MemStore 的内存使用率达到 80% 时开启写入限速。 默认为 100，表示关闭写入限速机制
ob_enable_truncate_flashback	0	用于设置是否启用表截断的闪回，为 off（0）时表示不启用，为 on（1）时表示启用。 默认为 off
recyclebin	off	用于设置是否开启回收站功能。当启用回收站时，删除的表及其依赖对象将放置在回收站中；当禁用回收站时，删除的表及其依赖对象不会放置在回收站中，会被直接删除。默认为 off
wait_timeout	86400	用于设置服务器关闭非交互连接之前等待活动的秒数。 在会话启动时，会根据全局 wait_timeout/interactive_timeout 的值来初始化会话 wait_timeout 的值，具体根据全局 wait_timeout 的值还是全局 interactive_timeout 的值取决于客户端类型。客户端类型由 mysql_real_connect() 的连接选项 CLIENT_INTERACTIVE 定义。默认为 28800

续表

参数名称	建议值	说明
ob_query_timeout	1200000000 μs	用于设置对 SQL 语句进行 DML 操作的超时时间,默认为 10000000 μs
ob_trx_idle_timeout	1000000000 ms	用于设置事务空闲超时时间,即事务中两条语句之间的执行间隔,超过该值时为超时。默认为 120000000 ms
ob_trx_timeout	1200000000 ms	用于设置事务超时时间,默认为 100000000 ms
undo_retention	3600 s	表示系统应保留的多版本数据范围,在转储时控制多版本数据的回收。 OceanBase 转储的数据会保留多个版本的历史数据行,可以通过 undo_retention 来控制转储中保留的多版本数据范围。 其中,当 undo_retention 的值为 0 时,表示未开启多版本转储,即转储文件仅保留当前最新版本的行数据。当 undo_retention 的值大于 0 时,表示开启多版本转储,并且转储文件保留这段时间内的多版本行数据。 注意:租户开启多版本转储后,大版本合并会保留对应的增量转储文件,但 Major SSTable 中不会存储多版本数据。建议该参数不要设置得过大,以防止 SSTable 数量超限。默认为 1800 s
ob_sql_work_area_percentage	20	用于执行 SQL 语句的租户内存百分比限制,默认值为 5。交易型 TP 系统可以适当减小,分析型 AP 系统建议设置为 20
nls_date_format	'YYYY-MM-DD HH24:MI:SS'	用于控制 date 类型转 str 的格式,以及 str 隐式转 date 的格式,默认为 DD-MON-RR
nls_timestamp_format	'YYYY-MM-DD HH24:MI:SS:FF6'	用于控制 timestamp 或 timestamp ltz 转 str 的格式,以及 str 隐式转 timestamp 或 timestamp ltz 的格式,默认为 DD-MON- RR HH.MI.SSXFF AM
ob_sql_audit_percentage	5	用于设置 SQL Audit 内存上限占当前租户内存的百分比,默认为 3
ob_plan_cache_percentage	10	用于设置计划缓存可使用内存占租户内存的百分比,默认为 5
parallel_servers_target	0	租户最小 CPU×10,数据库自动分配,不用人工设置
max_allowed_packet	64 MB	用于设置最大网络包大小,默认为 4194304 字节

续表

参数名称	建议值	说明
open_cursors	根据应用的实际情况调整,测试环境建议初始值不大于 500,生产环境建议初始值不大于 1000	限制单个会话可以同时打开的游标数量,在测试环境中可以根据 Oracle 的配置进行配置,若出现值过大(大于 2000)的情况,则建议在测试阶段减小此值并进行观察来判断生产环境的值,避免系统资源被过多的游标资源消耗。默认为 50
ob_trx_lock_timeout	60000000 ms	用于设置事务的锁等待超时时长,调整该参数会影响业务被阻塞时的等待时长,建议根据应用系统调整。默认为 −1,表示不生效

批量检查 OBServer 租户参数的命令示例如下。

```
show global variables
where
 VARIABLE_NAME in(
  'ob_enable_truncate_flashback',
  'recyclebin',
  'net_write_timeout',
  'net_read_timeout',
  'wait_timeout',
  ...
 );
```

其中,writing_throttling_trigger_percentage、open_cursors 在 Oracle 租户和 MySQL 租户中的查询方式有所不同,需要通过以下方式进行查询。

批量查询 Oracle 租户参数的命令如下。

```
select
 distinct NAME,
 VALUE
from
 sys.all_virtual_tenant_parameter_stat
where
 name in (
  'writing_throttling_trigger_percentage',
  'open_cursors'
 );
```

批量查询 MySQL 租户参数的命令如下。

```
select
 distinct NAME,
```

```
VALUE
from
  oceanbase.__all_virtual_tenant_parameter_stat
where
  name in (
    'writing_throttling_trigger_percentage',
    'open_cursors'
  );
```

4.4.3 OBProxy 参数

本节介绍一些常见的 OBProxy 参数，OBProxy 参数及说明如表 4-14 所示。

表 4-14 OBProxy 参数及说明

参数名称	建议值	说 明
sock_option_flag_out	对于 OBProxy 1.8.X 版本，建议配置为 3，即 bit 0 和 bit1 均为 1，表示同时启用 no_delay 和 keepalive。 对于 OBProxy 3.X 版本，建议保持默认值。 对于 OBProxy 4.X 版本，建议保持默认值 3	用于设置 OBProxy 和 OBServer 之间 tcp 的参数，用二进制位表示。 bit 0 为 1 表示启用 no_delay。 bit 1 为 1 表示启用 keepalive。 bit 2 为 1 表示启用 linger_on。 不同软件版本下该参数的默认值如下： 对于 OBProxy 1.8.X 版本，默认为 1，即 bit 0 为 1，表示启用 no_delay。 对于 OBProxy 3.X 版本，默认为 3，即 bit 0 和 bit 1 均为 1，表示同时启用 no_delay 和 keepalive
server_tcp_keepidle	5 s	用于设置 OBProxy 和 OBServer 的 tcp 启动 keepalive 探活前的 idle 时间，默认为 5，单位为 s
server_tcp_keepintvl	5 s	用于设置 OBProxy 和 OBServer 的 tcp 两个 keepalive 探活包之间的时间间隔，默认为 5，单位为 s
server_tcp_keepcnt	5	用于设置 OBProxy 和 OBServer 的 tcp 最多发送多少个 keepalive 包，默认为 5
server_tcp_user_timeout	0 s	用于设置 OBProxy 与 OBServer 连接的 tcp user timeout，默认为 0，单位为 s
client_tcp_user_timeout	0 s	用于设置 OBProxy 与 Client 连接的 tcp user timeout，默认为 0，单位为 s
proxy_mem_limited	10 GB	用于设置 proxy 占用系统内存上限，超过则进程主动退出，如果是通过 OCP 的方式部署的 OBProxy，则在默认启动配置项中该配置项已经被设置为 2 GB，此时可以调整 OBProxy 的内存上限为 8 GB。 通过命令行安装的 OBProxy 若没有被显式指定内存，则该参数的默认为 800 MB

续表

参数名称	建议值	说 明
client_max_connections	8192	用于设置客户端最大连接数，该配置项的范围为 [0, 65535]，默认为 8192
client_sock_option_flag_out	3	用于设置客户端和 OBProxy 之间 tcp 的参数，用二进制位表示。 bit 0 为 1 表示启用 no_delay。 bit 1 为 1 表示启用 keepalive。 bit 2 为 1 表示启用 linger_on。 不同软件版本下，该参数的默认值也有所不同，详情如下： 对于 OBProxy 1.8.X 版本，默认为 0，表示未启用任何特性；对于 OBProxy 3.X 之前的版本，默认为 3；自 OBProxy 3.X 版本起，默认值改为 3，即 bit 0 和 bit 1 均为 1，表示同时启用 no_delay 和 keepalive
enable_compression_protocol	false	用于控制是否开启压缩协议。关闭压缩可以减少 OBProxy 对 CPU 的占用。调整该参数需要重启 OBProxy 服务器才能生效。默认为 true，即开启压缩协议
enable_reroute	true	用于设置 OBProxy 是否开启二次路由，在第一次路由未命中的情况下，重新将请求转发到对应 OBServer。默认为 true，表示开启，设置为 false 时表示不开启。 说明：需要通过 enable_ob_protocol_v2 配置项，在 OBProxy 与 OBServer 之间开启 OceanBase 2.0 协议后，二次路由功能才能生效
enable_ob_protocol_v2	true	用于设置 OBProxy 与 OBServer 之间是否开启 OceanBase 2.0 协议（OceanBase 自研的基于 MySQL 压缩协议的传输协议）进行传输。 该参数在 OBProxy 3.X 版本时默认值为 false，自 OBProxy 4.0.0 起默认值更新为 true。其中，true 表示开启 OceanBase 2.0 协议，false 表示不开启

查询 OBProxy 参数的命令如下。

```
mysql -h x.x.x.x -P 3306 -u root@proxysys -p******
show proxyconfig like 'server_tcp_keepidle';
show proxyconfig like 'server_tcp_keepintvl';
show proxyconfig like 'server_tcp_keepcnt';
show proxyconfig like 'server_tcp_user_timeout';
```

修改 OBProxy 参数的命令如下。

```
alter proxyconfig set [参数名称] = [值];
```

修改示例如下。

```
alter proxyconfig set sock_option_flag_out = 3;
```

第 5 章
OceanBase高性能开发最佳实践

在实际应用中，一条糟糕的 SQL 语句可能会影响整个系统的稳定运行，本章将列出一些 OceanBase 高性能开发准则和注意事项，帮助 OceanBase 用户写出性能优良的 SQL 代码，在保证系统稳定性的同时，减少硬件资源开销。

5.1 术语定义

为帮助大家更好地理解，下面介绍一些与 OceanBase 开发相关的术语。

- ◎ 租户（Tenant）：租户是 OceanBase 的一个逻辑单元，每个租户有自己的命名空间、独立的存储资源及计算资源。在一个 OceanBase 集群中，可以提供多个数据库服务的实例，每个数据库服务的实例逻辑隔离，每个实例都是一个租户。
- ◎ 筛选度（Number of Distinct Values，NDV）：数据列所包含的不同值的数量。数值越大，平均每个值过滤出来的行数越少，索引过滤效果越好。
- ◎ 复合索引（Composite Index）：索引键包含多个字段的索引，也被称为联合索引。
- ◎ 执行计划（Execution Plan）：SQL 语句访问数据库数据时实际执行的操作步骤。
- ◎ 表连接（Table Join）：多张表进行关联查询时进行的合并操作。数据库优化器根据表的大小和查询条件等信息，选择一个成本最低的表连接方式。常见的表连接方式有嵌套循环连接（Nested Loop Join）、散列连接（Hash Join）和排序合并连接（Sort Merge Join）。
- ◎ 驱动表（Drive Table）：又称外层表（Outer Table），表连接中的基础表。以此表的数据为依据，可以逐步获得其他表（被驱动表）的数据，直至最终查询到所有满足条件的数据的第一个表。在左连接中，左表是驱动表，右表是被驱动表；在右连接中，右表是驱动表，左表是被驱动表；在内连接中，表数据量较小的表会由数据库自动选择作为驱动表去驱动大表。
- ◎ 死锁（Dead Lock）：数据库的死锁指两个或多个事务在执行过程中持有部分资源，同时又在无限期地等待对方释放资源，需要通过锁定顺序一致、减少锁定范围、缩短事务长度、选择合适的锁定模式、表设计消除宽表来避免。
- ◎ 序列（Sequence）：序列是用户创建的数据库对象，可以由多个用户共享，用来生成唯一的整数。序列的常见用途是创建主键值，主键值对于每行必须是唯一的。序列可以递增，也可以递减。使用序列代替应用控制可以节约时间，这是因为它可以减少编写生成序列的代码量，可以通过内置代码实现。

- 隔离级别：事务隔离级别决定了当前事务完整性对其他事务的可见性，分布式数据库中隔离级别的设定是为了解决并发事务执行过程中存在的脏读、不可重复读、幻读等问题，保证分布式事务的 ACID 特性。ANSI/ISO SQL 标准（SQL 92）定义了四种隔离级别，包括读未提交（Read Uncommitted，RU）、读已提交（Read Committed，RC）、可重复读（Repeatable Read，RR）和可串行化（Serializable）。
- OceanBase 兼容 Oracle 模式支持的隔离级别，包括 Oracle 模式、读已提交和可串行化。OceanBase 兼容 MySQL 模式支持的隔离级别，包括读已提交、可重复读和可串行化。OceanBase 默认的隔离级别为读已提交。实际上，在 OceanBase 中只实现了两种隔离级别，即读已提交和可串行化，当用户指定可重复读的隔离级别时，实际上使用的是可串行化。也就是说，OceanBase 的可重复读的隔离级别更加严格，不会出现幻读的情况；OceanBase 的读已提交不会出现脏读的情况，可能出现不可重复读和幻读的情况；而可串行化不会出现脏读、不可重复读及幻读的情况。
  - 读已提交是一种数据库事务隔离级别，它确保事务只能读取已经提交的数据，从而避免了脏读，不会读到在语句执行过程中新提交或被并发事务修改的数据，但仍然可能出现不可重复读和幻读现象。
  - 可重复读是一种数据库事务隔离级别，它确保在事务执行期间多次读取同一数据的结果保持一致。即使其他事务对数据进行了修改并提交，当前事务读取的数据也不会发生变化。但在这个隔离级别下，仍可能出现幻读现象。在 OceanBase 中，当用户指定可重复读的隔离级别时，实际使用的是可串行化。也就是说，OceanBase 的可重复读的隔离级别更加严格，不会出现幻读的情况。
  - 可串行化是数据库最高的隔离级别，事务串行执行。当遇到读写锁冲突时，后访问的事务必须等前一个事务执行完成才能继续执行，避免了脏读、不可重复读和幻读现象，但是影响并发性能，可能引起数据性能问题。OceanBase 目前无法保证严格可串行化的原因在于其读操作不会上锁，读写不互斥。在严格可串行化的隔离级别下，当一个事务提交时，系统需要确保在整个执行过程中没有形成读写冲突的循环依赖。如果存在这样的循环，那么说明事务之间的执行顺序不能被正确串行化，从而违反了严格可串行化的要求。由于 OceanBase 的读操作不加锁，因此它无法在提交事务时进行检查，即无法确保事务间读写操作的执行顺序符合串行化的规则。当然，OceanBase 的可串行化依然可以保障不出现脏读、幻读和不可重复读的场景。如果业务一定需要严格的可串行化，那么可以显式地为读操作加锁，如 SELECT FOR UPDATE。
- OceanBase 数据库副本：为了保证数据安全并提供高可用的数据服务，每个分区数据有多个物理备份，每个备份叫作分区的一个副本。每个副本包括存储在磁盘上的静态数据（SSTable）、存储在内存上的增量数据（MemTable），以及记录事务的日志三类数据。根据存储数据的种类不同，副本有多种类型，可以支持不同业务在数据安全性、性能伸缩性、可用性和成本之间进行选择。OceanBase 的当前版本支持全能型副本（FULL/F）、日志型副本（LOGONLY/L）、加密投票型副本（ENCRYPTVOTE/E）和只读型副本（READONLY/R）。

- 全能型副本是目前使用最广泛的副本类型，它拥有事务日志、MemTable 和 SSTable 等全部数据和功能。可以随时快速切换为主对外提供数据库服务。可以构成 Paxos 成员组。可以转换为除加密投票型副本外的任意副本类型。
- 日志型副本仅包含日志的副本，没有 MemTable 和 SSTable，对内存和磁盘占用最少。参与日志投票并对外提供日志服务，可以参与其他副本的恢复。不能变为主提供数据库服务。可构成 Paxos 成员组。无法转换为其他副本类型。
- 加密投票型副本本质上是加密后的日志型副本，没有 MemTable 和 SSTable。参与日志投票并对外提供日志服务，可以参与其他副本的恢复。不能变为主提供数据库服务。可构成 Paxos 成员组。无法转换为其他副本类型。
- 只读型副本包含完整的日志、MemTable 和 SSTable 等，不构成 Paxos 成员组，不作为 Paxos 成员参与日志的投票，而是作为观察者实时追赶 Paxos 成员的日志，并在本地回放，不会因投票成员增加导致事务提交延时增加。在业务对读取数据的一致性要求不高时可提供只读服务。可转换为全能型副本。

5.2 OceanBase 设计规范

对于应用开发人员来说，OceanBase 自上而下的结构为集群（Cluster）→租户（Tenant）→用户（User）→表（Table）。下面，我们将依次按照集群、租户、表的维度来讲述相应层级设计规范。

5.2.1 集群设计

集群租户数量限制在 150 个以内，功能测试环境中的租户负载较低，因此，单个租户的 CPU 规格也相应较低。单台 OBServer 服务器上会部署大量低规格的租户，在这种情况下，为限制集群租户数量上限，功能测试环境的 OBServer 的集群服务器数量限制在 15 台以内，也就是最多只能使用 5-5-5 的集群架构。为什么我们要将集群租户数量限制在 150 个以内呢？使用过 Oracle 的用户应该知道，在启动 Oracle 时，首先会加载固定 SGA（Fixed SGA）内存，类似于服务器启动加载 BIOS。OBServer 启动也有类似的阶段，在获取 memory_limit 配置信息并分配内存前，默认硬编码内存上限为 4 GB。在初始化阶段，memoyr_limit 尚未生效，OBServer 服务器会加载 observer.config.bin 数据库配置文件，这个阶段会生成大量租户配置项实例（ObTenantConfig）到内存，根据测试结果，平均生成一个租户配置项实例，会导致初始化配置（Init_config）阶段增加 15 MB 内存。如果一个集群的租户超过 150 个，假设为 250 个，那么 Init_config 阶段会消耗超过 250×15MB=3750MB 内存，可能超过默认硬编码内存上限 4 GB，从而导致 OBServer 启动失败。

OceanBase 2.2.77 版本的单台 OBServer 服务器分区数上限是 10 万个，OceanBase 3.2.3 版本的单台 OBServer 服务器分区数上限是 50 万个，而 OceanBase 4.0 版本取消了单台 OBServer 服务器分区数上限，每个 OBServer 节点的分区副本数可根据租户内存大小来预估，1GB 内存支持约 2 万个分区。OceanBase 3.2.3 版本中单台 OBServer 服务器的分区数与使用的服务器配置有关，如果一台服务器分区过多，则在分区层面维护高可用也会消耗更多的服务器资源，因此，建议将每台 OBServer 服务器的分区数限制在 5 万个以下，如果是低配服务器，则建议每个 OBServer 的分区数不超过 3 万个。OceanBase 3.2.3 版本的单个租户分区数超过 1 万个、单个表分区数超过 400 个就可以给予关注，通过将二级分区改为一级分区、清理索引层面的不必要分区，降低租户及 OBServer 集群的分区总数，进而降低额外的服务器资源开销。查看每台 OBServer 服务器分区副本数量的语句如下。

```
select count(1), svr_ip, tenant_id
from __all_virtual_meta_table
group by svr_ip, tenant_id
order by 1 desc;
```

设计集群时核心业务系统集群应独立部署，控制集群租户数量、合理进行分区优化数据生命周期管理，以最小化容灾、备份数据集、减少转储次数，进而减少非计划合并次数。

非关键、低容量、没有频繁 DML 操作的数据库可共用一个共享集群，租户之间相互隔离，集群采用高配以降低软件成本。

freeze_trigger_percentage 参数决定转储的内存阈值，minor_freeze_times 参数决定租户转储多少次触发合并，该参数在 OceanBase 4.X 版本已废弃，使用 major_compact_trigger 参数替代。在集群规划时，需要考虑租户的负载、MemStore 大小，以避免由于个别租户频繁转储导致整个集群合并，让其他租户成为受害者，尽可能避免写放大、读放大对性能产生影响。

OceanBase 应用的总设计原则是尽可能让数据的访问、操作在内存中完成，减少转储量。每天定期合并释放 MemStore 并删除记录空间，最大限度减少写放大、读放大。需要在巡检时检查租户转储频度，并评估内存大小、内存阈值、慢 SQL 语句开销，从 GV$MEMSTORE 中可以查询租户转储相关信息。

5.2.2 租户设计

普通租户名建议全部小写，具体命令规则为 t（tenant 的首字母）+应用标识（4 个字符）+环境标识（3 个字符）+租户编号（xx，从 00 开始），其中，生产环境标识为 prd，测试环境标识为 sit/dev/uat/ ua1/ua2/uac。示例：tecifsit00。

创建租户时字符集必须定义为 utf8mb4。将数据从 MySQL 迁移至兼容 MySQL 的 OceanBase 时需要注意，MySQL 5.6 版本的租户字符集定义为 utf8，utf8 实际上是 utf8mb3 的别名，兼容性弱于 utf8mb4，在迁移时，字符集必须定义为 utf8mb4。

应用设计不能为分布式而分布式，分布式也有应用改造、维护成本和资源开销，只有在一台 OBServer 服务器无法承载一个租户资源的情况下，租户的分区主副本才能跨服务器分布。建议一个租户的主副本只分布在一台服务器上，以减少跨服务器访问数据造成的网络开销。生产环境租户的 Primary_Zone 参数不建议设置为 random，查看租户主副本在服务器上主分区中分布情况的语句如下。

```sql
select count(1), svr_ip, tenant_id
from __all_virtual_meta_table
where role=1        --role 等于 1 表示是分区主副本
group by svr_ip, tenant_id
order by 1 desc;
```

OceanBase 是多租户架构，建议不同租户的主副本交叉分布在不同服务器上。承载租户主副本的 OBServer 和承载租户从副本的 OBServer 负载差距较大，生产环境观测结果显示，该差距为 2~10 倍，将不同租户的主副本交叉分布在不同服务器上，可以更充分地利用服务器资源。

在数据从 Oracle 迁移到 OceanBase 租户时，对象层面兼容性及注意事项如表 5-1 所示。

表 5-1 对象层面兼容性及注意事项

对象类别	兼容性	使用或改造注意事项
表	兼容	OceanBase 按主键组织，不支持后加主键，建议改造外键约束。不超过 508 个字段，行数据不超过 2 MB
索引组织表	不兼容	需改造，建议 Oracle 侧改造成普通表，索引组织表迁移速度慢
域索引	不兼容	
位图索引	不兼容	
cluster	不兼容	
索引	兼容	主键尽可能短，尽量避免回表，在更新和删除频率高的分区表场景中需注意尽量避免使用全局索引
目录	不兼容	
db link	不推荐	不支持 db link 插入，不支持视图、函数
sequence	兼容	Cache 的值需设置为 2000 以上，noorder nocache 保持默认设置
触发器	不推荐	OceanBase 不支持语句级触发
物化视图	不兼容	可以考虑改造成临时表或普通表

5.2.3 数据库报表设计

金融保险企业中纯粹交易型的数据库相对较少，往往是实时交易与报表批加工并存，混合负载系统较多。对于数据量较大的应用系统，如果同时有交易和查询统计的需求，则需要设计合适的交易和查询统计的架构方案。

企业级应用的报表可以分为轻量级报表、中量级报表和重量级报表三种。

轻量级报表：报表数据的时间范围为 1 天至 6 个月，数据量相对较小，对数据的时效性要求较高，用于统计基础的日常活动，如柜面日结、每日保单明细等。该类报表应在 OceanBase

交易数据库主库中实现。

中量级报表：报表数据的时间范围为 6 个月至 2 年，数据量相对较大，对数据的实时性要求不是很高。报表数据需要经过分析、统计、复杂计算等环节，使用场景如再保、品控、营运分析、服务管理、半年报、年报等，有明确定义的指标项，各类指标项可以在不同的报表中组合呈现。该类报表不应在交易数据库中实现，而应通过读写分离的设计，在 OceanBase 副本或者 OceanBase 备集群中实现。

重量级报表：报表数据的时间范围为 2 年以上，数据量大，对数据的实时性和准确性要求不高，主要用于趋势分析。报表数据需要经过分析、统计、复杂计算等环节，使用场景如精算、产品设计、数据仓库报表等，有明确定义的各类指标项，各类指标项可以在不同的分析中组合呈现。该类报表不应在 OceanBase 交易数据库主库或者读写分离的备集群中实现，应该剥离到数据中台中实现。对报表进行分类设计可以确保企业级应用的报表定位更加合理，从而更好地保障系统正常运行。

5.2.4 表设计

表或分区禁止设置为只读副本，如果一个表的三个副本为两个全功能副本和一个只读副本，那么因为只读副本不构成 Paxos 组，不参与选举的投票，实际上是没有容灾能力的。当承载表的全功能副本的节点的硬件发生故障时，这个表就只剩下一个全功能副本和一个只读副本，这时有效的只有一个全功能副本，无法构成多数派，会导致问题表的访问，并对集群层面的迁移、合并等操作造成严重影响，只能通过删除租户解决。因此，在测试环境或生产环境中均严格禁止将 OceanBase 3.2.3 版本的表或分区副本设置为只读模式，OceanBase 4.2.1 版本已经废弃了"ALTER|CHANGE|MODIFY REPLICA table_id|partition_id REPLICA_TYPE=ReadOnly"的语法，不能将表或分区的副本设置为只读模式，关于分区副本类型定义可以从开源代码的 /deps/oblib/src/lib/ob_define.h 中获取。OceanBase 3.2.3 版本检查哪些表或分区是只读副本的脚本如下。

```
select *
from __all_virtual_meta_table
 where replica_type=16;
```

replica_typ 字段表示副本类型，具体含义如下。

0 表示全功能副本。

5 表示日志型副本。

16 表示只读副本。

表中的字段业务逻辑不为空，根据业务逻辑，可以将该字段的列属性设置为 not null（非空），约束字段为默认值。例如，当列类型是日期或时间时，可以将默认值设置为 1800-01-01。将字段设置为 not null，不仅可以在数据库层面增加内建的逻辑校验，也可以向优化器提供更多信息，避免执行 SQL 语句时做不必要的判断，从而在访问数据时更加高效。

建议在表上设置主键，OceanBase 的表以主键顺序组织存储数据。如果在创建表时不显式指定主键，那么系统会自动为表生成隐藏主键，隐藏主键不可被查询。在 OceanBase 2.2.77 或 OceanBase 3.2.3 版本中，主键只能在建表语句中创建，不允许在创建表之后增加。对于逻辑上需要在创建表后新增主键的表，主键等价于唯一约束+主键字段非空，因此，可以通过将对应字段列属性设置为 not null，然后在对应字段加上唯一约束，从逻辑上实现与创建主键同样的效果。但是在这种实现中，表不会按照唯一约束字段排序，这是与主键有区别的。OceanBase 4.2.1 版本增加了"允许在创建表之后增加主键"的功能，语法如下。

```
ALTER TABLE table_name ADD PRIMARY KEY (column_name);
```

对于有数据归档需求的表，建议增加 create_time、update_time 字段分别表示写入时间和最后更新时间。数据是有生命周期的，增加写入时间和最后更新时间有助于对数据进行生命周期管理。判断哪些是可归档的旧数据并定期进行归档，有助于进行自定义的增量备份。

金融保险行业用到的表分为 8 种类型，分别是基础代码表、业务流水表、逻辑临时表、中间表、日志表、流程状态中间表、运营数据报表和历史数据表。不同类型的金融保险业务表有自己的设计要点，如表 5-2 所示。

表 5-2 金融保险业务表设计要点

业务表类型	描述	表设计类型	注意事项
基础代码表	包括险种、部门、机构等信息，数据量较少，DML 操作不频繁，与其他业务表存在较多连接	集中式场景设计为单表，注意关联字段索引设计；分布式场景经充分测试后可以考虑使用复制表，以减少跨节点开销	单表数据量较少，创建索引与全表扫描性能差异较小。由于存在与其他大表连接的现象，有无索引的性能差异会被放大，建议按照业务实际需求在连接字段创建索引；对复制表的高频更新、删除会存在较大开销且可能导致分布式死锁，引发性能问题
业务流水表	业务流水表与业务本身性质、保单与险种性质相关，包括财务流水表、事件流水表、申请流水表等，数据量通常较大	建议设计为分区表，单片数据量不超过 100 GB	根据数据分布、SQL 语句访问特点、表连接字段等构建索引组合，以尽可能少的索引满足尽可能多的数据读取要求；对于更新、删除频繁的表需要考虑将对应索引设计为分区索引而不是全局索引，以避免由于使用全局索引对访问大量分区的分布式 SQL 语句性能造成影响；对于 2~3 年才需要进行归档的事件流水表等需要考虑分区、归档需求
逻辑临时表	系统临时表对临时数据进行处理；业务临时表用于简化交易统计	OceanBase 仅对要删除的记录做标记，而不会真正将其删除，因此如果业务临时表有大量更新、删除记录，并且有高频查询，	OceanBase 的临时表仅适用于更新、删除数据量较少，且低频查询的场景

续表

业务表类型	描述	表设计类型	注意事项
		则建议使用普通表，将表模式设置为 queuing，在删除数量达到一定阈值时进行转储并清理删除记录，以提升查询性能	
中间表	数据加工过程中用于核对	根据数据量和使用特点选择合适的类型	
日志表	阶段性使用，生命周期结束后不再使用	根据数据量和使用特点选择合适的类型。建议写入日志中台，以避免大量 DML 操作浪费内存及 CPU 资源	需要及时对日志表进行分区，便于归档，同时降低成本
流程状态中间表	记录中间状态，包括流程驱动的所有环节	根据数据量和使用特点选择合适的类型，审计、合规使用的回溯周期一般在 5 年以内	需要根据数据生命周期确定相应数据分区、归档策略
运营数据报表	根据数据类型选取合适的分区表	根据数据量和使用特点选择合适的类型，推荐全局表	针对日报、月报、年报等不同类型创建不同的分区表
历史数据表	存储流水归档等历史数据，用于回溯	设计为分区表，如果有性能优化需求，则也可以设计为二级分区表，但是需要控制分区数量	根据业务字段进行分区，再通过时间字段做范围（Range）分区，便于归档

5.2.5 字段设计

在 OceanBase 兼容 Oracle 模式下，优先选择使用数值类型 NUMBER 存储。用户必须明确指定 NUMBER 类型字段的长度，例如 NUMBER(*, 2)，*表示字段有效值位数，2 表示小数点后的有效值位数，不建议直接写成 NUMBER 类型。NUMBER 类型格式为 NUMBER(p,s)，其中 p 代表精度，也就是字段有效值的位数；s 表示标度，也就是小数点后有效值的位数。为什么要明确指定 NUMBER 类型字段的长度呢？下面通过实验说明。

创建表 test_number，它包含 n1、n2 两个字段，分别定义为 NUMBER(*,2)和 NUMBER 类型。

```
create table test_number(n1 NUMBER(*,2),n2 NUMBER);
```

向表中插入一条记录，n1、n2 字段插入的值都是 1/3。

```
insert into test_number(n1,n2) values(1/3,1/3);
```

使用 vsize 函数可以看到 n1、n2 字段分别占多少字节。

```
select vsize(n1),vsize(n2) from test_number;
+-----------+-----------+
```

```
| VSIZE(N1) | VSIZE(N2) |
+-----------+-----------+
|         8 |        24 |
+-----------+-----------+
```

可以看到，定义为 NUMBER(*,2) 类型的 n1 字段消耗 8 字节，而定义为 NUMBER 类型的 n2 字段消耗 24 字节，占用空间差了 3 倍，内存消耗差距明显，如果 test_number 有大量记录，消耗的内存区别就会很明显。

禁止使用枚举列类型 ENUM('x','y','z')，这里的 x、y、z 代表枚举值，应使用字符串类型替代。

日期类型 OceanBaseDATE 精确到秒，时间戳类型 TIMESTAMP 可以精确到小数点后第 9 位，对于时间精度没有要求的日期数据，定义为 DATE 类型；对于有时间精度要求的日期数据，定义为 TIMESTAMP 类型。例如：刘翔以 12'88 的成绩打破 110 米栏世界纪录，就应该定义为 TIMESTAMP 类型，TIMESTAMP(2)表示保留到小数点后第 2 位。不建议将字符串作为时间字段的数据类型，这是因为在使用时容易造成隐式类型转换，导致无法使用字段上的索引，使 SQL 语句性能下降。如果将日期定义为字符串类型，那么 OceanBase 也不能理解字段的逻辑含义，会导致表基数计算发生较大偏差，可能生成一个低效的计划。

非定长字段建议使用 VARCHAR2 类型。作为可变长字段，VARCHAR2 类型只占用实际存储字符的空间加上一些控制信息的存储空间，从而避免了固定长度字段的空间浪费。不建议使用 NCHAR、NVARCHAR、NVARCHAR2、NCLOB。

CHAR 和 VARCHAR2 列在定义时需明确长度，支持使用字节和字符两种方式，默认使用字节方式，由系统变量 NLS_LENGTH_SEMANTICS 控制，与 Oracle 系统默认行为一致。在定义 VARCHAR 类型时要规划好字段长度，创建后的 VARCHAR2 列长度只能增加，不能减少。

OceanBase 没有 Boolean 类型字段，如果想定义逻辑二义性 0、1 判断的字段，则建议使用 CHAR(1)类型而不是 NUMBER(1)类型，'1' 表示"真"，'0' 表示"假"，为什么逻辑二义性 0、1 判断的字段要定义为 CHAR(1)类型呢？下面通过实验说明。

首先，创建表 test_boolean，包含 c1、n1 两个字段，分别定义为 CHAR(1)和 NUMBER(1)类型。

```
create table test_boolean(c1 CHAR(1), n1 NUMBER(1));
向表中插入一条记录，n1,n2 字段插入的值分别为 '1', 1:
insert into test_boolean(c1,n1) values('1',1);
使用 vsize 函数可以看到 c1、n1 分别占用多少字节
select vsize(n1),vsize(n2) from test_number;
select vsize(c1),vsize(n1) from test_boolean;
+-----------+-----------+
| VSIZE(C1) | VSIZE(N1) |
+-----------+-----------+
|         1 |         8 |
+-----------+-----------+
```

可以看到，定义为 CHAR(1)类型的 n1 字段占用 1 字节，而定义为 NUMBER(1)类型的 n1 字段占用 8 字节，占用空间差了 8 倍，内存消耗差距明显，如果 test_number 有大量记录，那么消耗的内存差距就会更明显。

5.2.6 序列设计

创建序列时必须将缓冲池 Cache 的值设置为 2000 以上，不能使用默认值，这是因为 Cache 值的大小对插入的性能影响很大，在 OceanBase 中，将序列的 Cache 值设置为 2000 时，插入性能约为将 Cache 值设置为 20 时的 2.7 倍。具体测试过程如下。

（1）分别创建 Cache 值为 2000、20、5000 的 sequence。

```
create sequence test_seq1 start with 1 cache 2000;
create sequence test_seq2 start with 1 cache 20;
create sequence test_seq3 start with 1 cache 5000;
```

（2）分别插入 10000 次数据。

```
create or replace procedure insseq1 is
begin
for x in 1..10000
   loop
       insert into testseq1(id) values (test_seq1.nextval);
   end loop;
end

create or replace procedure insseq2 is
begin
for x in 1..10000
   loop
       insert into testseq2(id) values (test_seq2.nextval);
   end loop;
end;

create or replace procedure insseq3 is
begin
for x in 1..10000
   loop
       insert into testseq3(id) values (test_seq3.nextval);
   end loop;
end;
```

（3）分别执行上述 3 个存储过程。

（4）测试结果如下：insseq1 的执行时间为 0.631 s；insseq2 的执行时间为 1.699 s；insseq3 的执行时间为 0.625 s。即将 Cache 值设置为 2000 和 5000 时，执行时间相差不大；但将 Cache

值设置为 20 的插入耗时是将 Cache 值设置为 2000 的插入耗时的 2.7 倍，性能差距明显。

序列禁止添加 ORDER 属性。

禁止将自增序列字段作为分区键。当将自增序列字段作为分区键时，不能保证自增序列字段的值在分区内自增，并且性能损耗较大。

5.2.7 分区设计

OceanBase 在 Oracle 模式下支持范围分区、哈希分区和列表分区，OceanBase 3.2.3 版本分区数存在上限，所以尽量将二级分区转化为一级分区，避免分区数过多带来性能损耗问题。

建议对单个分区数据超过 2000 万条的表进行分区规划，分区不宜过多过细，单表单分区的大小不超过 100 GB。在 OceanBase 2.2.7 版本中，每个节点的分区数量建议不超过 3 万个；在 OceanBase 3.2.X 版本中，每个节点的分区数量建议不超过 10 万个。

分区表的唯一索引推荐带分区键（本地索引）。关于分区策略，考虑从表的实际用途和应用场景出发进行设计。

- 实际用途：历史表、流水表。
- 应用场景：存在明显访问热点的表。

使用分区表时要选择合适的拆分键及拆分策略，分区键的选择建议如下。

- 哈希分区：将区分度较大、在查询条件中出现频率最高的字段作为哈希分区的分区键。
- 范围分区和列表分区：根据业务规则选择合适的字段作为分区键，但分区数量不宜过少。
- 键值分区：定义分区数时，需要选择多个分区数，以便数据分布均匀。
- 范围分区：最后一列不能是 MAXVALUE，否则后续无法新增分区。MAXVALUE 表示一个虚拟无限值，其排序高于分区键的其他值，包括空值。

分区表的查询或修改必须带上分区键。如果不带分区键则无法确定数据在哪个分区，需要遍历所有分区操作数据，会导致性能明显下降。

OceanBase 没有 Oracle 的 interval 分区功能，不能自动生成分区，需要应用或运维人员使用脚本预分配分区，定期使用脚本增加分区，以避免分区越界问题。

在业务查询条件明确的情况下根据业务场景进行分区规划，分区目的是利用分区裁剪的能力提高查询效率，禁止在场景不明确的情况下随意规划分区。如果查询条件在部分场景下仅能覆盖一级分区，则建议按照一级分区规划，不必规划为二级分区。

Oracle 模式下如果使用 TRUNCATE 或 DROP 的方式删除表分区，那么全局索引会失效，处理全局索引失效问题有两个方案，示例如下。

```
方案1：
ALTER TABLE table1 TRUNCATE PARTITION P_1 UPDATE GLOBAL INDEXES;
方案2：
ALTER TABLE table1 TRUNCATE PARTITION P_1;
DROP INDEX IDX_1;CREATE INDEX "IDX_1" ON "TABLE1" ("C1") GLOBAL;
```

方案 1 在 ALTER TABLE 语句中添加"UPDATE GLOBAL INDEXES"关键字，这样在截断分区时同步更新全局索引信息，在截断分区后，该分区表上的全局索引就不会失效。

方案 2 先截断分区，这时全局索引失效，然后删除失效全局索引并重建全局索引。

建议使用方案 1 更新全局索引。经过验证，方案 1 较方案 2 速度稍快，性能大约提升 6.4%。

在 OceanBase 3.2.3 版本中，需要控制单个事务一次性插入、删除、更新记录的数量，建议不要超过 50 万条，避免事务过大对系统稳定性造成影响。同时需要控制一个事务中的分区参与数量，建议分布式两阶段提交 XA（eXtended Architecture）事务的分区参与数在 200 以内，普通事务的分区参与数在 1000 以内。需要注意，"INSERT SELECT"的 SQL 语句可能会不按结果集裁剪，这会导致事务提交时将所有分区作为参与者的情况。

使用分区表时要选择合适的拆分键（列）以及拆分策略，建议单表分区数量不超过 128 个。

为保证哈希分区模式下分区间数据均衡，Oracle 租户模式下分区个数建议使用 2 的 n 次方，即 2,4,8,16,…。

禁止将生成列作为分区键。

有历史数据清理的表，需要根据业务使用场景和清理周期进行分区表设计。例如，交易流水表可按日分区并按日删除旧分区。

在多维业务查询场景下，如账号和卡号同时存在，需根据业务使用频率和业务重要性等情况选择分区键。

分区的使用限制：哈希分区不适合基于分区字段进行范围查询。

5.2.8 索引设计

在 OceanBase 中，索引可以分为本地索引和全局索引两种类型。默认创建的是全局索引。两者的区别在于：本地索引与分区数据共用分区，全局索引为单独分区。创建本地索引需要指定 LOCAL 关键字，创建全局索引可以不指定关键字或者指定 GLOBAL 关键字。

（1）建议分区表优先创建本地索引。

（2）OceanBase 4.2.1 版本不支持创建针对全文的索引。

（3）单个索引字段的总长度不能超过 64 KB。

（4）单个表上的索引建议控制在 5 个以内，并且不能超过 7 个，具体个数根据业务需求确定。

（5）索引名称必须控制在 64 个字符以内，主键索引的命名方式为 pk_表名_字段名，唯一索引的命名方式为 uk_表名_字段名，普通索引的命名方式为 idx_表名_字段名。

（6）创建索引时，建议将表中可能会被查询投影、ORDER BY、GROUP BY 等操作频繁使用的列添加到索引后，形成覆盖索引避免回表查询或排序。如果有 ORDER BY 的场景，那么请注意利用索引的有序性。ORDER BY 最后的字段是组合索引的一部分，并且放在索引组合顺序的最后，以避免执行计划时出现文件排序（file_sort）的情况影响查询性能。

◎ 正例。WHERE a=? AND b=? ORDER BY c;，创建索引 a_b_c。

◎ 反例。索引中有范围查找，无法利用索引有序性，如 WHERE a>10 ORDER BY b;，索引(a,b)无法排序。因为索引中可能有以下数据已经按升序排好。

```
{a = 11, b = 2}
{a = 11, b = 3}
{a = 12, b = 1}
```

此时若直接按序输出，则 b=1 排在 b=2 和 b=3 之后，顺序错误。

（7）尽量将组合索引列控制在 3 个字段及以内，特殊情况下不能超过 5 个。

（8）创建组合索引时，区分度（NDV）最高的在最左边，即唯一性高的字段作为联合索引的前引导列。

- ◎ 正例。如果 WHERE 条件为 a=? AND b=?;a 列值基本唯一，那么只需要创建包含 a 列字段的单列索引即可，不需要创建包含(a,b)列的复合索引。说明：如果存在非等号和等号混合判断条件，那么在创建索引时，请把等号条件的列前置。例如，WHERE 条件为 a>? AND b=?;即使 a 的区分度更高，也必须把 b 放在索引的最前列。

（9）避免索引重复。如果存在冗余索引，那么在增删改数据时，维护冗余索引的额外开销会导致 DML 语句性能下降。冗余索引也会增加内存开销及存储成本，如果已经创建索引(a,b,c)，则不需要再创建索引(a)和(a,b)。

（10）业务上具有唯一特性的字段即使是组合字段，也必须创建成唯一索引。

说明：唯一索引对插入速度的影响可以忽略，但对查找速度的提升是明显的；另外，即使在应用层做了非常完善的校验和控制，只要没有唯一索引，就必然会有重复数据产生。

（11）禁止使用超过三个表的表连接。表连接的连接字段的数据类型应相同，并确保在连接字段上创建索引。

（12）页面搜索严禁左模糊或全模糊，如果需要则使用搜索引擎解决，这是因为索引文件具有 B+树的最左前缀匹配特性，如果左边的值未确定，那么无法使用此索引。

- ◎ 正例。表上存在组合索引（a,b,c）c，但 WHERE 条件为 b = ? AND c = ?，由于条件中并未包含索引最左前缀字段 a，因此无法使用该索引。
- ◎ 反例。上述索引应考虑将字段顺序调整为 b c a 或 c b a。

（13）利用覆盖索引进行查询操作，尽可能避免回表操作。覆盖索引是一种高效的获取数据的方式。当 SELECT 语句的所有字段都被索引覆盖，不包含需要回表获取的额外字段信息时，可以使用覆盖索引，避免回表操作。

（14）组合索引要求如下。

- ◎ 如果索引包含多个字段，那么在创建索引时，需要尽可能把筛选度好的字段放在前面。一般来说，索引的第一列应当是一个高基数列，其中基数指数据列所包含的不同值的数量。
- ◎ 可以考虑将 ORDER BY、GROUP BY、DISTINCT 子句中频繁使用的列添加到索引后，形成覆盖索引，避免回表。
- ◎ 尽量将组合索引列控制在 3 个字段以内，特殊情况下最多不超过 5 个。

◎ 等值条件的列放在范围条件列的前面。

如果 WHERE 条件为 a=? AND b=?,则使用组合索引(a,b),而不要分别在 a、b 字段上建立(a)、(b)两个索引,后者将无法同时用到两个索引。

最佳实践不建议对分区表分区键、全局分区索引分区键所在字段进行更新,若业务确有需要,那么务必开启分区表的"ROW MOVEMENT"功能。开启"ROW MOVEMENT"功能的语句如下。

```
ALTER TABLE table_name ENABLE ROW MOVEMENT;
```

5.2.9 OceanBase 对象限制

在数据库设计的实践中,确立并实施一套统一且标准化的命名规则对于数据库对象的标识至关重要。这样的命名规则不仅能够显著提高代码的可读性,还极大地方便了团队成员之间的协作,包括代码的审阅、维护,以及未来项目的扩展与继承。

需要注意的是,对象命名规则中存在诸多限制,具体如下。

(1)标识符长度限制。表 5-3 和表 5-4 分别介绍了 MySQL 模式和 Oracle 模式下的标识符长度限制。

表 5-3　MySQL 模式下的标识符长度限制

数据项	标识符最大长度
集群名	128 字节
租户名	64 字节
用户名	64 字节
数据库名	128 字节
表名	64 字节
列名	128 字节
索引名	64 字节
视图名	64 字节
别名	255 字节
表组名	128 字节
分区名	64 个字符

表 5-4　Oracle 模式下的标识符长度限制

数据项	标识符最大长度
集群名	128 字节
租户名	64 字节
用户名	64 字节
表名	128 字节
列名	128 字节

续表

数据项	标识符最大长度
索引名	128 字节
视图名	128 字节
别名	255 字节
对象名	128 字节
表组名	128 字节
分区名	64 个字符

（2）分区副本数限制。在 OceanBase 3.2.3 版本中，每个 OBServer 的分区副本上限为 500000 个。而 OceanBase 4.0 版本取消了这一限制。但是从性能与稳定性的角度来看，OceanBase 3.2.3 版本中每个 OBServer 的分区副本数与使用的服务器配置有关。当服务器配置不高时，建议每个 OBServer 的分区副本不要超过 3 万个。在 OceanBase 4.0 版本中，每个 OBServer 节点的分区副本数可根据租户内存大小预估，1GB 内存支持约 2 万个分片（Tablet）。

（3）单个表的限制如表 5-5 所示。

表 5-5 单个表的限制

类 型	上 限
行长度	1.5 MB
列数	4096 列
索引数量	128 个
索引总列数	512
索引长度	1.5 MB
主键总列数	64
主键长度	16 KB
分区数量	Oracle 模式：65536 个 MySQL 模式：8192 个

（4）字符串类型限制。实际上，字符串类型在不同版本中也有所区别，Oracle 模式的字符串类型在 OceanBase 3.2.3 版本和 OceanBase 4.0 版本中相同，MySQL 模式的字符串类型在 OceanBase 3.2.3 版本和 OceanBase 4.0 版本中有所区别。表 5-6 和表 5-7 分别介绍了 MySQL 模式和 Oracle 模式下的字符串类型限制。

表 5-6 MySQL 模式下的字符串类型限制

类 型	OceanBase 3.2.3 版本最大长度	OceanBase 4.0 版本最大长度
CHAR	255 字节	256 字节
VARCHAR	65535 字节	1048576 字节
BINARY	255 字节	256 字节

续表

类　型	OceanBase 3.2.3 版本最大长度	OceanBase 4.0 版本最大长度
VARBINARY	65535 字节	1048576 字节
BLOB	65535 字节	536870911 字节
TEXT	65535 字节	536870911 字节

表 5-7　Oracle 模式下的字符串类型限制

类　型	最大长度
CHAR	2000 字节
VARCHAR	32767 字节
VARCHAR2	32767 字节
NCHAR	2000 字节
NVARCHAR2	32767 字节
CHAR	2000 字节

5.3　OceanBase 过程化语言编写规范

过程化语言（Procedural Language，PL）通过 SQL 的数据处理能力和传统编程语言的流程控制，为数据库应用提供了更强大、更灵活的编程环境。本节介绍 PL 对象的推荐设计与规范。

（1）建议包、存储过程、函数的代码不要超过 5000 行，避免在遇到 PL 对象重新编译场景时出现响应时间（Response Time，RT）抖动的现象。

（2）存储过程、函数、包中的表避免进行 DDL 操作，DDL 操作会导致 PL 对象进入失效状态，在下一次使用时先进行编译，从而导致性能下降。

（3）将包中的存储过程、函数创建成独立的存储过程、函数，减少 PL 对象失效的范围和重新编译所需的时间，进而提升批处理的性能。

（4）在包、存储过程、函数中尽量避免使用全局临时表，否则不同会话每次执行都需要重新编译，如果存在强需求，那么建议使用动态游标的方式，将全局临时表放到字符串中后，通过立即执行（execute immediate）的方式来执行。

（5）避免在 PL 对象进行大批量删除后大量插入数据，这会出现无效数据链表过长的 Buffer 表场景。其中，Buffer 表表示频繁插入删除的表。如遇到以上场景，建议通过优化表设计来避免大批量操作同一张子表，例如对分区表的不同分区操作。

（6）在使用循环时，对循环内部的语句严格把控执行时间，避免应用运行过程中数据增长导致循环次数增长带来的性能下降。

5.4 SQL 语句编写规范

数据库中超过 80%的问题都是 SQL 语句导致的，因此，需要遵守 SQL 语句编写规范，以避免不必要的性能开销及常见错误。

5.4.1 查询语句规范

查询（SELECT）语句必须指定具体字段的名称，禁止写成"SELECT *"，避免访问不必要的字段造成的内存占用和读 I/O 消耗。

◎ 正例。

```
SELECT col1,col2 FROM table1;
```

◎ 反例。

```
SELECT * FROM table1;
```

去掉查询 SELECT 无用列：SQL 语句的 SELECT 部分只写必要的列，因为多余的列会导致数据库产生回表（进入数据页获取请求的特定列），导致更多的内存占用和读 I/O 消耗。

◎ 正例。

```
SELECT 有用列 FROM table1;
```

◎ 反例。

```
SELECT 无用列+有用列 FROM table1;
```

统计行数使用 count(*)，因为会统计值为 NULL 的行。

◎ 正例。

```
SELECT count(*) FROM table1;
```

◎ 反例。

```
SELECT count(1) FROM table1;
```

禁止大表查询使用全表扫描。

◎ 正例。

```
SELECT col1,col2 FROM bigtable1 WHERE col1=12 AND col2=21;
```

◎ 反例。

```
SELECT col1,col2 FROM bigtable1;
```

其中，bigtable1 为大表。

SQL 语句中条件字段的数据类型应保持一致，避免隐式转换。隐式转换可能导致索引失效，带来难以预料的结果或降低查询性能。

◎ 正例。

```
SELECT col1 FROM table1 WHERE col1=20;
```

◎ 反例。

```
SELECT col1 FROM table1 WHERE col1='20';
```

其中，col1 列为数字类型。

建议 IN 子查询中的离散集合少于 100 个。IN 子查询中的每个离散集合都是可能的条件分支，大量条件分支会导致计划解析及执行时的大量开销，建议将 IN 子查询中的离散集合用虚表封装，将语句改为写表连接的形式进行优化。

在 WHERE 过滤条件中，不建议在比较条件左侧的字段上做算术运算和函数计算，这会导致条件左侧字段上的索引无法使用，大幅降低 SQL 语句性能。

◎ 正例。

```
SELECT col1 FROM table1 WHERE col1=20;
```

◎ 反例。

```
SELECT col1 FROM table1 WHERE nvl(col1,20)=2;
```

在 WHERE 条件中禁止变换恒真恒假条件，以及同时有"1=1 AND 2=2"的条件，否则会导致无法共享计划，继而导致 SQL 语句每次执行都需要重新生成计划，增加内存消耗和执行时间。

◎ 正例。

```
SELECT col1 FROM table1 WHERE col1=20 AND 1=1;
```

◎ 反例。

```
SELECT col1 FROM table1 WHERE col1=20 AND 1=1 AND 2=2;
```

对于非主键（唯一键）或主键关联查询应使用物理分页，即在 SQL 语句中使用 rownum 限制控制结果集返回的行数；严禁使用应用层 MyBatis 数据分页，避免出现内存溢出错误。

◎ 正例。

```
SELECT col1,col2 FROM table1 WHERE rownum<10;
```

在 SQL 查询语句中不建议使用左模糊和全模糊，建议使用搜索引擎来解决模糊查询问题。左模糊和全模糊会导致索引失效，使性能大幅下降。

◎ 正例。

```
SELECT col3 FROM table1 WHERE col3 like 'quest%';
```

◎ 反例。

```
SELECT col3 FROM table1 WHERE col3 like '%tion';
```

避免在 SQL 语句中对变量进行赋值，尤其是将分布式处理结果赋值给变量。
◎ 反例。

```
SET @v1=1;
```

尽量不要使用 connect by 层次查询，建议根据业务逻辑判断逻辑层级数改写 SQL 语句。
◎ 反例。

```
SELECT col1,col2,col3 FROM table1 connect by prior col1=col2;
```

尽量避免 in 操作，尽量将带 in 的子查询改写成表连接。
◎ 正例。

```
SELECT col1 c1 FROM table1 t1 LEFT JOIN table2 t2 on t(1)c1 = t2.c2;
```

◎ 反例。

```
SELECT col1 c1 FROM table1 t1 WHERE t1.c1 in (SELECT col2 c2 FROM table2 t2);
```

尽量避免使用读锁，即 SELECT … for UPDATE 语句。如果事务较大，则在高并发时容易导致锁等待影响业务。
◎ 正例。

```
SELECT col1 FROM table1 WHERE col1=20;
```

◎ 反例。

```
SELECT col1 FROM table1 WHERE col1=20 for UPDATE;
```

5.4.2 增删改语句规范

在关联表更新时，目标表需要加上 where 条件限制更新范围，避免丢失数据。

说明：用于更新其他数据集的数据为源数据，被更新的表为目标表，如果目标表不加上 where 条件限制更新范围，更新时会更新所有记录。如果在更新时源数据集没有目标表的匹配记录，则会把字段值更新为 NULL，不要把 set 子句中的 where 条件与 where 子句混淆。

◎ 正例。

```
update test1
set test1.name=(select test2.name from test2 where test1.id=test2.id)
where test1.id in (select id from test2);
```

◎ 反例。

```
update test1
set test1.name=(select test2.name from test2 where test1.id=test2.id);
```

删改语句必须带 WHERE 条件，否则删改大表全表数据时可能造成大事务。

◎ 正例。

```
UPDATE table1 SET col1=20 WHERE col2=40;
```

◎ 反例。

```
UPDATE table1 SET col1=20;
```

全表删除建议使用截断（TRUNCATE）表的方式。

◎ 正例。

```
TRUNCATE table table1;
```

◎ 反例。

```
DELETE * FROM table1;
```

INSERT 语句必须指定具体的字段名称，不要写成 INSERT…VALUES 的形式。

◎ 正例。

```
INSERT INTO table1(col1,col2,col3,col4) VALUES (10,20,30,40);
```

◎ 反例。

```
INSERT INTO table1 VALUES (10,20,30,40);
```

推荐在分区表 DML 语句的 WHERE 条件中使用分区键。

◎ 正例。

```
UPDATE table1 SET col1=20 WHERE col2=40;
```

其中，col2 列为分区键。

不带条件更新时，如果记录达到几十万条或者几百万条，就会有大事务产生，可能导致失败。所以更新时要注意控制事务不要太大。

5.4.3 多表连接规范

多表连接查询推荐使用别名，且 SELECT 列表中要用别名引用字段。

◎ 正例。

```
SELECT t1.col1 c1, t2.col2 c2 FROM table1 t1
LEFT JOIN table2 t2
on t1.col3=t2.col3
WHERE t1.col1='20';
```

◎ 反例。

```
SELECT table1.col1, table2.col2 FROM table1
LEFT JOIN table2
on table1.col3=table2.col3
```

```
WHERE table1.col1='20';
```

事务处理类场景尽量避免连接的表超过 5 个，多表连接需保证关联字段数据类型一致。分析处理类场景按实际情况判断。

◎ 正例。

```
SELECT t1.col1 c1, t2.col2 c2 FROM table1 t1
LEFT JOIN table2 t2
on t1.col3=t2.col3
WHERE t1.col1='20';
```

◎ 反例。

```
SELECT t1.col1 c1, t2.col2 c2, t3.col3 c3, t4.col4 c4,t5.col5 c5 FROM table1 t1
LEFT JOIN table2 t2
LEFT JOIN table3 t3
LEFT JOIN table4 t4
LEFT JOIN table5 t5
on t1.col10=t2.col10
AND t1.col3=t2.col5
AND t3.col3=t2.col3
AND t4.col3=t1.col9
AND t5.col8=t4.col2
AND t5.col7=t1.col7
WHERE t1.col1='20';
```

多表关联必须有关联条件，禁止出现笛卡儿积。

◎ 正例。

```
SELECT t1.col1 c1, t2.col2 c2 FROM table1 t1
LEFT JOIN table2 t2
on t1.col3=t2.col3
WHERE t1.col1='20';
```

◎ 反例。

```
SELECT * FROM table1 t1,table2 t2,table3 t3 WHERE t1.col1='20';
```

将多层子查询嵌套改写成表顺序连接。

◎ 正例。

```
SELECT t1.col1 c1,t2.col2 c2 FROM table1 t1
inner join table2 t2
on t1.col3=t2.col3
WHERE t1.col1='20';
```

◎ 反例。

```
SELECT t1.col1 c1,(SELECT t2.col2 c2 FROM table2 t2 WHERE t1.col3=t2.col3) FROM table1
t1 WHERE t1.col1='20';
```

冗余 SQL 多表查询考虑共用表表达式（Common Table Expressions，CTE）优化改写。

◎ 正例。

```
with x1 as (SELECT col1,col2,col3 FROM table1 t1 WHERE col1='20')
SELECT col1,col2 FROM x1
LEFT JOIN table2 t2 on x1.col1=t2.col3 WHERE t1.col2='a2';
```

◎ 反例。

```
SELECT col1,col2
FROM (SELECT col1,col2,col3 FROM table1 t1 WHERE col1='20') as x1
LEFT JOIN table2 t2 on x1.col1=t2.col3 WHERE t1.col2='a2';
```

SELECT 语句中非必要不使用 union，推荐使用 union all，并且将 UNION 子句数量限制在 5 个以内。UNION 最后会自动执行一个排序来消除重复，但实际上不同的查询之间通常不存在重复。

◎ 正例。

```
SELECT t1.col1 c1, t2.col2 c2 FROM table1 t1
union all
SELECT t2.col3 c3, t2.col4 c4 FROM table2 t2;
```

◎ 反例。

```
SELECT t1.col1 c1, t2.col2 c2 FROM table1 t1
union
SELECT t2.col3 c3, t2.col4 c4 FROM table2 t2;
```

禁止在 INSERT、UPDATE、DELETE 和 REPLACE 语句中进行多表连接操作。

◎ 反例。

```
UPDATE table1 t1 SET t1.col1=t2.col3 FROM t1 LEFT JOIN table2 t2 on
table1.col2=table2.col4;
```

not in 包含的子查询返回的结果集严禁包含 NULL 值，如果有返回 NULL 值的可能，则需要加上 is not null 过滤条件，筛除 NULL 值。

说明：not in 包含的集合可以是离散值，也可以是子查询返回的结果集。如果 not in 的集合中包含 NULL 值，那么即使还存在其他满足条件的记录，返回的结果集也是 NULL。

◎ 正例。

```
select *from t2 where name not in (select name from t1 where name is not null);
```

◎ 反例。

```
select *from t2 where name not in (select name from t1);
```

5.4.4 事务规范

批量操作数据时，程序必须有异常处理能力和事务失败重试机制。

应用程序中禁止设置 timezone、sql_mode 和 isolation_level 变量。

事务隔离级别应使用默认的读已提交，目前可重复读和可串行化对并发限制较大。

OBProxy 路由 SQL 规则需要注意，在遇到以下几种情况时，Proxy 能够将请求发送至正确的 OBServer，但是 OBserver 反馈的信息可能不准确，不建议使用。

```
SELECT '1'; SELECT * FROM t1;
SELECT '1' FROM dual; SELECT * FROM t1;
```

同一个事务里面不要既包含 DDL 语句也包含 DML 语句。

5.4.5 DDL 语句

对于 OceanBase 4.X 之前的版本，避免对表实施 TRUNCATE 或分区后直接对表执行 DML 语句，因为可能出现先执行 DML 语句，后执行 TRUNCATE 的情况，建议对表实施 TRUNCATE 后设置几秒睡眠时间，再执行 DML 操作。

建议在业务低峰时段进行在线 DDL 操作。

使用 OceanBase 2.2.77 版本时，DDL 语句并发度不应超过 40。

5.5 分布式对象设计

5.5.1 OceanBase 分布式对象设计最佳实践

在分布式场景下，需要关注热点数据、跨节点分布式 SQL 请求等问题。热点数据问题是指在分布式场景下，某些数据被频繁访问，导致特定服务器节点负载显著上升，系统的整体性能和吞吐量降低，甚至可能导致服务不可用。跨节点分布式 SQL 请求问题是指在将大表拆分为分区，分布到多个节点上时，跨节点操作会引入分布式 SQL 请求问题，在分布式场景下，跨节点分布式 SQL 请求问题无法消除，但应尽可能减少。

在分布式场景下，对象设计需要关注热点数据消除、数据分散、相关数据聚合等方面，既要使数据尽可能分布均匀，从而充分利用各服务器资源、提升并发处理能力；又要尽可能聚合相关数据，减少分布式 SQL 请求，使响应时间满足业务需求。

（1）热点数据消除。采用 Hash 分区，选择合适的分区键，将热点数据分散，从而解决高并发访问热点数据时的性能问题。需要注意的是，Hash 分区的个数必须为 2 的幂次方，数据才能均匀分布。

（2）数据分散。数据分散是指将大表拆分为更多更小的结构相同的独立对象（即分区）分布到多个节点上。分区可以解决大表的容量问题和高并发访问时的性能问题。可以利用分区的并行能力提升整体执行效率。需要尽可能做到各节点数据分布均匀、负载均匀，以提升整体处理能力。数据分散也会引入分布式事务问题，在存在大量 DML 语句修改数据的场景下，应尽量将全局索引改为本地索引，以减少分布式事务的影响。

（3）相关数据聚合。可以让具有访问相关性、事务相关性或连接相关性的数据在同一个节点上，避免跨节点操作，从而避免使用分布式 SQL 语句，例如本章后面讲到的表组、复制表等技术。

5.5.2 表组设计

表组（Table Group）是一个逻辑概念，表示一组表的集合。在默认情况下，不同表之间的数据是随机分布的，没有直接关系。通过定义表组，可以控制一组表在物理存储上的邻近关系，使有访问相关性的不同表的数据尽可能保持在一台服务器上，避免跨服务器访问相关数据。

在 OceanBase 3.2.1 版本中，表组定义语法需要包含分区方式，加入表组的表的分区方式要完全与表组相同。包含分区表的表组由若干分区组（Partition Group）组成，每个分区组包含每个分区表的一个分区。OceanBase 会把属于同一个分区组的所有分区自动调度到同一台 OBServer 服务器上，这些分区的主副本也在同一台服务器上。此外，也可以创建一个非分区的表组，将没有分区且有访问相关性的表放入该表组。但是 OceanBase 3.2.1 版本的表组功能存在痛点，分区方式不同的表如果要进行连接或者在一个事务中处理，就无法放在同一个表组，这样，跨节点的分布式 SQL 语句就会明显增加，从而影响系统性能。

从 OceanBase 4.2 版本开始，表组定义语法取消了分区定义选项，只需要定义 SHARDING 属性。

（1）表组 SHARDING 属性设置为 NONE。此类表组内所有表的所有分区聚集在同一台服务器上，并且不限制表组内表的分区类型。定义不限制表成员分区类型的表组及查看表组信息的命令如下。

创建表组 tblgroup1，SHARDING 属性为 NONE。

```
CREATE TABLEGROUP tblgroup1 SHARDING = 'NONE';
```

创建非分区表 tbl1，并加入表组 tblgroup1。

```
CREATE TABLE tbl1 (col int) TABLEGROUP = tblgroup1;
```

创建列表分区表 tbl2，并加入表组 tblgroup1。

```
CREATE TABLE tbl2 (col1 INT PRIMARY KEY,col2 VARCHAR2(50)) TABLEGROUP = tblgroup1
PARTITION BY LIST(col1)
(
PARTITION p0 VALUES (1, 2, 3),
PARTITION p1 VALUES (5, 6),
```

```
PARTITION p2 VALUES (DEFAULT)
);
```

查询数据字典 dba_ob_tablegroup_tables，执行以下命令获取属于表组 TBLGROUP1 的表的信息。需要注意，where 条件里表组名需要大写。

```
select *from dba_ob_tablegroup_tables
where tablegroup_name='TBLGROUP1';
```

命令返回结果如下。

```
+-----------------+--------+------------+----------+
| TABLEGROUP_NAME | OWNER  | TABLE_NAME | SHARDING |
+-----------------+--------+------------+----------+
| TBLGROUP1       | SYS    | TBL2       | NONE     |
| TBLGROUP1       | SYS    | TBL1       | NONE     |
+-----------------+--------+------------+----------+
```

从返回结果我们可以看到表组 TBLGROUP1 的 SHARDING 属性为 NONE。

除了上述命令，我们还可以使用 show tablegroups 命令查看，执行命令如下。

```
show tablegroups WHERE tablegroup_name = 'TBLGROUP1';
```

命令返回结果如下。

```
+-----------------+------------+---------------+----------+
| TABLEGROUP_NAME | TABLE_NAME | DATABASE_NAME | SHARDING |
+-----------------+------------+---------------+----------+
| TBLGROUP1       | TBL1       | SYS           | NONE     |
| TBLGROUP1       | TBL2       | SYS           | NONE     |
+-----------------+------------+---------------+----------+
```

从命令返回结果我们可以看到 DATABASE_NAME 字段其实就是 dba_ob_tablegroup_tables 中的 owner 字段，即属于表组的表属主。show tablegroups 命令与查询数据字典 dba_ob_tablegroup_tables 的返回结果相同。

（2）表组 SHARDING 属性设置为 PARTITION。表组采用按一级分区分组的方式，表组内每张表的数据按一级分区打散，如果是二级分区表，则一级分区下的所有二级分区聚集在一起。表组采用按一级分区分组的方式的前提条件是所有表的一级分区的分区定义相同。如果是二级分区表，也只校验一级分区的分区定义，因此，一级分区表和二级分区表可以同时存在，只要这些表的一级分区的分区定义相同即可。定义按一级分区分组的表组及查看表组信息的命令如下。

创建表组 tblgroup2，SHARDING 属性为 PARTITION。

```
CREATE TABLEGROUP tblgroup2 SHARDING = 'PARTITION';
```

创建列表分区表 tbl3，并在创建时即指定表组 tblgroup2。

```sql
CREATE TABLE tbl3 (col1 INT PRIMARY KEY,col2 VARCHAR2(50)) TABLEGROUP = tblgroup2
PARTITION BY LIST(col1)
(PARTITION p0 VALUES (1, 2, 3),
 PARTITION p1 VALUES (5, 6),
 PARTITION p2 VALUES (DEFAULT)
);
```

创建列表分区表 tbl4,并在创建时指定表组 tblgroup2。

```sql
CREATE TABLE tbl4 (col1 INT PRIMARY KEY,col2 VARCHAR2(50))  TABLEGROUP = tblgroup2
PARTITION BY LIST(col1)
(PARTITION p0 VALUES (1, 2, 3),
PARTITION p1 VALUES (5, 6),
PARTITION p2 VALUES (DEFAULT)
);
```

查询数据字典 dba_ob_tablegroup_tables,执行以下命令获取属于表组 TBLGROUP2 的表的信息。

```sql
select *from dba_ob_tablegroup_tables
where tablegroup_name='TBLGROUP2';
```

命令返回结果如下。

```
+-----------------+-------+------------+-----------+
| TABLEGROUP_NAME | OWNER | TABLE_NAME | SHARDING  |
+-----------------+-------+------------+-----------+
| TBLGROUP2       | SYS   | TBL4       | PARTITION |
| TBLGROUP2       | SYS   | TBL3       | PARTITION |
```

从返回结果可以看到,表组 TBLGROUP2 的 SHARDING 属性为 PARTITION。

这时如果想查看表在服务器上的分布信息,那么可以查询数据字典 DBA_OB_TABLE_LOCATIONS,执行如下命令。

```sql
SELECT table_name,partition_name,svr_ip,ls_Id,zone,tablegroup_name,sharding
FROM DBA_OB_TABLE_LOCATIONS
WHERE upper(tablegroup_name) = 'TBLGROUP2' and role='LEADER'
order by partition_name,svr_ip,table_name;
```

命令返回结果如下。

```
+------------+----------------+-------------+-------+-------+-----------------+-----------+
| TABLE_NAME | PARTITION_NAME | SVR_IP      | ZONE  | TABLEGROUP_NAME | SHARDING  |
+------------+----------------+-------------+-------+-------+-----------------+-----------+
| TBL3       | P0             | 22.22.22.45 | zone1 | TBLGROUP2       | PARTITION |
```

```
| TBL4       | P0           | 22.22.22.45 | zone1 | TBLGROUP2       | PARTITION |
| TBL3       | P1           | 22.22.22.44 | zone2 | TBLGROUP2       | PARTITION |
| TBL4       | P1           | 22.22.22.44 | zone2 | TBLGROUP2       | PARTITION |
| TBL3       | P2           | 22.22.22.45 | zone1 | TBLGROUP2       | PARTITION |
| TBL4       | P2           | 22.22.22.45 | zone1 | TBLGROUP2       | PARTITION |
+------------+--------------+-------------+-------+-----------------+-----------+
---
```

从命令返回结果可以看出，表 TBL3、TBL4 的对应分区 P0、P1、P2 聚合在相同的服务器上，这样，如果表 TBL3、TBL4 按分区键连接，则对应分区都在同一台服务器上，不会产生跨服务器获取数据操作。

（3）表组 SHARDING 属性设置为 ADAPTIVE。表组采用自适应的方式打散，也就是说，如果表组内的表是一级分区表，则按一级分区打散；如果表组内的表是二级分区表，则按每个一级分区下的二级分区打散。定义按一级分区分组的表组及查看表组信息的命令如下。

创建表组 tblgroup3，SHARDING 属性为 ADAPTIVE。

```
CREATE TABLEGROUP tblgroup2 SHARDING = 'ADAPTIVE';
```

创建二级分区表 tbl11（范围－范围组合），这次我们在创建时不指定表组 tblgroup3，而是采用建好表后，将表加入表组的方式。

```
CREATE TABLE tbl11(col1 int,col2 int)
PARTITION BY RANGE(col1) SUBPARTITION BY RANGE(col2)
SUBPARTITION TEMPLATE
(SUBPARTITION mp0 VALUES LESS THAN(2020),
 SUBPARTITION mp1 VALUES LESS THAN(2021),
 SUBPARTITION mp2 VALUES LESS THAN(2022))
(PARTITION p0 VALUES LESS THAN(100),
PARTITION p1 VALUES LESS THAN(200));
```

创建列表分区表 tbl12，同样在创建时不指定表组。

```
CREATE TABLE tbl12(col1 int,col2 int)
PARTITION BY RANGE(col1) SUBPARTITION BY RANGE(col2)
SUBPARTITION TEMPLATE
(SUBPARTITION mp0 VALUES LESS THAN(2020),
SUBPARTITION mp1 VALUES LESS THAN(2021),
SUBPARTITION mp2 VALUES LESS THAN(2022))
(PARTITJON p0 VALUES LESS THAN(100),
PARTITJON p1 VALUES LESS THAN(200));
```

将表加入表组既可以在创建表时指定表组，也可以在创建表时不指定表组，而是建好表后，再把表加入表组。由于我们在创建 tbl11、tbl12 时没有定义表组，因此需要在建好表后，执行以下命令把表 tbl11、tbl12 加入表组。

```
ALTER TABLEGROUP tblgroup3 ADD tbl11,tbl12;
```

查询数据字典 dba_ob_tablegroup_tables，执行以下命令获取属于表组 TBLGROUP3 的表的信息。

```
select *from dba_ob_tablegroup_tables
where tablegroup_name='TBLGROUP3';
```

命令返回结果如下。

```
+----------------+-------+------------+----------+
| TABLEGROUP_NAME | OWNER | TABLE_NAME | SHARDING |
+----------------+-------+------------+----------+
| TBLGROUP3      | SYS   | TBL12      | ADAPTIVE |
| TBLGROUP3      | SYS   | TBL11      | ADAPTIVE |
+----------------+-------+------------+----------+
```

从 OceanBase 4.2 版本表组的 SHARDING 属性特点，我们可以看出，当表组的 SHARDING 属性不为 NONE 时，表组内每张表的数据会打散分布在多台服务器上，表组内所有表的分区定义要一致，包括分区类型、分区个数、分区值等。系统会调度具有相同分区属性的分区聚合在同一台服务器上。当同一个表组的两个表连接时，如果连接字段都是分区键，则可以实现分区智能连接（Partition Wise Join），也就是连接仅访问这两张表在同一台服务器上对应分区的数据，不需要跨服务器访问其他分区的数据。当表组的 SHARDING 属性设置为 NONE 时，在 OceanBase 3.X 版本中，有访问相关性而分区方式不同的表做表连接操作，无法采用表组做相关数据聚合，存在分布式 SQL 语句无法避免的痛点问题；而在 OceanBase 4.2 版本中，表组内的所有表的所有分区聚集在同一台服务器上，并且不限制表组内表的分区类型，终于解决了表组相关数据聚合的局限性问题。

删除表组可以使用 DROP TABLEGROUP 命令，如果表组里没有表成员，则会报以下错误。

```
obclient [SYS]> drop tablegroup tblgroup1;
ORA-00600: internal error code, arguments: -4615, tablegroup is not empty
```

这时的处理方法是查询数据字典 dba_ob_tablegroup_tables 或使用 show tablegroups 命令找到哪些表属于这个表组，然后将这些表从表组中移除，例如表 tbl1 属于表组，将表 tbl1 移除的命令如下。

```
obclient [SYS]> alter table tbl1 tablegroup='';
Query OK, 0 rows affected (0.101 sec)
```

5.5.3 复制表设计

复制表是 OceanBase 的高级优化技术，主要适用于分布式数据库静态配置小表与分区大表连接的场景。在分布式场景下，大表会进行分区并均匀分布在不同的服务器上。但是在金融场景下，数据量较小的基础配置表不适合做分区，因此无法和分区大表放入同一个表组，这时候，OceanBase 复制表的解决方案就是把基础配置表复制到租户的每个 OBServer 节点。OceanBase 4.2.1 版本的复制表架构图如图 5-1 所示。

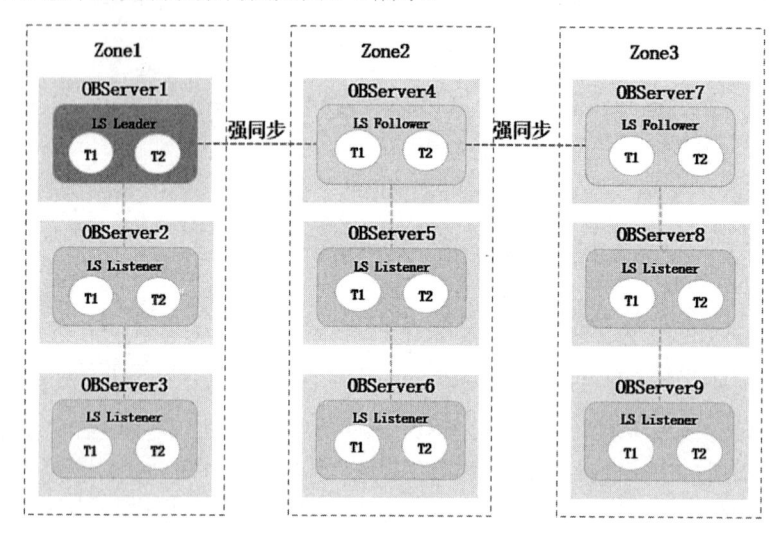

图 5-1 OceanBase 4.2.1 版本的复制表架构

图 5-1 的日志流（Log Stream，LS）是由 OceanBase 数据库自动创建和管理的实体，它代表了一批数据的集合，包括若干分片（Tablet）和有序的重做日志的日志流。OceanBase 会把同一个日志流的数据复制到多台服务器，这些复制的数据被称为副本。使用 Paxos 一致性协议保证副本的强一致，每个日志流和它的副本构成一个独立的 Paxos 组，其中一个副本为主副本（Leader），其他副本为从副本（Follower）。主副本具备强一致性读和写能力，从副本具备弱一致性读能力。

从图上我们可以看到，Zone1 的 OBServer1 节点上的副本是主副本，可以接受写请求。主副本通过日志流（Log Stream，LS），按照 Paxos 协议与 OBServer4、OBServer7 上的从副本保持强同步关系。该租户的其他 OBServer 节点上都是复制表的只读副本。每个 Zone 的主副本或从副本只能有一个，但是只读副本可以有多个。

创建复制表的语法如下。

```
CREATE TABLE table_name column_definition DUPLICATE_SCOPE='none | cluster';
```

其中 DUPLICATE_SCOPE 用于指定复制表的属性，默认为 none，表示该表是普通表；当 DUPLICATE_SCOPE 设置为 cluster 时，表示该表是一个复制表，Leader 需要将事务复制到当前租户的所有从副本及只读副本中。我们需要注意，仅用户租户可以创建复制表，sys 租户无法创建复制表。

当某个租户的第一个复制表被创建时，系统会同时创建一个特殊的日志流——广播日志流，之后新建的复制表都会创建到广播日志流上。广播日志流会自动地在租户内的每个 OBServer

愿本书能助力广大金融同仁顺利完成转型!

金融数据库转型实战
基于OceanBase

莫笑攻坚鬓霜染,常伴晓月送残星。
三年磨砺一剑精,心如铁石坚志愈明。

——林春

节点上部署一个副本，保证在理想情况下，复制表可以在任意一个 OBServer 节点上提供强一致性读。下面我们执行以下命令创建复制表并查看广播日志流。

在创建复制表之前，我们先查询用户租户的数据字典 dba_ob_ls 中的日志流信息。

```
obclient [SYS]> select *from dba_ob_ls;
+-------+--------+--------------+---------------+-------------+---------------------+----------+--------------------+--------------------+------+
| LS_ID | STATUS | PRIMARY_ZONE | UNIT_GROUP_ID | LS_GROUP_ID | CREATE_SCN          | DROP_SCN | SYNC_SCN           | READABLE_SCN       | FLAG |
+-------+--------+--------------+---------------+-------------+---------------------+----------+--------------------+--------------------+------+
|     1 | NORMAL | zone1;zone2  |             0 |           0 |                NULL |     NULL | 1726939346779556099 | 1726939346779556099 | NULL |
|  1001 | NORMAL | zone1;zone2  |          1002 |        1001 | 1722846055309237647 |     NULL | 1726939346779556099 | 1726939346779556099 | NULL |
+-------+--------+--------------+---------------+-------------+---------------------+----------+--------------------+--------------------+------+
```

我们可以看到存在 1 号日志流和 1001 号日志流。

执行创建复制表命令如下。

```
create table test_dup(id int,name varchar2(50)) duplicate_scope='cluster';
```

创建好复制表，执行查看广播日志流命令并返回如下结果。

```
obclient [SYS]> select *from dba_ob_ls where flag like '%DUPLICATE%';
+-------+--------+--------------+---------------+-------------+---------------------+----------+---------------------+---------------------+-----------+
| LS_ID | STATUS | PRIMARY_ZONE | UNIT_GROUP_ID | LS_GROUP_ID | CREATE_SCN          | DROP_SCN | SYNC_SCN            | READABLE_SCN        | FLAG      |
+-------+--------+--------------+---------------+-------------+---------------------+----------+---------------------+---------------------+-----------+
|  1003 | NORMAL | zone1;zone2  |             0 |           0 | 1726942707384785014 |     NULL | 1726942971953375803 | 1726942971953375803 | DUPLICATE |
+-------+--------+--------------+---------------+-------------+---------------------+----------+---------------------+---------------------+-----------+
```

可以看到已经创建了一条 1003 号广播日志流，广播日志流的 FLAG 字段为 DUPLICATE。

最后，执行以下命令查看复制表信息。

```
obclient [SYS]> select table_name,partition_name,subpartition_name,ls_id,svr_ip,duplicate_scope
    -> from dba_ob_table_locations
    -> where role='LEADER' and database_name='SYS' and duplicate_scope='CLUSTER';
+------------+----------------+-------------------+-------+--------+-----------------+
```

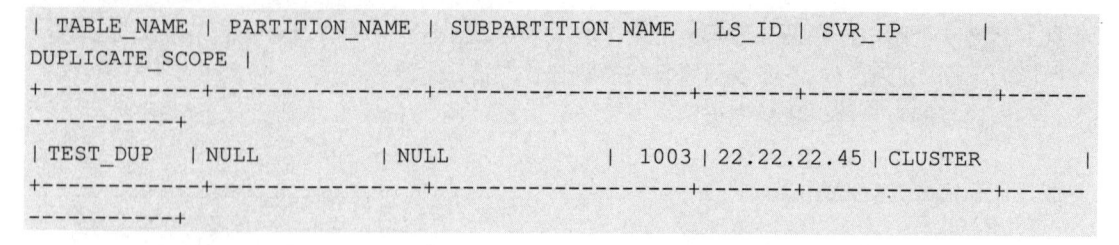

```
| TABLE_NAME  | PARTITION_NAME   | SUBPARTITION_NAME | LS_ID | SVR_IP       |
DUPLICATE_SCOPE |
+-------------+------------------+-------------------+-------+--------------+------------------+
| TEST_DUP    | NULL             | NULL              |  1003 | 22.22.22.45  | CLUSTER          |
+-------------+------------------+-------------------+-------+--------------+------------------+
```

可以看到复制表 test_dup 已创建,主副本 IP 地址为 22.22.22.45。

复制表创建成功后,可以像普通表一样进行插入和读写操作。不同的是,对于读请求,如果使用 Proxy 的方式连接数据库,则读请求可能会路由到任意一个 OBServer 节点执行;如果通过直连方式连接数据库,则只要本地副本可读,系统就会在直连的 OBServer 节点上执行读请求。

从复制表的机制可以看出,复制表的使用是有限制条件的,包括写入频率较低、数据量较小、能够容忍较高的读操作延迟,以及与分区数据分布在多个节点的大表有表连接操作等,这其中最重要的限制条件就是写入频率较低,否则即使数据量不大,也不适合使用复制表。

5.6 字符集

用户应在租户级设置数据库字符集(utf8mb4/gbk/binary/gb18030)及对应的排序规则,新建系统统一使用 utf8mb4 字符集。

表关联条件的两个字段的排序规则类型要保持一致,否则会出现无法正确使用索引的情况。

5.7 Java 应用访问 OceanBase 规范

Java 客户端(连接池 connectionproperties 或 jdbcurl)需要添加对应超时和重连参数,包括 sockettimeout、connecttimeout 和 uselocalsessionstate。表 5-8 为连接参数说明。

表 5-8 连接参数说明

参数	说明
sockettimeout	网络读超时时间,如果不设置则默认为 0,使用操作系统默认超时时间,根据实际情况设置
connecttimeout	链接建立超时时间,如果不设置则默认为 0,使用操作系统默认超时时间,根据实际情况设置
uselocalsessionstate	是否使用 autocommit、read_only 和 transaction isolation 的内部值,默认为 false,建议为 true

设置 uselocalsessionstate=true,不能使用参数 autocommit=0/tx_isolation='read-committed/tx_read_only=0,需要通过 jdbc 接口的方式调用,对应的接口如下。

```
SETautocommit(false)
SETtransactionisolation('read-committed')
SETreadonly(false)
```

如果一个连接超过 60 分钟空闲,那么服务端会主动断开,在使用连接池时需要设置一个最大的连接空闲时间。

当前端程序连接数据库或者数据库代理层时，jdbc 最佳实践为将连接超时设置为 1s，要具备失败重连机制，且失败重连必须有间隔时间。

程序端日志必须记录连接数据库的标准 OceanBase 错误号及其所连接的数据库信息，例如连接地址和端口号、数据库用户名，以便数据库管理员排查问题。

对于有连接池的前端程序，必须根据业务需要配置初始、最小、最大连接数，优先选择将超时时间设置为 30s，且要设置连接检测或空闲超时，以及连接回收机制（最长 3600s）。

程序端使用的连接数据库的 so 库包、jar 库包及客户端数据库版本，必须与线上数据库服务器的版本兼容。

开启事务，不推荐执行 START TRANSACTION/BEGIN 命令，推荐使用 connection.SETautocommit(xx)接口。

完结事务，不推荐执行 COMMIT/ROLLBACK 命令，推荐使用 connection.commit() / connection.rollback() 接口。

设置只读事务时，不推荐执行 SET SESSION TRANSACTION READ xx 命令，推荐使用 connection.SETreadonly(xx) 接口。

无论是单 SQL 的事务语句，还是多 SQL 的事务语句，在执行单个事务语句之前，必须重新获取连接，执行完成后必须关闭连接，即 getconnection→执行单事务语句→close connection。需要注意的是，不能在一个过程中执行多个事务。

OceanBase 当前限制单个事务只能在单个 OBServer 上，不能保证在 OBServera 上开启的事务在 OBServerb 上同样有效。对 java connector 的具体影响是，在当前连接处于事务中时，下一条 SQL 语句只能路由到上一个 OBServer 上，不能路由切换到其他 OBServer 上，在当前连接不在事务中时，可以根据下一条 SQL 语句路由到最佳 OBServer 上。

第 6 章
OceanBase性能调优实战

OceanBase 性能调优,是指通过一系列技术手段和策略,对 OceanBase 进行深度优化,以提升处理速度、吞吐量、并发能力等性能指标,从而满足业务快速发展的需求。这一过程不仅包括对数据库本身的配置优化、索引优化、SQL 语句优化,还涉及数据库架构设计、系统资源配置等多个层面。通过性能调优,可以最大程度发挥 OceanBase 的潜能,确保数据处理的高效性与稳定性。

6.1 性能调优

当我们谈及数据库性能优化时,主要聚焦三大核心指标:系统资源(CPU、内存、网络带宽)的使用量、吞吐量及响应时间。这些指标是衡量系统效能与用户体验的基石,对于任何系统都至关重要。为了使用较少资源实现高吞吐、低延时的数据服务,数据库工程师在性能调优时会重点关注系统资源的使用量、吞吐量和响应时间这三个指标。

6.1.1 调优特点

作为分布式数据库,OceanBase 的调优特点如下。

1. 负载均衡及 OBProxy 的链路优化

作为分布式数据库,OceanBase 的数据库集群通过运用负载均衡策略,确保系统资源在多个节点间均衡分配,从而最大化资源利用率,防止任何单一节点成为性能瓶颈。作为系统的通信枢纽,OBProxy 的链路优化减少了数据传输的延时和冗余,提高了客户端与服务器之间的交互效率,进一步缩短了用户请求的响应时间。

2. 单 Unit 及多 Unit 的优化方式

在单 Unit 环境中,优化工作主要聚焦于减少响应时间(Response Time,RT),通过优化查询逻辑、增强索引性能等手段,确保快速响应每个请求。在多 Unit 环境中,多个 Unit 作为一个整体为应用提供数据服务,需要考虑整体吞吐量。当每个请求的响应时间都很短时,可能因为大量请求访问热点 Unit 导致整体吞吐量出现瓶颈,需要对 Unit 中的数据存储位置进行优化,消除热点 Unit 访问,提高整体吞吐量。

3. 数据分布的建模优化

数据分布是分布式系统性能优化的关键环节。通过合理的数据模型设计,可以减少数据跨节点访问的频率,降低数据传输成本,从而提升数据处理效率。例如,如果同一个查询 SQL 语句连接的两个表分布在不同的节点上,则可以调整数据分布将其存储在相同的节点上,减少数据在节点间的传输次数，降低 RPC 流量，提升查询效率。

4. 执行计划的调优

在 OceanBase 中，SQL 语句的执行计划直接关系到查询性能。在通常情况下，SQL 优化器能够根据查询请求和数据分布特点，自动生成最优执行计划。但在少数情况下，某些原因会导致 SQL 优化器无法生成最优执行计划，这时，一般需要对 SQL 语句进行等价改写或使用 HINT 提示的方式让 SQL 优化器给出最优执行计划。

综上所述，OceanBase 的性能调优是一个全面而深入的过程，需要综合考虑资源利用率、吞吐量和响应时间等。通过实施高效的负载均衡、优化 OBProxy 通信链路、适应 Unit 多样性的优化策略、精细化调整数据分布模型，以及深度优化执行计划等手段，可以显著提升系统的整体性能和用户体验。

6.1.2 全链路调优关键因素

在从应用服务器向 OBServer 应用服务器发送请求的过程中，需要全面审视并优化整个请求链路上的环节，以确保高效、稳定的性能表现。这一过程中的注意事项如下。

1. 物理资源

持续监控并评估链路中各组件（如应用服务器、OBProxy 等）的物理资源使用情况，如 JVM 内存占用、CPU 利用率等，确保这些资源未达到瓶颈状态。一旦发现资源接近或达到阈值，就及时采取扩容措施或资源优化策略。

2. 负载均衡

优化从应用服务器到负载均衡器、从负载均衡器到 OBProxy 之间的网络流量，包括网络带宽、延时及丢包率等，确保数据传输的高效与稳定。合理配置负载均衡器的分发策略，以最大化资源利用率和请求处理效率。

3. 请求路由

确保 OBProxy 能够准确无误地将 SQL 请求路由到目标 OBServer，避免因路由错误导致的请求处理延时或失败。

4. 连接池

合理设置并监控连接池内长连接和短连接的数量，避免过多连接导致资源耗尽或过少连接影响请求处理效率。根据业务需求和网络状况，合理配置 SocketTimeout 等超时参数，防止因网络延时或服务器响应慢导致的连接挂起或资源浪费。

5. 流量均衡

定期分析并评估各 OBServer 上处理的 SQL 请求数量，识别是否存在严重的请求处理不均衡问题。针对发现的不均衡问题，调整负载均衡策略或优化 OBServer 的部署架构，确保请求能够均匀分布到各个 OBServer 上，提高整体处理能力和系统稳定性。

6.1.3 调优考量要点

如果数据库性能出现问题，那么主要考量以下几个方面。

（1）抓取高频 SQL，并对其进行调优。
（2）排查租户资源是否充足，例如 CPU 资源。
（3）确认索引或执行计划是否相对最优，是否可以进行优化。
（4）查看涉及的 SQL 是否存在跨城访问、跨机访问的情况。
（5）从系统层面着手，确认 OceanBase 转储情况、磁盘 I/O 使用率等。

6.1.4 SQL 性能问题来源

SQL 出现性能问题一般有以下几个原因。

1. SQL 语句编写错误

用户在编写 SQL 语句时，未遵循开发规范，导致 SQL 出现性能问题，如隐式类型转换等。以下示例中，列 c3 的类型为 char(10)，谓词为 "c3=5"，存在隐式类型转换，导致索引 t1_c3 不可用。

```
Create table test1 (c1 int primary key, c2 int, c3 char(10), key t1_ix (c2) local,
key t1_i3 (c3) global)
partition by hash(c1) partitions 15;
 explain select * from test1 where c3 = 5;
====================================================
|ID|OPERATOR                   |NAME     |EST. ROWS |COST   |
----------------------------------------------------
|0 |PX COORDINATOR             |         |5243      |428351|
|1 | EXCHANGE OUT DISTR        |:EX10000 |5243      |427717|
|2 |  PX PARTITION ITERATOR    |         |5243      |427717|
|3 |   TABLE SCAN              |test1    |5243      |427717|
====================================================
 explain extended_noaddr select /*+ INDEX(test1 t1_i3) */* from test1 where c3=5;
====================================================
|ID|OPERATOR                     |NAME         |EST.ROWS |COST   |
----------------------------------------------------
|0 |TABLE LOOKUP                 |test1        |5243     |499381|
|1 | DISTRIBUTED TABLE SCAN      |test1(t1_i3) |5243     |481361|
====================================================
Outputs & filters: -----------------------------------
 0 - output([test1.c1], [test1.c2], [test1.c3]), filter(nil), partitions(p[0-14])
 1 - output([test1.c1]), filter([cast(test1.c3, DECIMAL(-1, -1)) = ?]),
access([test1.c1], [test1.c3]),
partitions(p0), is_index_back=false, filter_before_indexback[false],
range_key([test1.c3], [test1.c1]), range(MIN,MIN ; MAX,MAX)always true
```

从上述执行计划中可以看到，由于数据类型未匹配，发生了隐式类型转换，cast(test1.c3, DECIMAL(-1, -1)) = ?，最终导致未能正确使用索引。可以通过显式类型转换的方式，使得上述语句重新使用到索引。修改 SQL，显式地转换数据类型：c3=cast(5aschar(10))。具体示例如下：

```
Explain extended_noaddr select * from test1 where c3 = cast( 5 as char(10) ) \G
==========================================================
|ID|OPERATOR                |NAME          |EST. ROWS|COST|
----------------------------------------------------------
|0 |TABLE LOOKUP            |test1         |1        |92  |
|1 | DISTRIBUTED TABLE SCAN|test1(t1_i3)|1        |46  |
==========================================================
Outputs & filters: ---------------------------------
0 -output([test1.c1], [test1.c2], [test1.c3]), filter(nil),
partitions(p[0-14])
 1 -output([test1.c1]), filter(nil),
access([test1.c1]), partitions(p0),
is_index_back=false,
range_key([test1.c3], [test1.c1]), range(5,MIN ; 5,MAX),
range_cond([test1.c3 = ?])
```

从上述执行计划中的 RANGE(5,5)可以看出，c3=cast(5aschar(10))的写法匹配了索引 t1_c3。因此，在编写 SQL 时，一定要注意字段值与字段类型的匹配情况，避免出现隐式类型转换的情况。

2. 成本模型缺陷

OceanBase 内建的成本模型是服务器的固有逻辑，最佳执行计划依赖此成本模型。因此，一旦出现由成本模型导致的执行计划选择错误，用户就只能通过绑定执行计划来确保选择"正确"的执行计划。

3. 统计信息不准确

查询优化过程依赖数据统计信息的准确性，OceanBase 的优化器默认会在数据合并过程中收集一些统计信息，当对数据进行大量修改时，可能导致统计信息落后于真实数据的特征，用户可以通过发起每日合并主动更新统计信息。除了收集统计信息，优化器还会根据查询条件对存储层进行采样，用以后续的优化选择。

OceanBase 目前仅支持对本地存储进行采样，对于数据分区在远程节点上的情况，只能使用默认收集的统计信息进行成本估计，可能引入成本偏差。

OceanBase 支持手动收集统计信息和自动收集统计信息。

- ◎ 手动收集统计信息：包括 DBMS_STATS 包和 ANALYZE 语句两种方式，DBMS_STATS 包的功能比 ANALYZE 语句更加灵活，推荐使用 DBMS_STATS 包收集统计信息。
- ◎ 自动收集统计信息：包括通过 DBMS_JOB 包设置定时任务、根据表的数据变化定期收集两种方式。

4. 数据库物理设计

数据库物理设计可能会降低查询的性能。查询的性能很大程度上取决于数据库的物理设计，包括所访问对象的 Schema 信息等。例如，对于二级索引，如果所需的投影列没有包括在索引列中，则需要使用回表的机制访问主表，查询的成本会增加很多。此时，可以考虑将用户的投影列加入索引列，构成所谓的"覆盖索引"，避免回表访问。

5. 系统负载

系统负载可能影响单条 SQL 语句的响应时间。系统的整体负载除了会影响系统的整体吞吐量，也会引起单条 SQL 语句的响应时间变化。OceanBase 的 SQL 引擎采用队列模型，针对用户请求，如果可用线程全部被占用，则新的请求需要在请求队列中排队，直到某个线程完成当前请求。请求在队列中的排队时间可以在 GV$OB_SQL_AUDIT 中看到。

6. 客户端路由

客户端路由与服务器之间可能出现路由反馈逻辑错误，进而导致 SQL 性能问题。由于 OBProxy 与服务器之间采用松耦合的方式，OBProxy 上缓存的数据物理分布信息刷新可能不及时，导致路由选择错误。可能导致路由信息变化的场景如下。

◎ 网络不稳导致服务器间重新选主。
◎ 由服务器上下线、轮转合并等导致的重新选主。
◎ 负载均衡导致重新选主。

当 SQL Audit 或计划的缓存中有大量远程请求时，需要考虑是否属于上述场景。

6.1.5 SQL 调优方法

针对 SQL 的执行时间进行调优是最常见的性能调优方法，它关注的问题是某一条或某一类 SQL 语句的执行时间或者消耗的资源（如内存、磁盘 I/O 等）。单条 SQL 语句的性能调优往往与该 SQL 语句的执行计划相关，因此，分析执行计划是该调优场景的最重要的手段。一般来说，应该首先通过静态分析 SQL 语句的执行计划找到可能的调优点，该方案的适用场景又可以分为单表访问和多表访问。

在单表访问场景中，需要重点关注的问题如下。

◎ 访问路径是否使用索引扫描。分析未使用索引扫描的原因，例如不存在可用的索引。
◎ 是否存在排序或聚合操作。索引是有序的，如果索引的左前缀字段包含排序字段，则可以避免额外的排序操作，建议根据排序的字段创建合适的索引。
◎ 分区裁剪是否正确。优化器会自动跳过无须访问的分区。
◎ 是否需要调整查询的并行度。在 OLAP 没有高频并发 SQL 语句执行的场景下，通过提高查询的并行度，消耗更多的 CPU 资源来换取查询语句执行时间的缩短，当查询涉及的数据量较大、分区数目较多时，可以通过提高并行度缩短执行时间。

针对多表访问的场景，不仅要关注单表的 SQL 调优中的问题，还需要关注多表间的连接问题，需要分析连接顺序（多表进行外连接，不同的表连接顺序是不等价的，尽量将筛选度最高的表连接放在前面处理）、连接算法（Hash Join/Nested Loop Join/Merge Join）、跨机或并行连接的数据再分布方式、查询改写内容。

除了考虑执行计划的性能调优，还需要针对吞吐量进行性能调优。主要考虑在资源（CPU、I/O、网络等）受限的情况下，将数据库系统处理请求量最大化。在新业务上线及各种大促活动前，往往需要进行吞吐量评估及吞吐量的性能调优。吞吐量性能调优可考虑以下几个方面。

（1）优化慢 SQL。大量慢 SQL 请求会消耗过多资源，导致整体吞吐量难以提升，可以通过 OCP 的 TOP SQL 功能或 Plan Cache 视图查询耗时 TOP N 的 SQL 语句，找到具体的慢 SQL 对其进行性能调优。

（2）均衡 SQL 的请求流量资源。在多机环境下，需要尽可能使用现有服务器资源，因此需要考虑流量是否均衡，可以通过 GV$OB_SQL_AUDIT 查看 SQL 流量是否均衡。

- ◎ 可通过 GV$OB_SQL_AUDIT 和 __ALL_SERVER 查看 SQL 流量分布情况及 QPS。
- ◎ 某些 SQL 语句执行时是否出现大量不合理的远程请求，当远程请求比较多时，可能出现切主或 OBProxy 客户端路由不准的情况。
- ◎ 每个子计划的 RPC 均对应 GV$SQL_AUDIT 中的一条记录，可以通过分析相关记录来定位问题。

6.2 定位性能问题

本节就 OceanBase 性能问题定位方法展开讨论，主要分为 4 个步骤：检查系统全局资源负载、检查数据库运行状态、检查数据库慢查询 SQL、检查数据库关键参数和变量。

6.2.1 检查系统全局资源负载

通过 OCP 页面查看 OceanBase 性能监控情况，可以选择不同的 Zone、不同的 OBServer 查看一些数据库性能指标，如查询响应时间、事务响应时间、QPS、TPS、会话数等；然后查看主机性能指标，如 CPU 使用率等情况。通过这些指标，可以初步判断出系统全局资源负载情况。详情见图 6-1。

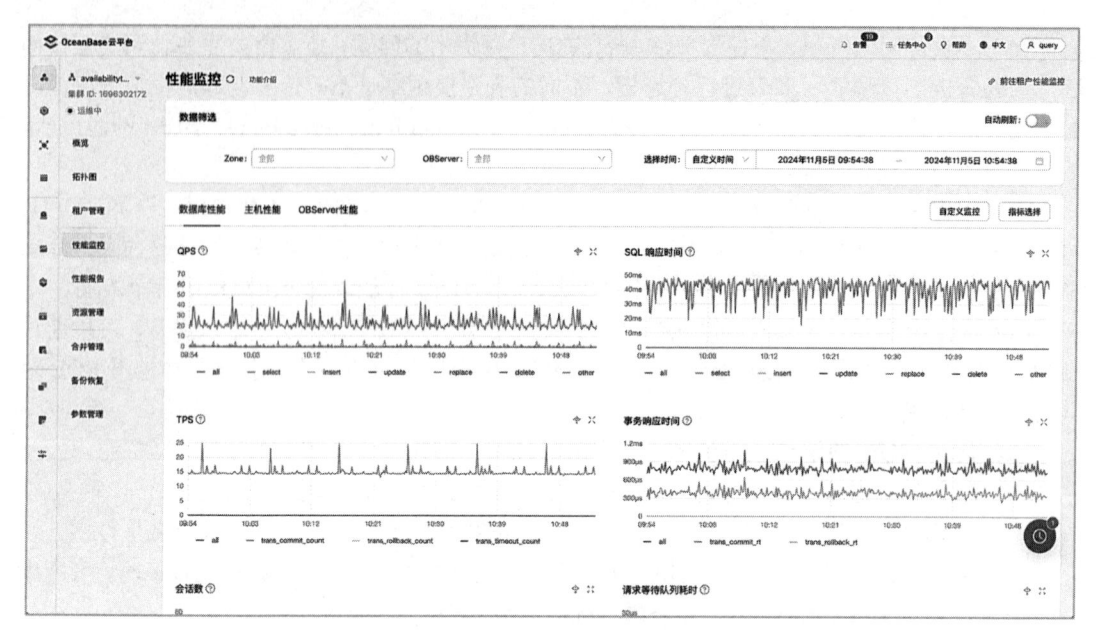

图 6-1 性能监控图

6.2.2 检查数据库运行状态

在检查完系统整体负载情况后，应从以下几个方面检查数据库运行状态。

（1）统计客户端活跃连接情况。

```
select now(), substring_index(host,':',1) as client_ip, count(1)
from GV$OB_PROCESSLIST
where tenant = '<tenant_name>' and state != 'SLEEP'
group by client_ip;
```

（2）统计 OBServer 活跃连接情况。

```
select now(), tenant, svr_ip, count(1) cnt
from GV$OB_PROCESSLIST
where tenant = '<tenant_name>' and state != 'SLEEP'
group by tenant, svr_ip order by cnt desc;
```

（3）查看当前租户的线程状态。

```
obclient > show processlists\G
OBCLIENT > SHOW FULL PROCESSLISTS\G
```

（4）查看锁信息。__all_virtual_trans_lock_stat 系统表记录了当前集群中所有活跃事务持有行锁的相关信息。

```
SELECT  concat(b.svr_ip , ":" , b.svr_port) HOST
       ,b.session_id
       ,concat(e.tenant_name , ":" , d.database_name , ":" , c.TABLE_NAME)
T_S_TABLE_NAME
       ,concat(f.command , ":" , f.state) command_state
       ,f.TIME status_time
       ,rowkey
       ,CAST(b.ctx_create_time AS DATETIME) ctx_create_time
       ,TIMESTAMPDIFF(SECOND , b.ctx_create_time , NOW ( 6 )) TX_SECOND
       ,CAST(b.expired_time AS DATETIME) expired_time
       ,f.INFO
FROM    oceanbase.__all_virtual_trans_lock_stat b
JOIN    oceanbase.__all_virtual_table c
ON      b.TABLE_ID = c.TABLE_ID
JOIN    oceanbase.__all_virtual_database d
ON      c.DATABASE_ID = d.DATABASE_ID
JOIN    oceanbase.__all_tenant e
ON      d.TENANT_ID = e.TENANT_ID
JOIN    oceanbase.__all_virtual_processlist f
ON      b.session_id = f.ID
ORDER BY TX_SECOND , ctx_create_time;
```

下面介绍一个因为锁导致 SQL 执行慢的具体案例。

在压测场景下，数据库中存在热点数据，会造成多个会话并发更新同一条数据。

（1）首先查看表的 Leader 位置。

```
SELECT
DISTINCT T1.SVR_IP
from
__all_virtual_meta_table t1
inner join __all_virtual_table t2 on t1.table_id = t2.table_id
where
t1.tenant_id = 1120
and t1.role = 1
and t2.table_name = 'xx';
```

（2）找到 Leader 后，根据 REQUEST_TIME 查看对应的 observer.log。

（3）根据 SQL 的 trace_id 找到对应日志。

（4）发现 6005 错误，根据"failed to lock write memtable"相关信息，确定这是行级锁导致的 SQL 执行慢的问题。

6.2.3 检查数据库慢查询 SQL

OceanBase 贴心地提供了一个强大的视图 GV$SQL_AUDIT，这个视图在 OceanBase 4.X 版

本改名为 GV$OB_SQL_AUDIT，可以通过该视图查询 OceanBase 中已执行的所有成功或失败的 SQL 语句，并记录所有操作的详细信息。当业务系统出现性能问题时，利用这个视图可以帮助开发人员或数据库管理员（Database Administrator，DBA）快速定位"肇事 SQL"。例如，当数据库的 CPU 使用率突然增高时，大概率是高开销 SQL 造成的，我们可以抓取在问题时间段内 CPU 耗时最长的 10 个 SQL，查看详细信息，还可以进一步根据执行计划 plan_id 抓取高开销 SQL 进行分析，从而解决此类问题。

需要注意的是：只有完成任务的 SQL 的详细信息才会被记录在 GV$SQL_AUDIT 视图中，正在执行任务的 SQL 的相关信息不会被记录在 GV$SQL_AUDIT 视图中。

下面介绍几个详细案例。

（1）查看实际执行时间超过 5s 的 SQL 语句。

```sql
SELECT SVR_IP, QUERY_SQL, ELAPSED_TIME, QUEUE_TIME, EXECUTE_TIME,
TOTAL_WAIT_TIME_MICRO, EVENT
FROM  SYS.GV$SQL_AUDIT WHERE EXECUTE_TIME>5000000 FETCH FIRST 10 ROWS ONLY;
```

（2）查看查询耗时最长的 10 条 SQL 语句的操作记录。

```sql
SELECT SVR_IP, QUERY_SQL,
ELAPSED_TIME, QUEUE_TIME, EXECUTE_TIME, TOTAL_WAIT_TIME_MICRO, EVENT
FROM SYS.GV$SQL_AUDIT
WHERE IS_EXECUTOR_RPC=0 AND IS_INNER_SQL=0
ORDER BY ELAPSED_TIME DESC FETCH FIRST 10 ROWS ONLY;
```

（3）查看本地执行计划 CPU 耗时最长的 10 条 SQL 语句的操作记录。

```sql
SELECT SVR_IP, QUERY_SQL, PLAN_TYPE,
(EXECUTE_TIME+GET_PLAN_TIME-TOTAL_WAIT_TIME_MICRO) AS CPU_TIME,
ELAPSED_TIME, QUEUE_TIME, EXECUTE_TIME, TOTAL_WAIT_TIME_MICRO
FROM  SYS.GV$SQL_AUDIT
WHERE IS_EXECUTOR_RPC=0 AND IS_INNER_SQL=0 AND PLAN_TYPE=1
ORDER BY CPU_TIME FETCH FIRST 10 ROWS ONLY;
```

（4）查看分布式执行计划和远程执行计划 CPU 耗时最长的 10 条 SQL 语句的操作记录。

```sql
SELECT TRACE_ID, QUERY_SQL AS QUERY_SQL,
SUM(EXECUTE_TIME+GET_PLAN_TIME-TOTAL_WAIT_TIME_MICRO) AS CPU_TIME,
SUM(EXECUTE_TIME) AS EXECUTE_TIME,
SUM(GET_PLAN_TIME) AS GET_PLAN_TIME,
SUM(TOTAL_WAIT_TIME_MICRO) AS TOTAL_WAIT_TIME_MICRO
FROM SYS.GV$SQL_AUDIT
WHERE IS_EXECUTOR_RPC=0 AND IS_INNER_SQL=0 AND PLAN_TYPE<>1
GROUP BY TRACE_ID, TO_CHAR(QUERY_SQL)
ORDER BY CPU_TIME DESC FETCH FIRST 10 ROWS ONLY;
```

除了可以查看慢查询情况，还可以分析慢 SQL 日志。慢 SQL 阈值相关参数为 trace_log_

slow_query_watermark，默认为 100ms，建议设置为 1s。一般慢日志所在目录为/home/admin/oceanbase/log/observer.log。大查询相关参数如下。

（1）large_query_threshold：默认为 5s，超过时间的请求可能被暂停，暂停后自动被判断为大查询，执行大查询调度策略。

（2）large_query_worker_percentage：用于设置预留给处理大查询的工作线程的百分比。

6.2.4 检查数据库关键参数和变量

检查完数据库慢查询情况后，需要检查如下数据库关键参数和变量。

（1）writing_throttling_trigger_percentage：用于调整写入速度的阈值，建议值为 70，表示在 MemStore 的内存使用率达到 70%时开启写入限速。若 I/O 设备性能较差，那么可以将该参数调小，例如在内存使用率达到 60%时开启写入限速；若 I/O 设备性能较好，那么可以将参数设置得较大。

（2）ob_enable_truncate_flashback：在 OceanBase 3.2.3 版本中用于设置是否启用表截断的闪回，off/0 表示不启用，on/1 表示启用。在生产环境中应设置为 off，避免遇到不可控的 Bug。OceanBase 4.X 版本已废弃表截断的闪回功能。

（3）recyclebin：用于控制是否启用回收站。当启用回收站时，删除的表及其依赖对象将被放置在回收站中；当禁用回收站时，删除的表及其依赖对象不会被放置在回收站中，而是被直接删除。建议设置为 off，原因是默认情况下回收站空间不能自动释放，需手动清理（purge）。集群级配置项 recyclebin_object_expire_time 设置回收指定过期时间，在回收指定过期时间前进入回收站的 Schema 对象会被自动回收。

（3）ob_query_timeout：用于设置 SQL 语句（包含 DML 语句）的超时时间，单位是 μs。

（4）ob_trx_idle_timeout：用于设置事务空闲超时时间，即事务中两条语句之间的执行间隔超过该值的时间，单位为 ms。

（5）ob_trx_timeout：用于设置事务超时时间，单位为 ms。

（6）undo_retention：表示系统应保留的多版本数据范围，单位为 s，在转储时控制多版本数据的回收。建议该参数不要设置得过大，初始设置为 3600s，防止因参数过大而导致保留的 SSTable 数量超限。

（7）ob_sql_work_area_percentage：用于执行 SQL 语句的租户内存百分比限制，默认为 5%。交易系统推荐设置在 20%以内，如果需要进行混合负载排序，或者哈希连接较多，则可以设置为 30%~50%。

（8）max_allowed_packet：用于设置最大网络包大小，单位是字节。推荐值为 67108864，即最大网络包大小为 64MB。

6.2.5 检查 JDBC 连接配置参数

需要重点关注的 JDBC 连接配置参数如下。

（1）useLocalSessionState：建议设置为 true，避免交易频繁向 OB 发送 session 变量查询 SQL。session 变量主要为 autocommit、tx_read_only 和 transaction isolation。

（2）socketTimeout：执行 SQL 语句时，socket 等待 SQL 语句返回的时间，默认值为 0，表示没有限制，建议根据业务逻辑配置。

（3）connectTimeout：建立 connection 时，等待 connection 的时间，默认值为 0，表示没有限制，建议根据业务逻辑配置。

（4）rewriteBatchedStatements：表示开启 batched 优化改写，如果应用需要批量 UPDATE，则需要开启这个 JDBC 连接配置参数，同时还需要数据库侧同时开启租户级配置参数 ob_enable_batched_multi_statement。

（5）sessionVariables=ob_read_consistency=WEAK：表示该连接发送的语句会自动加上弱读 Hint，可以在备节点执行，如果业务配置了读写分离，则可以在只读的连接串上加上该参数。

连接池的配置参数建议如下。

```
●driver=com.alipay.oceanbase.jdbc.Driver
●url=jdbc:oceanbase://100.88.109.130:2883/TEST?rewriteBatchedStatements=true&allowMultiQueries=true&useLocalSessionState=true&useUnicode=true&characterEncoding=utf-8&enableQueryTimeouts=false
● username=test@oracle#obclustername
● password=admin
● maxActive=50（最大活跃连接数，根据业务实际情况调整）
● minIdle=5      （最小空闲连接数，根据业务实际情况调整）
● initialSize=5    （初始化的连接数，根据业务实际情况调整）
● validationQuery=select 1 from dual （检测数据库链接是否有效，必须将 mysql 配置为 select 1; oracle 为 select 1 from dual）
● testWhileIdle=true  （此项建议配置为 true 以保证安全性。意义为：申请在连接时检测，如果空闲时间大于配置间隔时间，则执行 validationQuery 检测连接是否有效）
● timeBetweenEvictionRunsMillis=10000 （连接池自动检测的间隔时间）
● keepAlive=true    （建议配置为 true 用于连接的保活，以 keepAliveBetweenTimeMillis 频率执行 validationQuery 进行保活）
● keepAliveBetweenTimeMillis=60000  （keepalive 的保活频率）
● testOnBorrow=true   （建议配置为 true, 表示每次申请连接时进行一次有效性检测，避免连接异常断开导致业务报错）
注意：如果配置文件为 XML 格式的，那么参数之间的&符号需要使用&amp;转义
例如：<property name="url value="jdbc:oceanbase://29.30.194.168:2883/cafapp?rewriteBatchedStatements=true&amp;useLocalSessionState=true&amp;useUnicode=true" />
```

OceanBase JDBC 的驱动程序改动会随版本演进而不断变化，建议参考 OceanBase JDBC 驱动程序使用指南，根据业务需求进行下载。截至本书写作时，最新的版本是 2.4.13，读者可在官网搜索并下载。

6.2.6 检查 OBProxy 性能参数

OBProxy 优化的核心是提高 OBProxy 路由的准确率，提高转发效率，并且保持 OBProxy 与应用和数据库连接畅通，配置探活以应对网络的波动。

Scheduler 是 OceanBase 分布式处理中的重要角色，负责处理从事务开启到结束之间的大多数 SQL 语句，Scheduler 判断每条 SQL 语句所访问数据的"Leader"在哪个 OBServer 上，将请求发送给 OBServer 上对应的 worker，并将 worker 的处理结果返回给应用。在 OceanBase 中，Scheduler 通常既是分布式事务的参与者，也是分布式事务的协调者，负责分布式事务的提交。Scheduler 工作的复杂度和事务中的 SQL 特征强相关：SQL 语句越多，涉及的分区越多，产生跨机 SQL 语句的可能性越高。

在交易场景中，本地 SQL 语句越多，跨机访问的额外开销越少，"SQL 语句总执行时间"和"分布式事务的 COMMIT/ROLLBACK 时间"越少，整体性能越好。当远程 SQL 语句和分布式 SQL 语句导致的跨机 SQL 语句占比过高时，跨机网络访问会消耗大量时间，这种物理开销只能优化，无法完全消除。对于包含了大量 SQL 语句的事务来说，Scheduler 的位置很重要，它决定了后续每条 SQL 语句的执行计划类型是本地（Local）还是远程（Remote）。

OBProxy 的配置参数建议如下。

（1）ob_proxy_readonly_transaction_routing_policy=false，让 OBProxy 对 DML 语句的路由以第一条实际开启事务的语句为准，对事务开启前的只读语句可以正确路由，减少远程执行的 SQL 语句数量。

（2）当 OBProxy 参数 enable_ob_protocol_v2 和 enable_reroute 都为 true 时，开启二次路由。在开启二次路由后，当 OBProxy 因 Location Cache 失效等原因，把本该路由到 OBServer2 的 SQL 语句路由到 OBServer1 时，OBServer1 会把正确的路由信息（OBServer2）返回给 OBProxy，OBProxy 再次把 SQL 语句发送到 OBServer2 上，避免 SQL 语句远程执行。开启二次路由的命令如下。

```
alter proxyconfig set enable_ob_protocol_v2=True;    -- 使用 OceanBase V2 协议，是开启 enable_reroute 的前提
alter proxyconfig set enable_reroute=True;           -- 开启二次路由
```

（3）enable_compression_protocol 为 true 时启用压缩协议进行传输，对于联机交易场景，每次查询返回的数据量很小，使用压缩协议传输会增加 OBProxy 对 CPU 的占用并降低传输效率，建议将 enable_compression_protocol 设置为 false，关闭压缩协议。

（4）将 automatic_match_work_thread 参数设置为 false 关闭自动分配，该参数根据服务器的 CPU 核数来自动分配 OBProxy 的工作线程数。当 OBProxy 与 OBServer 部署在一起时，服务器的 CPU 核数通常较多，自动分配的 OBProxy 线程数也会较多，高负载系统 OBProxy 占用的 CPU 资源为 5%~10%，可能导致 OBProxy 抢占 OBServer 的 CPU 资源的问题，建议使用 work_thread_num 手动指定线程数。

（5）当 automatic_match_work_thread=False 时，work_thread_num 参数设置 OBProxy 工作线

程数，OBProxy 线程数过多会导致线程调度效率下降，进一步导致性能下降，建议该参数的值不超过 32。

（6）proxy_mem_limited 参数设置 OBProxy 的内存上限，默认为 2GB。建议根据交易场景和服务器内存情况适当调大，在生产环境下建议设置为 10GB，一般可以满足业务需求。

6.3 数据库优化器解析及统计信息收集

6.3.1 优化器

优化器（Optimizer）是数据库查询处理的核心组件之一，负责分析用户的 SQL 查询，并生成最优计划。它接收到逻辑改写模块（Transformer）的 SQL 语句后，将对计划进行基于规则的优化和基于成本模型的优化，并通过匹配规则或者计算执行成本筛选出最适合的计划，交给代码生成器（Code Generator）生成对应的代码，由执行器（Executor）执行 SQL 语句。

OceanBase 的查询优化器基于 System-R 框架，其优化过程是自下而上的，通过选择基表访问路径、连接算法和连接顺序，并综合其他算子来计算成本，最终选择一个成本最低的计划。

成本（cost）指计划的执行时间，包括 CPU 耗时、I/O 耗时和网络传输耗时，优化器根据统计信息和成本模型为每个计划计算成本。OceanBase 的路径选择方法融合了基于规则的路径选择方法和基于成本（CBO）的路径选择方法，并首先使用基于规则的路径选择方法。简单来说，基于规则的优化是指针对收到的经过逻辑改写模块处理的 SQL 语句，优化器会列出所有可能的计划，通过清晰的规则排除较差的计划。一般情况下，基于规则优化后会留下一些可选的计划，这时需要结合各种表的统计信息来估算这些计划的执行成本，最终选择成本最低的计划作为 SQL 语句的计划。

在基于规则的优化中，优化器会根据预设的体系快速选择索引和访问路径。而在基于成本的优化中，优化器会进行更为细致的成本估算，以确保选择的计划在实际执行时具有最佳性能。

成本估算过程还依赖数据库中统计信息的准确性和完整性。统计信息包括表的行数、列的分布情况、索引的选择等。因此，定期更新和维护统计信息对于优化器生成高效计划至关重要。

6.3.2 基于规则的路径选择

在 OceanBase 中，基于规则的路径选择主要用于选择索引。

优化器会最先使用那些通用性好、定义明确的规则，当只有一个计划符合要求时，会直接执行该计划。这样的规则被称为前置规则，内容如下。

（1）规则 1：唯一性索引全匹配+不需要回表（主键被当成唯一性索引来处理）时，选择该索引。如果存在多个这样的索引，则选择索引列数最少的一个。

（2）规则 2：普通索引全匹配+不需要回表时，选择该索引。如果存在多个这样的索引，则选择索引列数最少的一个。

（3）规则 3：唯一性索引全匹配+需要回表+回表数量少于一定的阈值时，选择该索引。如果存在多个这样的索引，则选择回表数量最少的一个。

注意：规则 1、2、3 存在优先级，如果匹配了规则 1，将不会再匹配规则 2，优先级顺序是 1、2、3。

经过匹配，如果规则 1 或者规则 2 或者规则 3 中剩下多个候选的索引，则进入剪枝环节。剪枝规则如下。

◎ 是否回表。如果索引包含所有需要访问的列，则不需要回表。
◎ 是否存在 Interesting Order。利用索引的有序性来避免排序。
◎ 索引能否提供对 Query Range 的匹配。在存储层可以直接确定查询范围。

如果剪枝以后还是剩下多个可选的计划，则进入基于成本的路径选择阶段，用执行成本"一决高下"，看谁才是最优的计划。

6.3.3 基于成本的路径选择

OceanBase 的成本模型考虑了 CPU 成本（例如处理一个谓词的 CPU 开销）和 I/O 成本（例如顺序、随机读取宏块和微块的成本），CPU 成本和 I/O 成本相加得到总成本。

访问路径的成本取决于很多因素，例如扫描的行数、回表的行数、投影的列数和谓词的个数等。访问路径的成本在很大程度上取决于行数，下面主要从行数维度介绍这两部分的成本。

1. 扫描访问路径的成本

扫描访问路径的成本与扫描的行数成正比，理论上，扫描的行数越多，执行时间就越久。对于一个访问路径，查询范围决定了需要扫描的范围，从而决定了需要扫描的行数。查询范围的扫描机制是顺序 I/O。

2. 回表的成本

回表的成本与回表的行数成正比，回表的行数越多（回表的行数指所有能在索引上执行的谓词的行数），执行时间就越长。回表的扫描机制是随机 I/O，所以回表一行的成本比查询范围扫描一行的成本高很多。

综上所述，要实现一个可对比的成本方案，需要为所有的算子确定成本，例如处理一行数据需要多少成本，然后通过表的统计信息估算需要处理多少行数据，再通过简单的乘法和加法计算出 SQL 语句执行计划需要的成本。你可能已经意识到，所有算子的成本计算在固定的数据库版本或者给定的参数下遵循静态的规则，而表的统计信息是动态的，会随着数据库中数据的变化而变化，高效和正确地获取统计信息是优化器获得高性能的关键。

6.3.4 统计信息

数据库中的统计信息是指优化器统计信息（Optimizer Statistics），它是描述数据库中表和列的信息的集合。

优化器成本模型（Optimizer Cost Model）依赖查询过程中涉及的表、列、谓词等对象的统计信息来选取计划，所以统计信息是成本模型选取最优计划的关键。

在 OceanBase 优化器中，统计信息以普通数据的形式存储在内部表中，优化器会在本地维护统计信息的缓存，以提高对统计信息的访问速度。

统计信息包含表统计信息（Table Level Statistics）和列统计信息（Column Level Statistics）两种类型。

表统计信息主要包含以下信息。

（1）表的基本信息（包括 tenant_id、table_id、partition_id 等）。
（2）表的统计信息类型（信息级别分为 GLOBAL、PARTITION 和 SUBPARTITION）。
（3）表的行数。
（4）表所占用的宏块数。
（5）表所占用的微块数。
（6）表的平均行长。
（7）表的收集统计信息时间。
（8）表的统计信息是否锁定。

列统计信息主要包含以下信息。

（1）列的基本信息（包括 tenant_id、table_id、partition_id、column_id）。
（2）列的统计信息类型（信息级别分为 GLOBAL、PARTITION 和 SUBPARTITION）。
（3）列中不同的值的数量（Number of Distinct Values，NDV）。
（4）列中 NULL 值的数量。
（5）列的最大值和最小值。
（6）列的采样数据量。

6.3.5 直方图

在默认情况下，优化器认为列的数据是均匀分布的，之后会根据这一原则估计查询条件的选择率以及满足条件的返回记录行数，据此计算成本并选择最终计划。但是在真实的场景中，有些表的数据分布是不均匀的，甚至是极度倾斜的，对这样的列如果还按照数据均匀分布的原则计算选择率和满足条件的返回记录行数，并据此计算成本、选择计划，那么生成的计划可能是错误的，这时就需要使用直方图。

直方图是一种特殊的列统计信息，它详细描述了目标列的数据分布情况，优化器可以依据直方图估算出目标列的准确行数。在 OceanBase 优化器中，列的直方图信息存储在视图 ALL_TAB_HISTOGRAMS、DBA_TAB_HISTOGRAMS 和 USER_TAB_HISTOGRAMS 中，包含以下信息。

- ◎ 直方图的基本信息（包括 table_name、column_name）。
- ◎ 直方图中每个桶累积的数据量（包含当前桶及其之前的桶的总和）。
- ◎ 直方图中每个桶中的最大值。
- ◎ 直方图中每个桶中的最大值的频次（只针对混合直方图，将其他直方图类型设置为 0）。

直方图包含两个要素。一个是桶（Bucket），桶实际上是逻辑上的概念，相当于分组，一个桶就是一个组，每个组里存放目标列的数据分布信息；另一个是每个桶对应的数值出现的频次。举一个简单的例子：某列有 100 行数据，其值只可能是 A、B、C 中的一个，现在有 50 行数据的值为 A，有 30 行数据的值为 B，有 20 行数据的值为 C，那么一共有 A、B、C 共 3 个桶，频次分别为 50、30、20，如图 6-2 所示。

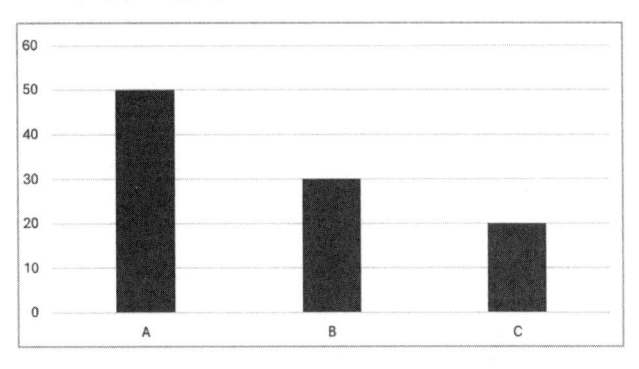

图 6-2　列的直方图

OceanBase 优化器支持 3 种直方图：频率（Frequency）直方图、Top k 直方图和混合直方图。在频率直方图中，不同的列值对应直方图的单个桶，要求指定的桶的个数不少于列的唯一值数，频率直方图不适合目标列的唯一值非常多的情况，其对应的桶数不能超过 254，因此只适用于目标列的唯一值小于或等于 254 的场景；Top k 直方图是频率直方图的变体，基于 Lossy Counting 算法，通过获取部分数据特征来估算整体的数据分布，它所记录的数据数与总数据数的比例不低于 1−1/bucket_size；混合直方图主要通过采集指定量的数据来构建，是对频率直方图和 Top k 直方图的补充。下面我们分别讲解频率直方图、Top k 直方图、混合直方图。

1. 频率直方图

在频率直方图中，每个唯一值对应直方图的一个桶，直方图的桶的数量就等于目标列的唯一值的数量。数据字典 DBA_TAB_HISTOGRAMS 中的字段 endpoint_actual_value 记录了目标列的唯一值，每个唯一值对应一条记录；而对于频率直方图来说，字段 endpoint_number 是一个累加值，记录了到当前唯一值为止总共有多少条记录。我们可以用当前唯一值对应记录的 endpoint_number 减去上一条记录的 endpoint_number，得到当前唯一值有多少条记录。频率直方图不适合用于目标列唯一值很多的情况。下面我们来看频率直方图创建示例，先创建表 AH，表里只有一个字段 ID，分别插入不同数量的唯一值 13、18、21、41、76、87 对应的记录，总记录条数为 4194。执行命令如下。

```
CREATE TABLE ah (id number);
insert into ah select 13 from dual connect by level <=1000;
insert into ah select 18 from dual connect by level <=76;
insert into ah select 21 from dual connect by level <=87;
```

```
insert into ah select 41 from dual connect by level <=99;
insert into ah select 76 from dual connect by level <=2012;
insert into ah select 87 from dual connect by level <=920;
commit;

obclient [SYS]> select count(*) from ah;
+----------+
| COUNT(*) |
+----------+
|     4194 |
```

然后收集表 AH 上字段 ID 的包括直方图在内的统计信息，OceanBase 使用 dbms_stats.gather_table_stats 命令收集表的统计信息，method_opt 选项指定'for columns size auto id'，表示针对目标表的 ID 字段自动收集直方图统计信息，这里的 auto 表示让 OceanBase 自己决定是否对列 ID 收集直方图统计信息，以及使用哪种类型的直方图。执行命令如下。

```
BEGIN
 dbms_stats.gather_table_stats(
   ownname=>user,
   tabname=>'AH',
   cascade=>TRUE,
   estimate_percent=>100,
   method_opt=>'for columns size auto id');
END;
/
```

收集完直方图统计信息后，查看 USER_TAB_COL_STATISTICS 视图中的直方图信息，发现列 ID 上的直方图统计信息空空如也，执行命令并返回如下结果。

```
obclient [SYS]> SELECT histogram, num_buckets
    -> FROM user_tab_col_statistics
    -> WHERE table_name = 'AH' AND column_name = 'ID';
+-----------+-------------+
| HISTOGRAM | NUM_BUCKETS |
+-----------+-------------+
| NULL      |           0 |
+-----------+-------------+
```

OceanBase 在自动收集直方图统计信息时会遵循一个原则：只针对那些曾经在 WHERE 条件中使用过的列收集直方图统计信息，而表 AH 刚创建，列 ID 还没有在 WHERE 条件中使用过。下面先执行 WHERE 条件，其中包含表 AH 上字段 ID 的 SQL 语句，然后收集直方图统计信息。

```
obclient [SYS]> select count(*) from ah where id=87;
+----------+
| COUNT(*) |
```

```
+----------+
|    920   |
+----------+

BEGIN
 dbms_stats.gather_table_stats(
   ownname=>user,
   tabname=>'AH',
   cascade=>TRUE,
   estimate_percent=>100,
   method_opt=>'for columns size auto id');
END;
/
```

下面再来看一下直方图信息,执行命令并返回如下结果。

```
obclient [SYS]> SELECT histogram, num_buckets
    -> FROM user_tab_col_statistics
 -> WHERE table_name = 'AH' AND column_name = 'ID';

+-----------+-------------+
| HISTOGRAM | NUM_BUCKETS |
+-----------+-------------+
| FREQUENCY |           6 |
+-----------+-------------+
```

可以看出,OceanBase 自动选择了频率直方图,表 AH 的 ID 字段上唯一值的个数是 6,因此这里的 NUM_BUCKETS 的值也为 6。

接下来看一下直方图收集的统计信息,执行命令并返回如下结果。

```
obclient [SYS]> select
table_name,column_name,endpoint_number,endpoint_actual_value,endpoint_repeat_count
    -> from dba_tab_histograms
    -> where table_name = 'AH' AND column_name = 'ID'
    -> order by endpoint_number;
+------------+-------------+-----------------+-----------------------+----------
------
| TABLE_NAME |COLUMN_NAME | ENDPOINT_NUMBER |ENDPOINT_ACTUAL_VALUE |
ENDPOINT_REPEAT_COUNT
+------------+-------------+-----------------+-----------------------+----------
------
| AH         | ID          |            1000 | 13                    |     1000 |
| AH         | ID          |            1076 | 18                    |       76 |
| AH         | ID          |            1163 | 21                    |       87 |
| AH         | ID          |            1262 | 41                    |       99 |
```

```
| AH            | ID            |              3274 | 76       |               | 2012    |
| AH            | ID            |              4194 | 87       |               |  920    |
+---------------+---------------+-------------------+----------+---------------+---------+

select id,count(*) as "基数",sum(count(*)) over (order by id range unbounded preceding)
as "累计基数"
from ah
group by id;
+------+--------+----------------+
| ID   | 基数   | 累计基数       |
+------+--------+----------------+
|  13  |  1000  |      1000      |
|  18  |    76  |      1076      |
|  21  |    87  |      1163      |
|  41  |    99  |      1262      |
|  76  |  2012  |      3274      |
|  87  |   920  |      4194      |
+------+--------+----------------+
```

2. Top k 直方图

Top k 直方图是频率直方图的变体，当我们指定的桶个数不足以装下所有列中的不同值时，就会考虑选择使用 Top k 直方图，Top k 直方图的本质是忽略频次低的数据，主要考虑频次高的数据的分布。例如，一个钱袋里面有 4 种不同面值（0.1 元、0.2 元、0.5 元、1 元）的 100 枚硬币，其中 0.1 元的硬币只有 1 枚，同时我们只有 3 个桶来装硬币，因此就可以忽略面值 0.1 元的硬币，只考虑剩下 3 种硬币的分布。

Top k 直方图是通过部分数据特征来估算整体的数据分布的，为了保证误差不会太大，其记录的数据数与总数据数的比例不能低于 1–1/bucket_size，bucket_size 默认为 254。对于上面的硬币场景，指定桶的个数为 3，一共有 100 枚硬币，Top k 直方图记录了 99 枚，显然 99/100 > 2/3，满足 Top k 直方图的要求。目前，OceanBase 优化器主要通过 Lossy Counting 算法实现 Top k 直方图。

3. 混合直方图

针对大表场景，指定的直方图的桶个数低于列中唯一值的数量，无法使用频率直方图，同时，使用 Top k 直方图无法满足最低的数据占比，这时就需要一种更均衡的直方图来描述数据分布的特征，由此引入混合直方图。混合直方图主要通过采集指定量的数据构建直方图，与频率直方图和 Top k 直方图不同的是，一个桶里可能装多个不同的值，将采集到的数据按照桶的个数分段，每一分段内的所有数据都放到对应的一个桶中，用更少的桶来描述更大规模的数据分布。这时，桶的定义将变得复杂，其中，桶内的最大的值将作为这个桶的末端值（endpoint_value），通过末端值重复个数（endpoint_repeat_cnt）记录末端值的频次。

对于列的直方图统计信息收集，如果采集桶的数量过多，会有较高资源开销，所以

OceanBase 采集桶数最大为 254。直方图的选择策略如图 6-3 所示。

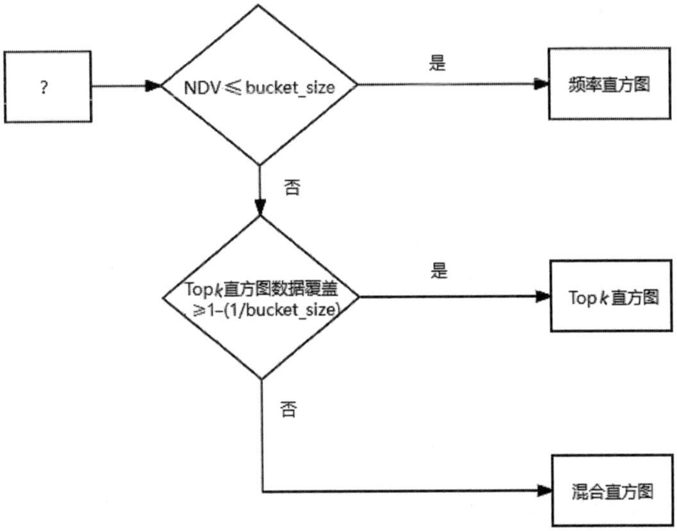

图 6-3 直方图选择策略图

（1）当目标列上唯一值的个数小于或等于 254 时，使用频率直方图。

（2）当目标列上唯一值的个数大于 254 时，采集 254 个桶，如果统计数据量占总数据量的比例不小于 99.6%，则优先使用 Top k 直方图。具体方法为：将桶的个数设置为 254，按照使用频次从高到低排序，并舍弃序号大于 254 的桶。

（3）如果不满足（2）中的条件，则使用混合直方图。通过重新定义桶，让一个桶描述更多的数据，同时引入新的值描述桶的定义，包括桶的末端值（endpoint_acutal_value）和末端值的频次（endpoint_repeat_count）。

6.3.6 统计信息的收集

统计信息的收集方式主要包括手动收集、自动收集、在线收集和通过优化器动态采样。需要注意的是，OceanBase 4.2.1 版本开始支持上述 4 种收集方式，OceanBase 3.X 版本只支持手动收集和自动收集。

OceanBase 在 Oracle 模式下用于查询统计信息收集状态的视图如表 6-1 所示。

表 6-1 OceanBase 在 Oracle 模式下用于查询统计信息收集状态的视图

视图名称	描述
ALL_TAB_STATISTICS	用于查询表级别的统计信息
ALL_TAB_COL_STATISTICS	用于查询 GLOBAL 级别的列统计信息
ALL_PART_COL_STATISTICS	用于查询 PARTITON 级别的列统计信息
ALL_SUBPART_COL_STATISTICS	用于查询 SUBPARTITON 级别的列统计信息

续表

视图名称	描述
ALL_TAB_HISTOGRAMS	用于查询 GLOBAL 级别的列直方图统计信息
ALL_PART_HISTOGRAMS	用于查询 PARTITON 级别的列直方图统计信息
ALL_SUBPART_HISTOGRAMS	用于查询 SUBPARTITON 级别的列直方图统计信息
SYS.ALL_VIRTUAL_TABLE_STAT_V2_REAL_AGENT	用于查询表级的统计信息的虚表
SYS.ALL_VIRTUAL_COLUMN_STAT_V2_REAL_AGENT	用于查询列级的基本统计信息的虚表
SYS.ALL_VIRTUAL_HISTOGRAM_STAT_V2_REAL_AGENT	用于查询列级的直方图信息的虚表

Oracle 模式下的视图按照用户不同分为 3 种：ALL_表示包含当前用户可以访问的对象，DBA_表示包含数据库中的所有对象，USER_表示包含当前用户名下的对象。

1. 手动收集统计信息

优化器主要通过 DBMS_STATS 包和 ANALYZE 语句手动收集统计信息，推荐使用 DBMS_STATS 包收集统计信息。

DBMS_STATS 包收集表级、Schema 级别的统计信息和索引统计信息，分别通过调用存储过程 gather_table_stats、gather_schema_stats 和 gather_index_stats 完成。在默认情况下，收集表统计信息的同时会收集表上所有索引统计信息。由于索引表上的部分统计信息是可以通过基表的统计信息得到的，包括行数、平均行长（通过对应的几个列计算）等，因此可以加速统计信息的获取，也可以避免二次扫描全表数据。这种统计策略被称为表级和索引统计信息收集的粒度（GRANULARITY）关联策略。需要注意的是，本地索引和全局索引的粒度存在差异，所以该策略对两种索引的操作也存在一定差异。

gather_table_stats 与 gather_schema_stats 参数详解。

- ownname：用户名。
- tabname：表名。
- partname：分区名，默认为 NULL。
- estimate_percent：指定数据采样的比例。如果指定为 NULL，则使用所有数据。默认是 AUTO_SAMPLE_SIZE，由优化器决定。
- method_opt：设置列级别的统计信息收集方式。
- granularity：统计信息收集时的分区粒度，该选项可设置的值较多。GLOBAL 表示收集全局级别的统计信息；PARTITION 表示收集分区级别的统计信息；SUBPARTITION 表示收集子分区级别的统计信息；ALL 表示收集所有级别的统计信息；AUTO 表示使用默认方式收集所有级别的统计信息，为默认值；DEFAULT 表示仅收集 GLOBAL 和 PATITION 级别的统计信息；GLOBAL AND PARTITION 表示收集 GLOBAL 和 PATITION 级别的统计信息；APPROX_GLOBAL AND PARTITION 表示收集分区级别的统计信息，并根据分区信息推导出全局级别的统计信息。

在 gather_table_stats 中使用 method_opt 指定收集列级别的统计信息。详细语法如下。

```
method_opt:
 FOR ALL [INDEXED | HIDDEN] COLUMNS [size_clause]
| FOR COLUMNS [size_clause] column [size_clause] [,column [size_clause]...]
size_clause:
SIZE integer | SIZE REPEAT | SIZE AUTO| SIZE SKEWONLY
column:
column_name | (column_name [, column_name])
```

上述语法中涉及的相关参数解释见表 6-2。

表 6-2　参数解释

参　　数	解　　释
SIZE integer	指定收集列的直方图桶的个数，取值范围为[1, 2048]
REPEAT	只收集被收集过直方图的列的直方图。使用之前收集直方图设置的桶个数
AUTO	优化器根据列的使用情况决定是否收集列的直方图，只有在 WHERE 条件中出现过的列，并且数据倾斜，才有可能被收集。直方图桶个数使用默认值 254
SKEWONLY	只收集数据分布不均匀的列的直方图。直方图桶个数使用默认值 254

Oracle 模式下使用 dbms_stats 收集统计信息的示例如下。

收集表 user.tbl1 上所有索引列的全局级别的统计信息，桶的个数设定为 128。

```
CALL dbms_stats.gather_table_stats('user', 'tbl1', method_opt=>'FOR ALL INDEXED
COLUMNS SIZE 128');
```

收集表 user.tbl1 上指定列 c1 和 c2 的全局级别的统计信息，采样率为 50%，桶的个数由优化器自行设定。

```
CALL dbms_stats.gather_table_stats('user', 'tbl1', estimate_percent=> '50',
method_opt=>'FOR COLUMNS SIZE AUTO c1,c2');
```

除了 DBMS_STATS 包的方式，我们还可以使用 ANALYZE 语句手动收集统计信息。MySQL 模式下使用 ANALYZE 语句收集表 tbl1 统计信息的示例如下，其中列的桶个数为 30。

```
ANALYZE TABLE tbl1 UPDATE HISTOGRAM ON c1, c2, c3 WITH 30 BUCKETS;
```

使用 Oracle 模式下的语法收集用户 test 的表 tbl1 统计信息的示例如下。其中，所有列的桶个数设定为 128。

```
ALTER SYSTEM SET ENABLE_SQL_EXTENSION = TRUE;
ANALYZE TABLE tbl1 COMPUTE STATISTICS FOR ALL COLUMNS SIZE 128;
```

在 Oracle 模式和 MySQL 模式下，支持使用 ANALYZE 语句收集统计信息。与 DBMS_STATS 包收集统计信息的方式相比，ANALYZE 语句并没有提供丰富的策略。

2. 自动收集统计信息

优化器通过基于 DBMS_SCHEDULER 系统包实现的 MAINTENANCE WINDOW 收集每日

的自动统计信息,从而保证统计信息的不断迭代更新。定义 MAINTENANCE WINDOW 为周一到周日有 7 个自动收集任务,周一到周五的任务开始时间为 22:00,最长收集时间为 4 小时,周六和周日的开始时间为 6:00,最长收集时间为 20 小时。

当数据库中表的统计信息过期时,也会触发自动收集,判断标准是当前表增量的 DML 次数(从上一次收集统计信息到本次收集统计信息期间发生的增/删/改总次数)超过 stale_percent 参数设置的阈值。stale_percent 参数设置的阈值的默认值是 10%,可以通过 DBMS_STATS.SET_TABLE_PREFS 命令调整阈值,示例如下。

可以通过 dbms_stats.get_prefs 命令查看 STALE_PERCENT 参数设置的阈值,默认 STALE_PERCENT 参数设置的阈值是 10%,执行命令如下。

```
obclient [SYS]> select dbms_stats.get_prefs('STALE_PERCENT','SYS','T1') from dual;
+------------------------------------------------------+
| DBMS_STATS.GET_PREFS('STALE_PERCENT','SYS','T1')     |
+------------------------------------------------------+
| 10                                                   |
+------------------------------------------------------+
```

修改 STALE_PERCENT 参数设置的阈值为 13%,执行命令如下。

```
obclient [SYS]> call dbms_stats.set_table_prefs('SYS','T1','STALE_PERCENT','13');
obclient [SYS]> select dbms_stats.get_prefs('STALE_PERCENT','SYS','T1') from dual;
+------------------------------------------------------+
| DBMS_STATS.GET_PREFS('STALE_PERCENT','SYS','T1')     |
+------------------------------------------------------+
| 13                                                   |
+------------------------------------------------------+
```

清除修改的 STALE_PERCENT 参数阈值,这时 STALE_PERCENT 参数阈值又恢复为默认值 10%,执行命令及返回结果如下。

```
CALL DBMS_STATS.DELETE_TABLE_PREFS('SYS', 'T1', 'STALE_PERCENT');
obclient [SYS]> select dbms_stats.get_prefs('STALE_PERCENT','SYS','T1') from dual;
+------------------------------------------------------+
| DBMS_STATS.GET_PREFS('STALE_PERCENT','SYS','T1')     |
+------------------------------------------------------+
| 10                                                   |
+------------------------------------------------------+
```

优化器的自动统计信息收集策略如下。

(1)系统表和非分区用户表的自动收集策略:当没有 GLOBAL 级别的统计信息时,自动收集统计信息;当有 GLOBAL 级别的统计信息时,如果统计信息已经过期,则自动收集统计信息,否则不会自动收集统计信息。

（2）分区用户表的自动收集策略：如果表没有任何统计信息，则自动收集所有的统计信息；如果表有分区级别的统计信息，但是没有 GLOBAL 级别的统计信息，则采用增量的方式自动收集统计信息；如果表有 GLOBAL 级别的统计信息，但是已经过期，则自动收集所有的统计信息；如果表有 GLOBAL 级别的统计信息，但部分分区的统计信息过期，则自动收集统计信息过期的分区统计信息，同时采用增量的方式推导 GLOBAL 级别的统计信息。

3. 在线收集统计信息

在线收集统计信息是指在执行 INSER 命令时，优化器就可以收集统计信息，不用手动调用系统包。在批量导入数据的过程中，可以实时收集统计信息，不需要额外发起收集任务，减少了运维操作，提高了统计的信息收集性能。可以通过 GATHER_OPTIMIZER_STATISTICS/NO_GATHER_OPTIMIZER_STATISTICS Hint 和系统变量_optimizer_gather_stats_on_load（默认开启），或者旁路导入的 APPEND Hint 功能实现在线收集统计信息。

4. 优化器动态采样

使用该功能可以在 SQL 语句运行时收集需要的统计信息，帮助优化器生成更好的计划，从而优化查询性能。查询语句会自动应用动态采样功能，使生成的计划更精准，执行时更高效。

动态采样不仅可以使优化器得到足够多的统计信息，还会在计划生成阶段针对数据库对象进行提前采样，通过采样的方式估计行数，并用于成本模型中，从而生成更好的计划。

动态采样功能具有如下优点。

◎ 可以基于陈旧的统计信息，甚至在缺乏信息的情况下获得更准确的统计信息。
◎ 可以在包含复杂谓词、关联谓词等的查询中提供更准确的统计信息。
◎ 可以减少统计数据收集的时间和成本，例如对于大宽表，常规的统计信息收集方式可能会非常耗费时间和资源。
◎ 可以提高查询的时效性，因为动态采样可以在查询时动态调整执行计划，以适应数据的变化。

6.4　SQL 语句监控及执行计划查看工具

6.4.1　GV$OB_SQL_AUDIT 视图

GV$OB_SQL_AUDIT（在 OceanBase 3.2.3 版本中为 GV$SQL_AUDIT）视图用来展示所有在 OBServer 节点上执行完成的 SQL 语句的请求客户端来源、执行服务器、执行状态、SQL 文本、等待事件及各阶段耗时等信息。该视图是按照租户拆分的，除了系统租户，其他租户不能跨租户查询。SQL 语句每执行一次，就会在 SQL Audit 中记录一次。需要注意，未执行完成的 SQL 语句信息不会被记录到 GV$OB_SQL_AUDIT 视图中，因此，对 OceanBase 的监控包括 GV$OB_SQL_AUDIT（已完成的 SQL 语句信息）和 GV$OB_PROCESSLIST（未执行完成的 SQL 语句信息），这是一个闭环的 SQL 语句监控方案。

GV$OB_PROCESSLIST 是 OceanBase 4.X 版本新增的视图，可以用来监控正在执行的 SQL

语句信息，state 字段为 SLEEP，说明 SQL 语句正在执行，需要关注 total_time 字段，这个字段表示当前命令执行的总时间，单位为 s，对于 GV$OB_PROCESSLIST 视图中长时间未能执行完成的 SQL 语句，需要查看 info 字段的 SQL 文本以及错误码，分析 SQL 语句长时间未能执行完成的原因。在 OceanBase 3.X 版本，则可以监控 __ALL_VIRTUAL_PROCESSLIST 视图，抓取未执行完成的 SQL 语句信息。

说明：GV$OB_PROCESSLIST 视图的 TOTAL_TIME 字段在命令发生重试时不会清零重新计时；而 TIME 字段在命令发生重试时会清零，然后重新计时，因此若要查看 SQL 语句总执行时间，TOTAL_TIME 字段更准确。

在 OceanBase 3.2.3 版本中，SQL 语句审核视图叫作 GV$SQL_AUDIT 视图；从 OceanBase 4.0 版本开始，GV$SQL_AUDIT 改名为 GV$OB_SQL_AUDIT。

SQL Audit 缓存了 GV$OB_SQL_AUDIT 视图看到的 SQL 语句信息，enable_sql_audit 参数控制是否启用 SQL Audit 内存，可以执行以下语句开启 sql_audit。

```
alter system set enable_sql_audit = true/false;
```

可以执行以下语句关闭 sql_audit。

```
alter system set enable_sql_audit = false;
```

在高并发场景中，如果出现 SQL 语句性能问题，则可以将 enable_sql_audit 设置为 false，锁死 SQL Audit 内存，保护现场，避免高频 SQL 语句将问题 SQL 语句刷出 SQL Audit 缓存。

OceanBase 3.2.3 版本可以通过 sql_audit_memory_limit 参数来设置 SQL Audit 的内存上限，该参数默认为 3GB，可设置范围为 [64MB,+∞]，具体语句如下。

```
alter system set sql_audit_memory_limit = '3G';
```

需要注意，sql_audit_memory_limit 参数仅在 OceanBase 2.X、OceanBase 3.X 版本中有效，在 OceanBase 4.X 版本中，sql_audit_memory_limit 参数已经废弃，OceanBase 4.X 版本通过参数 ob_sql_audit_percentage 设置 SQL Audit 所使用的内存占租户内存的百分比，默认值为 3，即 SQL Audit 所使用的内存占租户内存的 3%，可设置范围为[0,80]。也就是说，当 ob_sql_audit_percentage 设置为 0 时，不开启 SQL Audit 内存，ob_sql_audit_percentage 最大可以设置为使用租户内存的 80%。在 OceanBase 4.X 版本中，可以通过以下语句设置 SQL Audit 所使用的内存大小。

```
obclient> SET global ob_sql_audit_percentage = 3;
```

租户的后台任务每隔 1s 会根据 OBServer 节点和 SQL Audit 的内存使用情况来决定是否触发淘汰 SQL 语句的动作。

当内存或记录数达到淘汰上限时触发淘汰。SQL Audit 内存最大可使用上限为 avail_mem_limit=租户内存×ob_sql_audit_percentage/100。

触发淘汰的规则如下。

◎ 当 avail_mem_limit 在[0MB, 64MB]时，内存使用达到 avail_mem_limit 的 50%时触发

- 淘汰。
- ◎ 当 avail_mem_limit 在（64MB, 100MB]时，内存使用达到 avail_mem_limit － 20MB 时触发淘汰。
- ◎ 当 avail_mem_limit 在（100MB, 5GB]时，内存使用达到 availmem_limit×0.8 时触发淘汰。
- ◎ 当 avail_mem_limit 在（5GB, +∞]时，内存使用达到 availmem_limit － 1GB 时触发淘汰。
- ◎ 当 sql_audidt 中的记录超过 900 万条时触发淘汰。

停止淘汰的规则如下。
- ◎ 当 avail_mem_limit 在[0MB, 64MB]时，淘汰到 0MB 时停止。
- ◎ 当 avail_mem_limit 在（64MB, 100MB]时，淘汰到 avail_mem_limit－40MB 时停止。
- ◎ 当 avail_mem_limit 在（100MB, 5GB]时，淘汰到 availmem_limit×0.6 时停止。
- ◎ 当 avail_mem_limit 在（5GB, +∞]时，淘汰到 availmem_limit－2GB 时停止。
- ◎ 对于达到记录数上限触发的淘汰，淘汰到 800 万行记录时停止。

GV$OB_SQL_AUDIT 视图对于抓取高开销 SQL 语句、诊断 SQL 语句性能问题非常有价值。GV$OB_SQL_AUDIT 视图部分重要字段的含义如下。

（1）RETRY_CNT：判断锁冲突重试次数是否很多，如果锁冲突重试次数很多，则可能有锁冲突或切主等情况。

（2）QUEUE_TIME：判断 SQL 语句排队等待的时间是否过长，如果等待的时间过长，则表明租户的 CPU 资源出现瓶颈，可以通过优化 SQL 语句降低 CPU 开销、降低 SQL 语句执行频度，或提升租户 CPU 配置规格解决。通过优化 SQL 语句降低 50%的 CPU 开销的效果等同于将 SQL 语句执行频率降为原来的一半。

（3）GET_PLAN_TIME：判断计划执行时间，如果时间很长，一般会伴随 IS_HIT_PLAN =0，表示没有命中 Plan Cache。在 OceanBase 3.2.3 版本中，曾发现近万条 INSERT ...VALUES 拼接的 SQL 语句消耗了近 15s，建议控制拼接的 INSERT ...VALUES，尽量不要超过 1000 条，以降低计划生成开销。

（4）EXECUTE_TIME：单次执行 SQL 语句消耗的 CPU 服务时间，单位为 ms，SQL 语句总执行时间=单次 SQL 语句执行时间×SQL 执行次数。如果数据库 CPU 出现瓶颈，那么可以抓取总执行时间排在前 30 位的 SQL 语句进行优化。

（5）AFFECTED_ROWS：DML 影响的记录数。

（6）RETURN_ROWS：查询语句影响的记录数。

（7）PARTITION_CNT：请求涉及的分区数，如果涉及的分区过多，则确认是否可以带上分区键或者将全局索引改为分区索引，从而使用消除分区的方式减少访问的分区数。

（8）RET_CODE：OceanBase 错误码。用户需要关注 SQL 语句返回的错误码情况，例如锁等待语句会报 6005 错误码。

（9）PLAN_TYPE：计划类型，1 表示本地计划、2 表示远程计划、3 表示分布式计划。一般来说，系统的大部分计划是本地计划。

（10）RPC_COUNT：发送的个数，如果 SQL 语句的 RPC_COUNT 数量较高，那么需要进行优化，以降低 RPC 远程调用开销。

（11）IS_HIT_PLAN：是否命中 plan_cache，如果没有命中，则需要硬解析生成计划。如果有大量相似的 IN 或 NOT IN 集合包含的离散参数个数不同，则可以将 IN 或 NOT IN 改写为嵌套表，通过虚表连接方式进行优化。

（12）REQUEST_TIME：开始执行 SQL 语句的时间。可以使用 usec_to_time 函数将 request_time 转换为日期格式，例如 usec_to_time(request_time) >= '2024-04-12 11:00:00'。

（13）CLIENT_IP：客户端 IP 地址，当客户端通过 ODP roxy 与 OBServer 连接时，表示转发请求的 ODP roxy 的 IP 地址；当客户端直接与 OBServer 连接时，表示发送请求的客户端的 IP 地址。这在做 SQL 语句审计时比较有用，GV$OB_PLAN_CACHE_PLAN_STAT 没有 CLIENT_IP 字段。

（14）TABLE_SCAN：该 SQL 语句是否包含全表扫描。true 表示包含全表扫描，false 表示不包含全表扫描。

（15）MEMSTORE_READ_ROW_COUNT：MemStore 中读的行数。

（16）SSSTORE_READ_ROW_COUNT：SSSTORE 中读的行数，如果过高，则需要排查是否有过多转储导致读放大。

（17）REQUEST_MEMORY_USED：该 SQL 请求消耗的内存，如果消耗的内存过大，则需要关注原因。例如，避免复合 INSERT...VALUES 过多拼接导致消耗大量内存。

（18）PLAN_ID：执行计划 ID，可以通过 PLAN_ID 在 GV$OB_PLAN_CACHE_PLAN_EXPLAIN 中定位 SQL 语句的执行计划，这个计划是真实执行的计划。

（19）ELAPSED_TIME：接收到 SQL 请求到执行结束消耗的总时间，单位为 ms。

（20）EXECUTE_TIME：细心的用户可能会问，在 GV$ SQL_AUDIT（GV$OB_SQL_AUDIT）视图里，为什么既有 tenant_id 字段，又有 effective_tenant_id 字段？这两个字段有什么区别？在 GV$ SQL_AUDIT（GV$OB_SQL_AUDIT）视图里，tenant_id 表示发起请求的租户 ID，effective_tenant_id 表示实际操作对象所在的租户 ID。在租户操作的情况下，tenant_id 通常始终和 effective_tenant_id 一致。当 sys 租户采集业务租户数据时，由于 sys 租户可以使用 ALTER SYSTEM CHANGE TENANT 的方式修改业务租户下的系统表，所以发起请求的是 sys 租户，而实际的操作对象是修改后的业务租户。

6.4.2　GV$OB_PLAN_CACHE_PLAN_STAT 视图

GV$OB_PLAN_CACHE_PLAN_STAT 视图展示当前租户在所有 OBServer 节点上的计划缓存中缓存的每个对象的状态。该视图缓存了 SQL 语句执行计划对象的具体信息及每个计划的所有执行统计信息，每个计划在该视图中有一条记录。同时，该视图缓存了 PL 对象（如匿名块、包及自定义函数），某些字段只在特定对象下有效。GV$OB_PLAN_CACHE_PLAN_STAT 视图与 GV$OB_SQL_AUDIT 视图的区别在于，执行计划时完成了硬解析的 SQL 语句都可以在 GV$OB_PLAN_CACHE_PLAN_STAT 视图中查到；而 GV$OB_SQL_AUDIT 视图只记录执行完成的 SQL 语句信息，如果 SQL 语句没有执行完成，那么即使做完硬解析，也不能在 GV$OB_SQL_AUDIT 视图中查到。如果一条 SQL 语句在 GV$OB_PLAN_CACHE_PLAN_STAT 视图、GV$OB_SQL_AUDIT 视图中都看不到，则说明它的硬解析出了问题，可以在 ob_proxy 日志中查看问题 SQL 语句信息。

GV$OB_PLAN_CACHE_PLAN_STAT 视图也就是 OceanBase 3.2.3 版本中的 GV$OB_PLAN_CACHE_PLAN_STAT 视图，其部分重要字段的含义如下。

（1）SQL_ID：缓存对象对应的 SQL ID，如果是 PL 对象，则该字段为 NULL。

（2）TYPE 字段：计划和 PL 对象的类型。对于 SQL 语句执行计划的缓存，该字段表示计划的类型。

- ◎ 1：本地计划（Local Plan）。
- ◎ 2：远程计划（Remote Plan）。
- ◎ 3：分配计划（Distribute Plan）。

对于 PL 对象缓存，该字段表示 PL 对象的类型。

- ◎ 1：存储过程（Procedure）。
- ◎ 2：自定义函数（Function）。
- ◎ 3：包（Package）。
- ◎ 4：匿名块（Anonymous Block）。

（3）STATEMENT：SQL 或匿名块语句，对于 SQL 语句执行计划，该字段为参数化后的 SQL 语句；对于匿名块对象，该字段为参数化后的匿名块语句。该字段对其他对象无效。

（4）QUERY_SQL：查询的原始 SQL 语句或参数化后的匿名块语句。对于 SQL 语句执行计划，该字段为第一次加载计划时查询的原始 SQL 语句；对于匿名块字段，该字段为参数化后的匿名块语句。

（5）avg_exe_usec：计划平均执行时间，可以执行以下命令查询平均执行时间排名前 50 位的 SQL 语句。

```
select /*+ READ_CONSISTENCY(WEAK),query_timeout(100000000) */
concat('TENANT_ID=',tenant_id,' AND IP=''',svr_ip,''' AND PORT=',svr_port,' AND PLAN_ID=',plan_id)
markstr,avg_exe_usec,executions,elapsed_time,cpu_time,disk_reads,buffer_gets,substring(query_sql,1,350) query_sql
from gv$OB_plan_cache_plan_stat
where tenant_id=...
order by avg_exe_usec desc
limit 50;
```

（6）slowest_exe_usec：最长的执行耗时，可以执行以下命令查看单次查询耗时排名前 50 位的 SQL 语句。

```
select  /*+ READ_CONSISTENCY(WEAK),query_timeout(100000000) */
concat('TENANT_ID=',tenant_id,' AND IP=''',svr_ip,''' AND PORT=',svr_port,' AND
PLAN_ID=',plan_id)
markstr,slowest_exe_usec,date_format(slowest_exe_time,'%Y-%m-%d %H:%i:%s.%f')
slowest_exe_time,date_format(first_load_time,'%Y-%m-%d %H:%i:%s.%f')
first_load_time,avg_exe_usec,executions,elapsed_time,cpu_time,disk_reads,buffer_
gets,substring(query_sql,1,350) query_sql
from gv$plan_cache_plan_stat
where tenant_id=...
order by slowest_exe_usec desc
limit 50;
```

6.4.3 GV$OB_PLAN_CACHE_PLAN_EXPLAIN 视图

OceanBase 中 GV$OB_PLAN_CACHE_PLAN_EXPLAIN 视图展示缓存在当前 OBServer 节点的物理计划，该视图仅支持每次检索特定的一个操作，查询时需要指定 TENANT_ID、PLAN_ID、SVR_IP 和 SVR_PORT 字段。

GV$OB_PLAN_CACHE_PLAN_EXPLAIN 视图的字段说明如表 6-3 所示。

表 6-3　GV$OB_PLAN_CACHE_PLAN_EXPLAIN 视图的字段说明

字段名称	类　　型	描　　述
TENANT_ID	bigint(20)	租户 ID
IP	varchar(32)	服务器 IP 地址
PORT	bigint(20)	服务器端口号
PLAN_ID	bigint(20)	计划的 ID
PLAN_DEPTH	bigint(20)	Operator 在展示时的深度
PLAN_LINE_ID	bigint(20)	Operator 的编号
OPERATOR	varchar(128)	Operator 的名称
NAME	varchar(256)	表的名称
ROWS	bigint(20)	预估的结果行数
COST	bigint(20)	预估的成本
PROPERTY	varchar(4096)	Operator 对应的信息

GV$OB_PLAN_CACHE_PLAN_STAT 虚拟表存储的计划与 Oracle 中 Library Cache 中的类似，是实际执行的计划。查询过程如下。

（1）通过 GV$OB_PLAN_CACHE_PLAN_STATt 虚拟表查询到 PLAN_ID。

（2）通过查询 GV$OB_PLAN_CACHE_PLAN_EXPLAIN 虚拟表来展示某条 SQL 语句在缓存中的执行计划。

在 sys 租户中查询 GV$OB_PLAN_CACHE_PLAN_EXPLAIN 视图，必须指定 SVR_IP、SVR_PORT、TENANT_ID 和 PLAN_ID 这 4 个列的值。需要注意，SVR_PORT 是默认的内部端口 2882，必须明确指定，否则查询结果会返回 NULL。示例如下。

```
MySQL [oceanbase]> select plan_depth,operator,name,rows,cost
    -> from gv$ob_plan_cache_plan_explain
    -> where plan_id=1840 and tenant_id=1004 and svr_ip='22.22.2222.22.22.45' and
svr_port=2882;
+------------+-----------------+------+------+------+
| plan_depth | operator        | name | rows | cost |
+------------+-----------------+------+------+------+
|          0 | PHY_INSERT      | NULL |    1 |   12 |
|          1 | PHY_EXPR_VALUES | NULL |    1 |    0 |
+------------+-----------------+------+------+------+
2 rows in set (0.005 sec)
```

也可以在普通租户里查询 GV$OB_PLAN_CACHE_PLAN_EXPLAIN 视图获取计划，这时必须指定 TENANT_ID 和 PLAN_ID 的值，在这种情况下，可以不用指定 SVR_IP 和 SVR_PORT，示例如下。

```
obclient [SYS]> select *from gv$ob_plan_cache_plan_explain where plan_id=1840 and
tenant_id=1004;
+-----------+---------------------+----------+---------+------------+--------------+-----------------+------+------+------+----------+
| TENANT_ID | SVR_IP              | SVR_PORT | PLAN_ID | PLAN_DEPTH | PLAN_LINE_ID | OPERATOR        | NAME | ROWS | COST | PROPERTY |
+-----------+---------------------+----------+---------+------------+--------------+-----------------+------+------+------+----------+
|      1004 | 22.22.2222.22.22.45 |     2882 |    1840 |          0 |            0 | PHY_INSERT      | NULL |    1 |   12 | NULL     |
|      1004 | 22.22.2222.22.22.45 |     2882 |    1840 |          1 |            1 | PHY_EXPR_VALUES | NULL |    1 |    0 | NULL     |
+-----------+---------------------+----------+---------+------------+--------------+-----------------+------+------+------+----------+
2 rows in set (0.012 sec)
```

6.4.4 EXPLAIN 命令输出内容

EXPLAIN 命令用于查看优化器针对指定 SQL 语句生成的逻辑执行计划。EXPLAIN 不会真正执行给定的 SQL 语句，不会给系统性能带来影响。

EXPLAIN 命令的格式如下所示，包括 BASIC、EXTENDED、PARTITIONS 等，内容的详细程度有所区别。

```
EXPLAIN [BASIC | EXTENDED | PARTITIONS | FORMAT = format_name] explainable_stmt
format_name: { TRADITIONAL | JSON }
explainable_stmt: { SELECT statement
                  | DELETE statement
        | INSERT statement
        | REPLACE statement
        | UPDATE statement }
```

其中，EXTENDED 关键字使得 EXPLAIN 产生附加信息，包括每个算子的输入列和输出列、访问表的分区信息、当前使用的 filter 信息。如果当前算子使用了索引，则显示所使用的索引列及抽取的查询范围。EXPLAIN 输出内容大致分为两部分。

（1）计划的树形结构。其中每个操作在树中的层次通过其在 OPERATOR 中的缩进展示。

```
+---------+-------------------+-------------------+
| ID | OPERATOR          | NAME | EST.ROWS | COST |
+---------+-------------------+-------------------+
| 0  | SORT              |      | 1    | 2763 |
| 1  |  MERGE INNER JOIN |      | 1    | 2735 |
| 2  |   SORT            |      | 1000 | 1686 |
| 3  |    TABLE SCAN     | t2   | 1000 | 1180 |
| 4  |   TABLE SCAN      | t1   | 1    | 815  |
+---------+-------------------+-------------------+
```

以上述内容为例，其中，ID 是执行顺序，值越大，越早执行；OPERATOR 是算子信息；NAME 是具体执行的表或索引信息；EST.ROWS 是预计执行行数；COST 是预计执行时间，单位为 ms。

常见的算子信息如表 6-4 所示。

表 6-4 常见的算子信息

类型	算子
表访问	table scan、table get
连接	nested-loop、blk-nested-loop、merge、hash
排序	sort、top-n sort
聚合	merge group-by、hash group-by、window function
分布式	exchange in/out、remote/distribute
集合	union、except、intersect、minus
其他	limit、material、subplan、expression、count

算子示例如下。

◎ table scan：范围扫描，会返回 0 行或者多行数据。

◎ table get：直接用主键定位，返回 0 行或者 1 行数据。示例如下。

```
create table t1(c1 int primary key, c2 int, c3 int, c4 int, index k1(c2,c3));
示例1: explain extended select * from t1 where c1 = 1;
|================================
|ID|OPERATOR  |NAME|EST. ROWS|COST|
--------------------------------
|0 |TABLE GET|t1 |1 |53 |
================================
Outputs & filters:
-------------------------------------
 0 - output([t1.c1(0x7f22fbe69340)], [t1.c2(0x7f22fbe695c0)],
[t1.c3(0x7f22fbe69840)], [t1.c4(0x7f22fbe69ac0)]), filter(nil),
access([t1.c1(0x7f22fbe69340)], [t1.c2(0x7f22fbe695c0)], [t1.c3(0x7f22fbe69840)],
[t1.c4(0x7f22fbe69ac0)]), partitions(p0), is_index_back=false,
range_key([t1.c1(0x7f22fbe69340)]), range[1 ; 1], range_cond([t1.c1(0x7f22fbe69340)
= 1(0x7f22fbe68cf0)])
```

（2）各操作算子的详细信息，包括输出表达式、过滤条件、分区信息及各算子的独有信息，如排序键、连接键、下压条件等。

```
Outputs & filters:
-------------------------------------
0 - output([t1.c1], [t1.c2], [t2.c1], [t2.c2]), filter(nil), sort_keys([t1.c1, ASC],
[t1.c2, ASC]), prefix_pos(1)
1 - output([t1.c1], [t1.c2], [t2.c1], [t2.c2]), filter(nil),
equal_conds([t1.c1 = t2.c2]), other_conds(nil)
2 - output([t2.c1], [t2.c2]), filter(nil), sort_keys([t2.c2, ASC])
3 - output([t2.c2], [t2.c1]), filter(nil),
access([t2.c2], [t2.c1]), partitions(p0)
4 - output([t1.c1], [t1.c2]), filter(nil),
access([t1.c1], [t1.c2]), partitions(p0)
```

6.4.5 DBMS_XPLAN 系统包

DBMS_XPLAN 系统包是一款十分强大的工具，它提供了与逻辑执行计划管理相关的功能，包括逻辑执行计划优化追踪等。表 6-5 列出了 OceanBase 所支持的 DBMS_XPLAN 子程序和简要描述。

表 6-5　DBMS_XPLAN 子程序和简要描述

子程序	描　　述
DISPLAY_ACTIVE_SESSION_PLAN	展示指定会话执行计划的实时情况
DISPLAY_CURSOR	展示查询到的计划详情
DISPLAY	查询并格式化历史 EXPLAIN 执行计划
DISABLE_OPT_TRACE	关闭当前会话的优化器全链路追踪功能

子程序	描　述
DISPLAY_SQL_PLAN_BASELINE	查看 SPM 的基线计划
ENABLE_OPT_TRACE	开启当前会话的优化器全链路追踪
SET_OPT_TRACE_PARAMETER	修改当前会话的优化器全链路追踪的参数

可以通过查询 DBMS_XPLAN.DISPLAY_ACTIVE_SESSION_PLAN 获取正在执行的 SQL 语句的逻辑执行计划，如图 6-4 所示。

```
obclient>SELECT DBMS_XPLAN.DISPLAY_ACTIVE_SESSION_PLAN(3221668463);
+-------------------------------------------------------------------------------+
| COLUMN_VALUE                                                                  |
+-------------------------------------------------------------------------------+
| =============================================================================
| |ID|OPERATOR                    |NAME|EST.ROWS|EST.TIME(us)|REAL.ROWS|REAL.TIME(us)|IO TIME(us)|CPU TIME(us)|
| -----------------------------------------------------------------------------
| |0 |SCALAR GROUP BY             |    |1       |1794        |0        |0            |0          |0           |
| |1 | └─NESTED-LOOP JOIN CARTESIAN|    |39601   |1076        |0        |0            |0          |0           |
| |2 |  ├─FUNCTION_TABLE          |A   |199     |1           |0        |0            |0          |0           |
| |3 |  └─MATERIAL                |    |199     |80          |0        |0            |0          |0           |
| |4 |    └─FUNCTION_TABLE        |B   |199     |1           |0        |0            |0          |0           |
| =============================================================================
| Outputs & filters:
| -------------------------------------
|   0 - output([T_FUN_COUNT(*)]),filter(nil),rowset=256
|       group(nil),agg_func([T_FUN_COUNT(*)])
|   1 - output(nil),filter(nil),rowset=256
|       conds(nil),nl_params_(nil),use_batch=false
|   2 - output(nil),filter(nil)
|       value(GENERATOR(cast(:0,BIGINT(-1, 0))))
|   3 - output(nil),filter(nil),rowset=256
|   4 - output(nil),filter(nil)
|       value(GENERATOR(cast(:1,BIGINT(-1, 0))))
+-------------------------------------------------------------------------------+
```

图 6-4　DBMS_XPLAN 获取计划示意图

具体步骤如下。

（a）使用 SHOW PROCESSLIST 命令找到 session id，注意不是 OBProxy 的 session id，而是 OBServer 的 session id。

```
obclient> SHOW PROCESSLIST;
+------------+------+--------------------+------+---------+------+---------+------------------+
| ID         | USER | HOST               | DB   | COMMAND | TIME | STATE   | INFO             |
+------------+------+--------------------+------+---------+------+---------+------------------+
| 3221675847 | SYS  | 11.x.x.44:57841    | SYS  | Query   |    0 | ACTIVE  | show processlist |
| 3221668463 | SYS  | 11.x.x.44:57530    | SYS  | Query   |    2 | ACTIVE  | select count(*) from tab |
+------------+------+--------------------+------+---------+------+---------+------------------+
```

（b）通过 DBMS_XPLAN 系统包展示会话的执行计划。

```
/* MySQL 模式下展示会话执行计划详情 */
obclient> SELECT DBMS_XPLAN.DISPLAY_ACTIVE_SESSION_PLAN(3221668463);

/* Oracle 模式下展示会话执行计划详情 */
obclient> SELECT * FROM TABLE (DBMS_XPLAN.DISPLAY_ACTIVE_SESSION_PLAN(3221668463));
```

DISPLAY_CURSOR 函数可以展示已执行的计划详情，一般用于在执行 SQL 语句后查看计划和执行统计信息。下面介绍一个具体的例子。

（1）从 GV$OB_SQL_AUDIT 或 GV$OB_PLAN_CACHE_PLAN_STAT 中找到 SQL 语句的 PLAN_ID。

（2）在 DBMS_XPLAN.DISPLAY_CURSOR 中指定 plan_id、format、svr_ip、svr_port、tenant_id 这 5 个参数来查询指定的 PLAN 和执行耗时。详情如下。

```
mysql [gtx]> select plan_id,svr_ip,svr_port,tenant_id,query_sql from
oceanbase.gv$ob_sql_audit where ...
+---------+-----------------+----------+-----------+----------------------------+
| plan_id | svr_ip          | svr_port | tenant_id | query_sql                  |
+---------+-----------------+----------+-----------+----------------------------+
|   10526 | xxx.xxx.xxx.xxx |     2882 |      1014 | select * from gtx_tb1 where c2='a'
+---------+-----------------+----------+-----------+----------------------------+

mysql [gtx]> select DBMS_XPLAN.DISPLAY_CURSOR('10526', 'TYPICAL', 'xxx.xxx.xxx.xxx',
'2882') from dual\G
============================================================================
|ID|OPERATOR   |NAME|EST.ROWS|EST.TIME(us)|REAL.ROWS|REAL.TIME(us)|IO TIME(us)|CPU TIME(us)|
----------------------------------------------------------------------------
|0 |PX COORDINATOR          |          |1  |13  |0  |2139  |213305 |0        |
|1 | └─EXCHANGE OUT DISTR   |:EX10000  |1  |13  |0  |1859  |0      |0        |
|2 |   └─PX PARTITION ITERATOR|        |1  |12  |0  |1859  |0      |0        |
|3 |     └─TABLE FULL SCAN  |gtx_tb1   |1  |12  |0  |1859  |0      |0        |
============================================================================
Outputs & filters:
-------------------------------------
  0 - output([INTERNAL_FUNCTION(gtx_tb1.c1, gtx_tb1.c2, gtx_tb1.c3)]), filter(nil),
rowset=16
```

```
1 - output([INTERNAL_FUNCTION(gtx_tb1.c1, gtx_tb1.c2, gtx_tb1.c3)]), filter(nil),
rowset=16
......
```

如果 SQL 语句的执行计划未指定 tenant_id、svr_ip、svr_port 参数，则默认设置为当前会话的相关信息。format 选项用于指定执行计划时的格式信息，共有 4 个可选参数，默认值为 TYPICAL。详情如下。

- ◎ BASIC：用于展示少量信息，例如算子 ID、算子名称、算子备注信息、表达式信息。
- ◎ TYPICAL：用于展示基础信息，例如算子 ID、算子名称、算子备注信息、优化器估计的输出行数、优化器估计的执行时间、表达式信息。如果该计划被执行过，那么还会展示第一次执行时的真实反馈信息，例如真实行数、开销等。
- ◎ ALL：展示丰富的执行计划信息，例如算子 ID、算子名称、算子备注信息、优化器估计的输出行数、优化器估计的执行时间、表达式信息、生效的 Hint、Query Block Name Trace 信息、Outline 信息、基表优化信息、常量参数化信息、约束信息、Plan Note 等。
- ◎ ADVANCED：展示丰富的执行计划信息，执行计划信息与 ALL 参数一致，除此之外，还为复杂的执行计划展示树状结构信息。

DISPLAY 用于查询并格式化历史 EXPLAIN 执行计划。其中，OceanBase 4.X 版本提供了保存逻辑执行计划的功能，可以将 EXPLAIN 的执行计划和 SQL 语句执行时产生的执行计划保存到 PLAN_TABLE 中，以便于用户查询。通过 DBMS_XPLAN.DISPLAY 命令可以查看 PLAN_TABLE 中的执行计划。具体查询步骤如下。

（1）创建 PLAN_TABLE。

（2）在 PLAN_TABLE 所在的 Schema/Database 下执行 EXPLAIN 命令。

（3）查看最近一次 EXPLAIN 情况，不同租户模式下的查看方式不同。MySQL 租户可以通过 DBMS_XPLAN.DISPLAY()命令查询；而 Oracle 租户可以使用 TABLE(DBMS_XPLAN.DISPLAY)命令查询。以 MySQL 租户为例，查询的相关语句如下。

```
mysql [gtx]> create table plan_table(... ...);
mysql [gtx]> explain select * from gtx_tb1 where c1=3;
+-------------------------------------------------------------------------------+
| Query Plan                                                                    |
+-------------------------------------------------------------------------------+
| ===============================================                               |
| |ID|OPERATOR |NAME   |EST.ROWS|EST.TIME(us)|                                  |
| -----------------------------------------------                               |
| |0 |TABLE GET|gtx_tb1|1       |3           |                                  |
| ===============================================                               |
......
```

```
mysql [gtx]> select DBMS_XPLAN.DISPLAY() from dual\G
==========================================
|ID|OPERATOR |NAME    |EST.ROWS|EST.TIME(us)|
------------------------------------------
|0 |TABLE GET|gtx_tb1|1        |3           |
==========================================
......
```

DISABLE_OPT_TRACE 用于关闭当前会话的优化器全链路追踪功能。关闭当前会话的优化器追踪功能的示例如下。

```
obclient> CALL DBMS_XPLAN.DISABLE_OPT_TRACE();
```

DISPLAY_SQL_PLAN_BASELINE 用于查看 SQL Plan Management（SPM）的基线计划。示例如下。

```
/* 开启会话的 SPM */
SET SESSION optimizer_use_sql_plan_baselines = 'ON';
SET SESSION optimizer_capture_sql_plan_baselines = 'ON';

/* 创建基线计划 */
CREATE TABLE t1(c1 INT);
SELECT * FROM t1 WHERE c1 > 1;

/* 查询基线计划 ID */
SELECT sql_handle,plan_name FROM oceanbase.DBA_SQL_PLAN_BASELINES;
+----------------------------------+----------------------+
| SQL_HANDLE                       | PLAN_NAME            |
+----------------------------------+----------------------+
| 49D6048C041AA8C7E70E2D114250AB99 | 11986391583431335905 |
+----------------------------------+----------------------+

/* 查看基线计划 */
SELECT
DBMS_XPLAN.DISPLAY_SQL_PLAN_BASELINE('49D6048C041AA8C7E70E2D114250AB99','11986391583431335905','all');
```

（4）ENABLE_OPT_TRACE 用于开启优化器全链路追踪。开启之后，当前会话的每个计划的生成过程都会被追踪，包括 PL 内 SQL 语句的执行计划生成过程，并在 SQL 语句的执行节点日志目录下生成一个追踪文件。

开启当前会话的优化器追踪功能的示例如下。

```
/* 连接数据库，开启当前会话的优化器追踪功能 */
CALL DBMS_XPLAN.ENABLE_OPT_TRACE();
Query OK, 0 rows affected
```

```
/* 设置追踪日志的 Level 和日志文件后缀 */
CALL DBMS_XPLAN.SET_OPT_TRACE_PARAMETER(identifier=>'trace_test', `level`=>3);
Query OK, 0 rows affected

/* 查询 */
SELECT * FROM t1;
Empty set

/* 在 OBServer 节点日志目录下查看以 trace_test 为后缀的追踪日志 */
vi /data/1/observer/log/optimizer_trace_BkkGn1_trace_test.trac

/* 关闭当前会话的优化器追踪功能 */
CALL DBMS_XPLAN.DISABLE_OPT_TRACE();
Query OK, 0 rows affected
```

（5）SET_OPT_TRACE_PARAMETER 用于修改当前会话的优化器全链路追踪的参数。设置追踪日志级别和日志文件后缀的示例如下。

```
obclient> CALL DBMS_XPLAN.SET_OPT_TRACE_PARAMETER(identifier=>'trace_test', `level`=>2);
```

6.4.6　GV$SQL_PLAN_MONITOR 视图

GV$SQL_PLAN_MONITOR 视图用于展示所有 OBServer 节点慢查询的计划层面的统计信息，每个慢查询都会有一条统计信息，同时记录该计划的追踪信息。OceanBase 中的 MySQL 模式需要查询 Oceanbase.GV$SQL_PLAN_MONITOR 视图；而 Oracle 租户模式则查询 sys.GV$SQL_PLAN_MONITOR 视图。

OceanBase 4.X 版本开始支持实时 SQL Plan Monitor 功能，用于追踪每个执行算子的详细性能指标，例如首行返回时间、输出行数、HASH 冲突率和磁盘落盘次数。用户通过查询 GV$SQL_PLAN_MONITOR 视图可以获取计划的相关信息，包括物理计划、算子输出数据的行数、算子开始和结束时间，以及各个线程执行算子的状态等，如图 6-5 所示。

我们可以通过将参数 enable_perf_event 设置为 true 启用 SQL Plan Monitor。开启 SQL Plan Monitor 后，以下 SQL 语句会被记录在 SQL Plan Monitor 中。

◎ 使用 /*+ MONITOR */ Hint 显式指定的查询。
◎ 执行了并行数据修改语句（PDML）的查询。
◎ 查询中首个耗时超过 3 s 的执行算子。

可以通过调整 ob_sql_plan_monitor_percentage 配置项来限制 SQL Plan Monitor 的最大内存使用量，从而防止监控数据占用过多内存。

```
obclient [SYS]>SELECT
    ->      PLAN_LINE_ID,
    ->      PLAN_DEPTH,
    ->      PLAN_OPERATION,
    ->      COUNT(*) PARALLEL,
    ->      SUM(DB_TIME) TOTAL_DB_TIME,
    ->      SUM(USER_IO_WAIT_TIME) TOTAL_IO_TIME,
    ->      SUM(OUTPUT_ROWS) TOTAL_OUTPUT_ROWS,
    ->      SUM(STARTS) TOTAL_RESCAN_TIMES
    ->  FROM GV$SQL_PLAN_MONITOR
    ->  WHERE
    ->      trace_id ='YB42AC140117-0006086DD73C60E3-0-0'
    ->  GROUP BY PLAN_LINE_ID, PLAN_DEPTH, PLAN_OPERATION
    ->  ORDER BY PLAN_LINE_ID ASC;
```

PLAN_LINE_ID	PLAN_DEPTH	PLAN_OPERATION	PARALLEL	TOTAL_DB_TIME	TOTAL_IO_TIME	TOTAL_OUTPUT_ROWS	TOTAL_RESCAN_TIMES
0	0	PHY_PX_FIFO_COORD	1	7097947	7081404	0	0
1	1	PHY_PX_REDUCE_TRANSMIT	3	15376292	0	0	0
2	2	PHY_PX_MULTI_PART_SSTABLE_INSE	3	13561725	0	0	0
3	3	PHY_SORT	3	491184	0	120000	0
4	4	PHY_PX_FIFO_RECEIVE	3	1321073	584751	120000	0
5	5	PHY_PX_REPART_TRANSMIT	3	677109	0	120000	3
6	6	PHY_STAT_COLLECTOR	3	32225	0	120000	3
7	7	PHY_SUBPLAN_SCAN	3	18112	0	120156	3
8	8	PHY_GRANULE_ITERATOR	3	33711	0	120156	3
9	9	PHY_BLOCK_SAMPLE_SCAN	3	1374394	0	120156	253

图 6-5　GV$SQL_PLAN_MONITOR 视图获取执行计划示意图

开启 SQL Plan Monitor 后，可通过更改 ob_sql_plan_monitor_percentage 的值控制缓存数据行数上限。达到设定的内存阈值后，SQL Plan Monitor 将采用先入先出（FIFO）策略清理旧数据。

此外，通过 GV$SQL_PLAN_MONITOR 视图可以查看并行工作线程中每个算子的执行状态。从 OceanBase 4.1 版本起，GV$SQL_PLAN_MONITOR 视图包含两部分数据。

◎ 已经执行完成的算子。所谓执行完成，是指这个算子已经调用过 close 接口，在当前线程中不再处理任何数据。

◎ 正在执行的算子。所谓正在执行，是指这个算子还没有调用 close 接口，正在处理数据。读取这部分算子的数据时，需要在查询 GV$SQL_PLAN_MONITOR 视图的 WHERE 条件中指定 request_id < 0。使用 request_id < 0 条件查询本视图也被称为访问"Realtime SQL PLAN MONITOR"。

需要注意的是，OceanBase 4.1 之前的版本仅支持查看已经执行完成的算子状态。

GV$SQL_PLAN_MONITOR 视图中有几个重要的字段。

◎ TRACE_ID：唯一标识一条 SQL 语句。

◎ PLAN_LINE_ID：算子在计划中的编号，对应于通过 EXPLAIN 语句查看到的编号。

◎ PLAN_OPERATION：算子名称，如 TABLE SCAN、Hash Join。

◎ OUTPUT_ROWS：当前算子已经输出的行数。

◎ FIRST_CHANGE_TIME：算子输出首行数据的时间。

◎ LAST_CHANGE_TIME：算子输出最后一行数据的时间。

◎ FIRST_REFRESH_TIME：算子开始监控的时间。

◎ LAST_REFRESH_TIME：算子结束监控的时间。

根据上面几个域,基本能刻画出一个算子处理数据的主要动作了。以下给出几个场景示例。

(1) 查看一个已经执行完成的 SQL 语句,每个算子使用了多少个线程。

```
SELECT PLAN_LINE_ID, PLAN_OPERATION, COUNT(*) THREADS
FROM GV$SQL_PLAN_MONITOR
WHERE TRACE_ID = 'YA1E824573385-00053C8A6AB28111-0-0'
GROUP BY PLAN_LINE_ID, PLAN_OPERATION
ORDER BY PLAN_LINE_ID;

+--------------+------------------------+---------+
| PLAN_LINE_ID | PLAN_OPERATION         | THREADS |
+--------------+------------------------+---------+
|            0 | PHY_PX_FIFO_COORD      |       1 |
|            1 | PHY_PX_REDUCE_TRANSMIT |       2 |
|            2 | PHY_GRANULE_ITERATOR   |       2 |
|            3 | PHY_TABLE_SCAN         |       2 |
+--------------+------------------------+---------+
4 rows in set
```

(2) 查看正在执行的 SQL 语句,当前正在执行哪些算子,使用了多少线程,已经输出了多少行。

```
SELECT PLAN_LINE_ID, CONCAT(LPAD('', PLAN_DEPTH, ' '), PLAN_OPERATION) OPERATOR,
COUNT(*) THREADS, SUM(OUTPUT_ROWS) ROWS
FROM GV$SQL_PLAN_MONITOR
WHERE TRACE_ID = 'YA1E824573385-00053C8A6AB28111-0-0' AND REQUEST_ID < 0
GROUP BY PLAN_LINE_ID, PLAN_OPERATION, PLAN_DEPTH
ORDER BY PLAN_LINE_ID;
```

(3) 查看一个已经执行完成的 SQL 语句,每个算子处理了多少行数据,输出了多少行。

```
SELECT PLAN_LINE_ID, CONCAT(LPAD('', PLAN_DEPTH, ' '), PLAN_OPERATION) OPERATOR,
SUM(OUTPUT_ROWS) ROWS
FROM GV$SQL_PLAN_MONITOR
WHERE TRACE_ID = 'Y4C360B9E1F4D-0005F9A76E9E6193-0-0'
GROUP BY PLAN_LINE_ID, PLAN_OPERATION, PLAN_DEPTH
ORDER BY PLAN_LINE_ID;
+--------------+----------------------------------+------+
| PLAN_LINE_ID | OPERATOR                         | ROWS |
+--------------+----------------------------------+------+
|            0 | PHY_PX_MERGE_SORT_COORD          |    2 |
|            1 |  PHY_PX_REDUCE_TRANSMIT          |    2 |
|            2 |   PHY_SORT                       |    2 |
|            3 |    PHY_HASH_GROUP_BY             |    2 |
|            4 |     PHY_PX_FIFO_RECEIVE          |    2 |
|            5 |      PHY_PX_DIST_TRANSMIT        |    2 |
```

```
|         6 |           PHY_HASH_GROUP_BY          |    2 |
|         7 |           PHY_HASH_JOIN              | 2002 |
|         8 |           PHY_HASH_JOIN              | 2002 |
|         9 |           PHY_JOIN_FILTER            | 8192 |
|        10 |           PHY_PX_FIFO_RECEIVE        | 8192 |
|        11 |           PHY_PX_REPART_TRANSMIT     | 8192 |
|        12 |           PHY_GRANULE_ITERATOR       | 8192 |
|        13 |           PHY_TABLE_SCAN             | 8192 |
|        14 |           PHY_GRANULE_ITERATOR       | 8192 |
|        15 |           PHY_TABLE_SCAN             | 8192 |
|        16 |           PHY_GRANULE_ITERATOR       | 8192 |
|        17 |           PHY_TABLE_SCAN             | 8192 |
+-----------+--------------------------------------+------+
18 rows in set
```

为了界面更加美观,上面使用了一个域 PLAN_DEPTH 处理缩进,PLAN_DEPTH 表示这个算子在算子树中的深度。

需要注意以下两点。

◎ 尚未调度的 DFO() 的算子信息不会出现在 GV$SQL_PLAN_MONITOR 视图中。DFO 的全称为 Data Flow Object,是指在分布式并行计划中,需要在一条流水线中执行的若干算子的集合,有时也被称为子计划。

◎ 如果配置项 enable_sql_audit 被设置为 false,则不会将数据记录到 GV$SQL_PLAN_MONITOR 视图中。

GV$SQL_PLAN_MONITOR 视图还常用于分析性能问题。以索引不优问题为例:

```
obclient [SYS]> select output_rows, plan_operation, OTHERSTAT_3_VALUE scans from
gv$sql_plan_monitor where trace_id = 'xxx' and plan_operation like '%TABLE_SCAN';
+-------------+--------------------+--------+
| OUTPUT_ROWS | PLAN_OPERATION     | SCANS  |
+-------------+--------------------+--------+
|           5 | PHY_VEC_TABLE_SCAN | 500072 |
```

利用上面的 SQL 语句可以查询出 table scan 算子扫描的行数和输出的行数,当二者相差较大时,例如上例扫描了 50 万行只输出了 5 行,说明该表缺少合适的索引。

6.4.7 SQL Trace

OceanBase 还为用户提供了 SQL Trace 这个优化利器。SQL Trace 能够交互式地提供上一个 SQL 请求的执行过程信息及各阶段的耗时。

SQL Trace 功能默认是关闭的,可通过 session 变量控制其关闭和打开。

```
set ob_enable_trace_log = 0/1;
```

当 SQL Trace 功能打开后,执行需要诊断的 SQL 语句,然后通过 show trace 命令查看该 SQL

语句执行的信息。这些信息以表格方式输出，每列的说明见表 6-6。

表 6-6 SQL 语句执行信息

列　　名	说　　明
Title	记录执行过程中的某个阶段
KeyValue	记录某个阶段产生的信息
Time	记录从上一个阶段到本阶段的耗时

具体示例如下。

```
oceanbase> set ob_enable_trace_log = 1
Query OK, 0 rows affected (0.01 sec)
OceanBase (root@oceanbase)> select count(*) from __all_table;
+----------+
| count(*) |
+----------+
|      168 |
+----------+
1 row in set (0.03 sec)

OceanBase (root@oceanbase)> show trace;
+-------------------+---------------------------------------------+-------+
| Title             | KeyValue                                    | Time  |
+-------------------+---------------------------------------------+-------+
| query start       | trace_id: "[Y3B6C6451982C-3E9627]";          | 0     |
| parse start       | stmt: "select count(*) from __all_table";   | 99    |
| pc get plan start |                                             | 16    |
| pc get plan end   |                                             | 50    |
| resolve start     |                                             | 62    |
| resolve end       |                                             | 355   |
| transform start   |                                             | 105   |
| transform end     |                                             | 107   |
| optimizer start   |                                             | 3     |
| optimizer end     |                                             | 623   |
| CG start          |                                             | 1     |
| CG end            |                                             | 156   |
| execution start   |                                             | 87    |
| execution end     |                                             | 28364 |
| query end         |                                             | 166   |
+-------------------+---------------------------------------------+-------+
15 rows in set (0.01 sec)
```

6.5 OceanBase 常见算子

6.5.1 TABLE SCAN

TABLE SCAN 算子是存储层和 SQL 层的接口，用于展示优化器选择哪个索引来访问数据。在 OceanBase 3.2.3 版本中，普通索引的回表逻辑封装在 TABLE SCAN 算子中；而全局索引的回表逻辑由 TABLE LOOKUP 实现，TABLE LOOKUP 调用了 Root Service 服务。从 OceanBase 4.1.0 版本开始，全局索引实现机制得到优化，回表的逻辑也封装在 TABLE SCAN 算子中，在展示计划时，会显示 is_index_back 标识算子是否需要回表，以及 is_global_index 标识算子是否扫描全局索引。在 OceanBase 3.2.3 版本中，TABLE SCAN 算子包含两种形式，分别是 TABLE RANGE SCAN 和 TABLE GET；在 OceanBase 4.0 版本中，TABLE SCAN 增加了一种形式——TABLE SKIP SCAN。下面分别结合示例讲解。

1. TABLE GET

TABLE GET 通常直接使用主键或唯一索引，且 WHERE 比较条件为 "="，返回 0 行或者 1 行数据。示例如下。

```
obclient [SYS]> CREATE TABLE t1(c1 INT PRIMARY KEY, c2 INT, c3 INT, c4 INT);
Query OK, 0 rows affected (0.109 sec)
obclient [SYS]> create index k1 on t1(c2,c3);
Query OK, 0 rows affected (0.536 sec)

obclient [SYS]> explain SELECT * FROM t1 WHERE c1 = 1;
+-------------------------------------------------------------------------+
| Query Plan                                                              |
+-------------------------------------------------------------------------+
| ======================================                                  |
| |ID|OPERATOR  |NAME|EST.ROWS|EST.TIME(us)|                              |
| ----------------------------------------                                |
| |0 |TABLE GET|T1  |1       |3           |                              |
| ======================================                                  |
| Outputs & filters:                                                      |
| -------------------------------------                                   |
|   0 - output([T1.C1], [T1.C2], [T1.C3], [T1.C4]), filter(nil), rowset=16|
|       access([T1.C1], [T1.C2], [T1.C3], [T1.C4]), partitions(p0)        |
|       is_index_back=false, is_global_index=false,                       |
|       range_key([T1.C1]), range[1 ; 1],                                 |
|       range_cond([T1.C1 = 1])                                           |
+-------------------------------------------------------------------------+
12 rows in set (0.002 sec)
```

"Outputs & filters:" 部分的 is_index_back 表示是否回表，false 表示不回表，true 表示回表。这里查询语句 c1 字段是主键，选择了主表，所以不需要回表。is_index_back 等于 false；

"is_global_index=false" 表示没有用到全局索引；filter 表示 TABLE GET 的过滤谓词，由于示例中的 TABLE GET 没有设置 filter，所以为 nil；partitions 表示查询需要扫描的分区，这里为 p0 分区；range_key 表示索引的 rowkey 列；range 表示索引开始扫描和结束扫描的位置，判断是不是全表扫描需要关注 range 的范围，例如，对于一个 rowkey 有 3 列的场景，range(MIN,MIN,MIN;MAX,MAX,MAX)代表的就是真正意义上的全表扫描；range_cond 表示决定索引开始扫描和结束扫描位置的相关谓词，这里的范围条件为 "c1=1"。

2. TABLE RANGE SCAN

TABLE RANGE SCAN 通常使用非唯一索引或<=、<、>=、>、BETWEEN...AND 等 WHERE 比较条件，返回属于范围扫描，会返回 0 行或者多行数据。执行计划示例如下。

```
obclient [SYS]> CREATE TABLE t1(c1 INT PRIMARY KEY, c2 INT, c3 INT, c4 INT);
Query OK, 0 rows affected (0.109 sec)
obclient [SYS]> create index k1 on t1(c2,c3);
Query OK, 0 rows affected (0.536 sec)
obclient [SYS]> EXPLAIN SELECT * FROM t1 WHERE c2 < 1 AND c3 < 1 AND c4 < 1;
+-------------------------------------------------------------------------------
------
|Query Plan
|+------------------------------------------------------------------------------
-------|=================================================
||ID|OPERATOR         |NAME  |EST.ROWS|EST.TIME(us)|
| -------------------------------------------------
| |0 |TABLE RANGE SCAN|T1(K1)|1       |5           |
| =================================================
| Outputs & filters:
| -------------------------------------
|  0 - output([T1.C1], [T1.C2],[T1.C3],[T1.C4]),filter([T1.C3 < 1],[T1.C4 < 
1]),rowset=16
|      access([T1.C1], [T1.C2], [T1.C3], [T1.C4]), partitions(p0)
|      is_index_back=true, is_global_index=false,
filter_before_indexback[true,false],
|      range_key([T1.C2], [T1.C3], [T1.C1]), range(MIN,MIN,MIN ; 1,MIN,MIN),
|      range_cond([T1.C2 < 1])
+-------------------------------------------------------------------------------
------
```

"Outputs & filters:" 部分的 is_index_back 表示是否回表，false 表示不回表，true 表示回表，查询中使用索引列（c2,c3），这里的查询需要返回 c1 和 c4 列，所以需要回表，is_index_back 等于 true；"is_global_index=false" 表示没有用到全局索引；filter 表示 TABLE SCAN 的过滤谓词，在示例中，当 filter 为 c3<1 时，可以直接在索引上计算，以减少回表数量；当 filter 为 c4<1 时，需要回表取出 c4 列再计算；partitions 表示查询需要扫描的分区，这里为 p0 分区；range_key 表示索引的 rowkey 列，示例中为索引 c2、c3 和主键 c1；range 表示索引开始扫描和结束扫描的

位置。若要判断是不是全表扫描,则需要关注 range 的范围。例如,对于一个 rowkey 有 3 列的场景,range(MIN,MIN,MIN;1,MAX,MAX)代表扫描范围中 c2 列的最大值为 1。range_cond 表示决定索引开始扫描和结束扫描位置的相关谓词,这里的范围条件为"c2<1"。

3. TABLE SKIP SCAN

TABLE SKIP SCAN 类似于 Oracle 的 INDEX SKIP SCAN 或者 DB2 数据库 9.7 版本后的 INDEX JUMP SCAN,TABLE SKIP SCAN 一般出现在复合索引中。当联合索引包含两个列(A 列、B 列)时,假设以 B 列为条件进行查询,表收集了统计信息,且 B 列不是其他索引的最左前缀,那么 OceanBase 优化器会比较 TABLE SKIP SCAN 和全表扫描的成本。如果 TABLE SKIP SCAN 成本更低,则使用 TABLE SKIP SCAN。TABLE SKIP SCAN 的适用范围很窄,这是因为在使用 TABLE SKIP SCAN 算子获取数据时,会进入 A 列中每个唯一值的分支检索 B 列,只有当前导列 A 列唯一值足够少,即分支足够少时,这样做才有意义。但是,当 A 列唯一值很少时,通常不会作为前导列。如果看到 TABLE SKIP SCAN,则需要看一下索引设计是否合理或者 SQL 语句是否需要优化。/*+ INDEX_SS(t3 i1) */表示强制选择 TABLE SKIP SCAN,执行计划示例如下。

```
obclient [SYS]> CREATE TABLE t3(pk INT, c1 INT, c2 INT, PRIMARY KEY(pk));
Query OK, 0 rows affected (0.106 sec)

obclient [SYS]> INSERT INTO t3 (pk,c1,c2) SELECT LEVEL, MOD(LEVEL,3), LEVEL FROM DUAL
    -> CONNECT BY LEVEL <= 10000;
Query OK, 10000 rows affected (0.118 sec)
Records: 10000  Duplicates: 0  Warnings: 0

obclient [SYS]> CREATE INDEX i1 ON t3(c1,c2);
Query OK, 0 rows affected (0.562 sec)

obclient [SYS]> EXPLAIN SELECT /*+ INDEX_SS(t3 i1) */ * FROM t3 WHERE c2 = 1;
+------------------------------------------------------------------------------
------| Query Plan
+------------------------------------------------------------------------------
------| =================================================
| |ID|OPERATOR         |NAME    |EST.ROWS|EST.TIME(us)|
| -------------------------------------------------
| |0 |TABLE SKIP SCAN|T3(I1) |100      |551         |                         |
=================================================
| Outputs & filters:                                                          |
-------------------------------------------
0 - output([T3.PK], [T3.C1], [T3.C2]), filter([T3.C2 = 1]), rowset=256        |
    access([T3.PK], [T3.C2], [T3.C1]), partitions(p0)                         |
    is_index_back=false, is_global_index=false, filter_before_indexback[false],
|       range_key([T3.C1], [T3.C2], [T3.PK]), range(MIN,MIN,MIN ; MAX,MAX,MAX)always
```

```
true |         prefix_columns_cnt = 1 , skip_scan_range(1,MIN ; 1,MAX)
+-------------------------------------------------------------------------------
------
```

6.5.2　JOIN

JOIN 算子用于将两张表的数据按照特定条件连接，连接类型主要包括内连接（Inner Join）、外连接（Outer Join）和半连接（Semi/Anti Join）。JOIN 算子主要包括嵌套循环连接（Nested Loop Join，NLJ）、合并连接（Merge Join，MJ）和哈希连接（Hash Join，HJ）。

嵌套循环连接的执行逻辑如下。

（1）从 1 号算子读取一行。

（2）打开 2 号算子，读取所有的行。

（3）连接 1 号算子和 2 号算子的输出结果，并执行过滤条件，输出结果。

（4）重复第 1 步，直到 1 号算子读取完毕，迭代结束。嵌套循环连接可以用于任何连接条件，通常适用于外表行数比较少，且内表在连接条件的列上有索引的场景，因为内表中的每行都可以通过索引快速定位到相对应的数据上，嵌套循环连接的成本=小表的 table_scan_cost+小表的记录数×大表的 table_scan_cost，嵌套循环连接算子示例如图 6-6 所示。

```
obclient [LINCHUN]> EXPLAIN SELECT /*+USE_NL(t1, t2)*/ t1.c2 + t2.d2 FROM JOIN1 t1, JOIN2 t2 WHERE c2 = d2\G
*************************** 1. row ***************************
Query Plan: =========================================
|ID|OPERATOR         |NAME|EST. ROWS|COST  |
-------------------------------------------
|0 |NESTED-LOOP JOIN|    |9801     |174629|
|1 | TABLE SCAN     |T1  |1000     |387   |
|2 | MATERIAL       |    |1000     |412   |
|3 |  TABLE SCAN    |T2  |1000     |387   |
=========================================

Outputs & filters:
-------------------------------------------
 0 - output([T1.C2 + T2.D2]), filter(nil),
     conds([T1.C2 = T2.D2]), nl_params_(nil)
 1 - output([T1.C2]), filter(nil),
     access([T1.C2]), partitions(p0)
 2 - output([T2.D2]), filter(nil)
 3 - output([T2.D2]), filter(nil),
     access([T2.D2]), partitions(p0)
```

图 6-6　嵌套循环连接算子示意图

合并连接算子会归并连接左右子节点的数据，因此，左右子节点的数据应该是有序的。在 OceanBase 中，合并连接只能用于等值的连接条件，适用于两个表大小相当的连接。分别对两个表按照连接字段排序，再进行合并操作，合并连接的成本=小表的 table_scan_cost+大表的 table_scan_cost+SORT 的 cost+merge_join_cost，合并连接算子示例如图 6-7 所示。

哈希连接算子的执行步骤如下。读取左子节点的数据，根据连接列计算哈希值（例如 t1.c1）构建一张哈希表。读取右子节点的数据，根据连接列计算哈希值（例如 t2.d1），尝试与对应哈希表中 t1 的数据进行连接。哈希连接只能用于等值连接，适用于小表与大表连接，且大表上没有合适的索引进行过滤和排序的情况。把小表的扫描结果读入内存并为其构建哈希表，用大表驱动对内存中哈希表的连接，哈希连接成本=小表的 table_scan_cost+大表的 table_scan_cost+hash_join_cost，哈希连接算子示例如图 6-8 所示。

```
obclient [LINCHUN]> EXPLAIN SELECT /*+USE_MERGE(t1, t2)*/ t1.c2 + t2.d2 FROM JOIN1 t1, JOIN2 t2 WHERE c2 = d2
    AND c1 + d1 > 10\G
*************************** 1. row ***************************
Query Plan: ===================================
|ID|OPERATOR       |NAME|EST. ROWS|COST|
-----------------------------------------
|0 |MERGE JOIN     |    |3267     |5672|
|1 | SORT          |    |1000     |2163|
|2 |  TABLE SCAN   |T1  |1000     |387 |
|3 | SORT          |    |1000     |2163|
|4 |  TABLE SCAN   |T2  |1000     |387 |
=========================================

Outputs & filters:
-------------------------------------
  0 - output([T1.C2 + T2.D2]), filter(nil),
      equal_conds([T1.C2 = T2.D2]), other_conds([T1.C1 + T2.D1 > 10])
  1 - output([T1.C2], [T1.C1]), filter(nil), sort_keys([T1.C2, ASC])
  2 - output([T1.C2], [T1.C1]), filter(nil),
      access([T1.C2], [T1.C1]), partitions(p0)
  3 - output([T2.D2], [T2.D1]), filter(nil), sort_keys([T2.D2, ASC])
  4 - output([T2.D2], [T2.D1]), filter(nil),
      access([T2.D2], [T2.D1]), partitions(p0)
```

图 6-7　合并连接算子示意图

```
obclient [LINCHUN]> EXPLAIN SELECT /*+USE_HASH(t1, t2)*/ t1.c2 + t2.d2 FROM JOIN1 t1, JOIN2 t2 WHERE c1 = d1
    AND c2 + d2 > 1\G
*************************** 1. row ***************************
Query Plan: ===================================
|ID|OPERATOR       |NAME|EST. ROWS|COST|
-----------------------------------------
|0 |HASH JOIN      |    |330      |1823|
|1 | TABLE SCAN    |T1  |1000     |387 |
|2 | TABLE SCAN    |T2  |1000     |387 |
=========================================

Outputs & filters:
-------------------------------------
  0 - output([T1.C2 + T2.D2]), filter(nil),
      equal_conds([T1.C1 = T2.D1]), other_conds([T1.C2 + T2.D2 > 1])
  1 - output([T1.C1], [T1.C2]), filter(nil),
      access([T1.C1], [T1.C2]), partitions(p0)
  2 - output([T2.D1], [T2.D2]), filter(nil),
      access([T2.D1], [T2.D2]), partitions(p0)
```

图 6-8　哈希连接算子示意图

6.5.3　MATERIAL

MATERIAL 算子类似于临时表，用于物化下层算子输出的数据。OceanBase 以流式数据执行计划，但有时需要等待下层算子输出所有数据后才能开始执行，所以需要在下方添加一个 MATERIAL 算子物化所有的数据，或者在子计划需要重复执行时，使用 MATERIAL 算子避免重复执行。

示例如图 6-9 所示。t1 表与 t2 表执行嵌套循环连接时，需要重复扫描右表，右表中有一个 MATERIAL 算子，用于保存 t2 表的所有数据。

```
obclient [LINCHUN]> EXPLAIN SELECT  /*+ORDERED USE_NL(T2)*/ FROM MATERIAL1 t1,MATERIAL2 t2
    -> WHERE t1.c1=t2.c1\G
*************************** 1. row ***************************
Query Plan: ===================================
|ID|OPERATOR          |NAME|EST. ROWS|COST  |
---------------------------------------------
|0 |NESTED-LOOP JOIN  |    |9801     |174679|
|1 | TABLE SCAN       |T1  |1000     |387   |
|2 | MATERIAL         |    |1000     |461   |
|3 |  TABLE SCAN      |T2  |1000     |387   |
=============================================

Outputs & filters:
-------------------------------------
  0 - output([T1.C1], [T1.C2], [T1.C3], [T2.C1], [T2.C2], [T2.C3]), filter(nil),
      conds([T1.C1 = T2.C1]), nl_params_(nil)
  1 - output([T1.C1], [T1.C2], [T1.C3]), filter(nil),
      access([T1.C1], [T1.C2], [T1.C3]), partitions(p0)
  2 - output([T2.C1], [T2.C2], [T2.C3]), filter(nil),
  3 - output([T2.C1], [T2.C2], [T2.C3]), filter(nil),
      access([T2.C1], [T2.C2], [T2.C3]), partitions(p0)
```

图 6-9　MATERIAL 算子示意图

6.5.4　UNION

UNION 算子用于将两个查询的结果集进行并集运算，包括 UNION ALL、HASH UNION DISTINCT。

UNION ALL 用于直接对两个查询结果集进行合并输出，算子执行时依次输出左右子节点的所有结果。

HASH UNION DISTINCT 用于将结果集合并、去重后进行输出，算子执行时读取左右子节点的输出结果，建立哈希表进行去重，最终输出去重后的结果，如图 6-10 所示。

```
obclient [LINCHUN]> EXPLAIN SELECT c2 FROM UNION_ALL t1 UNION SELECT c2 FROM UNION_ALL t1\G
*************************** 1. row ***************************
Query Plan:
|ID|OPERATOR            |NAME|EST. ROWS|COST|
-----------------------------------------------
|0 |HASH UNION DISTINCT|    |4        |95  |
|1 | TABLE SCAN        |T1  |2        |46  |
|2 | TABLE SCAN        |T1  |2        |46  |

Outputs & filters:
-------------------------------------
  0 - output([UNION([1])]), filter(nil)
  1 - output([T1.C2]), filter(nil),
      access([T1.C2]), partitions(p0)
  2 - output([T1.C2]), filter(nil),
      access([T1.C2]), partitions(p0)
```

图 6-10　HASH UNION DISTINCT 算子示意图

6.5.5　GROUP BY

GROUP BY 算子主要用于在 SQL 语句中进行分组聚合计算。

对数据进行分组的算法包括 HASH 算法和 MERGE 算法，GROUP BY 算子可以分为 HASH GROUP BY 和 MERGE GROUP BY，生成计划时通过 SQL 优化器对两种算子的成本进行评估并选择。

普通的聚合函数（SUM/MAX/MIN/AVG/COUNT/STDDEV）也是通过分配 GROUP BY 算子实现的。对于只有聚合函数而不含有 GROUP BY 的 SQL 语句，分配的是 SCALAR GROUP BY 算子，因此 GROUP BY 算子又可以分为 3 种：SCALAR GROUP BY、HASH GROUP BY 和 MERGE GROUP BY。

1. SCALAR GROUP BY

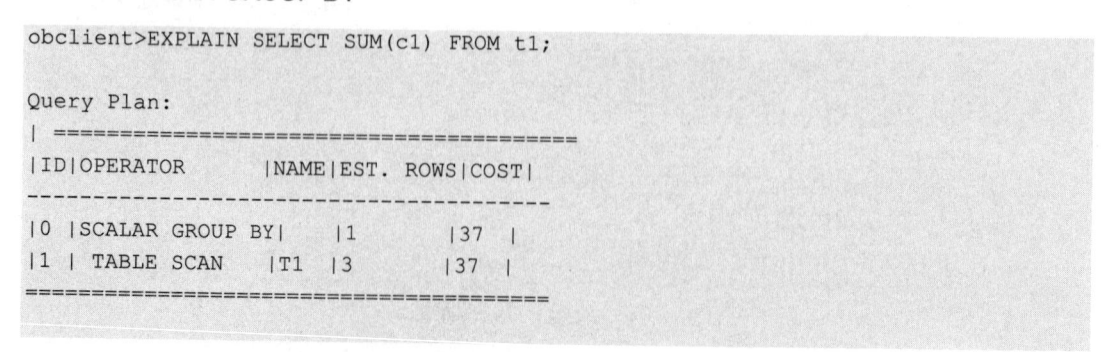

```
obclient>EXPLAIN SELECT SUM(c1) FROM t1;

Query Plan:
|======================================
|ID|OPERATOR        |NAME|EST. ROWS|COST|
---------------------------------------
|0 |SCALAR GROUP BY|    |1        |37  |
|1 | TABLE SCAN    |T1  |3        |37  |
=======================================
```

```
Outputs & filters:
-------------------------------------
  0 - output([T_FUN_SUM(T1.C1)]), filter(nil),
      group(nil), agg_func([T_FUN_SUM(T1.C1)])
  1 - output([T1.C1]), filter(nil),
      access([T1.C1]), partitions(p0)
```

"Outputs & filters:" 部分的 agg_func 用于展示所涉及的聚合函数，T_FUN_SUM(t1.c1)表示计算表 t1 的 c1 列数据之和。

2. HASH GROUP BY

HASH GROUP BY 算子将保证在执行时采用 HASH 算法进行分组。

```
obclient>EXPLAIN SELECT SUM(c2) FROM t1 GROUP BY c1 HAVING SUM(c2) > 2\G;
*************************** 1. row ***************************
Query Plan:
| ====================================
|ID|OPERATOR      |NAME|EST. ROWS|COST|
-------------------------------------
|0 |HASH GROUP BY|    |1        |40  |
|1 | TABLE SCAN  |T1  |3        |37  |
====================================

Outputs & filters:
-------------------------------------
  0 - output([T_FUN_SUM(T1.C2)]), filter([T_FUN_SUM(T1.C2) > 2]),
      group([T1.C1]), agg_func([T_FUN_SUM(T1.C2)])
  1 - output([T1.C1], [T1.C2]), filter(nil),
      access([T1.C1], [T1.C2]), partitions(p0)
```

"Outputs & filters:" 部分的 filter 为 T_FUN_SUM(t1.c2)>2，表示分组后的 c2 列求和大于 2，即 SQL 语句中的 HAVING SUM(c2)>2。

3. MERGE GROUP BY

NO_USE_HASH_AGGREGATION 和 USE_HASH_AGGREGATION 的 Hint 可以用于控制 GROUP BY 算子选择何种算法进行分组。这里使用/*+NO_USE_HASH_AGGREGATION*/要求 SQL 语句强制使用 MERGE GROUP BY 算子。

```
obclient>EXPLAIN SELECT /*+NO_USE_HASH_AGGREGATION*/SUM(c2) FROM
    t1 GROUP BY c1 HAVING SUM(c2) > 2\G;
*************************** 1. row ***************************
Query Plan:
| ====================================
|ID|OPERATOR       |NAME|EST. ROWS|COST|
-------------------------------------
|0 |MERGE GROUP BY|    |1        |45  |
```

```
|1 | SORT            |      |3          |44    |
|2 |  TABLE SCAN     |T1    |3          |37    |
====================================
Outputs & filters:
-------------------------------------
  0 - output([T_FUN_SUM(T1.C2)]), filter([T_FUN_SUM(T1.C2) > 2]),
      group([T1.C1]), agg_func([T_FUN_SUM(T1.C2)])
  1 - output([T1.C1], [T1.C2]), filter(nil), sort_keys([T1.C1, ASC])
  2 - output([T1.C1], [T1.C2]), filter(nil),
      access([T1.C1], [T1.C2]), partitions(p0)
```

"Outputs & filters:"部分详细列出了 MERGE GROUP BY 算子的信息，可以看出，相同的 SQL 语句生成计划时选择了 MERGE GROUP BY 算子，其算子的基本信息是相同的，最大的区别是在执行时选择的分组算法不一样。同时，这里的 2 号算子 Table Scan 返回的是一个无序结果，而 GROUP BY 算法采用的是 MERGE GROUP BY，因此必须分配一个 SORT 算子。

6.5.6　SUBPLAN FILTER

SUBPLAN FILTER 算子用于驱动表达式中的子查询。

OceanBase 以嵌套循环算法执行 SUBPLAN FILTER 算子，执行时从左边取一行数据，然后执行右边的子计划。SUBPLAN FILTER 算子可以驱动非相关子查询和相关子查询计算，并且执行方式不同。

1. 驱动非相关子查询计算

```
obclient>EXPLAIN SELECT /*+NO_REWRITE*/c1 FROM t1 WHERE
      c2 > (SELECT MAX(c2) FROM t2)\G;
*************************** 1. row ***************************
Query Plan:
| ========================================
|ID|OPERATOR          |NAME|EST. ROWS|COST  |
----------------------------------------
|0 |SUBPLAN FILTER    |    |33334    |167652|
|1 | TABLE SCAN       |T1  |100000   |68478 |
|2 | SCALAR GROUP BY  |    |1        |85373 |
|3 |  TABLE SCAN      |T2  |100000   |66272 |
========================================
Outputs & filters:
-------------------------------------
  0 - output([T1.C1]), filter(nil),
      exec_params_(nil), onetime_exprs_([subquery(1)]), init_plan_idxs_(nil)
  1 - output([T1.C1]), filter([T1.C2 > ?]),
      access([T1.C2], [T1.C1]), partitions(p0)
  2 - output([T_FUN_MAX(T2.C2)]), filter(nil),
```

```
       group(nil), agg_func([T_FUN_MAX(T2.C2)])
   3 - output([T2.C2]), filter(nil),
       access([T2.C2]), partitions(p0)
```

0 号算子 SUBPLAN FILTER 驱动右边的 SCALAR GROUP BY 子计划执行。"Outputs & filters:"部分中 exec_params_ 表示右子计划依赖左子计划的参数,执行期间由 SUBPLAN FILTER 从左子计划中获取,传递给右子计划执行,驱动非相关子查询一般不涉及该参数,所以为 nil。onetime_exprs_ 用于表示执行计划中只执行一次的表达式,如果右子计划是非相关子查询,那么每次重复执行的结果是一样的,所以执行一次后保存在参数集中。每次执行 SUBPLAN FILTER 时,可以直接从参数集获取右子计划的执行结果。参数 subquery(1)表示 SUBPLAN FILTER 右边第一个子计划是 onetime expr_。init_plan_ids_ 表示该算子中只需要执行一次的子计划,它与 onetime_exprs_ 的区别是,init_plan 返回多行多列,onetime_expr 返回单行单列。由于示例中的 SQL 查询未设置此项,所以为 nil。

SUBPLAN FILTER 算子驱动非相关子查询计算的一般流程如下。

(1) SUBPLAN FILTER 启动时执行 onetime_exprs_。
(2) 从参数集中获取右边非相关子查询的结果,下推 filter 到左边子计划,执行左边的查询。
(3) 输出左边查询的行。

2. 驱动相关子查询计算

```
obclient>EXPLAIN SELECT /*+NO_REWRITE*/c1 FROM t1 WHERE c2 > (SELECT
           MAX(c2) FROM t2 WHERE t1.c1=t2.c1)\G;
*************************** 1. row ***************************
Query Plan:
| ==============================================
|ID|OPERATOR         |NAME|EST. ROWS|COST       |
------------------------------------------------
|0 |SUBPLAN FILTER   |    |33334    |8541203533|
|1 | TABLE SCAN      |T1  |100000   |68478     |
|2 | SCALAR GROUP BY |    |1        |85412     |
|3 |  TABLE SCAN     |T2  |990      |85222     |
================================================
Outputs & filters:
--------------------------------------
  0 - output([T1.C1]), filter([T1.C2 > subquery(1)]),
      exec_params_([T1.C1]), onetime_exprs_(nil), init_plan_idxs_(nil)
  1 - output([T1.C1], [T1.C2]), filter(nil),
      access([T1.C1], [T1.C2]), partitions(p0)
  2 - output([T_FUN_MAX(T2.C2)]), filter(nil),
      group(nil), agg_func([T_FUN_MAX(T2.C2)])
  3 - output([T2.C2]), filter([? = T2.C1]),
      access([T2.C1], [T2.C2]), partitions(p0)
```

"Outputs & filters:"部分中 exec_params_ 在驱动相关子查询中表示左边输出一行数据后需要下推的参数，示例中为 T1 的 C1 列。

SUBPLAN FILTER 算子驱动相关子查询计算的一般流程如下。

（1）SUBPLAN FILTER 启动时执行 onetime_exprs_。

（2）执行左边的查询，输出一行后，计算相关参数，下推到右边，执行右边的子查询。

（3）执行 filter，输出符合条件的数据行。

6.5.7　SUBPLAN SCAN

SUBPLAN SCAN 算子用于展示优化器从哪个视图访问数据。

当查询的对象为视图时，执行计划中会分配 SUBPLAN SCAN 算子。SUBPLAN SCAN 算子类似于 TABLE SCAN 算子，但它不从基表中读取数据，而是读取子节点输出的数据。

以下示例中，1 号算子由视图中的查询生成，0 号算子 SUBPLAN SCAN 读取 1 号算子并输出。

```
obclient>EXPLAIN SELECT * FROM V WHERE c1 > 0\G;
*************************** 1. row ***************************
Query Plan:
====================================
|ID|OPERATOR    |NAME|EST. ROWS|COST|
------------------------------------
|0 |SUBPLAN SCAN|v   |1        |37  |
|1 | TABLE SCAN |t1  |2        |37  |
====================================
Outputs & filters:
------------------------------------
  0 - output([v.c1], [v.c2]), filter([v.c1 > 0]),
      access([v.c1], [v.c2])
  1 - output([t1.c1], [t1.c2]), filter(nil),
      access([t1.c1], [t1.c2]), partitions(p0),
      limit(5), offset(nil)
```

"Outputs & filters:"部分中需要注意的是目前 limit 算子只支持 MySQL 模式。

需要注意，当查询的对象为视图并且满足一定条件时，能够对查询进行视图合并改写，此时执行计划中并不会出现 SUBPLAN SCAN。如下例所示，和上一个示例相比减少了过滤条件，不再需要分配 SUBPLAN SCAN。

```
obclient>EXPLAIN SELECT * FROM v\G;
*************************** 1. row ***************************
Query Plan:
====================================
|ID|OPERATOR   |NAME|EST. ROWS|COST|
------------------------------------
```

```
|0 |TABLE SCAN|t1 |2          |37 |
==================================
Outputs & filters:
-------------------------------------
  0 - output([t1.c1], [t1.c2]), filter(nil),
      access([t1.c1], [t1.c2]), partitions(p0),
      limit(5), offset(nil)
```

6.5.8 EXCHANGE

EXCHANGE 是用于线程间数据交互的算子，适用于分布式场景，一般成对出现，数据源端有一个 OUT 算子，目的端有一个 IN 算子。

EXCH-IN/OUT 即 EXCHANGE IN/ EXCHANGE OUT，用于将多个分区上的数据汇聚到一起，发送到查询所在的主节点上，如图 6-11 所示。

```
obclient [LINCHUN]> EXPLAIN SELECT * FROM EXCHANGE1 \G
*************************** 1. row ***************************
Query Plan: ===================================================
|ID|OPERATOR                    |NAME      |EST. ROWS|COST    |
---------------------------------------------------------------
|0 |PX COORDINATOR              |          |300820   |222726  |
|1 | EXCHANGE OUT DISTR         |:EX10000  |300820   |116359  |
|2 |  PX PARTITION ITERATOR     |          |300820   |116359  |
|3 |   TABLE SCAN               |EXCHANGE1 |300820   |116359  |
===============================================================
Outputs & filters:
-------------------------------------
  0 - output([INTERNAL_FUNCTION(EXCHANGE1.C1, EXCHANGE1.C2)]), filter(nil)
  1 - output([INTERNAL_FUNCTION(EXCHANGE1.C1, EXCHANGE1.C2)]), filter(nil), dop=1
  2 - output([EXCHANGE1.C1], [EXCHANGE1.C2]), filter(nil)
  3 - output([EXCHANGE1.C1], [EXCHANGE1.C2]), filter(nil),
      access([EXCHANGE1.C1], [EXCHANGE1.C2]), partitions(p[0-4])
```

图 6-11　EXCH-IN/OUT 算子示意图

EXCH-IN/OUT(BROADCAST)算子用于对输入数据使用 BROADCAST 的方法进行重分区，它会将数据广播到其他线程上，如图 6-12 所示。

```
obclient [LINCHUN]> EXPLAIN SELECT /*+FULL(GI_1)*/ c1 FROM GI_1\G
*************************** 1. row ***************************
Query Plan: ===================================================
|ID|OPERATOR                    |NAME      |EST. ROWS|COST    |
---------------------------------------------------------------
|0 |PX COORDINATOR              |          |489352   |275799  |
|1 | EXCHANGE OUT DISTR         |:EX10000  |489352   |189284  |
|2 |  PX PARTITION ITERATOR     |          |489352   |189284  |
|3 |   TABLE SCAN               |GI_1      |489352   |189284  |
===============================================================
Outputs & filters:
-------------------------------------
  0 - output([INTERNAL_FUNCTION(GI_1.C1)]), filter(nil)
  1 - output([INTERNAL_FUNCTION(GI_1.C1)]), filter(nil), dop=1
  2 - output([GI_1.C1]), filter(nil)
  3 - output([GI_1.C1]), filter(nil),
      access([GI_1.C1]), partitions(p[0-3])
```

图 6-12　EXCH-IN/OUT(BROADCAST)算子示意图

6.5.9 GI

GI 算子用于并行执行，按照分区或者数据块迭代整张表。按照迭代数据的粒度划分，GI 算子包括 PX PARTITION ITERATOR 和 PX BLOCK ITERATOR。

PX PARTITION ITERATOR 算子用于按照分区粒度迭代数据，如图 6-13 所示。

```
obclient [LINCHUN]> EXPLAIN SELECT /*+FULL(GI_1)*/ c1 FROM GI_1\G
*************************** 1. row ***************************
Query Plan: ==========================================================
             |ID|OPERATOR              |NAME    |EST. ROWS|COST    |
             ----------------------------------------------------------
             |0 |PX COORDINATOR        |        |489352   |275799  |
             |1 | EXCHANGE OUT DISTR   |:EX10000|489352   |189284  |
             |2 |  PX PARTITION ITERATOR|       |489352   |189284  |
             |3 |   TABLE SCAN         |GI_1    |489352   |189284  |
             ==========================================================

Outputs & filters:
-------------------------------------
  0 - output([INTERNAL_FUNCTION(GI_1.C1)]), filter(nil)
  1 - output([INTERNAL_FUNCTION(GI_1.C1)]), filter(nil), dop=1
  2 - output([GI_1.C1]), filter(nil)
  3 - output([GI_1.C1]), filter(nil),
      access([GI_1.C1]), partitions(p[0-3])
```

图 6-13　PX PARTITION ITERATOR 算子示意图

PX BLOCK ITERATOR 算子用于按照数据块粒度迭代数据，如图 6-14 所示。相比于 PX PARTITION ITERATOR 算子，PX BLOCK ITERATOR 算子按照数据块迭代的方式粒度更小，能够切分出更多的任务，支持更高的并行度。

```
obclient [LINCHUN]> EXPLAIN SELECT /*+PARALLEL(4)*/ c1 FROM GI_1\G;
*************************** 1. row ***************************
Query Plan: ==========================================================
             |ID|OPERATOR              |NAME       |EST. ROWS|COST    |
             ----------------------------------------------------------
             |0 |PX COORDINATOR        |           |487160   |274564  |
             |1 | EXCHANGE OUT DISTR   |:EX10000   |487160   |188436  |
             |2 |  PX BLOCK ITERATOR   |           |487160   |188436  |
             |3 |   TABLE SCAN         |GI_1(IDX)  |487160   |188436  |
             ==========================================================

Outputs & filters:
-------------------------------------
  0 - output([INTERNAL_FUNCTION(GI_1.C1)]), filter(nil)
  1 - output([INTERNAL_FUNCTION(GI_1.C1)]), filter(nil), dop=4
  2 - output([GI_1.C1]), filter(nil)
  3 - output([GI_1.C1]), filter(nil),
      access([GI_1.C1]), partitions(p0)
```

图 6-14　PX BLOCK ITERATOR 算子示意图

6.5.10　分布式与并行执行

OceanBase 的优化器会通过两个阶段来生成分布式计划。

第一个阶段：不考虑数据的物理分布，生成所有基于本地关系优化的最优计划。

第二个阶段：根据访问的数据分布，在需要的地方插入 EXCHANGE 节点，从而将原来的本地计划变成分布式计划。

举个例子，下面的查询中访问了 5 个分区的数据，在每个分区上执行 TABLE SCAN，并通过 EXCHANGE OUT 把数据传输出去，主节点通过 EXCHANGE IN 把各个分区的数据汇总在一起。

```
CREATE TABLE t (c1 INT, c2 INT) PARTITION BY HASH(c1) PARTITIONS 5;
EXPLAIN SELECT * FROM t;
===========================================
|ID|OPERATOR              |NAME|EST. ROWS|COST  |
-------------------------------------------
|0 |EXCHANGE IN DISTR     |    |500000   |545109|
|1 | EXCHANGE OUT DISTR   |    |500000   |320292|
|2 |  TABLE SCAN          |T   |500000   |320292|
===========================================
```

并行执行（Parallel Execution，PX）分为并行查询、并行 DDL 和并行 DML。OceanBase 并行查询支持分区间并行与分区内并行。启动并行查询的方式如下。

◎ 通过 PARALLEL 的 Hint 指定并行度（Degree Of Parallelism，DOP），OceanBase 默认不会开启分区内并行。

◎ 针对查询分区数大于 1 的分区表会自动启动并行查询。分区间并行的默认并行度为每个数据库节点一个并行线程（EXPLAIN 显示 dop=1）。

并行执行以线程为基本单位分配运行资源，有一个固定大小的共享线程池供每个租户的 PX 请求使用。租户变量 parallel_servers_target 控制每个 OBServer 上的最大并发线程总数，默认值为 0。当并发请求较多，空闲的 PX 线程资源不够时，OceanBase 会让请求的 SQL 语句排队。系统实际能提供的 PX 线程数还受制于处理能力，即通过 min_cpu×px_workers_per_cpu_quota 决定 PX 线程数的上限，其中涉及的参数 px_workers_per_cpu_quota 是集群参数，用于控制每个逻辑 CPU 最多能提供的并发线程数。

OceanBase 的并行执行采用生产者和消费者模型。生产者、消费者分别对应两组工作线程（Worker），两组工作线程之间通过 DTL（Data Transfer Layer）传输数据。生产者将生成的数据发送给消费者不同 Worker 的行为被称为数据分发（Distribution）。在分布式架构下大数据量并发访问的场景中，数据分发的方式直接影响了 SQL 语句执行的效率。

OceanBase 目前主要支持 Partition-Wise Join、Partial Partition-Wise Join（又称 PARTITION 分发或 PKEY Join）、Hash-Hash 重分布、Broadcast 重分布和 Random 重分布。

分布式执行时，OceanBase 会使用 Partition-Wise Join 和 Partial Partition-Wise Join 以分区为单位进行连接处理。Partition-Wise Join 是指在 JOIN 操作中，如果内外表都是分区表且分区方式相同、物理分布一样，并且连接的连接条件为分区键，则可以使用以分区为单位的连接方法。Partial Partition-Wise Join 又被称为 Partition 重分布，指在内外表中的一个表为分区表，另一个表为非分区表，或者两者皆为分区表，但是连接键仅和其中一个分区表的分区键相同的情况下，会以该分区表的分区分布为基准，重新分布另一个表的数据。

当并行处理时（DOP>1），在连接键和内外表的分区键都没有关系的情况下，可以通过 Hash-Hash 重分布、Broadcast 重分布的方法对数据进行重分布，实现并行的连接操作。目前，OceanBase 支持的内外表重分布策略有以下几种，如表 6-7 所示。

表 6-7 分布式内外表重分布策略

分发方式（外，内）	使用说明与建议
HASH, HASH	使用连接键上的哈希函数，将每个表的行映射到查询服务器。映射完成后，每个查询服务器都会在一对结果分区之间执行连接。当内外表的大小可比较，并且连接操作通过哈希连接或排序合并连接实现时，建议使用此分发方式
BROADCAST, NONE	外表的所有行都广播到每个查询服务器。内部表行是随机分区的。当外表远小于内表时，建议使用此分发方式。通常，当内表大小乘以查询服务器的数量远大于外表大小时，也建议使用此分发方式
NONE, BROADCAST	内表的所有行都广播给每个查询服务器。外表行是随机分区的。当内表远小于外表时，建议使用此分发方式。通常，当内表大小乘以查询服务器的数量远小于外表大小时，也建议使用此分发方式
PARTITION, NONE	外表的行使用内表的分区进行映射。内表必须在连接键上进行分区。当外表的分区数等于或几乎等于查询服务器数的倍数时，建议使用此分发方式。例如，有 14 个分区和 15 个查询服务器
NONE, PARTITION	内表的行使用外表的分区进行映射。外表必须在连接键上进行分区。当外表的分区数等于或几乎等于查询服务器数的倍数时，建议使用此分发方式。例如，有 14 个分区和 15 个查询服务器
NONE, NONE	每个查询服务器在一对匹配的分区之间执行连接操作，每个表中都有一个。两个表必须在连接键上等分

分布式与并行查询相关的 Hint 如表 6-8 所示。

表 6-8 分布式与并行查询相关的 Hint

Hint	说 明	示 例
USE_PX	强制使用 PX 模式，通常与 PARALLEL Hint 一起使用	/*+ USE_PX PARALLEL(4)*/
NO_USE_PX	不使用并行执行框架，生成本地执行计划	/*+ NO_USE_PX */
PARALLEL	指定分布式执行的并行度	/*+ PARALLEL(4) */
ORDERED	指定 JOIN 的顺序，严格按照 FROM 语句中的顺序生成	/*+ ORDERED */
LEADING	指定 JOIN 中最先连接哪些表	/*+LEADING(T2T1)*/
USE_NL/USE_HASH/USE_MERGE	指定 JOIN 的方式（NL,HASH,MERGE）	/*+ USE_NL(T_inner) */
PQ_DISTRIBUTE	指定并行查询计划中的数据分布方式	/*+ PQ_DISTRIBUTE(T_inner BROADCAST, NONE) USE_HASH (s) */

对分布式计划与并行执行的监控，主要关注以下内容。
◎ 整体耗时和 CPU 使用情况。
◎ 并行度是否符合预期。

◎ 分布式与并行执行在各个节点是否均匀。

◎ 各并行线程的执行情况。

监控信息主要存在于以下系统视图中。

（1）GV$OB_SQL_AUDIT：用于记录 SQL 语句执行的 trace 信息，可以使用该视图查询分布式与并行执行的 SQL 语句。首先找到本次执行的 trace_id，然后使用 trace_id 查看各个分布式节点的执行情况。示例如下。

```
SELECT svr_ip,plan_id,plan_type,qc_id,dfo_id,sqc_id,worker_id,is_executor_rpc,
elapsed_time
FROM oceanbase.gv$sql_auditWHERE trace_id= 'YB420BA6566F-0005E3D3694EAC9F-0-0'
order by qc_id,sqc_id;
```

svr_ip	plan_id	plan_type	qc_id	dfo_id	sqc_id	worker_id	is_executor_rpc	elapsed_time
11.100.86.111	3539	3	0	0	0	0	0	28796
11.100.86.112	0	3	1	0	0	0	1	23615
11.100.86.111	0	3	1	0	1	0	1	23883
11.100.85.177	0	3	1	0	2	0	1	24166

（2）GV$PLAN_CACHE_PLAN_STAT：用于计划的执行统计。

（3）GV$SQL_PLAN_STATISTICS：用于算子的执行统计。

（4）GV$TENANT_PX_WORKER_STAT：在并行执行时，用于并行线程的执行统计。

（5）GV$SQL_PLAN_MONITOR：用于慢 SQL 语句的计划层面的统计。对于并行查询，算子在每台 OBServer 的执行情况都独占一行。

6.6 分区表及索引设计

本节主要介绍分区表、索引优化相关的内容。

6.6.1 分区表

分区是物理数据库设计技术，就是将一张大表按一定规则划分为物理上的很多小表，而逻辑上仍然体现为一个大表，它体现了分而治之的思想。每个分区都是一个独立的对象，具有自己的名称和可选的存储特性。分区表对应用是透明的，即对应用无须做任何改动，就可以将访问未分区表改为直接访问分区表。创建分区的目的是提升大批量数据的管理效率、数据高可用性，以及通过在特定的 SQL 操作中减少数据读写的总量来减少响应时间和资源开销。

分区表具有如下特点。
- 区别于集中式数据库，可多机扩展，支持分区间并行。
- 自动负载均衡、自动容灾。
- 对业务透明，MySQL 模式可以取代"分库分表"方案。
- 支持分区间并行。
- MySQL 模式单表最大分区个数由 max_partition_num 控制，该参数从 OceanBase 4.2.1 版本开始引入，默认值为 8192，即单表分区个数最多为 8192，取值范围是 8192~65536。
- Oracle 模式单表分区个数上限为 65536，该上限是根据租户内存大小来预估的，1GB 内存约支持 2 万个分区。

OceanBase 中的分区表分为一级分区和二级分区。一级分区类型包括 HASH、KEY、LIST、RANGE、RANGE COLOMNS、生成列分区；二级分区相当于在一级分区的基础上进行拆分。

MySQL 模式支持的分区类型包括 RANGE 分区、RANGE COLUMNS 分区、LIST 分区、LIST COLUMNS 分区、HASH 分区、KEY 分区、组合分区；Oracle 模式支持的分区类型包括范围（Range）分区、列表（List）分区、哈希（Hash）分区、组合分区。

分区表的使用建议如下。

（1）分区表在热点数据打散、历史数据维护上具有一定优势，所以业务方可以根据自身需求创建分区表。

（2）需要注意各种分区类型的设置要求。

（3）分区键必须是主键的子集。

（4）范围分区的最后一个数据不能是 maxvalue。

（5）考虑分区裁剪优化。通过分区裁剪（Partition Pruning）功能可以避免访问无关分区，使得 SQL 语句的执行效率大幅提升。分区裁剪是一个比较复杂的过程，优化器需要根据用户表的分区信息和 SQL 语句中给定的条件抽取相关的分区信息。由于 SQL 语句中的条件往往比较复杂，因此整个抽取逻辑的复杂性随之增加，这一过程由 OceanBase 中的 Query Range 子模块完成。当用户访问分区表时，由于 col1 为 1 的数据全部处于 1 号分区（p1），所以只需要访问该分区，无须访问 0、2、3、4 号分区。如下所示。

```
CREATE TABLE tbl1(col1 INT,col2 INT) PARTITION BY HASH(col1) PARTITIONS 5;
SELECT * FROM tbl1 WHERE col1 = 1;
```

通过 EXPLAIN 查看执行计划，可以看到分区裁剪的效果。

```
EXPLAIN SELECT * FROM tbl1 WHERE col1 = 1;
```

```
+-------------------------------------------------------------------------
----+
| QUERY PLAN                                                              |
+-------------------------------------------------------------------------
----+
| ===============================================
| |ID|OPERATOR         |NAME|EST.ROWS|EST.TIME(us)|
| -----------------------------------------------
| ===============================================
| Outputs & filters:
| ---------------------------------
|   0 - output([TBL1.COL1], [TBL1.COL2]), filter([TBL1.COL1 = 1]), rowset=16
|       access([TBL1.COL1], [TBL1.COL2]), partitions(p1)
|       is_index_back=false, is_global_index=false,
filter_before_indexback[false],
|       range_key([TBL1.__pk_increment]), range(MIN ; MAX)always true
+-------------------------------------------------------------------------
----+
11 rows in set
```

（6）考虑 Partition Wise Join 优化。在默认情况下，不同表之间的数据是随机分布的，它们之间没有关系。通过定义表组，可以控制一组表在物理存储上的邻近关系。

（7）为了避免写入放大问题，在选择表的自定义主键时，不要使用随机生成的值，尽量使用有序的值，例如时序递增的值。

（8）要注意分区个数，如单机分区数量上限、单机租户允许创建的分区数量上限、单表分区数量上限。

6.6.2 索引

索引是一种可选的结构，用户可以根据自身业务的需求来决定在某些字段创建索引，从而加快对这些字段的查询速度。

索引的优点如下。

◎ 用户可以在不修改 SQL 语句的情况下加速查询，只扫描用户需要的部分数据。

◎ 索引存储的列数通常较少，可以节省查询 I/O。

索引的缺点如下。

◎ 选择在什么字段上创建索引，需要对业务和数据模型有较深的理解。

◎ 当业务发生变化时，需要重新评估以前创建的索引是否满足需求。

◎ 写入数据时，需要维护索引表中的数据，消耗一定的性能成本。

◎ 索引表会占用内存、磁盘等资源。

那么，如何创建出高效的索引呢？有如下几种方式。

- 尽可能利用覆盖索引在索引中获取所有数据，这样可以尽可能地避免回表访问。
- 等值条件永远放在最前面。
- 将筛选度最好且最常使用的列放在前面。

实际上，在 SQL 语句的过滤条件中，索引列的先后顺序不会影响索引效果。此外，联合索引在遇到第一个范围查询字段后，后续的字段不参与索引过滤。例如，在 A、B、C 三列中创建联合索引，在过滤条件为 WHERE A＞? AND B＞? AND C＜?的情况下，只能使用 A 字段的索引，无法使用 B、C 字段的索引。

OceanBase 的索引选择有两个规则。
- 正向规则：一旦命中规则，就直接选择该索引，例如命中唯一性索引。
- 逆向规则（Skyline 剪枝规则）：通过比较两个索引，剪掉一些较"差"的索引。

目前，OceanBase 的优化器会优先使用前置规则选择索引，如果没有匹配的索引，Skyline 剪枝规就会剪掉一些较"差"的索引，成本模型会在没有被剪掉的索引中选择成本最低的路径。如下例所示，OceanBase 的计划中会输出相应的路径选择的规则信息。

```
CREATE TABLE t1(a INT PRIMARY KEY, b INT, c INT, d INT, e INT,
         UNIQUE INDEX k1(b), INDEX k2(b,c), INDEX k3(c,d));
Query OK, 0 rows affected

EXPLAIN EXTENDED SELECT * FROM t1 WHERE b = 1;
+-----------------------------------------------------------------+
|Query Plan
+-----------------------------------------------------------------+
| =========================================
|ID|OPERATOR   |NAME   |EST. ROWS|COST|
-----------------------------------
|0 |TABLE SCAN|t1(k1)|2        |94  |
=================================

Outputs & filters:
-----------------------------------
  0 - output([t1.a(0x7f3178058bf0)], [t1.b(0x7f3178058860)], [t1.c(0x7f3178058f80)],
[t1.d(0x7f3178059310)], [t1.e(0x7f31780596a0)]), filter(nil),
      access([t1.b(0x7f3178058860)], [t1.a(0x7f3178058bf0)],
[t1.c(0x7f3178058f80)], [t1.d(0x7f3178059310)], [t1.e(0x7f31780596a0)]),
partitions(p0),
      is_index_back=true,
      range_key([t1.b(0x7f3178058860)], [t1.shadow_pk_0(0x7f31780784b8)]),
range(1,MIN ; 1,MAX),
      range_cond([t1.b(0x7f3178058860) = 1(0x7f31780581d8)])
Optimization Info:
-----------------------------------
t1:optimization_method=rule_based, heuristic_rule=unique_index_with_indexback
```

```
EXPLAIN EXTENDED SELECT * FROM t1 WHERE c < 5 ORDER BY c;
+---------------------------------------------------------------------------
--------+
| Query Plan
+---------------------------------------------------------------------------
--------+
|==================================================
|
| |ID|OPERATOR         |NAME  |EST.ROWS|EST.TIME(us)|
|----------------------------------------------------
| |0 |TABLE RANGE SCAN|t1(k3)|1       |7           |
| ==================================================

Outputs & filters:
-----------------------------------
  0 - output([t1.a(0x7f3178059220)], [t1.b(0x7f31780595b0)], [t1.c(0x7f3178058e90)],
[t1.d(0x7f3178059940)], [t1.e(0x7f3178059cd0)]), filter(nil),
sort_keys([t1.c(0x7f3178058e90), ASC])
  1 - output([t1.c(0x7f3178058e90)], [t1.a(0x7f3178059220)], [t1.b(0x7f31780595b0)],
[t1.d(0x7f3178059940)], [t1.e(0x7f3178059cd0)]), filter([t1.c(0x7f3178058e90) <
5(0x7f3178058808)]),
      access([t1.c(0x7f3178058e90)], [t1.a(0x7f3178059220)],
[t1.b(0x7f31780595b0)], [t1.d(0x7f3178059940)], [t1.e(0x7f3178059cd0)]),
partitions(p0),
      is_index_back=false, filter_before_indexback[false],
      range_key([t1.a(0x7f3178059220)]), range(MIN ; MAX)always true
t1:optimization_method=cost_based, avaiable_index_name[t1,k3],
pruned_index_name[k1,k2]
```

其中，optimization_method 展示了具体的规则信息，它有以下两种形式。

◎ 如果显示 optimization_method=rule_based，说明命中了前置规则，那么会同时展示具体命中的规则名称，unique_index_with_indexback 表示命中了前置规则的"唯一性索引全匹配+需要回表+回表数量少于一定的阈值"。

◎ 如果显示 optimization_method=cost_based，说明基于成本选择规则，那么会同时展示 Skyline 剪枝规则剪掉了哪些访问路径（pruned_index_name 字段），以及保留了哪些访问路径（avaiable_index_name 字段）。

接下来介绍几个比较重要的概念。

主表是指使用 CREATE TABLE 语句创建的表对象，也是索引对象所依赖的表（即 CREATE INDEX 语句中 ON 子句所指定的表）；OceanBase 的每张表都有主键，并在内部以主键为序组织数据。如果在创建用户表时不显式指定主键，那么系统会自动为表生成隐藏主键，隐藏主键不可被查询。索引（索引表）指使用 CREATE INDEX 语句创建的索引对象。有时为了便于理解，也会把索引对象类比为一个表对象，即索引表。

由于分区表的出现，引入了"局部索引"和"全局索引"两个概念。

局部索引又名分区索引，创建局部索引的关键字是 LOCAL。局部索引的分区键等同于表的分区键，分区数等同于表的分区数。总之，局部索引的分区机制和表的分区机制一样。分区表的局部索引和非分区表的索引类似，索引的数据结构和主表的数据结构保持一对一的关系，但由于主表已经做了分区，所以主表的"每个分区"都有单独的索引数据结构。

全局索引的创建规则是在索引属性中指定 GLOBAL 关键字。与局部索引相比，全局索引最大的特点是分区规则与表分区是相互独立的，全局索引允许指定自己的分区规则和分区个数，不一定需要与表的分区规则保持一致。分区表的全局索引不再和主表的分区保持一对一的关系，而是将所有主表分区的数据合成一个整体来建立全局索引。更进一步，全局索引可以定义独立的数据分布模式，既可以选择非分区模式，也可以选择分区模式。

那么，我们应该选择使用局部索引还是全局索引呢？

（1）如果查询条件里"包含完整的分区键"，那么使用局部索引是最高效的。

（2）如果需要"不包含完整分区键"的唯一约束，那么可以直接使用全局索引或者局部索引，但是索引列上必须带上表的分区键。

（3）通常，全局索引能为高频且精准命中的查询（例如单记录查询）提速并减少 I/O；对于范围查询来说，则不一定哪种索引效果更好。

（4）不能忽视全局索引在 DML 语句中引入的额外开销：数据更新时带来的跨机分布式事务的数据量越大，分布式事务越复杂。

（5）如果数据量较大，或者容易出现索引热点，那么可以考虑创建全局分区索引。

6.7　SQL 语句优化实战技巧

本节主要介绍实战中常用的脚本、Hint，以及存储过程性能分析的最佳实践。

6.7.1　SQL 语句查询技巧与示例

1. 查看租户表的大小和行数

```
select c.database_name,
b.table_name,sum(a.required_size)/1024/1024/1024 required_GB,
sum(row_count) as rows
from __all_virtual_meta_table a
inner join __all_virtual_table b on a.table_id=b.table_id
inner join __all_virtual_database c on b.database_id=c.database_id
where b.table_type<>5 and a.zone = '<zone>' and a.tenant_id = <tenant_id>
group by a.table_id
order by required_GB desc;
```

2. 查看租户 partition/leader 分布情况

```
select zone, svr_ip, role, count(1) cnt
from __all_virtual_meta_table
where tenant_id = {tenant_id}
group by svr_ip, role
order by 1,3 desc;
```

3. 按照 tenant_id 和服务器统计占用空间大小

```
select /*+READ_CONSISTENCY(WEAK), QUERY_TIMEOUT(100000000)*/ c.tenant_id,
 c.tenant_name, a.svr_ip, case when a.role = 1 then 'master' else 'follow' end `role`,
 round(sum(a.required_size) / 1024 / 1024 / 1024, 2) data_volume_gb
from __all_virtual_meta_table a, __all_virtual_table b, __all_tenant c
where instr(a.member_list, a.svr_ip)>0 and a.tenant_id = b.tenant_id
and a.table_id = b.table_id and b.tenant_id = c.tenant_id
group by c.tenant_name, a.svr_ip
order by c.tenant_id, a.role, a.svr_ip, data_volume_gb desc;
```

4. 查询索引信息

```
select table_name, index_status, data_table_id
from __all_virtual_table
where table_type = 5;
```

6.7.2 Hint

Hint 是 SQL 语句中一种特殊的注释，用于向数据库传达信息。OceanBase 中可以使用 Hint 干预优化器行为，使优化器按照 Hint 指定的方式生成特定形态的计划。

一般情况下，优化器会自动为用户查询选择最优计划，不需要用户使用 Hint 进行干预。但在某些场景下，优化器自动选择的计划可能无法满足用户需求，这时需要用户使用 Hint 来主动指定并生成特殊的计划。

查询优化过程中，应该尽量避免使用 Hint。只有在收集完相关表的统计信息，并通过 EXPLAIN PLAN 语句在无 Hint 状态下评估了优化器选择的计划后，才建议用户谨慎考虑使用 Hint。需要注意，使用 Hint 仅会强制干预优化器的正常优化逻辑，Hint 生效后的查询性能需要用户进行评估，不当 Hint 使用会对性能产生重大影响。

OceanBase 支持的 Hint 有以下特点。

◎ Hint 可以不带参数，如/*+ FUNC */。
◎ Hint 可以带参数，如/*+ FUNC(param) */。
◎ 多个 Hint 可以写到同一个注释中，用逗号分隔，如/*+ FUNC1, FUNC2(param) */。
◎ SELECT 语句的 Hint 必须紧接在关键字 SELECT 之后，其他词之前。如：SELECT /*+ FUNC */ …。
◎ UPDATE、DELETE 语句的 Hint 必须紧接在关键字 UPDATE、DELETE 之后。

常见的 Hint 如下。

(1) 可以使用 /*+PARALLEL(N)*/ 指定语句级别的并行度，增加并行的线程，提升查询性能。但是当该 Hint 指定时，会忽略系统变量 ob_stmt_parallel_degree 的设置。示例如下。

```
SELECT /*+PARALLEL(8)*/ *
FROM T1
WHERE user_id = 123456
  and create_time > date(date_sub(now(), interval 1 day)));
```

此示例中的 Hint 指定了当前 SQL 语句开启并行执行，并且并行度为 8。

(2) 可以使用 /*+ leading(table_name_list)*/ 指定表的连接顺序。但是如果发现 Hint 指定的 table_name 不存在，那么该 Hint 会失效；如果发现 Hint 中存在重复 table，则该 Hint 会失效。

受统计信息过期、连接谓词存在关联性、数据非均匀分布等因素影响，优化器可能生成不优的连接顺序。例如两表连接后的行数很少，但是优化器没有先连接这两个表；两个表连接行数非常多，但是优化器选择了先连接这两个表。此时可以通过此 Hint 指定表的连接顺序，让过滤性更强的连接先执行。示例如下。

```
SELECT /*+leading(T1 (T4 T2) T3)*/ *
FROM T1, T2, T3, T4
WHERE T1.ID = T2.ID
  and T2.id = T3.id
  and T3.id = T4.id;
```

该示例中的 Hint 指定了当前 SQL 语句中 T1 先与 T4 和 T2 的连接结果连接，再与 T3 连接。

在使用 Hint 的过程中，需要注意以下问题。

◎ 如果使用 MySQL 的客户端执行带 Hint 的 SQL 语句，则需要使用 -c 选项登录，否则 MySQL 客户端会将 Hint 作为注释从用户 SQL 语句中去除，导致系统无法收到用户 Hint。但是使用 JDBC 连接不会出现该问题，只有使用 MySQL 客户端才会出现该问题。

◎ 如果 OceanBase 无法识别 SQL 语句中的 Hint 语法，则 Hint 会被作为注释直接忽略而不报错。

6.7.3 如何分析存储过程性能问题

当存储过程存在性能问题导致执行速度很慢时，定位问题 SQL 语句将变得比较困难。先要获取存储过程中所有 SQL 语句的执行信息，才能根据这些信息来分析执行变慢的原因。

SQL 语句的执行情况主要通过 GV$OB_SQL_AUDIT 视图来获取，获取存储过程中所有 SQL 语句执行记录的难点如下。

◎ 无法使用 SQL 语句的部分信息过滤 GV$OB_SQL_AUDIT 的 QUERY_SQL 列来获取存储过程执行的所有 SQL 语句记录。

◎ 因为GV$OB_SQL_AUDIT是内存表,并不落盘,且当超过内存限制时将会自动删除之前的记录,所以如果存储过程中的SQL语句,则可能会有SQL记录丢失的情况。

解决方案如下。

(1) 同一个存储过程中执行的SQL语句,TRACE_ID是一致的,可以在存储过程开始后通过SHOW PROCESSLSIT;命令获取正在执行的SQL语句的TRACE_ID,待存储过程执行完毕,筛选GV$OB_SQL_AUDIT的TRACE_ID列获取存储过程中执行的所有SQL语句。

(2) 对于GV$OB_SQL_AUDIT中目标SQL语句记录被刷掉的情况,可以通过减少存储过程中的FOR循环次数来减少执行的SQL语句的总数量,同时控制相同时间段内非存储过程的其他SQL语句的执行数量,从而避免执行过程中目标SQL语句记录被刷掉的情况。此外,建议把查询到的目标SQL语句信息另存到一个实体表中,彻底解决内存表GV$OB_SQL_AUDIT无法长期保存数据的问题。

建立实体GV$OB_SQL_AUDIT表的DDL语句可以参考下面的代码。

```sql
CREATE TABLE SQL_AUDIT_LIKE AS SELECT * FROM GV$OB_SQL_AUDIT WHERE ROWNUM = 0;
ALTER TABLE SQL_AUDIT_LIKE ADD MARK_INSERT VARCHAR2(30) NULL DEFAULT NULL;
```

上述代码将建立一个GV$OB_SQL_AUDIT的实体表SQL_AUDIT_LIKE,并且将使用比GV$OB_SQL_AUDIT表多一个MARK_INSERT的列用于标记每次落表的SQL语句,方便后续的比对。另外,落表可以针对后续SQL语句的特性对SQL_AUDIT_LIKE表建立相关索引,提高分析效率。

在3.X版本的OceanBase中,GV$OB_SQL_AUDIT表的名字是GV$ SQL_AUDIT,读者需要注意自己的OceanBase版本信息。另外,在GV$OB_SQL_AUDIT表中,列REQUEST_TIME是SQL语句开始执行的时间(精确到毫秒),但是用户无法理解REQUEST_TIME字段的数值含义,需要经过函数处理来增加其可读性。对于MySQL租户,我们使用FROM_UNIXTIME函数转换REQUEST_TIME。对于Oracle租户,则没有直接可以使用的函数,需要建立一个自定义函数来处理REQUEST_TIME,函数定义DDL语句如下。

```sql
CREATE OR REPLACE FUNCTION UNIX_TO_ORACLE (UNIX_TIME NUMBER) RETURN DATE IS
BEGIN
   RETURN TO_DATE('1970-01-01', 'YYYY-MM-DD') + UNIX_TIME / 86400000000 +
to_number(substr(tz_offset(sessiontimezone),1,3))/24;
END UNIX_TO_ORACLE;
```

下面通过案例来展示一些存储过程的分析技巧,案例环境为OceanBase 4.2.1版本的Oracle租户。

建立实验使用的表和存储过程。

```sql
-- 建立time_test表
CREATE TABLE time_test (time1 TIMESTAMP);

-- 建立test1存储过程
```

```
create or replace PROCEDURE test1 AS
-- 定义一个变量dummy
    dummy DATE;
BEGIN
    FOR i IN 1..10 LOOP
        -- Query current time
        SELECT SYSDATE INTO dummy FROM DUAL;
        -- Insert current time into table
        INSERT INTO time_test VALUES (SYSDATE);
        -- Sleep for 1 second
        DBMS_LOCK.SLEEP(1);
    END LOOP;
END;
```

调用存储过程并把存储过程中所有 SQL 语句的执行信息存储到 SQL_AUDIT_LIKE 表中。

使用 CALL TEST1(); 命令调用存储过程，如图 6-15 所示。

状态	时间	SQL 语句	结果	TRACE ID	DB 耗时
●	17:21:59	CALL TEST1();	0 row(s) affected	YB4225DC2806-00061B99453C8249-0-0	10.29 s

图 6-15　调用存储过程

这里直接从 ODC 中获取相关的 TRACE_ID: YB4225DC2806-00061B99453C8249-0-0，然后通过下面的 SQL 语句，把目标 SQL 语句执行信息插入实体表 SQL_AUDIT_LIKE 中。

```
INSERT INTO SQL_AUDIT_LIKE SELECT T1.*,'mark1' FROM GV$OB_SQL_AUDIT T1 WHERE TRACE_ID
= ' YB4225DC2806-00061B99453C8249-0-0';
```

执行成功以后，通过以下 SQL 语句来聚合分析存储过程的执行情况。

```
SELECT
    UNIX_TO_ORACLE(T1.REQUEST_TIME_MIN) AS "最早执行时间",
    T1.SQL_ID AS "SQL_ID",
    TO_CHAR(T2.QUERY_SQL) AS "SQL 内容",
    T1.com1 AS "执行次数",
    T1.SUM_TIME AS "总耗时",
    T1.MIN_TIME AS "最小耗时",
    T1.MAX_TIME AS "最大耗时"
FROM
    (SELECT
        SQL_ID,
        MIN(REQUEST_ID) AS REQUEST_ID_MIN,
        MIN(REQUEST_TIME) AS REQUEST_TIME_MIN,
        count(*) as com1,
        ROUND(SUM(ELAPSED_TIME) / 1000000, 3) as SUM_TIME,
        ROUND(MIN(ELAPSED_TIME) / 1000000, 3) as MIN_TIME,
```

```
        ROUND(MAX(ELAPSED_TIME) / 1000000, 3) as MAX_TIME
    FROM SQL_AUDIT_LIKE
    WHERE MARK_INSERT = 'mark1'
    GROUP BY SQL_ID
    ORDER BY MIN(REQUEST_ID) DESC
    ) T1
LEFT JOIN SQL_AUDIT_LIKE T2
ON T1.SQL_ID = T2.SQL_ID AND T1.REQUEST_ID_MIN = T2.REQUEST_ID
```

结果集如图 6-16 所示。

	最早执行时间	SQL_ID	SQL内容	执行次数	总耗时	最小耗时	最大耗时
1	2024-07-28 17:28:04	3DF6BBED8...	select sysdate AS "SYSDATE" from DUAL	10	0.002	0	0
2	2024-07-28 17:28:04	5857B345C...	insert into "U_ORA"."TIME_TEST"("TIME1") values(sysdate)	10	0.004	0	0.001
3	2024-07-28 17:28:04	D41D8CD98...	CALL TEST1();	1	10.014	10.014	10.014

图 6-16 结果集

我们试着分析一下。

（1）CALL 命令在排序的最后说明 GV$OB_SQL_AUDIT 表记录 SQL 语句的时间点是整条 SQL 语句执行完成之后。

（2）通过 SQL_ID 聚合可以从同类 SQL 语句（同 SQL_ID）角度观测存储过程的执行情况，了解同类 SQL 语句在整个存储过程中的执行次数、总执行时间、最长和最短单次执行时间等信息。通过观测同类 SQL 语句的总耗时，可以更好地把注意力集中在对存储过程执行时间影响较大的 SQL 语句上。如果一条 SQL 语句的最长和最短执行时间相差较大，那么它也很值得关注，需要考虑是否存在执行计划问题，或者进一步排查执行时间是不是随着每次循环而线性增加。

（3）在整个存储过程中，代码 DBMS_LOCK.SLEEP(1); 占用了绝大部分时间，由于这段代码并非 SQL 语句，所以没有被记录到 GV$OB_SQL_AUDIT 表中，需要注意。在很多情况下，SQL 语句的执行总时间可能并不长，PL 代码部分执行缓慢导致了性能问题，例如存储过程的编译、调用程序包的执行、IF 判断，或者非 INTO 方式赋值等。说起 INTO 赋值，其作用与自定义函数 UNIX_TO_ORACLE 类似，很多人喜欢在函数中定义一个变量，然后使用 SELECT xxx INTO 变量的方式赋值，最后 RETURN 变量。这样虽然实现了函数目标，但函数不会有很高的性能，因为它们本可以全部使用 PL 引擎，现在需要切换到 SQL 引擎进行赋值计算，还要将相关信息记录到 GV$OB_SQL_AUDIT 表中，浪费了计算资源。

（4）GV$OB_SQL_AUDIT 表本身记录的字段很多，可以提供全方位的 SQL 语句执行信息，例如，是否存在 SQL 语句路由问题的 SVR_IP、等待信息的 EVENT、是否命中计划缓存的 IS_HIT_PLAN（笔者遇到过因为把 SQL 语句包裹在 XML 文件的 PL 块中导致无法命中计划的情况），等等。

我们希望通过这个简单的案例抛砖引玉，帮助大家更好地定位存储过程性能问题。

6.8 性能优化案例

6.8.1 避免滥用并行特性优化的案例

1. 问题描述

在将数据从 Oracle 迁移到 OceanBase 的过程中，进行性能测试时，发现一条高开销 SQL 语句，在 Oracle 中使用相同数据的执行时间为 19s；在 OceanBase 中，由于优化器发生改变，发生超时报错，未得出结果。

2. 问题分析

从日志中获取超时的 SQL 语句如下。

```
select  d.comp_contact_cd || '|' || b.ext_policy_no || '|' ||
        a.case_report_no || '|' || a.case_report_no || '|' || c.sms_type_cd || '|' ||
        e.code || '|' || to_char(c.act_start_dttm, 'yyyy-mm-dd hh24:mi:ss') || '|'
  from testtesttest_vehicle_claim a
  left join test_10_srt b
    on b.srt_id = a.srt_id
  left join test_l2_sms_send c
    on c.rel_obj_id = b.srt_id
  left join test_l2_organ d
    on d.organ_party_id = b.sub_company_id
  left join v_4s_info_list e
    on e.name = a.fours_name
 where trunc(c.act_start_dttm) = to_date('20220401', 'yyyy-mm-dd');
```

相关人员根据分区数使用 /*+parallel(6)*/ 开启了 6 个并行线程，执行时间为 3 分钟，能够满足业务要求。

但是当我们分析业务场景并审核这个优化方案时，该条 SQL 语句存在较高的并发执行可能，采用并发度较高的并行查询会消耗更多的 CPU 资源，如果上线后有较多的并发会话同时执行这个并行查询，会导致系统出现严重的 CPU 资源瓶颈。

对计划进行分析可以发现，第 9 步存在大量的全表扫描。同时，对 SQL 语句进行分析可以看出，WHERE 条件的左边使用了函数，导致未能使用索引。具体计划如下。

```
===========================================================
|ID|OPERATOR                  |NAME            |EST. ROWS|COST     |
-----------------------------------------------------------
|0 |HASH RIGHT OUTER JOIN     |                |21809    |10776678 |
|1 | SUBPLAN SCAN             |V_4S_INFO_LIST  |1574     |612748   |
|2 |  MERGE GROUP BY          |                |1574     |612724   |
|3 |   NESTED-LOOP JOIN       |                |12329    |611942   |
|4 |    TABLE SCAN            |TV              |1574     |569665   |
|5 |    TABLE SCAN            |EV              |8        |25       |
```

```
|6 |  HASH RIGHT OUTER JOIN   |              |21809   |10148423|
|7 |    TABLE SCAN            |D             |21849   |8452    |
|8 |   HASH RIGHT OUTER JOIN  |              |21809   |10114605|
|9 |    TABLE SCAN            |C             |758060  |293222  |
|10|    HASH OUTER JOIN       |              |4361791 |7029401 |
|11|     TABLE SCAN           |A             |502323  |194301  |
|12|     PX COORDINATOR       |              |4471269 |3643345 |
|13|      EXCHANGE OUT DISTR  |:EX10000      |4471269 |1729508 |
|14|       PX PARTITION ITERATOR|            |4471269 |1729508 |
|15|        TABLE SCAN        |B             |4471269 |1729508 |
===========================================================================
```

3. 优化思路

针对以上情况，一般的优化思路为将函数移到右侧或者创建函数索引。这条问题 SQL 语句的 WHERE 条件的目的是判断 act_start_dttm 的日期是否为 2022 年 4 月 1 日，项目组使用 trunc 截断函数获取 act_start_dttm 日期字段的年、月、日。在这种情况下，只要换一个角度考虑就可以去除 trunc 函数，即判断 act_start_dttm 是否在 2022 年 3 月 31 日和 2022 年 4 月 2 日之间，这样就能避免对精度造成影响，同时使用 act_start_dttm 列的索引。修改后的 SQL 语句如下。

```sql
select  d.comp_contact_cd || '|' || b.ext_policy_no || '|' ||
    a.case_report_no || '|' || a.case_report_no || '|' || c.sms_type_cd || '|' ||
    e.code || '|' || to_char(c.act_start_dttm, 'yyyy-mm-dd hh24:mi:ss') || '|'
from testtesttest_vehicle_claim a
left join test_l0_srt b
  on b.srt_id = a.srt_id
left join test_l2_sms_send c
  on c.rel_obj_id = b.srt_id
left join test_l2_organ d
  on d.organ_party_id = b.sub_company_id
left join v_4s_info_list e
  on e.name = a.fours_name
where c.act_start_dttm between to_date('20220331', 'yyyy-mm-dd') and
to_date('20220402', 'yyyy-mm-dd');
```

获取计划后可以看到，使用了 I_TEST_L2_SMS_SEND_N2 索引。

```
===========================================================================
|ID|OPERATOR                 |NAME            |EST. ROWS|COST     |
---------------------------------------------------------------------------
|0 |HASH RIGHT OUTER JOIN    |                |35470    |11158762|
|1 | SUBPLAN SCAN            |V_4S_INFO_LIST  |1574     |5228166 |
|2 |  HASH GROUP BY          |                |1574     |5228142 |
|3 |   HASH JOIN             |                |12329    |5221937 |
|4 |    TABLE SCAN           |TV              |1574     |569665  |
|5 |    TABLE SCAN           |EV              |5765961  |2230301 |
```

```
|6 |  HASH RIGHT OUTER JOIN      |                        |35470   |5906226 |
|7 |   TABLE SCAN                |D                       |21849   |8452    |
|8 |   MERGE JOIN                |                        |35470   |5863532 |
|9 |    TABLE SCAN               |A                       |502323  |194301  |
|10|    SORT                     |                        |36360   |5644101 |
|11|     HASH JOIN               |                        |36360   |5545652 |
|12|      TABLE SCAN             |C(I_TEST_L2_SMS_SEND_N2)|4293    |16593   |
|13|      PX COORDINATOR         |                        |4471269 |3643345 |
|14|       EXCHANGE OUT DISTR    |:EX10000                |4471269 |1729508 |
|15|        PX PARTITION ITERATOR|                        |4471269 |1729508 |
|16|         TABLE SCAN          |B                       |4471269 |1729508 |
```

4. 优化结果

调整 WHERE 条件后，OceanBase 侧的执行时间为 3s，为 Oracle 侧执行用时的 15.79%，执行效率得到了极大提高。甲方客户是应用系统的使用者，并为系统稳定性负责，因此需要架构师做"裁判"，审核优化方案的合理性。

6.8.2　表分片数据不平衡导致的性能问题案例

1. 问题描述

存储过程 A 用于批量处理保单信息，处理的方式是每天晚上 0 点开始按照分公司的顺序串行调用存储过程数据，如：CALL A(分公司 1)；CALL A(分公司 2)；以此类推。问题都出现在分公司 3 上，在压测环境中只需要执行 20 分钟的任务，在分公司 3 却要执行 2 小时。奇怪的是，第二天白天再次测试 CALL A(分公司 3)时，却只用 20 分钟就完成了任务。主要问题出现在一句 UPDATE 的 SQL 语句上，如下所示。

```
UPDATE
    T1
SET
    (T1.a, T1.b, T1.c) (
    SELECT
        T2.a,T2.b,T2.c
    FROM
        T2
    WHERE
        T2.c_code = T1.c_code
        AND T2.id = T1.id
        AND rownum = 1
)
WHERE
    T1.c_code = '分公司 1';
```

2. 问题分析

在 WHERE 条件中，T1.c_code = '分公司 1'和 T1.c_code = '分公司 3'这两个条件 EXPLAIN

出来的计划是不同的，当 T1.c_code = '分公司 1'时，因为 T2 表的分公司 1 分区数据量很少，所以走了 T2 表的分公司 1 分区全表扫描。而 T1.c_code = '分公司 3'时，T2 表的分公司 3 分区走索引。这两个 WHERE 条件细节不同的 SQL 语句在缓存中对应的 SQL_ID 是一致的，这就导致出现了上面描述的情况。原来的缓存中并没有这条 SQL 语句的执行计划，先执行了 T1.c_code = '分公司 1'的 SQL 语句，把 T2 全表扫描的执行计划缓存起来，再执行 T1.c_code = '分公司 3'的 SQL 语句，命中了这个 T2 全表扫描的执行计划，没有走索引，最终出现了性能问题。

原因明确以后，目标就是让同一个 SQL_ID 的 SQL 语句在不同条件下，都能采用合理的计划，以下是几种可能的参考方案。

◎ 方案 1：调整存储过程执行顺序，分公司 3 的存储过程先执行，缓存保存的计划是走 T2 表索引的，这时再执行分公司 1 的 SQL 语句，也会走 T2 表的索引，由于分公司 1 本身数据量很小，因此走全表扫描和走索引在时间上差别不大，项目组可以接受。需要注意的是，采用这种方案时，需要保证执行顺序严格一致，而且在各分公司数据量动态变化时，可能再次出现性能问题，建议作为临时方案。

◎ 方案 2：直接使用 Hint 绑定分公司 3 的 SQL 语句的执行计划，该方案和方案 1 的解决思路本质是一样的，就是让这条 SQL 语句的执行计划无论怎样都走 T2 表的索引，保证整体性能最优。

◎ 方案 3：想办法让 SQL 语句不命中计划缓存，分别按照自己的最优计划执行。要实现这个目标，就要使用 HINT /*+ USE_PLAN_CACHE(NONE) */ 让 SQL 语句强制硬解析，或者在存储过程执行完成后直接定向清空计划缓存中 SQL_ID 对应的计划，使用 ALTER SYSTEM FLUSH PLAN CACHE sql_id='B601070DFC14CB85FDA3766A69A9E1B3' databases='myob1' tenant='tenant1' GLOBAL;清空指定的计划。

上述几种方案面临的最大问题在于，类似于代码在程序中有几百处，改造它们需要很高的开发、测试成本，也会延误项目的进度。碰到这种情况该怎么处理呢？T1 表的数据量在几百万条，未来不存在大幅增加的可能，因此可以将该分区表改造为非分区表，在原分区字段上加上索引，通过改变表的设计降低应用改造成本。

我们再来解释一下为什么第二天白天再次测试 CALL A(分公司 3)时，执行时间会恢复成 20 分钟。这是因为在第一天晚上，所有分公司执行完毕后，数据库执行了计划内合并任务，清空了 SQL_PLAN_CACHE，因此，所有 SQL 语句的计划缓存都被删除。

6.8.3 FOR 循环优化思路

OceanBase 兼容了 Oracle 的 FOR 循环，对于 FOR 循环的一般优化规则是：尽可能避免多层 FOR 循环；尽可能把 FOR 循环内的处理放到 FOR 循环外执行。对于大数据量的 FOR 循环或多重 FOR 循环要注意，FOR 循环内 SQL 语句的微小性能提升或下降都会被放大很多倍。在一个 FOR 循环优化方案中，通过将 FOR 循环中一个标量子查询改为外连接，单条 SQL 语句的执行时间从 0.48s 下降到 0.02s。

此外，将 FOR 循环改为 WHILE 循环也是降低数据集遍历内存开销的手段。在转型过程中，我们曾遇到产险销管系统性能压测存在海量内存挤占的情况，通过根因定位，发现是实收模块加工导致的。其批处理单次执行内存挤占高达 108GB，直接影响了上线。该模块包含 A、B、C 三个存储过程的多层嵌套调用，7 层 FOR 循环，加工逻辑极为复杂，代码多达 5000~6000 行。项目组快速定位消耗绝大部分内存的 FOR 循环模块，这时虽然可以通过 Java 改造，但是改造点分散在程序中，改造和测试成本过高。我们判断，由于 FOR 循环是数据密集型循环，OceanBase 设计者会为其分配内存缓存数据，而 WHILE 循环是数据稀疏型循环，OceanBase 设计者大概率不会为其分配内存缓存数据，因此将 7 层 FOR 循环中的 1 层改造为 WHILE 循环，内存占用当即下降一半。经过改造，FOR 循环的内存占用最终下降了 86.86%，以较低成本解决了极为复杂的问题，满足业务上线需求。

6.8.4 PL 相关的性能问题案例

创建存储过程中需要进行编译，在编译过程中，数据库解析存储过程中的 SQL 语句，将其转换为内部可识别的格式。在后续执行存储过程时，不需要每次都重新解析 SQL 语句的语法结构。不过编译的这个特性也带来一些限制，如果存储过程中含有 DDL 语句，那么该存储过程需要重新编译。我们曾在项目中遇到存储过程的重编译问题，在高频调用的情况下，大量计算资源消耗在重编译的过程中，在去掉了存储过程中的 DDL 语句后，性能有了很大提升。

在一个将 Oracle 升级为 OceanBase 的项目压测过程中，一个简单的 SQL 语句在 OceanBase 上并发执行的 QPS 指标下降至原来的 1/8，但 EXPLAIN 的执行计划没有变化，难道算子的实现差距这么大？当然不是。在进一步排查 GV$SQL_AUDIT 后发现，相关 SQL 语句的 IS_HIT_PLAN 列的值都是 0，这意味着没有命中计划，每次都是对这条 SQL 语句进行硬解析。最终，我们找到了硬解析的原因，原来这条 SQL 语句是被放在一个 XML 文件的 PL 块中执行的，只要把 PL 结构去掉就解决了问题。

在存储过程中，即便是很简单的变量赋值，很多开发人员也会习惯性地使用 SQL 实现，例如，通过 SELECT F(A) INTO A FROM DUAL 为变量 A 做一个 F 函数的赋值，虽然实现了功能，但是赋值调用了 SQL 引擎，比直接用 PL 的方式赋值在效率上还是差了不少。在这个案例中，修改赋值方式后，CPU 使用率从一度接近 80% 下降到 30%，收益可观。

6.8.5 使用 with 子句优化的案例

1. 问题描述
某批处理的存储过程约 30 分钟，不能满足业务要求。

2. 问题分析
从日志中获取的具体 SQL 语句如下。

```
select fut.id user_id, fut.user_name fet.emp_name fet.company_id, fet.dept_id,
fct1.company_name,
```

```
 fct2.company_name "DEPT_NAME", fet.email, fet.telephone
 from pcms.fnd_employee_t fet,pcms.fnd_user_t fut,pcms.fnd_company_t
fct1,pcms.fnd_company_t fct2
 where fet.id =fut.employee_id
 and fct1.id=fet.company_id
 and fct2.id=fet.dept_id
 and fut.id =
 nvl(SUBSTR(pcms_sys_config_pkg.get_user_id(204,'cplAdmin','A'),
 0,
decode(INSTR(pcms_sys
_config_pKg.get_user_id(204,'cpLAdmin','A'),',')-1,-1,length(pcms_sys_config_pkg
.get_user_id(204,'cplAdmin','A'))
,INSTR(pcms_sys_config_pkg.get_user_id(204,'cplAdmin','A'),',')-1,INSTR(pcms_sys
_config_pkg.get_user_id(204,'cplAdmin','A'),',')-1))
,
SUBSTR(pcms_sys_config_pkg.get_user_id(204,'cplAdmin','B'),
0,
decode(INSTR(pcms_Sys_config_pkg.get_user_id(204,'cplAdmin','B'),',')-1,-1,lengt
h(pems_sys_config_pkg.get_user_id(204,'splAdmin','B'))
,INSTR(pcms_sys_config_pkg.get_user_id(204,'cplAdmin','B'),',')-1,INSTR(pcms_sys
_config_pKg.get_user_id(204,'cplAdmin','B'),',')-1)))
```

其执行计划如图 6-17 所示。

```
==================================================================
|ID|OPERATOR              |NAME                 |EST.ROWS|COST  |
------------------------------------------------------------------
|0 |EXCHANGE IN REMOTE    |                     |        |83822|
|1 | EXCHANGE OUT REMOTE  |                     |        |83822|
|2 |  NESTED-LOOP JOIN    |                     |        |83822|
|3 |   NESTED-LOOP JOIN   |                     |        |83820|
|4 |    NESTED-LOOP JOIN  |                     |        |83791|
|5 |     TABLE SCAN       |FUT(FND_USER_IDX3)   |1       |83757|
|6 |     TABLE SCAN       |FET(PRIMARYKEYEMP)   |1       |33    |
|7 |    TABLE GET         |FCT2                 |1       |29    |
|8 |  TABLE GET           |FCT1                 |1       |29    |
==================================================================

Outputs & filters:
-------------------------------------
  0 - output([FUT.ID], [FUT.USER_NAME], [FFT.EMP_NAME], [FET.COMPANY_ID], [FFT.DEPT_ID], [FCT1.COMPANY_NANE], [FCT2.COMPANY_NAME], [FET.EMAIL], [FET.TELEPHONE]), filter(nil)
  1 - output([FUT.ID], [FUT.USER_NAME], [FFT.EMP_NAME], [FET.COMPANY_ID], [FFT.DEPT_ID], [FCT1.COMPANY_NANE], [FCT2.COMPANY_NAME], [FET.EMAIL], [FET.TELEPHONE]), filter(nil)
  2 - output([FUT.ID], [FUT.USER_NAME], [FFT.EMP_NAME], [FET.COMPANY_ID], [FFT.DEPT_ID], [FCT1.COMPANY_NANE], [FCT2.COMPANY_NAME], [FET.EMAIL], [FET.TELEPHONE]), filter(nil),
      conds(nil), nl_params_([FET.COMPANY_ID])
  3 - output([FUT.ID], [FUT.USER_NAME], [FFT.EMP_NAME], [FET.COMPANY_ID], [FFT.DEPT_ID], [FCT2.COMPANY_NAME], [FET.EMAIL], [FET.TELEPHONE]), filter(nil),
      conds(nil), nl_params_([FET.DEPT_ID])
  4 - output([FUT.ID], [FUT.USER_NAME], [FFT.EMP_NAME], [FET.COMPANY_ID], [FFT.DEPT_ID], [FET.EMAIL], [FET.TELEPHONE]), filter(nil),
      conds(nil), nl_params_([FUT.EMPLOYEE_ID])
  5 - output([FUT.EMPLOYEE_ID], [FUT.ID], [FUT.USER_NAME]), filter([FUT.ID = cast(NVL(SUBSTR(PCMS.PCMS_SYS_CONFIG_PKG.GET_USER_ID(204, 'cplAdmin', 'A'),
          0, ora_decode(INSTR(PGMS.PCMS_SYS_CONFIG_PKG.GEI_USER_ID(204, 'splAdmin', 'A'), ',')-1, ?, LENGTH(PCMS.PCMS_SYS_CONFIG_PKG.GEI_USER_ID(204,
          'cpLAdmin', 'A')), INSTR(PCMS.PCMS_SYS_CONFIG_PKG.GEI_USER_ID(204, 'cpLAdmin', 'A'), ',')-1, INSTR(PCNS.PCMS_SYS_CONFIG_PKG.GEI_USER_ID(204,
          'cpLAdmin', 'A'), ',')-1)), SUBSTR(PCMS.PCMS_SYS_CONFIG_PKG.GET_USER_ID(204, 'cplAdmin', 'B'), 0,
          ora_decode(INSTR(PCMS.PCMS_SYS_CONFIG_PKG.GET_USER_ID(204, 'cplAdmin', 'B'), ',')-1, ?,
          LENGTH(PCMS.PCMS_SYS_CONFIG_PKG.GET_USER_ID(204, 'cplAdmin', 'B')),
          INSTR(PCMS.PCMS_SYS_CONFIG_PKG.GET_USER_ID(204, 'cplAdmin', 'B'), ',')-1,
          INSTR(PCMS.PCMS_SYS_CONFIG_PKG.GET_USER_ID(204, 'cpUAdmin', 'B'), ',')-1))), NUMBER(-1, -85))】),
      access([FUT.EMPLOYEE_ID], [FUT.ID], [FUT.USER_NAME]), partitions(p0)
  6 - output([FET.COMPANY_ID], [FET.DEPT_ID], [FET.EMP_NAME], [FET.EMAIL], [FET.TELEPHONE]), filter(nil)
      access([FET.COMPANY_ID], [FET.DEPT_ID], [FET.EMP_NAME], [FET.EMAIL], [FET.TELEPHONE]), partitions(p0)
  7 - output([FCT2.COMPANYNAME]), fiLter(nil),
      access([FCT2.COMPANY_NAME]), partitions(p0)
  8 - output([FCT1.COMPANY NAME]), fiLter(nil),
      access([FCT1.COMPANY NAME]), partitions(p0)
```

图 6-17　问题 SQL 语句执行计划示意图

查看计划，我们可以发现存在大量的重复计算。我们可以通过 WITH 子句得到计算结果，起到物化的作用。使用 WITH…UNION ALL 递归语句模拟大量测试数据的方法给开发人员带来不少方便。具体实现如下。

```sql
with tt as select nvl(SUBSTR(pcms_sys_config_pkg.get_user_id(204,'cplAdmin','A'),
0,
decode(INSTR(pcms_sys
_config_pKg.get_user_id(204,'cpLAdmin','A'),',')-1,-1,length(pcms_sys_config_pkg
.get_user_id(204,'cplAdmin','A'))
,INSTR(pcms_sys_config_pkg.get_user_id(204,'cplAdmin','A'),',')-1,INSTR(pcms_sys
_config_pkg.get_user_id(204,'cplAdmin','A'),',')-1))
,
SUBSTR(pcms_sys_config_pkg.get_user_id(204,'cplAdmin','B'),
0,
decode(INSTR(pcms_Sys_config_pkg.get_user_id(204,'cplAdmin','B'),',')-1,-1,length(pems_sys_config_pkg.get_user_id(204,'splAdmin','B'))
,INSTR(pcms_sys_config_pkg.get_user_id(204,'cplAdmin','B'),',')-1,INSTR(pcms_sys
_config_pKg.get_user_id(204,'cplAdmin','B'),',')-1)
)name from dual)
select fut.id user_id, fut.user_name, fet.emp_name, fet.company_id, fet.dept_id,
fct1.company_name,
fct2.company_name "DEPT_NAME", fet.email, fet.telephone
from pcms.fnd_employee_t fet,pcms.fnd_user_t fut,pcms.fnd_company_t
fct1,pcms.fnd_company_t fct2
where fet.id =fut.employee_id
and fct1.id=fet.company_id
and fct2.id=fet.dept_id
and fut.id =tt.name
```

通过 WITH 子句可以避免大量重复计算，我们最终将批处理时间从 30 分钟优化至 2 分钟。

第 7 章
OceanBase管理转型实战

数据库运维与监控的核心价值是维护数据库系统的稳定性、提升运行效率、预防潜在故障，并确保在遇到突发问题时能够迅速排除故障，从而最大限度地缩短业务中断时间，保障业务连续性和数据安全性。总之，数据库运维与监控是保障企业信息系统稳定运行、促进业务持续发展的关键环节。

本章将详细介绍 OceanBase 架构、管理基础及日常运维管理、监控与故障处理最佳实践。作为一款高性能、高可用、可扩展的分布式关系型数据库，OceanBase 的运维管理、监控与异常处理对于保障数据库的稳定运行和业务连续性至关重要。

7.1 OceanBase 架构

本节将从几个关键方面深入剖析 OceanBase 架构，包括存储架构、内存架构、线程架构，并与 Oracle 进行对比。此外，还会概述锁类型、隔离级别、多版本读一致性及并发控制等，这些不仅是 OceanBase 高效运转的基石，也是数据库管理员和开发人员需要深入理解并掌握的重要知识。

7.1.1 存储架构

OceanBase 的存储引擎基于 LSM-Tree（The Log-Structured Merge-Tree）架构，OceanBase 的存储架构如图 7-1 所示。

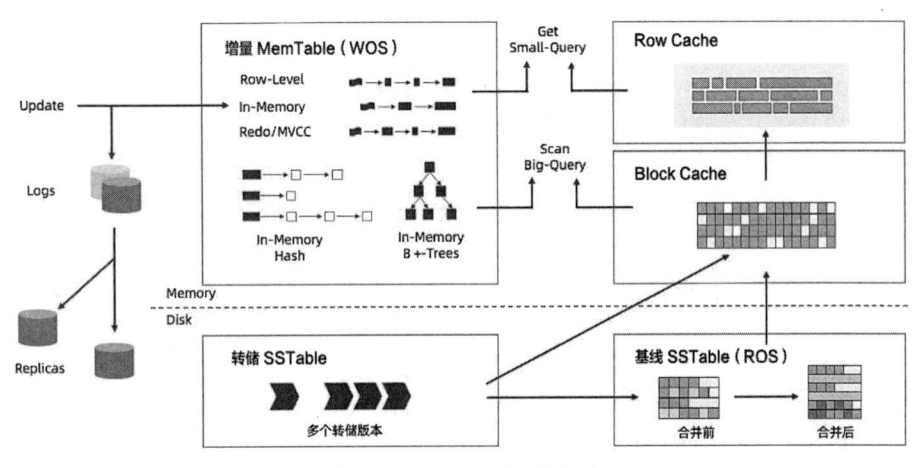

图 7-1 OceanBase 的存储架构

从图 7-1 中可以看到，OceanBase 中的数据分为两部分，分别是存储在 SSTable（磁盘）中的静态基线数据和存储在 MemTable（内存）中的动态增量数据。其中，SSTable 中的静态基线数据是只读的；MemTable 中的动态增量数据支持读/写。每个分区的增量数据以 MemTable 的形式存储在 MemStore 中，OceanBase 可以实现以分区为单位的转储。MemStore 是 OceanBase 内存使用最多的模块之一。

从图 7-1 中的 MemTable 部分可以看到，OceanBase 在 MemTable 中同时构建了哈希链和 B+树两种数据结构，从性能角度进行设计以应对不同的查询场景。B+树适合有访问顺序的范围查询，哈希链适合检索唯一记录。在每次执行事务时，MemTable 会自动维护 B+树索引与哈希索引之间的一致性。在进行大范围查询时，OceanBase 会根据 B+树结构定位 MemTable 数据，并与 Block Cache 缓存的 SSTable 只读静态数据做 fuse 归并，返回给 SQL 层归并后的查询结果。OceanBase 的 Row Cache 缓存针对每个 SSTable 缓存，在进行特定行（Table Get/Table MultiGet）查询时，可以将查到的数据行放入 Row Cache，这样就可以避免按 B+树定位特定行时多次执行二分法带来的开销。对特定行进行查询时，数据库会根据哈希链结构定位 MemTable 数据，并与 Row Cache 缓存的特定行数据做 fuse 归并，返回给 SQL 层归并后的结果。在 LSM-Tree 架构中，同一行的修改可能存在于不同的 SSTable 中，为了进一步优化存储占用，OceanBase 只会存储每次用户更新时的增量数据，因此在查询时需要对各个 SSTable 查询的结果进行融合，当用户不再触发新的更新时，这个融合结果对查询是一直有效的。OceanBase 也提供了融合结果缓存的 Fuse Row Cache，以更大幅度支持部分用户的热点行查询。

在 MemTable 中，以 MvccRow 的形式存储多版本数据，数据版本以 TransNode 的形式构成链表。除了数据的版本信息，TransNode 还包含事务相关信息，未提交的 TransNode 与事务相关联。在转储时，OceanBase 根据 MemTable 中 MvccRow 的 TransNode 状态来判断多版本数据是否已经提交，并为未提交的数据生成单独的 SSTable 来存储。OceanBase 在 3.X 版本之前不支持未提交事务的转储，因此需要限制大事务的使用，在 OceanBase 2.2.77 版本中，最大事务不得超过 100 MB。访问未提交事务的 SSTable 时，需要根据事务状态判断数据是否可用。

数据库执行插入、更新、删除等 DML 操作，首先写入 MemTable 并将日志写入磁盘，当 MemTable 的内存使用达到一定阈值时，OceanBase 会将 MemTable 冻结，然后将其中的数据转存于磁盘上，转储到磁盘上的结构被称为 Mini SSTable 或 Minor SSTable；当集群进行全局合并时，每个用户表分区的所有 Minor SSTable 会根据合并快照点参与合并（Major Compaction）操作，最后生成 Major SSTable。每个 SSTable 的构造方式相似，都是由自身的元数据信息和一系列的数据宏块组成的，每个数据宏块内部可以继续划分为多个微块，根据用户表模式定义的不同，微块可以选择平铺模式或者编码格式组织数据行。

当内存的增量数据达到一定规模时，会触发增量数据和基线数据的合并。同时，在每天晚上的空闲时刻，系统也会自动进行每日合并。合并有如下三种触发方式。

1. 定时合并

由 major_freeze_duty_time 参数控制定时合并时间，major_freeze_duty_time 参数默认每日凌

晨两点合并，计划内合并需要避开业务高峰或者批处理时间，如果有变更，需要提前合并或者暂停合并，通过如下命令可以修改参数控制合并时间。

```
alter system set major_freeze_duty_time='02:00';
```

2. 转储次数达到阈值时自动触发合并

当租户的 MemStore 内存使用率达到 freeze_trigger_percentage 参数设定的阈值，也就是租户的 MemStore 内存占用达到租户内存的 ×memstore_limit_percentage×freeze_trigger_percentage/100 时，会触发转储，如果转储的次数已经达到了 minor_freeze_times 参数的值，则自动触发合并。手工执行转储命令 "ALTER SYSTEM MINOR FREEZE;" 的次数不计算在 minor_freeze_times 里。

我们可以通过查询 GV$MEMSTORE 视图来查看各租户的 MemStore 内存使用情况，通过查询 GV$MEMSTORE、__ALL_VIRTUAL_TENANT_MEMSTORE_INFO 中的 freeze_cnt 列来查看转储次数。

3. 手动合并

手动合并会忽略当前 MemStore 的使用率。可以通过以下命令发起手动合并。

```
alter system major freeze;
```

发起手动合并后，可以通过以下命令查看合并状态。

```
select * from __all_zone;
```

或者

```
select * from __all_zone where name = 'merge_status';
```

合并与转储都可以将 MemStore 内存中的数据冻结并写到磁盘上，然后释放 MemStore 内存，但二者在粒度、合并对象、资源消耗和触发条件等方面有很多不同之处，详细区别如表 7-1 所示。

表 7-1 转储与合并的区别

	合　　并	转　　储
粒度	集群级行为，OBServer 上所有租户的 MemStore 被统一冻结	以"租户+OBServer"为维度，每个 MemStore 独立触发冻结；也可以针对特定的分区手动触发冻结
合并对象	MemTable 数据和转储数据全部被合并到 SSTable 中，完成后数据只剩一层	只会和前一次的转储数据合并，不涉及 SSTable 数据，完成后有转储和 SSTable 两层数据
资源消耗	更新的数据量大（全部租户、全部 OBServer，含 SSTable），消耗较多的 CPU 和 I/O 资源，MemStore 内存释放较慢	更新的数据量小（单独租户、单独 OBServer，不含 SSTable），消耗的资源少，可加快 MemStore 内存的释放
触发条件	单个租户的 MemStore 使用率达到 freeze_trigger_percentage，并且转储已经达到指定次数，手工触发，定时触发	单个租户的 MemStore 使用率达到 freeze_trigger_percentage，手工触发

看了转储与合并的区别，很多用户可能有这样的疑问：为什么系统自动触发的转储是租户级别的，而不是分区级别的？这是因为多个分区的 MemTable 的内存块可能是共享的，虽然可以通过手动的方式触发分区级别的转储，但是单独转储一个分区并不能达到释放内存的目的，而如果为每个分区分配独立的内存块，那么在分区数较多的情况下，会造成极大的内存浪费。因此，OceanBase 基于租户级别触发转储。

用户可能还会问：为什么合并是全局级别的，而不是分区级别或租户级别的？合并不能是分区级别的很好理解，因为合并会根据全局快照生成一份全局一致的基线静态数据，如果在分区级别进行合并，则无法生成全局快照，自然也不能生成全局一致的基线静态数据。那么合并可以是租户级别的吗？理论上是可以的，但由于一些历史问题，同时为了 Root Service 调度实现的简便，目前的 OceanBase 仍然采用全局级别的合并。这也会导致一个问题：当一个功能测试环境的集群包含大量内存规格较低的小租户时，如果某个小租户因为大量 DML 操作使转储达到一定阈值，那么可能导致集群级别的合并，影响其他小租户的性能。

下面我们将 Oracle 的逻辑、物理存储架构与 OceanBase 的逻辑、物理存储架构进行对比，如图 7-2 所示。

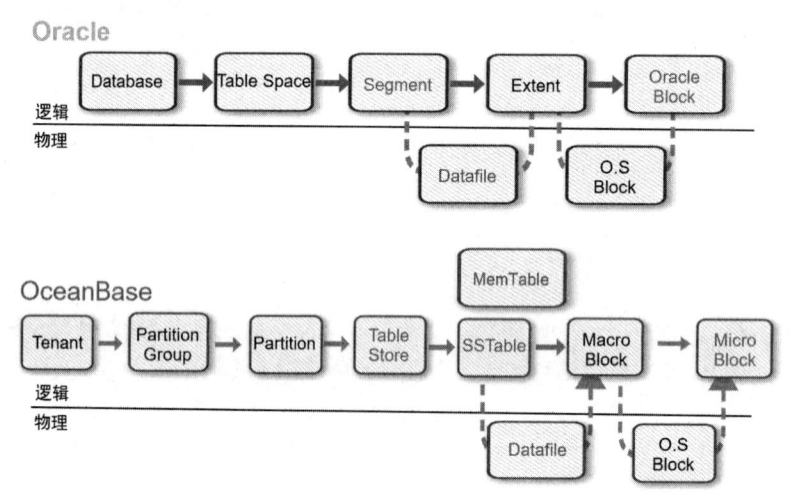

图 7-2 Oracle 的逻辑存储架构与 OceanBase 的逻辑存储架构对比

OceanBase 是单集群多租户架构，OceanBase 的租户对应 Oracle 的示例，Oracle 实例迁移到 OceanBase 上就变成了一个个租户，这样更有利于降低硬件资源及管理维护的成本。

我们先来看 Oracle 存储架构，就像房子可以根据使用特点的不同划分成多个房间，例如书房、卧房、客房等，Oracle 也可以根据使用特点的不同划分成多个逻辑区域，每个逻辑区域都是一个表空间。例如，把应用数据和索引数据划分到不同的表空间、把回滚数据和应用数据划分到不同表空间、把临时数据和应用数据划分到不同的表空间，等等。就像每个房间里可以放桌子、椅子等，Oracle 表空间也可以包含不同的对象段（segment），例如表段、索引段、临时段，所谓段就是特定的逻辑结构占用空间的集合。随着系统数据的增加，这些段需要的空间越来越多，因此需要 Oracle 为它们分配空间，这些被分配的空间就叫作区块（Extent）。一个段包含多个区块，一个区块可以属于多个段。表段或索引段上的区块在逻辑上是连续的，也就是说，表段或索引段上的区块的 extent_id 是连续的。Oracle 数据块是 Oracle 逻辑存储结构中最小的存储单元，所有数据的存取都是以块为单位进行的。初始参数化文件有一个参数 block_size，该参数就是专门给这个"小家伙"的，该参数一经指定就无法修改，除非重建数据库。分区一定是块的整数倍。数据库不能直接管理物理空间，必须借助操作系统，因此表空间体现在操作系统中是一个个数据文件。

我们再来看 OceanBase 的存储架构，一个租户包含多个分区组（Partition Group），很多时候我们也将分区组简称为 PG，它是为了取得极限性能而抽象出来的概念。我们知道在一个用户的事务中，可能会操作很多张不同的表，在 OceanBase 的分布式架构下，很难保证这些不同的表在相同的服务器上，这势必带来分布式事务，而分布式事务是依赖两阶段提交的，会有更大的开销。如果这些不同的表在相同的服务器上，我们就有可能对这个事务做一阶段优化，以取得更好的性能。但在大多数情况下，表的位置无法保证。对于互联网下的很多应用，业务都会根据 User ID 将表进行分区，多张表的分区规则是相同的。对于这些表，可以通过语法来构建 Table Group，我们将 Table Group 中的相应分区称为 Partition Group，OceanBase 会保证同一个 Partition Group 中的多个 Partition 始终绑定在一起，那么对于同一个 Partition Group 的事务操作就会被优化为单机事务，以取得更好的性能。

一个 Partition Group 可能包含多个 Partition，注意，这些 Partition 的分区键和分区规则要完全相同。Partition Group 是 OceanBase 的 Leader 选举和迁移复制的最小单位。Partition 是表的一个分区，与 Oracle/MySQL 对于分区的定义基本相同。表的分区规则可能有很多种，例如哈希分区、范围分区、列表分区甚至二级分区等，但存储层并不关心以上分区规则，将它们统一视为 Partition。

OceanBase 支持创建用户表的局部索引，局部索引和主表会存储在同一个 Partition 中，并分别存储在独立的 Table Store 内。每个 Table Store 包含多个 SSTable 和 MemTable。MemTable 在内存中存储动态数据，提供读/写操作；SSTable 在磁盘中存储静态数据，并且是只读的。

OceanBase 将磁盘切分为大小为 2MB 的定长数据块，称为宏块（Macro Block）。宏块类似于 Oracle 存储架构中的区块（Extent），是数据文件写 I/O 的基本单位，每个 SSTable 由若干宏块构成，转储合并重用宏块，以及复制迁移等任务都会以宏块为基本单位。在合并时数据会基于宏块的粒度进行重用，没有更新的数据宏块不会被重新打开读取，这样能够尽可能减少合并期间的写放大，相较于传统的 LSM-Tree 架构数据库显著减小合并代价。

在宏块内部，数据被组织为多个大小为 16KB 左右的变长数据块，称为微块（Micro Block）。微块类似于 Oracle 存储架构中的数据块（Block），包含若干数据行（Row），是数据文件读 I/O 的最小单位。每个数据微块在构建时都会根据用户指定的压缩算法进行压缩，因此宏块上存储的实际是压缩后的数据微块。从磁盘读取数据微块时，后台会进行解压，并将解压后的数据放入数据块缓存中。用户在创建表时可以指定每个数据微块的大小，默认为 16KB，通常通过语句指定微块长度，但是不能超过 1MB，下面我们来做一个测试，将微块大小改为 10MB，看看能否成功。

```
obclient [SYS]> create table linchun(id varchar2(10));
Query OK, 0 rows affected (0.096 sec)
obclient [SYS]> alter table linchun set block_size=10240000;
ORA-00600: internal error code, arguments: -5258, Invalid block size, block size should between 1024 and 1048576
```

语句出错，OceanBase 提示微块大小 block_size 的参数范围是 1KB~1MB。

一般来说，微块越长，数据的压缩比就越高，但相应的一次 I/O 读的代价也会越大；微块越短，数据的压缩比越低，一次 I/O 读的代价也会越小。另外，根据用户表模式不同，微块可能以平铺（Flat）模式或编码（Encoding）模式构建。在 OceanBase 3.X 版本中，只有基线数据可以指定使用编码模式组织微块，转储数据全部默认使用平铺模式组织数据。

由于 OceanBase 采用基线加增量的设计，一部分数据在基线中，另一部分数据在增量中，原理上每次查询既要读基线，也要读增量。为此，OceanBase 做了很多优化，尤其是针对单行的优化。OceanBase 内部除了对数据块进行缓存，也会对行进行缓存，行缓存会极大地提升对单行的查询性能。

对于不存在行的"空查"，OceanBase 会构建布隆过滤器，并对布隆过滤器进行缓存。OLTP 业务大部分操作为小查询，通过优化小查询，OceanBase 避免了传统数据库解析整个数据块的开销，达到了接近内存数据库的性能。另外，由于基线是只读数据，而且内部采用连续存储的方式，因此 OceanBase 可以采用比较激进的压缩算法，既能做到高压缩比，又不影响查询性能，大大降低了成本。

OceanBase 的 LSM-Tree 存储引擎具备以下特性。

◎ 低成本，利用 LSM-Tree 写入数据不再更新的特点，通过自研行列混合编码叠加通用压缩算法，OceanBase 的数据存储压缩率能够较传统数据库至少提升 3 倍。

◎ 易使用，不同于其他 LSM-Tree 数据库，OceanBase 通过支持活跃事务的落盘来保证用户的大事务/长事务的正常运行或回滚，多级合并和转储机制能够帮助用户实现性能和空间上的平衡。

◎ 高性能，OceanBase 提供了多级缓存加速来保证极低的响应延时，对于查询提供针对数据微块的 Block Cache、针对每个 SSTable 的 Row Cache、针对查询融合结果的 Fuse RowCache，以及针对插入判空检查的 Bloomfilter Cache 等，同一个租户下的所有缓存共享内存。当 MemTable 写入速度过快时，可以灵活地从当前缓存对象中挤占内存给写入使用。

◎ 高可靠，除了全链路的数据检验，利用原生分布式的优势，OceanBase 还会在全局合并时通过多副本比对以及主表和索引表比对的校验来保证用户数据的正确性，同时提供后台线程定期扫描规避静默错误。

7.1.2 内存架构

OceanBase 为准内存数据库，同其他关系型数据库一样，通过各种数据结构将热点数据缓存在内存中，如何管理维护这些数据结构所在的内存对数据库的性能有着至关重要的影响。

OBServer 内存分配如图 7-3 所示。

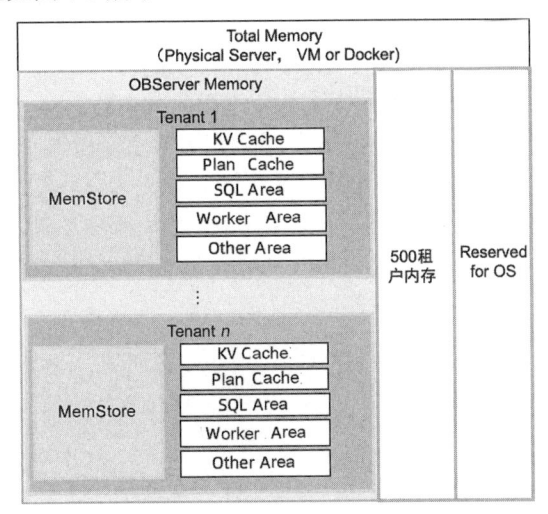

图 7-3　OBServer 内存分配图

可通过 memory_limit_percentage 或者 memory_limit 设定 OBServer 占用的内存上限。例如，memory_limit='40G' 表示设置 OceanBase 进程的使用内存上限是 40GB，设置后，后台线程会使其动态生效，无须重启数据库。memory_limit_percentage=90 表示 OBServer 可用内存为服务器内存的百分之九十。memory_limit 的优先级高于 memory_limit_percentage，如果 memory_limit 的值不为空，则 OBServer 的内存大小为 memory_limit 设置的大小；否则 OBServer 的内存大小由 memory_limit_percentage 指定。一般生产环境中将 memory_limit_percentage 设置为 85，即 OBServer 内存大小占物理内存的 85%。

OceanBase 采用单集群多租户设计，一个集群内可包含多个相互独立的租户。在 OceanBase 中，租户是资源分配的单位，是数据库对象管理和资源管理的基础。将租户从资源角度进行划分可以分为 500 租户、系统租户、业务租户三类。

◎ 500 租户是特殊的虚拟租户，无法登录，一般共享性的、非实体租户消耗的内存都被 OceanBase 划给 500 租户。

◎ 系统租户是 OceanBase 自动创建的第一个实体租户，可以通过命令行登录。系统租户管理着集群相关的内部表，这些内部表上的请求触发的内存就被划给系统租户。

◎ 业务租户是集群安装后由 DBA 创建的承载业务流量的实体应用租户，这些租户的请求触发的内存被划归到租户自身。

OceanBase 4.0 版本引入了 Meta 租户，Meta 租户是 OceanBase 内部自管理的租户，每创建一个用户租户，系统就会自动创建一个对应的 Meta 租户，其生命周期与用户租户一致。Meta 租户用于存储和管理用户租户的集群私有数据，这部分数据不需要进行跨库物理同步及物理备份恢复，这些数据包括配置项、位置信息、副本信息、日志流状态、备份恢复相关信息、合并信息等。

500 租户的内存是 OceanBase 内部共用模块内存，system_memory 用于设置系统预留给 500 租户的内存大小。注意，system_memory 不是内存上限的期望值，它只是预留的内存大小，500 租户实际可使用内存可能突破 system_memory 设置的内存大小，因此在生产环境中，对 500 租户内存大小的监控非常重要，以避免在极限场景中 500 租户内存异常增长导致物理内存耗尽。V$MEMORY 和 GV$MEMORY 视图没有统计 500 租户的内存使用量，我们可以通过单独查询 sys 租户的内部表 __ALL_VIRTUAL_MEMORY_INFO 获取 500 租户内部模块的内存使用情况。详细查询语句如下。

```
SELECT tenant_id, svr_ip, mod_name, sum(hold) / 1024 / 1024 / 1024 module_sum_gb
FROM
    __all_virtual_memory_info
WHERE tenant_id =500 AND hold <> 0 AND mod_name NOT IN ('OB_NVSTORE_CACHE',
'OB_MEMSTORE')
GROUP BY tenant_id, svr_ip, mod_name
ORDER BY sum(hold) / 1024 / 1024 / 1024  DESC limit 10;
```

除 500 租户外，其他租户可使用内存不能超过 memory_limit 减 system_memory 的值。

每个租户的内存总体上分为不可动态伸缩的内存 MemStore 和可动态伸缩的内存 KV Cache 两部分，MemStore 用来保存 DML 产生的增量数据，空间不可被占用；KV Cache 空间会被其他内存模块复用。

（1）MemStore：MemStore 的使用上限由参数 memstore_limit_percentage 控制。当服务器内存在 256GB 以下时，保持默认值 50，即 MemStore 的使用上限为租户 MinMemory 的 50%，当服务器内存在 256GB 以上时，建议将该值调整为 80。当 MemStore 使用的内存超过 freeze_trigger_percentage 定义的百分比（默认为 70%）时，触发冻结及后续的转储/合并等行为。

（2）KV Cache：为了加速对 SSTable 的访问，OceanBase 使用 KV Cache 缓存 SSTable 的 Block Cache。OceanBase 对 KV Cache 进行统一管理。KV Cache 支持动态伸缩、不同 KV 的优先级控制，以及智能的淘汰机制，通常不需要进行任何人工干预。可以使用以下 SQL 语句查看 KV Cache 的使用情况。

```
select * from __all_virtual_kvcache_info
where tenant_id = 1002
order by cache_size desc
imit 5;
```

（3）Row Cache 用于缓存数据行，Log Cache 用于缓存 redo log，Location Cache 用于缓存数据副本所在的位置，Schema Cache 用于缓存表的 Schema 信息，Bloom Filter Cache 用于缓存静态数据的 BloomFilter、快速过滤空查。

OceanBase 对于 MemStore 的管理非常重要，这里给出 OceanBase MemStore 管理的最佳实践。可以采用加速转储策略的场景如下。

- 批处理、大量数据导入等场景，MemStore 的写入速度很快，需要尽快释放内存。
- 业务峰值交易量大，写入 MemStore 的数据很多，避免峰值时段触发计划外合并影响性能。

转储相关设置，避免 MemStore 用满的策略如下。

- 降低 freeze_trigger_percentage 的阈值，并提高转储线程的并行度，使 MemStore 尽快释放。
- 增大 minor_freeze_times 的值，避免峰值时段触发合并，在 major_freeze_duty_time 设定的时间合并。
- 高内存规格服务器的 memstore_limit_percentage 可以调整，当内存在 256GB 以上时调整为 80，当内存在 256GB 以下时保持默认值 50。

降低应用的并发度，或者从 OceanBase 侧进行防御性限速的策略如下。

- 对特定租户设置 writing_throttling_trigger_percentage，触发限流的 MemStore 比例不建议小于 80%，触发限流值后，OceanBase 会对正在执行的 DML 语句开启限速，因为 MemStore 上的内存申请被延迟，DML 语句的运行时间会增加。OceanBase 4.0 版本进一步提升了限流的稳定性，writing_throttling_trigger_percentage 的默认值为 60，这是因为在大部分业务场景中，除了导入突发流量，几乎不会触发限速；而在导入场景中，限速的体验也比最终停写要好。如果将该值设置为 80，那么剩余的 20%的 MemStore 内存要消化 80%的 MemStore，体现在业务侧就是 RT 陡增，限速很不平滑。
- 在写入流量突然增加的场景下，MemStore 可能在 OceanBase 进行适当的限流之前被"打爆"。

OceanBase 启动时只需加载 4GB 左右的内存，在运行过程中会逐渐按需申请内存，直至 memory_limit。一旦 OBServer 向操作系统申请了内存，通常是不会将内存释放或者返回给操作系统的，而是将其维护在 OceanBase 内存管理中的使用列表和 freelist 中，这是 OceanBase 建立的内存管理机制。在 OceanBase 的集群运行一段时间以后，内存占用通常会接近 memory_limit。

7.1.3 OceanBase 锁类型

Oracle 有表锁和行锁，而 OceanBase 在 4.0 版本之前只有行锁，同一行不同列之间的修改会导致同一个锁上的互斥；而不同行修改的是不同的锁，因此是无关的。类似于其他多版本两阶段锁的数据库，OceanBase 的读取是不上锁的，因此可以做到读/写不互斥，从而提高用户读写事务的并发能力。对于锁的存储模式，选择将锁存储在行上（可能存储在内存与磁盘上）可以避免在内存中维护大量锁的数据结构，同时，可以在内存中维护锁之间的等待关系，从而在锁释放时唤醒等待在锁上的其他事务。

行级锁是最细粒度的锁，只锁定特定的行，而不是整个表，对于多个事务可以同时锁定不同的行，这提高了并发性能。OceanBase 4.0 版本之前不支持表锁，只支持行锁，且只存在互斥行锁。表锁主要用来实现一些较为复杂的 DDL 操作，用于在操作期间阻止对整个数据库表的并发访问，以确保事务的原子性和一致性。表锁的粒度较大，因此能够锁定的对象比行锁更多，但它也会降低并发性，因为其他所有尝试访问该表的操作都会被阻塞，直到这个表锁被释放。表锁通常用于那些无法细分锁定级别（如行锁或页锁）的场景，或者在知道接下来的操作会影响表中的大部分数据时使用。这种锁通常用于数据定义语言操作，如创建或修改表的结构。

OceanBase 4.0 版本开始引入表锁，OceanBase 支持对单表、多表，以及表的多个一级分区和多个二级分区加锁，直到提交事务或将事务回滚（回滚到表锁定前的保存点）后，锁定的表才会被释放。

OceanBase 当前版本所支持的表锁模式如下。

- ROW SHARE：允许并发访问锁定的表，禁止其他用户锁定整个表进行独占访问，即禁止其他用户对表上 EXCLUSIVE 锁。
- ROW EXCLUSIVE：禁止其他用户在 SHARE 及以上（SHARE、ROW SHARE EXCLUSIVE、EXCLUSIVE）的模式锁定表。在进行更新、插入、删除或 SELECT FOR UPDATE 操作时，将自动获得 ROW EXCLUSIVE 锁。
- SHARE：允许并发查询，但禁止更新锁定的表。SHARE 锁既会阻止对表内行的更新以及 SELECT FOR UPDATE 操作，也会阻止对表进行更高级别的锁定，即禁止其他用户对表上 SHARE ROW EXCLUSIVE 和 EXCLUSIVE 锁。
- SHARE ROW EXCLUSIVE：允许其他用户查看表中的行，但禁止其更新行以及使用 SELECT FOR UPDATE 查询表中的行，且禁止对表上非 ROWSHARE 模式的锁。
- EXCLUSIVE：只允许其他用户对锁定的表进行查询，禁止其他用户在表上执行任何类型的 DML 语句或对表上任何类型的锁。

从 OceanBase 4.0 版本开始支持 LOCK TABLE 手工加表锁语句，手工锁定整个表的 SQL 语句如下。

```
LOCK TABLE [schema.]table_name[,[schema.]table_name ...] IN lockmode MODE [NOWAIT | WAIT integer];
```

语句使用说明：

- table_name：指定待锁定的表的名称，多个表之间使用英文逗号（,）分隔。
- lockmode：指定表锁模式。
- NOWAIT | WAIT integer：指定发生锁冲突后的处理方式。如果指定 NOWAIT，那么当发生锁冲突时，系统会立即将控制权返回给用户，并返回一条报错信息；如果指定 WAIT integer，那么当发生锁冲突时，系统会等待冲突的表锁被释放，直到超过用户

设置的语句执行超时时间；若此时冲突的表锁仍未被释放，那么系统会返回一条报错信息。其中，interger 的单位为 s，其值的大小没有限制。

当指定 WAIT integer 时，语句执行的超时时间取决于 integer、ob_query_timeout 及 ob_trx_timeout 的值，并以三者中的最小值作为语句执行的实际超时时间。例如，指定 WAIT 10 且 ob_query_timeout、ob_trx_timeout 均为默认值，则等待锁冲突的超时时间为 1000000μs，即 1s。如果既不指定 NOWAIT 也不指定 WAIT integer，则语句执行的超时时间将取决于 ob_query_timeout 和 ob_trx_timeout 之间的最小值。

手工锁定表示例如下。

```
LOCK TABLE tbl1 IN EXCLUSIVE MODE NOWAIT;
```

本示例中，对表 tbl1 加上 EXCLUSIVE 锁后，其他用户仅能查询该表，不能对该表执行任何类型的 DML 语句或对该表上其他类型的锁。

可以通过 GV$OB_LOCKS 和 V$OB_LOCKS 视图查看当前用户各表持锁或请求锁的情况。

```
SELECT * FROM GV$OB_LOCKS;
```

需要注意，OceanBase 目前尚无法自动解除死锁状态，因此在生产环境中需要注意 ob_trx_lock_timeout 参数的设置，该参数设置事务的锁等待时长，单位为 ms，调整该参数会影响阻塞时等待时长，该参数默认值为 -1，即不启用锁等待超时。建议在生产环境中将该参数设置为 30000000~60000000，即锁等待超时范围为 30~60s，如果将该参数设置为 60000000，那么在锁等待或死锁超过 60s 时，语句会自动回滚并释放相应的锁资源。

7.1.4　隔离级别

隔离级别用于描述事务并发执行时互相干扰的程度，ANSI/ISO SQL 标准（SQL 92）基于事务执行过程中必须避免的异象（Phenomena）定义了四种隔离级别，隔离级别越高，事务间的相互影响越小，允许出现的异象越少，在最高的隔离级别可串行化中，不允许出现任何异象。这些需要避免的异象如下。

- ◎ 脏读（Dirty Read）：一个事务读到其他事务尚未提交的数据。
- ◎ 不可重复读（Non Repeatable Read）：曾经读到的某行数据，再次查询发现该行数据已经被修改或者删除。例如：select c2 from test where c1=1;第一次查询 c2 的结果为 1，再次查询由于其他事务修改了 c2 的值，因此结果为 2。
- ◎ 幻读（Phantom Read）：曾经读到一组满足搜索条件的行，再次执行时，集中读到了另一个已提交事务新插入的满足条件的行。

SQL 标准中的四种隔离级别以及它们对上述异象的容忍程度如表 7-2 所示。

表 7-2 四种隔离级别及对相应异象的容忍程度

隔离级别	脏读	不可重复读	幻读
读未提交	可能	可能	可能
读已提交	不能	可能	可能
可重复读	不能	不能	可能
可串行化	不能	不能	不能

OceanBase 支持指定以下三种隔离级别：读已提交、可重复读、可串行化。不过，目前 OceanBase 内部实际只实现了两种隔离级别：读已提交和可串行化。当用户指定可重复读的隔离级别时，实际使用的是可串行化。也就是说，OceanBase 的可重复读的隔离级别更加严格，不会出现幻读的异象。这一行为在 SQL 标准中是被允许的，因为 SQL 标准只限定了每个隔离级别需要避免的异象，没有强制要求必须出现的异象。OceanBase 的读已提交和可串行化隔离级别与 SQL 标准要求的一致，读已提交不会出现脏读的异象，可能出现不可重复读和幻读；而可串行化不会出现脏读、不可重复读及幻读。OceanBase 默认的隔离级别为读已提交。

下面介绍 OceanBase 在读已提交隔离级别，以及可串行化（可重复读）隔离级别下的具体行为。

（1）读已提交隔离级别行为。

在 OceanBase 的读已提交隔离级别下，每条 SELECT 语句执行时仅能读到在此之前所有已经提交事务的数据，而不会读到在语句执行过程中新提交或被并发事务修改的数据，就像在每条语句执行之前获取了数据库的快照，快照中只记录了已提交的数据，因此不会出现脏读的异象。但由于在每条语句执行前获取快照，因此在同一个事务连续的两条 SELECT 语句中可能看到不同的数据，即读已提交隔离级别下不能避免不可重复读和幻读的异象。

UPDATE、DELETE、SELECT FOR UPDATE 等操作在搜索目标行时的行为与 SELECT 相同，即只能找到在语句开始前已经提交的行版本，如果该版本不满足更新操作的谓词条件，则直接跳过；如果满足条件，则尝试更新该行。当前事务 A 在尝试更新一个满足谓词条件的目标行时，该行可能已经被另一个并发事务 B 更新了。在这种情况下，若事务 B 没有结束，则事务 A 需要等待事务 B 的提交或回滚；如果事务 B 回滚，则事务 A 可以继续更新目标行；如果事务 B 提交，则事务 A 将重新执行该语句，从而重新获取语句快照，以读到最新的数据，并在事务 B 更新后的版本上进行更新。

（2）可串行化或可重复读隔离级别行为。

在 OceanBase 的可串行化（或可重复读）隔离级别下，事务的第一条语句会获取当前数据库的快照作为事务快照，后续的 SELECT 语句都会基于事务快照读取数据，能够读到在事务快照之前提交的所有事务的数据，而不会读到在事务执行过程中提交的或被并发事务修改的数据。由于每条语句使用同一个事务快照，所以事务内总能看到一致的数据，不会出现不可重复读和幻读的异象。

对于 UPDATE、DELETE、SELECT FOR UPDATE 等更新性质的操作，它们在搜索目标行时的行为与 SELECT 相同，即只能找到在事务快照前提交的行版本。如果该版本不满足更新操作的谓词条件，则直接跳过；如果满足条件，则尝试更新该行。然而，当前事务 A 在搜索到一个目标行时，该行可能已经被另一个并发事务 B 更新了。在这种情况下，当事务 B 没有结束时，事务 A 需要等待事务 B 提交或回滚：如果事务 B 回滚，则事务 A 可以继续更新最初找到的行；如果事务 B 提交，则事务 A 不能基于旧的快照进行更新，否则会出现丢失更新（Lost Update）的情况，因此事务 A 只能进行回滚，此时 OceanBase 会返回下列错误信息。

◎ Oracle 模式下的报错信息为 ORA-08177: can't serialize access for this transaction。
◎ MySQL 模式下的报错信息为 ERROR 6235 (25000): can't serialize access for this transaction。

业务层需要考虑事务可能因为写写冲突而回滚，并准备事务重试逻辑。如果事务复杂，重试代价较大，且业务并不要求事务所有语句看到一致的数据，那么建议使用读已提交的隔离级别。

OceanBase 隔离级别与其他数据库的对比如表 7-3 所示。

表 7-3　OceanBase 隔离级别与其他数据库对比

数 据 库	读未提交	读已提交	可重复读	可串行化
OceanBase	不支持	支持，与 SQL 标准一致	支持，且不存在幻读	支持，但不保证严格可串行化
Oracle	不支持	支持，与 SQL 标准一致	不支持	支持，但不保证严格可串行化
MySQL	支持，可能读到脏数据	支持，与 SQL 标准一致	支持，且不存在幻读	支持，可以保证严格可串行化
PostgreSQL 9.1 版本之前	支持，但实际是读已提交	支持，与 SQL 标准一致	支持，且不存在幻读	支持，但不保证严格可串行化
PostgreSQL 9.1 版本及之后	支持，但实际是读已提交	支持，与 SQL 标准一致	支持，且不存在幻读	支持，可以保证严格可串行化

以 MySQL 与 OceanBase 的 MySQL 模式的对比为例，MySQL 支持读未提交、读已提交、可重复读和可串行化四种隔离级别，OceanBase 的 MySQL 模式在这四种隔离级别上与 MySQL 均有一定差异。

◎ MySQL 支持读未提交，有可能读到未提交的数据；OceanBase 的 MySQL 模式不支持读未提交。
◎ MySQL 读已提交隔离级别在判断一行是否满足更新条件（谓词条件）时，会使用半一致性读（semi-consistent read），即如果一行已经被并发事务更新，那么 MySQL 会等待并发事务结束，然后在最新版本上判断是否需要更新；而在 OceanBase 的 MySQL 模式中，基于语句快照来判断一行是否满足更新条件，只有快照中的版本满足更新条件时，才会尝试对该行上行锁。此时如果发现该行已经被并发事务更新，则等待并发事务结束，如果并发事务提交，则当前事务需要重试语句来获取最新的快照。例如，存在表 T(id int)，其中只存在 id=1 的一行（记为 Rowi）。事务 A 先将这一行修改为 id=2，但没有提交，此时事务 B 通过 DELETE T WHERE id=2 尝试删除 id=2 的行。在 MySQL 中，事务 B 发现事务 A 已经修改了 Rowi，由于半一致性读，事务 B 会等待事务 A 结束。如果事务 A 提交，则事务 B 会观察到最新版本的 Rowi，此时 id=2，事务 B 会删除 Rowi。而在 OceanBase 的 MySQL 模式中，事务 B 通过快照读取 Rowi，发现 id=1，不满足删除条件，DELETE 操作不会等待事务 A 结束，而是直接跳过该行。两种不同的行为可以认为是数据库内部对并发事务的不同排序导致的。在 MySQL 中，可以认为事务 A 先执行，事务 B 后执行；而在 OceanBase 的 MySQL 模式中，可以认为事务 B 先执行，事务 A 后执行，二者都是可以接受的。

◎ 可重复读隔离级别与读已提交隔离级别类似，MySQL 与 OceanBase 的 MySQL 模式在判断一行是否满足更新条件时，存在一定区别。除此之外，在 MySQL 的可重复读隔离级别中发生写写冲突时，后写的事务会等待先写的事务提交，然后在新提交的版本上进行更新。在 OceanBase 的 MySQL 模式的可重复读隔离级别发生写写冲突时，如果先写的事务提交，则后写的事务会回滚，并且向客户端返回错误。MySQL 的可重复读隔离级别可能导致许多不合理的现象，例如在一个事务中可以读到某行，但是无法删除该行，或者读不到某行，却能更新该行，这是因为 MySQL 的读操作参照事务开始获取的快照，而写操作参照数据库的最新快照。OceanBase 的 MySQL 模式的可重复读隔离级别行为与 Oracle、PostgreSQL 等一致，会通过回滚事务来避免这些不合理的现象。

◎ MySQL 的可串行化隔离级别使用两阶段锁（2PL），能够保证严格的可串行化。OceanBase 的 MySQL 模式的可串行化隔离级别与 Oracle 相同，使用快照隔离（Snapshot Isolation），不能保证严格的可串行化。需要注意的是，由于 OceanBase 是分布式数据库，事务可能在不同的节点上执行，在开启可串行化隔离级别时需要确保全局时钟服务（Global Timestamp Service）是打开的。一般来说，串行化的隔离级别极少被开发人员使用，因为它伴随极低的并发性。

7.1.5 线程架构

在 OceanBase 中，OBServer 进程负责几乎所有数据库内核功能，包括 SQL 引擎、存储引擎和事务引擎等，是数据库最核心的进程之一。OBServer 进程中会启动多种线程，这些线程可以大致分为租户工作线程和后台线程，分别负责处理不同的任务，以确保数据库的高效稳定运行。可以使用 top 命令查看 OBServer 内各线程的资源使用情况。

```
top -H -p `pidof observer`
```

结果如下。

```
top - 02:13:33 up 389 days,  7:54,  2 users,  load average: 0.67, 0.78, 0.74
Threads: 1308 total,   0 running, 1308 sleeping,   0 stopped,   0 zombie
%Cpu(s):  0.5 us,  0.2 sy,  0.0 ni, 99.1 id,  0.0 wa,  0.1 hi,  0.0 si,  0.0 st
MiB Mem : 257444.1 total,  60006.6 free,  28812.6 used, 168624.9 buff/cache
MiB Swap:      0.0 total,      0.0 free,      0.0 used. 222705.7 avail Mem

    PID USER      PR  NI    VIRT    RES    SHR S  %CPU %MEM     TIME+ COMMAND
2815964 admin     20   0   19.3g  17.6g 228940 S   1.7  7.0 659:22.81 T1_L0_G10000
2815015 admin     20   0   19.3g  17.6g 228940 S   1.3  7.0 198:31.50 ServerGTimer
2815657 admin     20   0   19.3g  17.6g 228940 S   1.3  7.0 243:35.80 T1_L5_G0
2815046 admin     20   0   19.3g  17.6g 228940 S   0.7  7.0 234:52.95 KVCacheWash
2815392 admin     20   0   19.3g  17.6g 228940 S   0.7  7.0  28:28.70 OmtNodeBalancer
2815876 admin     20   0   19.3g  17.6g 228940 S   0.7  7.0 113:46.63 ActiveSessHist
2815022 admin     20   0   19.3g  17.6g 228940 S   0.3  7.0 135:15.51 OB_PLOG
2815047 admin     20   0   19.3g  17.6g 228940 S   0.3  7.0  91:35.59 KVCacheRep
2815088 admin     20   0   19.3g  17.6g 228940 S   0.3  7.0  30:26.84 pnio1
2815089 admin     20   0   19.3g  17.6g 228940 S   0.3  7.0  30:24.11 pnio1
2815091 admin     20   0   19.3g  17.6g 228940 S   0.3  7.0  30:20.24 pnio1
2815093 admin     20   0   19.3g  17.6g 228940 S   0.3  7.0  30:21.31 pnio1
2815095 admin     20   0   19.3g  17.6g 228940 S   0.3  7.0  29:37.59 pnio1
2815096 admin     20   0   19.3g  17.6g 228940 S   0.3  7.0  29:34.87 pnio1
2815103 admin     20   0   19.3g  17.6g 228940 S   0.3  7.0  48:43.04 BRPC1
2815104 admin     20   0   19.3g  17.6g 228940 S   0.3  7.0 168:19.64 BRPC2
2815276 admin     20   0   19.3g  17.6g 228940 S   0.3  7.0   1:05.99 BatchIO
2815342 admin     20   0   19.3g  17.6g 228940 S   0.3  7.0  12:32.77 T509_L0_G0
2815358 admin     20   0   19.3g  17.6g 228940 S   0.3  7.0  13:11.32 T509_L0_G0
2815371 admin     20   0   19.3g  17.6g 228940 S   0.3  7.0  13:00.21 T508_L0_G0
2815379 admin     20   0   19.3g  17.6g 228940 S   0.3  7.0  13:01.28 T508_L0_G0
2815390 admin     20   0   19.3g  17.6g 228940 S   0.3  7.0  13:02.93 T508_L0_G0
```

1. 租户工作线程

工作线程（sql/transaction worker）是处理 SQL 语句和事务请求的线程，每个租户都有自己的工作线程，因而也称租户工作线程。

在 OceanBase 中，每个租户都拥有唯一的 ID，这个 ID 是在创建租户时分配的。每个租户的工作线程都是独立的，例如，ID 为 1001 的租户，其工作线程的名字是 TNT_L0_1001，其中，TNT 代表租户线程，L0 表示该线程处理嵌套层级为 0 的请求，1001 则是租户的 ID。

◎ 线程池。

OceanBase 所有租户共享一个线程池，并从中申请工作线程。线程池的初始化和销毁与多租户的生命周期同步，初始化时会申请一定数量的线程，在租户运行过程中可以动态增加线程数量。线程池的初始大小受 OBServer 的 CPU 数、系统租户和虚拟租户预留线程数的影响，并可通过配置项进行调整。线程池扩展时的线程数上限则受 OBServer 线程数上限和多租户线程数上限的共同影响，同样可通过配置项进行配置。下面介绍一些重要的 OceanBase 线程池的配置项。

_ob_max_thread_num 决定 OBServer 节点的线程数上限，在 OceanBase 4.0 版本中默认值为 9999，取值范围为 0~10000，非动态生效。而在 OceanBase 3.0 版本中该配置项的默认值为 4096，取值范围为 4096~10000。

system_cpu_quota 决定系统租户的虚拟 CPU 数，与机器物理 CPU 无直接关系，仅影响多租户线程池的初始大小和上限。在 OceanBase 4.0 版本之前该配置项默认值为 10，取值范围为 0~16，非动态生效。从 OceanBase 4.0 版本开始该配置项被废弃。

server_cpu_quota_min 决定系统租户的最少虚拟 CPU 数，与机器物理 CPU 无直接关系，仅影响多租户线程池的初始大小。在 OceanBase 4.0 版本中该配置项默认值为 0，取值范围为 0~16，动态生效。在 OceanBase 4.0 之前的版本中该配置项的默认值为 2.5。

server_cpu_quota_max 决定系统租户的最多虚拟 CPU 数，与机器物理 CPU 无直接关系，仅影响多租户线程池的上限。在 OceanBase 4.0 版本中默认值为 0，取值范围为 0~16，动态生效。在 OceanBase 4.0 之前的版本中该配置项的默认值为 5。

election_cpu_quota 决定 election 租户的虚拟 CPU 数，与机器物理 CPU 无直接关系，仅影响多租户线程池的初始大小和上限。该配置项默认值为 3，取值范围为 0~16，非动态生效。

location_cache_cpu_quota 决定 Location Cache 租户的虚拟 CPU 数，与机器物理 CPU 无直接关系，仅影响多租户线程池的初始大小和上限。该配置项默认值为 5，取值范围为 0~16，非动态生效。

◎ 租户线程

单个租户的线程包含处理嵌套请求的 7 个专有线程和处理一般请求的若干普通线程。线程可处于活跃、挂起两种状态。由于嵌套请求的专用线程对外基本无感知，以下介绍只涉及普通线程。

在进一步讲解租户线程前，需要先了解活跃线程的概念。活跃线程表示能正常处理请求的线程，OceanBase 用活跃线程数来限制单个租户的 CPU 使用。租户的活跃线程数由配置项和租户单元规格共同决定。活跃线程数= unit_min_cpu×cpu_quota_concurrency。

另一个概念则是线程挂起。当用户将一条需要大量访问或写入数据的大查询 SQL 语句发给 OBServer 节点时，单条 SQL 语句需要执行较长时间，会长时间占用一个线程，降低整个系统的响应能力。因此，当一条 SQL 语句的执行时间超过大查询阈值时，将被认定为大查询。当租户线程中持有被判定为大查询请求的线程时，根据配置的可继续执行比例，一部分可直接获得继续执行权，其余的需要挂起等待。

OceanBase 根据租户的 cpu_count×cpu_quota_concurrency 计算活跃线程数，这些线程在创建租户时就被创建好。例如，活跃线程 A 因为执行大查询被挂起，这时活跃线程少了一个，作为补充，租户会额外创建一个活跃线程。一个租户能创建的线程数为 cpu_count×workers_per_cpu_quota，即最大线程数。当租户的线程数到达上限后，新建线程会失败，线程 A 不会被挂起，以保持活跃线程数不变。例如，租户配置了 16 个 CPU，将集群的 cpu_quota_concurrency 设置为 2，那么这个租户最多会有 16×2=32 个活跃的 SQL 线程，控制活跃线程数是由 OceanBase 的用户态线程调度器实现的，主要参数如下。

cpu_quota_concurrency 参数决定租户活跃线程数与租户 Unit 规格的倍数关系，默认值为 4，在 OceanBase 4.0 版本中取值范围为 1～20，而在更早的版本中取值范围为 1～10，动态生效。

workers_per_cpu_quota 参数决定租户的最大线程数与租户 Unit 规格的倍数关系，默认值为 10，取值范围为 2～20，动态生效。

large_query_worker_percentage 参数决定租户线程中享有大查询继续执行权的线程的百分比，默认值为 30，取值范围为 0～100，动态生效。

large_query_threshold 参数是请求判定为大查询的处理时间阈值，默认值为 5，单位为 s，取值范围为 0.001~+∞，动态生效。

large_query_worker_percentage 参数是配置 CPU 资源分配给大查询的百分比，默认值为 30。

2. 后台线程

后台线程分为不同租户的独有后台线程和不同租户共享的公共后台线程。

不同租户的独有后台线程如下。

- disk io：处理磁盘 I/O 的线程。
- dag：执行分区的转储、合并、迁移等任务的线程。
- clog writer：写 Clog 日志的线程。
- election worker：选举线程。
- misc timer：包括多个后台定时器线程，主要负责清理资源。

不同租户共享的公共后台线程如下。

- net io：处理网络 I/O 的线程。
- root server：专有线程。

以下是一些重要的后台进程。

- FrzInfoDet：租户的后台进程，周期性检查是否有新的 freeze_info。
- LockWaitMgr：租户的后台进程，周期性检查超时时间，唤醒等待锁的事务。
- TenantWeakRe：租户的后台进程，生成租户级别备机读时间戳。
- TransService：租户的后台进程，处理事务模块内部若干异步任务。
- TransTimeWhe：租户的后台进程，处理两阶段分布式事务流程的定时任务。
- TsMgr：不分租户，是 GTS 的后台任务处理线程，用于删除无用的租户，刷新各租户的 GTS 等。
- TSWorker：不分租户，处理远程 GTS 访问返回的结果，回调事务。
- TxLoopWorker：租户的后台进程，处理事务模块的后台定时任务。
- ArbSer：不分租户，负责仲裁 Server 定时从配置文件加载配置参数。需要注意的是，仲裁服务器是 OceanBase 4.0 版本增加的功能，因此该线程只有在 OceanBase 4.0 版本之后才有。

- ◎ Blacklist：不分租户，负责探测与通信目的端 Server 之间的网络是否联通。
- ◎ ConfigMgr：不分租户，用于刷新配置项。
- ◎ LuaHandler：不分租户，处理应急场景的 Lua 请求以读取 OBServer 进程内部状态。
- ◎ MemDumpTimer：不分租户，用于定时输出内存日志。
- ◎ MemoryDump：不分租户，用于定时统计内存信息。
- ◎ MultiTenant：不分租户，负责刷新多租户 CPU 配比，用于资源调度。
- ◎ OB_PLOG：不分租户，负责异步输出 OBServer 进程诊断日志。
- ◎ pnio：不分租户，是 OceanBase 4.0 版本新网络框架 pkt-nio 的网络 I/O 线程，只存在于 OceanBase 4.0 版本中。
- ◎ pnlisten：不分租户，负责监听 RPC 端口并转发 RPC 连接到网络 I/O 线程，也是 OceanBase 4.0 版本新增的线程。

7.1.6 多版本读一致性

为了更好地提高事务的处理能力，数据库允许用户通过事务并发地访问与修改同一个数据，我们需要为这种数据并发性来定义语义。常见的并发控制算法有 Lock-based Concurrency Control 和 Multiple Version Concurrency Control。

Lock-based Concurrency Control 类似于数据结构设计中常用的锁机制。数据库系统对用户在事务过程中操作的每一行数据进行加锁操作，如果是读操作就加上读锁，如果是写操作就加上写锁。读/写操作同一行数据需要等待。

Multiple Version Concurrency Control（MVCC）在每次修改数据时都留存版本，这样读取操作可以不受修改操作的影响直接在历史版本上执行，修改操作依然会依赖锁机制，所以写操作之间的冲突依然需要等待。MVCC 最大的优势就是读操作与写操作完全隔离，互相不影响。对于数据库的性能和并发能力提升非常有益。

OceanBase 采用了 MVCC 和 Lock-Based 结合的方式，读取操作先获取全局提交版本号（Global Committed Version），然后按照这个版本号读取每行数据。如果某行数据上没有修改，或者有修改但是其版本号大于全局提交版本号，那么可以直接按照版本号读取。如果修改所在行的版本号小于全局提交版本号，那么读取这行数据的上一个版本号的数据。

为了支持读写不互斥，OceanBase 存储了多个版本的数据。为了处理多版本数据的语义，我们需要维护多版本一致性。OceanBase 的多版本一致性是通过读版本和数据版本来保证的，通过读取版本号，返回小于读取版本号的所有提交数据来定义多版本一致性。

多版本读一致性在数据库内部是广泛使用的，也是实现并发控制的关键之一，主要体现在以下几个方面。

（1）弱一致性读：OceanBase 的弱一致性读依旧提供了事务的一致性快照，不会返回未提交事务的情况。

（2）强一致性读：OceanBase 的强一致性读分为两种，分别是事务级别读版本号和语句级别读版本号,分别提供给快照读和读已提交两个隔离级别使用,需要提供返回事务一致性位点的能力。

(3)只读事务:OceanBase 的只读语句提供与强一致性读相同的能力。

(4)备份恢复点:OceanBase 需要提供可以备份到事务一致性快照上的能力,防止备份多余、未提交的事务,或者遗漏需要备份的事务。

多版本读一致性主要通过事务表实现,事务表是一个内存表,用于记录副本中正在执行的事务集合,可以根据不同的事务状态决定是否要读取对应的数据。其中数据状态包含提交(COMMIT)、执行(RUNNING)、回滚(ABORT)。对于执行的事务,可能存在本地提交版本(local commit version,即 prepare version);对于提交的事务,存在全局提交版本(global commit version,即 commit version)。其中全局提交版本代表事务最终的版本,也是一致性位点的决定因素。

7.1.7 并发控制

OceanBase 支持快照读和读已提交两种隔离级别,并在分布式环境中确保这些隔离级别能够提供外部一致性。为了支持读写不互斥,OceanBase 从设计之初就选择了多版本存储机制,每个事务在全局范围内维护两个版本号:读版本号和提交版本号,分别对应图 7-4 中的本地最大读时间戳和最大提交事务时间戳。另外,在内存中会为每次更新记录一个新的版本(可以做到读/写不互斥)。

如图 7-4 所示,在内存中有三行数据 A、B 和 C,它们通过版本(ts)、值(val)和事务 id(txn)来维护更新历史,从而实现多版本存储机制。同时,内存中存在一个事务表,用于记录每个事务的 ID、状态及版本号。事务在开始和提交时会通过全局时间戳缓存服务(Global Timestamp Cache)获取一个时间戳,并将其作为读时间戳使用,也作为提交时间戳的一部分参考。

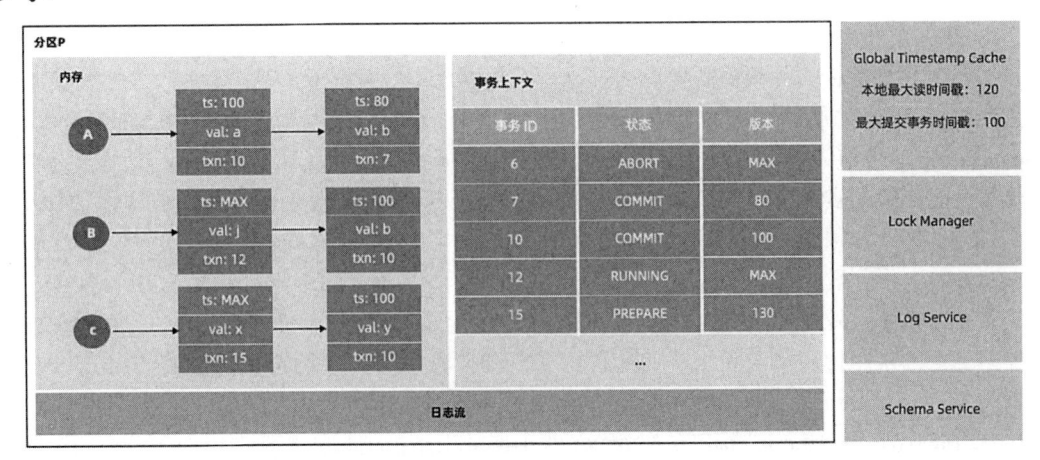

图 7-4 多版本数据示意图

由图 7-4 可知，全局时间戳获取服务维护了两个关键的时间戳：本地最大读时间戳和最大提交事务时间戳。在内存中，数据 A 包含 100 版本已经提交的数据 a，对应事务 10；数据 B 包含未知版本的数据 j，对应事务 12；数据 C 包含未知版本的数据 x，对应事务 15。此外，事务表中记录了每个事务及其对应的状态，例如，正在进入两阶段提交状态的事务 15 对应的版本号为 130。

7.1.8　Oracle 转型 OceanBase 术语映射

在金融数据库转型过程中，存在较多将 Oracle 升级为 OceanBase 的场景。为方便用户完成转型，我们可以学习一下 Oracle 与 OceanBase 的常见术语映射。

1. alert*.log 日志

Oracle 中的告警日志（alert$ORACLE_SID.Log）用于记录数据库运行期间发生的重要事件、错误、警告和信息性消息。对应地，在 OceanBase 中分为 observer.log 和 obproxy.log 两部分，分别用于记录 OBServer 和 OBProxy 上的重要事件、错误、警告和信息性消息。enable_syslog_recycle 参数用于控制设置是否开启回收 observer.log 系统日志的功能，仅当 max_syslog_file_count 配置项的值设置为非 0 正数时，该功能才会生效，这个参数的默认值为 false，生产环境中一般将该参数设置为 true，即启用 OBServer 日志循环。max_syslog_file_count 参数用于设置在回收日志文件之前可以产生的日志文件数量，每个日志文件最多可以占用 256 MB 磁盘空间。当该配置项的值为 0 时，不会删除任何日志文件，可以根据/home/admin 路径的空间确认。max_syslog_file_count 参数的默认值为 0，由于 observer.log 库日志信息的粒度很细，每日产生的日志量较大，因此建议在生产环境中将 max_syslog_file_count 的值设置为 500，即在日志覆盖前，最多可以记录 256MB×500=128GB 日志。当 observer.log 日志达到 256MB 时，observer.log 就会改名为 "observer.log.时间戳"，然后产生新的日志文件 observer.log，后续会在新的 observer.log 日志文件中记录系统日志。

2. 数据文件自动扩展（Autoextend）

Oracle 允许数据文件根据需要自动扩展，当数据库中的数据超出当前数据文件的分配空间时，Oracle 自动扩展功能可以自动增加数据文件的大小，以确保操作能够继续进行。在 OceanBase 4.2 之前的版本中，系统将一部分磁盘空间预分配给数据文件，以保证数据文件占有一段尽可能连续的磁盘空间，避免其他应用程序抢占磁盘引起磁盘资源不足。但这种预分配的方式占用了很大的磁盘空间，即使磁盘空间没有被使用，也不能被释放。

为了解决预分配的大块磁盘空间不能被释放的问题，从 4.2 版本开始，OceanBase 引入了数据文件渐进式使用磁盘空间的用户配置选项，即系统预分配一部分合理的磁盘空间给数据文件，再根据磁盘的实际使用情况和用户的配置进行自动扩容。主要涉及的参数包括 datafile_size、datafile_disk_percentage、datafile_next 和 datafile_next。

datafile_size 与 datafile_disk_percentage 两个参数用于控制数据文件占用的磁盘空间，分别控制可用空间的大小和百分比。如果两个配置项均已配置，即 datafile_size 与 datafile_disk_ percentage 同时配置为非 0 的值，则以 datafile_size 设置的值为准。

如果两个配置项均未配置，即 datafile_size 和 datafile_disk_percentage 的值均为 0，则系统会根据日志和数据是否共用磁盘来自动计算数据文件占用其所在磁盘总空间的百分比。如果日志和数据共用磁盘，则数据文件占用其所在磁盘总空间的 60%；如果日志和数据不共用磁盘，则数据文件占用其所在磁盘总空间的 90%。

datafile_next 用于设置磁盘数据文件自动扩展的步长，默认值为 0，单位为 MB，表示不开启扩展。如果需要开启自动扩展，则需要设置为非 0 的值。配置 datafile_maxsize 时，其值需要大于当前数据文件占用的磁盘空间大小 datafile_size（或 datafile_disk_percentage），如果设置的值小于当前数据文件占用的磁盘空间大小，则不会触发自动扩容；如果 datafile_maxsize 的值超过了当前磁盘的最大可用空间，则以磁盘的实际可用空间作为最大值。

开启数据文件自动扩展功能时，建议将步长 datafile_next 的初始值设置为 datafile_maxsize 的 20% 左右，避免频繁扩容。

开启数据文件自动扩展后，需要做好同一台设备上同时部署的其他应用程序的容量规划，避免造成实际可扩容的空间小于指定的 datafile_maxsize 的值的问题。

3. 数据字典（Data dictionary）

Oracle 的元数据（Metadata）存储在数据字典中，数据字典汇集了数据库对象及数据库运行时需要的基础信息。

OceanBase 的 Oracle 兼容模式中也有相应的表，包括 sys 租户下的系统表和普通租户下 sys 用户的数据字典和视图。

OceanBase 4.0 版本对内部表和视图做了大量调整，例如，之前常用的记录每个分区位置信息的 __ALL_TENANT_META_TABLE，OceanBase 4.0 版本中的分区不再独立拥有位置信息，而是属于某个日志流，分区的位置信息由其所属的日志流位置决定，日志流位置使用视图 DBA_OB_LS_LOCATIONS 查看。再例如，用于查看集群合并状态的 __ALL_ZONE，OceanBase 4.0 版本中系统租户只在 __ALL_ZONE 表中存储集群的 Zone、Region 等信息，而将合并状态拆分到专门的内部表中。

我们可以使用视图 DBA_OB_MAJOR_COMPACTION 查看整体的合并状态，通过视图 DBA_OB_ZONE_MAJOR_COMPACTION 查看每个 Zone 的合并状态。需要注意的是，不同于之前版本合并的是整个集群的状态，OceanBase 4.0 版本中每个租户各自执行合并工作，所以每个租户都可以查看自己的合并状态。

4. 共享池（Shared Pool）

在 Oracle 中，共享池是数据库内存结构的重要组成部分，用于存储和管理共享的 SQL 语句和 PL/SQL 代码的执行计划、共享汇编代码，以及共享的数据结构。

OceanBase 通过计划缓存（Plan Cache）实现了 SQL 语句中的计划缓存功能。计划的生成是一个复杂的过程，耗时较长，尤其是在 OLTP 场景中。为了加快 SQL 请求的处理速度，SQL 引擎会将第一次生成的计划缓存在内存中，以便后续复用，避免了重复查询优化的过程。

计划缓存用于减少计划的生成次数。OceanBase 会缓存之前生成的计划,以便在下次执行该 SQL 时直接使用,避免反复执行,从而优化执行过程,这种策略被称为"Optimize Once",即一次优化。每个租户在每一台 OBServer 服务器上拥有独立的计划缓存,用以缓存在此服务器上处理过的 SQL 执行计划。参数 ob_plan_cache_percentage 用于设置计划缓存可使用内存占租户内存的百分比,默认值为 5。在生产环境中建议将该值调整为 10,在混合负载数据库环境中可考虑根据实际生产运行情况调大该值。

与 Oracle 获取缓存的计划步骤不同,OceanBase 中有一个快速参数化的步骤,即将 SQL 语句中的常量转换为参数,将参数化的 SQL 文本作为键值在 Plan Cache 中获取计划,从而实现只有参数不同的 SQL 语句能够共用计划的目的,如图 7-5 所示。

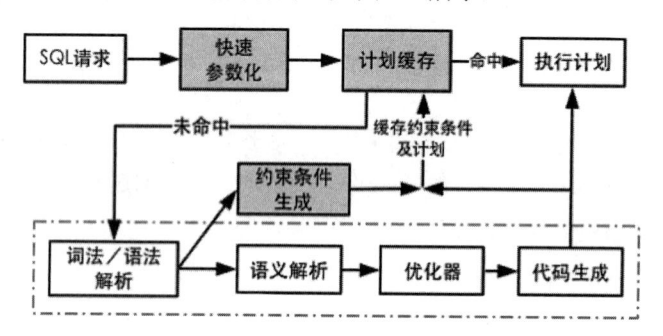

图 7-5 计划快速参数化

计划快速参数化示例如下。

```
select * from test where c1=1 and c2='linchun';
```

经过快速参数化转换后变为:

```
select * from test where c1=@1 and c2=@2;
```

OceanBase 也存在常量不能参数化的场景,这些常量通常含有隐含信息并最终影响计划,包括以下 6 种情况。

- ◎ ORDER BY 后的常量(例如"ORDER BY 1,2;")。
- ◎ GROUP BY 后的常量(例如"GROUP BY 1,2;")。
- ◎ LIMIT 后的常量(例如"LIMIT 5;")。
- ◎ 作为格式串的字符串常量(例如"SELECT DATE_FORMAT('2006-06-00', '%d');"里面的"%d")。
- ◎ 函数输入参数中,影响函数结果并最终影响计划的常量(例如"CAST(999.88 as NUMBER(2,1))"中的"NUMBER(2,1)",或者"SUBSTR('abcd', 1, 2)"中的"1, 2")。
- ◎ 函数输入参数中,带有隐含信息并最终影响计划的常量(例如"SELECT UNIX_TIMESTAMP('2015-11-13 10:20:19.012');"里面的"2015-11-13 10:20:19.012",指定输入时间戳的同时隐含指定了函数处理的精度为 0.001s)。

在 OceanBase 的计划缓存中，SQL 语句的执行计划可以分为本地计划、远程计划和分布式计划。在计划缓存中，同一条 SQL 语句根据其需要访问的数据不同，可能同时具有三种计划。本地计划、远程计划和分布式计划三种计划的定义分别如下。

◎ **本地计划**：所有要访问的数据只涉及本机的一个分区组。对于这样的计划，调度器无须执行多余的动作，直接在当前线程执行计划。事务在本地开启。如果是单语句事务，则事务的开启和提交都在本地执行，不会出现分布式事务。本地计划的执行路径和传统单机数据库类似。

◎ **远程计划**：查询只涉及一个分区组，但是这个分区组的数据位于其他服务器上（多半由于切主等原因导致缓存还未来得及更新数据的分布信息）。调度器把整个计划发送到数据所在的服务器上执行，查询结果流式返回调度器和客户端。这样的流式转发能够提供较短的响应时间。不仅如此，远程作业对于事务层的意义更大。对于一个远程作业，如果是单语句事务，那么事务的开启、提交等也在数据所在服务器上执行，这样可以避免事务层的 RPC，也不会出现分布式事务。

◎ **分布式计划**：当查询涉及的数据位于多台服务器上时，会产生分布式计划，这种调度模式具有并行计算的能力。分布式计划执行时间相对较长，消耗资源也较多。对于这样的查询，我们希望能够在任务这个粒度上提供容灾能力。每个任务的执行结果并不会立即发送给下游，而是缓存到本机，由调度器驱动下游的任务拉取自己的输入。这样，当任务需要重试时，可以直接获取上游的数据。同时，对于分布式计划，需要在调度器所在服务器上开启事务，事务层需要协调多个分区，必要时会出现分布式事务。需要注意，OceanBase 是原生的分布式数据库，即使在单机环境中，在使用 /*+parallel*/ Hint 或全局索引执行跨多个分区的 DML 语句时，也会产生分布式计划，OceanBase 针对单机分布式计划做了优化，大幅提升了语句性能。

可以通过 sys 租户的 GV$OB_PLAN_CACHE_PLAN_STAT 视图查询计划类型，这个视图的 type 字段表示计划类型，type=1 表示本地计划，type=2 表示远程计划，type=3 表示分布式计划。

在以下两种场景中，计划不会加入缓存。

◎ 内存超过 20 MB。

◎ 涉及多个表的分布式计划。

当计划缓存占用的内存达到上限时，自动淘汰缓存中的计划。OceanBase 会优先淘汰最久未被使用的计划，影响淘汰策略的参数和变量如下。

◎ plan_cache_evict_interval：检查计划是否需要淘汰的间隔时间。

◎ ob_plan_cache_percentage：计划缓存可使用内存占租户内存的百分比（最多可使用内存为租户内存上限×ob_plan_cache_percentage/100）。

◎ ob_plan_cache_evict_high_percentage：计划缓存使用率达到多少时，触发淘汰。

◎ ob_plan_cache_evict_low_percentage：计划缓存使用率达到多少时，停止淘汰。

在测试环境中，有时需要把计划从 Plan Cache 刷出，可以手工执行以下命令。

```
ALTER SYSTEM FLUSH PLAN CACHE;
```

该命令的语法说明如下。

```
ALTER SYSTEM FLUSH PLAN CACHE
[
[SQL_identifier] [database_list] tenant_list
] [GLOBAL]
database_list:
databases ='database_name, database_name...'
tenant_list:
TENANT = 'tenant_name, tenant_name....'
```

- 只有系统租户 sys 才能指定 tenant_list，其他租户只能清除自己的计划缓存。如果系统租户不指定 tenant_list，则表示清除所有租户的计划缓存。
- SQL_identifier 用于指定 SQL 语句，格式为 sql_id = 'xxx'。如果不指定该参数，则表示清空所有 SQL 语句的计划缓存。在系统租户 sys 下使用 SQL_identifier 参数时一定要指定 tenant_list，在普通租户下使用则不能指定 tenant_list。
- database_list 用于指定 Database。如果不指定该参数，则表示清除所有计划缓存。在系统租户 sys 下使用 database_list 时一定要指定 tenant_list，在普通租户下使用则不能指定 tenant_list。
- GLOBAL 为可选字段，如果不指定该参数，则表示清空本机的计划缓存，否则表示清空该租户所在的所有服务器上的计划缓存。

在 sys 租户下删除指定的计划缓存示例如下。

```
obclient> ALTER SYSTEM FLUSH PLAN CACHE
sql_id='B601070DFC14CB85FDA3766A69A9E1B3'
databases='myob1' tenant='tenant1' GLOBAL;
```

普通租户清除指定的计划缓存示例如下。

```
obclient> ALTER SYSTEM FLUSH PLAN CACHE
sql_id='B601070DFC14CB85FDA3766A69A9E1B3'
databases='myob1' GLOBAL;
```

将计划从 Plan Cache 刷出是有一定风险的操作，会产生大量硬解析，不允许在生产环境业务高峰期执行该操作，建议在测试环境下进行。当需要将计划从 Plan Cache 刷出时，尽可能细粒度执行，优先指定 SQL_ID 淘汰对应的计划，尽量在租户层面操作，避免全集群范围淘汰计划，以免大面积租户硬解析影响性能。

5. 数据缓存

Oracle 使用 Buffer Cache 缓存数据。Buffer Cache 既可以实现读缓存，也可以实现写缓存。而 OceanBase 采用 LSM Tree 技术，使用磁盘的顺序写提升了磁盘的随机写性能。OceanBase KV Cache 的 Block Cache 存储 SSTable 数据，相当于 Oracle 的 Buffer Cache。但是 Block Cache 仅存

储只读数据，修改数据缓存在 MemTable 中，在查询时，数据可能在 SSTable 中，也可能在 MemTable 中，需要将 Block Cache 和 MemTable 中的数据进行 fuse 合并。因此，需要避免 OceanBase 中不必要的转储，以减少写放大和读放大。

6. 数据文件（Data File）

Oracle 中的数据文件指物理架构中操作系统能看到的数据文件，OceanBase 中对应的则是操作系统上能看到的 SSTable 文件，SSTable 是用户表每个分区管理数据的基本单元，分为 Mini SSTable、Minor SSTable 和 Major SSTable。Mini SSTable 和 Minor SSTable 是转储生成的 SSTable 临时文件，Major SSTable 是合并生成的基线 SSTable 文件。当 MemTable 的大小达到某个阈值后，OceanBase 会将其冻结，然后将其中的数据转存于磁盘上，转储后的结构被称为 Mini SSTable 或 Minor SSTable。当集群发生全局合并时，每个用户表分区的所有 Minor SSTable 会根据合并快照一起参与 Major Compaction，最后生成 Major SSTable。

7. 参数文件

Oracle 的参数文件包括 PFILE 和 SPFILE。PFILE 是初始化参数文件，SPFILE 是服务器参数文件，init.ora 就是 PFILE 文件中的一个。而在 OceanBase 中，OceanBase 数据库的配置项分为集群级配置项和租户级配置项，OBServer 节点会将所有的配置项序列化后保存到/home/admin/oceanbase/etc/目录下的配置文件 etc/observer.conf.bin 中。此后，在这个目录下启动 OBServer 节点时，都会读取这个配置文件。注意：系统配置和全局级别的变量会持久化到 observer.conf.bin 配置文件中，但是会话级别的变量不会持久化到该文件中。

8. 动态视图（Dynamic views）

Oracle 中的动态视图用于动态获取数据库运行状态信息，这些视图允许用户查询数据库的运行时信息，如内存使用情况、系统参数、会话信息等，从而帮助管理员监控和管理数据库的性能和状态。

OceanBase 中同样有动态视图。Oracle 模式下包含一组基础视图，这组视图由数据库服务器维护，可供数据库管理员 sys 用户访问。动态性能表的属主是 sys 用户，其名称以 V$开头。在这些表上创建视图，然后使用前缀为 V$的公共同义词，绝大多数 V$视图有相应的 GV$视图，即全局 V$视图。在 OceanBase 4.0 版本中，大量视图名进行了修改，增加了"OB_"，如 GV$PLAN_CACHE_PLAN_EXPLAIN 改为 GV$OB_PLAN_CACHE_PLAN_EXPLAIN。

7.2 OceanBase 管理基础

7.2.1 OceanBase 系统日志

OceanBase 系统日志是 OceanBase 进程运行过程中输出的日志，用于监控报警和诊断。

1. 系统日志文件

OceanBase 日志文件分为 observer.log、election.log 和 rootservice.log 三种类型，默认输出

INFO 级别以上的日志。此外，每类日志文件还会自动生成一个带有.wf 后缀的 WARNING 日志文件（observer.log.wf、election.log.wf、rootservice.log.wf），只输出 WARN 级别以上的日志。日志名称及其路径如表 7-4 所示。

表 7-4 日志名称及其路径

日志名称	日志路径
启动和运行日志（observer.log、observer.log.wf）	OBServer 服务器的$work_dir/log 目录下
选举模块日志（election.log、election.log.wf）	OBServer 服务器的$work_dir/log 目录下
RootService 日志（rootservice.log、rootservice.log.wf）	OBServer 服务器的$work_dir/log 目录下

OceanBase 系统日志目录如下。

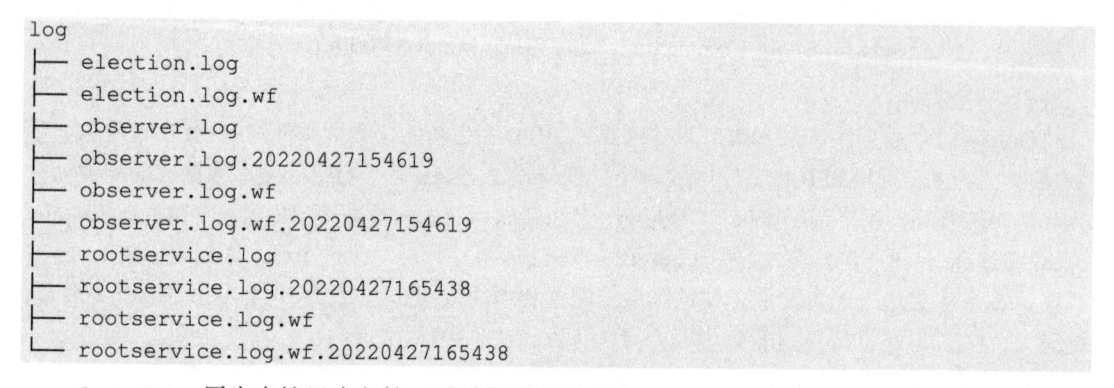

```
log
├── election.log
├── election.log.wf
├── observer.log
├── observer.log.20220427154619
├── observer.log.wf
├── observer.log.wf.20220427154619
├── rootservice.log
├── rootservice.log.20220427165438
├── rootservice.log.wf
└── rootservice.log.wf.20220427165438
```

OceanBase 原生支持日志归档（通过集群配置项 enable_syslog_recycle 控制），当某种日志文件数达到 max_syslog_file_count 时，日志轮转时删除最老的日志文件。

OceanBase 的日志分为 7 级，按照重要级别从高到低分别为 ERROR、WARN、INFO、EDIAG、WDIAG、TRACE 和 DEBUG。它们的定义分别如下。

◎ ERROR：严重错误。用于记录系统的故障信息，发出 ERROR 信息时必须进行故障排除，否则系统不可用。

◎ WARN：警告。发出 WARN 信息时系统能继续提供服务，但行为可能不符合预期，或可能将有严重错误发生，需进行故障排除。

◎ INFO：提示。用于记录系统运行的当前状态，为正常信息，无须处理。

◎ EDIAG：Error Diagnosis，协助故障排查的诊断信息，通常由 OceanBase 程序的 Bug 生成。

◎ WDIAG：Warning Diagnosis，协助故障排查的诊断信息，预期内的错误，OceanBase 可以容错。

◎ TRACE：SQL 语句级调试信息，其数量与 SQL 语句复杂度相关，与访问数据量无关。

◎ DEBUG：调试信息。用于调试时更详细地了解系统运行状态，包括当前调用的函数名、参数、变量、函数调用返回值等。

用户可以通过 SHOW PARAMETERS 命令查看数据库具体的输出日志级别，数据库输出日志的默认级别为 WDIAG。具体的查询命令如下。

```
SHOW PARAMETERS LIKE '%syslog_level%';
```

在查看 OceanBase 日志时，需要关注日志的格式。OceanBase 日志中最主要的内容包括时间戳、日志级别、错误号、出错位置、错误信息。

```
[2022-04-29 16:39:55.186527] WARN [COMMON] get_file_id_range
(ob_log_file_group.cpp:127) [103594] [0]      [Y0-0000000000000000-0-0] [lt=17]
[dc=0] max file does not exist(max_file_id=4, b_exist=false)
```

2. 在日志中查看问题 SQL 语句详细信息

可以根据 trace_id 在 observer.log 中查看 SQL 语句详细信息，也可以开启日志跟踪功能，或者在 obproxy.log 中查看 SQL 语句详细信息。

◎ 在 observer.log 日志中查看 SQL 语句详细信息。

登录 OBServer 所在的服务器，执行以下命令，进入日志文件所在的目录。

```
cd ~/oceanbase/log
```

筛选出指定级别的日志。例如，查看 WARN 级别的 observer.log 日志。

```
grep 'WARN' observer.log
```

```
observer.log: [2021-07-15 14:05:11.218141] WARN  [SQL] execute_get_plan
(ob_sql.cpp:3159) [119331][0][YB42AC1E87ED-0005C6866C3BAFB1-0-0] [lt=5] [dc=0]
fail to get plan retry(ret=-5138)
observer.log: [2021-07-15 14:05:11.300671] WARN  [SQL] execute_get_plan
(ob_sql.cpp:3159) [119342][0][YB42AC1E87ED-0005C686685C0492-0-0] [lt=18] [dc=0]
fail to get plan retry(ret=-5138)
observer.log: [2021-07-15 14:05:11.549102] WARN  [STORAGE] set_io_prohibited
(ob_storage.cpp:110) [119002][0][Y0-0000000000000000-0-0] [lt=14] [dc=0]
set_io_prohibited(io_prohibited=false, prohibited=false)
observer.log: [2021-07-15 14:05:11.549109] WARN  [STORAGE] enable_backup_white_list
(ob_partition_service.cpp:14335) [119002][0][Y0-0000000000000000-0-0] [lt=6] [dc=0]
backup set_io_prohibited(prohibited=false)
```

根据筛选出的日志的 trace_id 获取某条 SQL 请求的完整日志。

```
grep $trace_id observer.log
```

例如，获取 trace_id 为 YB42AC1E87ED-0005C6866C3BAFB1-0-0 的日志。

```
grep YB42AC1E87ED-0005C6866C3BAFB1-0-0 observer.log
observer.log: [2021-07-15 14:05:11.2181N  [SQ41] WARL] execute_get_plan
(ob_sql.cpp:3159) [119331][0][YB42AC1E87ED-0005C6866C3BAFB1-0-0] [lt=5] [dc=0]
fail to get plan retry(ret=-5138)
```

◎ 通过 Show Trace 查看 SQL 语句详细信息。

OceanBase 支持基于 Trace 功能快速获取上一次 SQL 请求的完整日志。

具体操作步骤如下。

(1) 开启 Trace 功能，可通过如下两种方式实现。

通过设置 Hint 中的 trace_log 字段来开启 Trace 功能。

```
obclient > SELECT /*+trace_log=on*/c1 FROM t1 LIMIT 2;
```

通过设置 Session 变量 ob_enable_trace_log 开启 Trace 功能。这种方式对会话的后续所有语句生效。

(2) 获取上一次 SQL 语句请求日志的 trace_id。

开启 Trace 功能并执行 SQL 请求后，通过 SHOW TRACE 语句可获取上一次 SQL 请求日志的 trace_id。

```
obclient> SHOW TRACE;
+-------------------------------+---------------------------------------------------------------+------+
| Title                         | KeyValue                                                      | Time |
+-------------------------------+---------------------------------------------------------------+------+
| process begin                 | in_queue_time:12, receive_ts:1623988240448815,
enqueue_ts:1623988240448816 | 0    |
| query begin                   | trace_id:YC1E64586A5D-0005C4C77E56FA98                        | 2    |
| parse begin                   | stmt:"select count(*) from t1", stmt_len:23                   | 49   |
| pc get plan begin             |                                                               | 7    |
| pc get plan end               |                                                               | 18   |
| transform_with_outline begin  |                                                               | 2    |
```

(3) 通过 trace_id 查询上一次 SQL 请求的完整日志。

OceanBase 日志输出时会携带 trace_id，通过在日志文件（observer.log、election.log 和 rootservice.log）中搜索对应的 trace_id，可以获取上一次 SQL 请求的完整日志。

例如，获取 trace_id 为 YB42AC1E87ED-0005C6866C3BAFB1-0-0 的日志。

```
grep YB42AC1E87ED-0005C6866C3BAFB1-0-0 observer.log
observer.log: [2021-07-15 14:05:11.218141] WARN  [SQL] execute_get_plan
(ob_sql.cpp:3159) [119331][0][YB42AC1E87ED-0005C6866C3BAFB1-0-0] [lt=5] [dc=0]
fail to get plan retry(ret=-5138)
```

◎ 在 obproxy.log 中查看 SQL 语句详细信息。

对于无法复现的错误或者不适合通过 SHOW TRACE 命令定位的场景，可以通过 OBProxy 日志定位，示例如下。

```
OceanBase(admin@test)>insert into t1 values('a', 'a');
ERROR 1366 (HY000): Incorrect integer value
```

首先通过连接串中的 IP 地址找到 OBProxy 所在的服务器，在 log 目录的 OBProxy 的日志中，会记录出错语句对应的错误码和错误信息。可以通过错误码或错误信息来搜索错误语句。

通过错误信息搜索错误语句的示例如下。

```
[admin@hostname log]$ fgrep 'Incorrect integer value' obproxy.log
```

OBProxy 的错误日志中还记录了服务器的 IP 地址和 trace_id，可以登录报错的服务器，并通过 trace_id 在 observer.log 中进行定位。

7.2.2　OceanBase 视图

OceanBase 视图分为数据字典视图和性能视图，分别用来展示数据字典和数据库运行情况。

1. 数据字典视图

数据字典视图将系统表、数据字典的信息进行加工，将系统表数据解码为有用的信息，例如将用户名或者表名作为连接键和 WHERE 子句的过滤条件来简化系统表信息。根据访问权限不同，数据字典视图分为系统租户数据字典视图和租户级数据字典视图。系统租户数据字典视图是指只有系统租户（sys）才能访问的数据字典视图，用于显示整个数据库的元数据信息和系统状态信息，包括表、列、索引、用户、角色、权限等。这些视图通常存储在系统表空间中，是只读的，不能修改或删除；租户级数据字典视图是指普通用户和租户管理员可以访问的数据字典视图，用于显示当前租户的元数据信息和系统状态信息，不能显示其他租户的信息，包括表、列、索引、用户、角色、权限等。这些视图通常存储在用户表空间中，是只读的，不能修改或删除。

Orcale 兼容模式与 MySQL 兼容模式在数据字典视图方面有极大的差别。

◎ Oracle 兼容模式下的所有数据字典都有特定的前缀。前缀为 ALL_的视图用于用户对数据库的整体概览。除了用户拥有的 Schema 对象，这些视图还返回公开或显式授权给用户的 Schema 对象。前缀为 DBA_的视图显示整个数据库中的所有相关信息，需要使用管理员权限访问。普通数据库用户最常用的是前缀为 USER_的视图，这些视图通常不包括 OWNER 列。

◎ MySQL 兼容模式下的数据字典视图包含 INFORMATION_SCHEMA.*相关视图、OCEANBASE.CDB/DBA 前缀的视图，以及 MYSQL.*视图。INFORMATION_SCHEMA 可以访问 MySQL 租户中的数据库元数据（例如数据库或表的名称、列的数据类型或访问权限），有时也叫作数据字典或系统目录。带有 MYSQL.*前缀的视图都是系统视图，包含存储 OceanBase 的 MySQL 兼容模式下服务器运行时所需信息的表。DBA_* 视图可用于获取当前租户的部分数据库对象的信息。在 OceanBase 中，系统租户的 CDB 前缀的视图可用于获取当前集群所有租户的部分数据库对象的信息。

2. 性能视图

性能视图在打开和使用数据库时不断更新，由数据库服务器维护，其内容与性能有关，所以又被称为动态性能视图。Oracle 兼容模式和 MySQL 兼容模式的视图命名规则一致，区别在于 Oracle 兼容模式的性能视图在 sys 表空间下，而 MySQL 兼容模式的性能视图在 OceanBase 库下。

动态性能表的名称以 V$开头。在这些表上创建视图，然后使用前缀为 V$的公共同义词。例如，V$DBLINK 视图包含有关 Database Link 的信息。

V$视图通常有对应的 GV$视图，即全局 V$视图。在 OceanBase 集群中，查询 GV$视图将返回所有符合条件的 V$视图信息。

在 OceanBase 4.0 版本中，性能视图的命名有极大的变化，OceanBase 特有的视图在视图名称前增加了"OB_"，如 OceanBase 3.0 版本中的 V$PLAN_CACHE_STAT 视图在 OceanBase 4.0 版本中叫作"V$OB_PLAN_CACHE_STAT"。

7.2.3　OCP 白屏管理

OceanBase 支持使用 OCP 对 OBServer 集群、OBProxy 集群、主机服务器进行白屏管理和监控。OBServer 集群中部署的租户可以是兼容 Oracle 租户，也可以是兼容 MySQL 租户，兼容 Oracle 租户和兼容 MySQL 租户的底层架构相同，只是在 SQL 语法层面做了不同的兼容。因此，OCP 可以按照统一标准对 MySQL 形态数据库、Oracle 形态数据库进行监控和管理，这有助于降低数据库运维成本。OCP 的架构如图 7-6 所示。

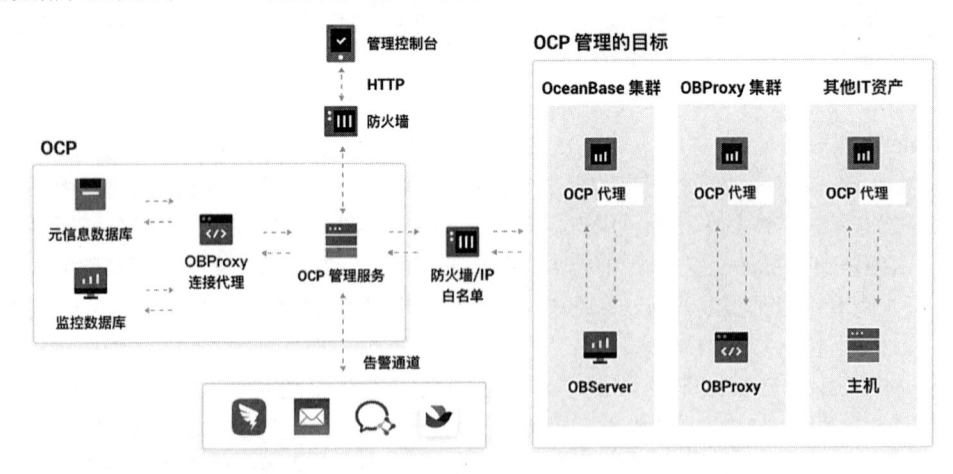

图 7-6　OCP 的架构

可以看到，OCP 架构主要包括 OCP 代理（OCP Agent）、OCP 服务（OCP Server）、元信息数据库（MetaDB）、监控数据库（MonitorDB）、管理控制台（Web Console）等组件，它们的定义和功能分别如下。

- OCP 代理程序通常安装在计算环境中受监视的所有主机上（含物理主机和虚拟主机等）。代理程序通过管理控制台进行统一的部署和升级，用于控制目标主机的启停、远程执行任务和收集指标等，然后将可用性、指标和任务状态等信息提供给 OceanBase 云平台管理服务。
- 管理服务是基于 Java 的应用程序。它与管理代理和元信息数据库通信，以便收集和存储远程主机上的信息。此外，管理服务还可以与 OceanBase 集群通信，用于远程执行对 OceanBase 的运维命令。
- 元信息数据库也被称为元信息库，用于存储代理程序收集到的所有信息。元信息数据库存储目标主机、数据库集群、租户、数据库实例、数据库用户、调度任务和软件版本等信息。在安装 OCP 代理程序前，元信息数据库已经存在。元信息数据库实际上也是一个 OceanBase。
- 监控数据库用于存储 OCP 采集的监控数据。它存储了主机、集群、租户、会话、SQL 语句等的性能指标，以及统计和诊断信息等。
- 管理控制台提供用于访问、监控和管理整个数据库集群的 Web 页面。管理控制台还提供了一些有用的数据大盘，方便用户登录后直接查看重要信息。

OCP 提供以下功能。

- 资源管理：提供 OceanBase 集群、租户、主机、软件包等资源对象的全生命周期管理，包括管理、安装、运维、性能监控、配置、升级等。
- 监控告警：全局监控及告警设置，支持所有资源对象不同维度的、实时准确的监控告警需求，支持自定义告警，满足定制化的告警需求。
- 备份恢复：支持集群和租户表级别的全量备份、增量备份及日志备份，支持周期性备份任务、多地备份，支持在备份周期内任意时间点的恢复，支持多种云平台的备份恢复。
- 自治服务：在日常运维过程中，在"发现—诊断—定位—优化/应急"的链路上更好地进行人工或者自动化处理，极大地降低了用户运维 OceanBase 的成本。

OCP 监控采集分为主机、OceanBase 集群、租户三个维度，采集的详细信息如下。

- 主机维度：对管理的所有主机进行基础监控信息的采集，包括 CPU、内存、I/O、网络等。
- OceanBase 集群（OceanBase 与 OBProxy）维度：针对 OceanBase 提供的监控指标进行采集，能以不同的维度进行聚合查询，包括租户、OBProxy 集群、Zone、OBServer 集群、SQL 语句信息等。

◎ 租户维度：QPS、RT、TPS、事务响应时间、会话数、租户 CPU 消耗、租户线程使用率、内存使用率、MemStore 使用百分比、Clog 同步延时、物理 I/O 次数等。其中，QPS、RT、TPS 是租户性能的重要指标。

OCP 实战技巧如下。

◎ 修改 MetaDB 配置，允许租户创建小 Unit（内存小于 5GB 的 Unit）。该设置默认为 false，因此需要修改 MetaDB 配置，否则 OCP 无法识别。具体步骤如下。

（1）获取 MetaDB 密码。

```
使用 root 用户登录 OCP 所在服务器，在/root/t-oceanbase-antman/tools/下有一个 getpass.sh 脚
本可以获取密码
cd /root/t-oceanbase-antman/tools/
./getpass.sh  --获取密码
```

（2）登录 MetaDB。

```
obclient -h29.30.194.84 -P2883 -uroot@ocp_meta#obcluster -p
obclient -h<OCP 分配的 IP 地址> -P2883 -uroot@ocp_meta#obcluster -p' nNzbt5I1@W'
use ocp
```

（3）查询 ocp.operation.ob.tenant.allow-small-unit 配置，允许使用小 Unit。这个参数默认为 false，在特殊情况下，例如 demo 演示等非生产环境，可以将其改为 true，这样就可以创建内存小于 5GB 的租户。

```
select * from config_properties where `key` like '%small%'\G;
update config_properties set value='true' where `key` like '%small%';
-- ocp.operation.ob.tenant.allow-small-unit  OceanBase 的版本大于或等于 2.0.0 时，是否
允许使用小 Unit。
```

◎ 在 OBProxy 管理→参数管理模块，可以修改 OBProxy 集群参数，建议在 OCP 进行白屏修改，这样会更新集群所有 OBProxy 节点的参数值，如图 7-7 所示。如果采用黑屏方式修改 OBProxy 集群参数，那么没有办法同时更新所有 OBProxy 节点的参数值，只能逐个登录并修改集群中的 OBProxy 节点，工作量大，一旦修改参数值过程中遗漏了 OBProxy 节点，就可能造成生产隐患。

◎ 在路径告警→集群→租户→会话管理/事务诊断/性能监控/SQL 诊断下，可以监控慢 SQL 语句、高开销 SQL 语句、并行 SQL 语句和可疑 SQL 语句，如图 7-8 所示。

◎ OCP 可以根据 SQLID 对暂时无法修改应用程序的高开销 SQL 语句绑定执行计划或实施限流，如图 7-9 所示。

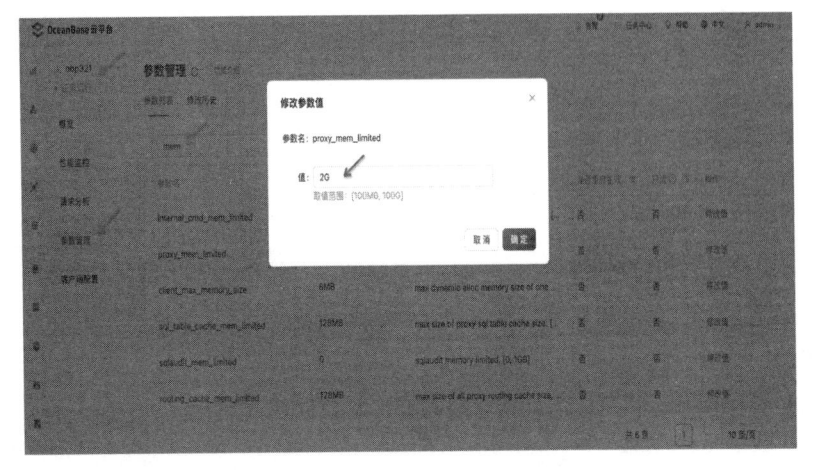

图 7-7　修改 OBProxy 参数示意图

图 7-8　SQL 语句性能瓶颈监控示意图

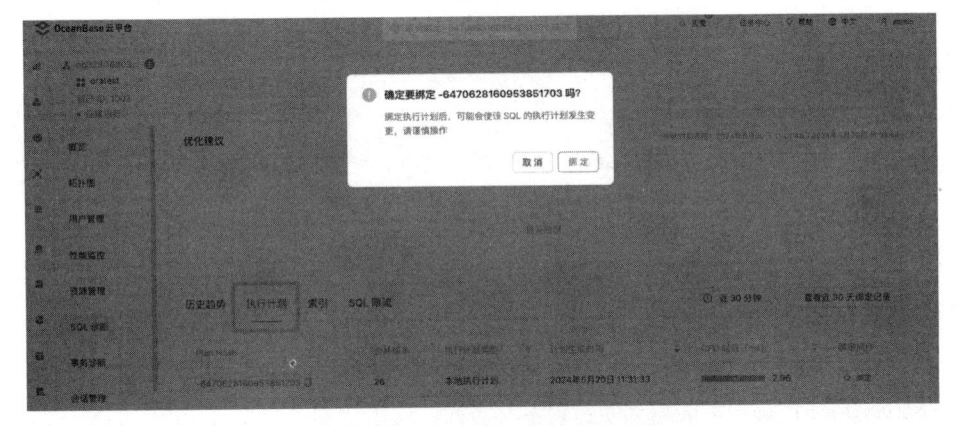

图 7-9　绑定 SQL 语句执行计划示意图

7.3 OBServer 启动停止操作内幕

通常情况下，一台物理机只部署一个 OBServer。在 OceanBase 内部，OBServer 由其 IP 地址和服务端口唯一标识。

7.3.1 OBServer 的启动

OBServer 可以通过/home/admin/oceanbase/bin 目录下的 observer 命令启动，启动选项如下。

```
-p 参数用于指定直连端口号，一般是 2881
-P 参数用于指定 RPC 端口号，一般是 2882，OceanBase 用于底层内部通信
-n 参数用于指定集群名
-z 参数用于指定启动的 Zone
-d 参数用于指定数据的存储目录
-l 参数用于指定日志打印级别
-o 参数用于指定启动配置项
```

在 OBServer 的日志中，我们可以查看 OBServer 进程的启动信息，OBServer 进程启动从"observer starts"关键字开始，以"observer start service"关键字结束。

OBServer 有如下几个主要阶段。

```
start to init observer
success to init observer // 初始化成功
start observer begin
server instance start succeed // OBServer 启动成功
...
Refresh all user tenant schema successfully // 所有租户 schema 刷新成功
all tenant replay log finished, start to service // 日志回放成功
observer start service // 提供服务
```

可以通过 grep -rn "OBSERVER_NOTICE" log/observer.log 指令查看详细启动日志。查看过程中注意关注[OBSERVER_NOTICE]，其后会展示 OBServer 的启动过程。同时可以通过如下指令查看关键服务是否启动成功。

◎ 弱读服务成功。

```
grep -rn".*WRS.*current tenant start service successfully(tenant_id" observer.log
```

◎ schema 刷新成功。

```
grep -rn "Refresh all user tenant schema successfully" observer.log
```

◎ 日志回放成功。

```
grep -rn "all tenant replay log finished, start to service" observer.log
```

OBServer 启动过程中可能遇到的错误多种多样，这里梳理了几个有代表性的错误案例。

（1）log pool 初始化空间不足（-4290），报错信息如下。

```
[2023-09-0719:53:22.722219] ERRORissue_dba_error (ob_log.cpp:1848)
[67930][observer][T0][Y0-0000000000000000-0-0] [lt=1][errcode=-4388]
Unexpectedinternalerrorhappen, pleasecheckouttheinternalerrcode(errcode=-4290,
file="ob_server_log_block_mgr.cpp", line_no=1121, info="::fallocate
failed")8549:[2023-09-0719:53:22.722219] ERRORissue_dba_error (ob_log.cpp:1848)
[67930][observer][T0][Y0-0000000000000000-0-0] [lt=1][errcode=-4388]
Unexpectedinternalerrorhappen, pleasecheckouttheinternalerrcode(errcode=-4290,
file="ob_server_log_block_mgr.cpp", line_no=1121, info="::fallocate failed")
```

我们在处理 log pool 初始化空间不足的问题时，要确保系统对其分配了足够的内存，然后通过增加 log pool 的内存配额，如在 observer_system_vars.conf 或相应的配置文件中增大 log_size_limit 的值来解决问题。

（2）启动用户问题，报错信息如下。

```
Fail check_uid_before_start, please use the initial user to start observer
```

要求启动用户是 etc 目录同属主用户。通常是 admin 用户启动，但是开源版本默认不是 admin 用户启动。

（3）端口冲突（-4004），报错信息如下。

```
566206:[2023-09-08 11:30:24.219492] WDIAG [RPC.OBMYSQL] init_listen
(ob_sql_nio.cpp:684) [98748][observer][T0][Y0-0000000000000000-0-0]
[lt=69][errcode=-4004] listen create fail(ret=-4004, port=44281, errno=98,
errmsg="Address already in use")
...
566210:[2023-09-08 11:30:24.220155] EDIAG [SERVER] start
(ob_srv_network_frame.cpp:230) [98748][observer][T0][Y0-0000000000000000-0-0]
[lt=6][errcode=-4004] sqlnio server start failed(ret=-4004) BACKTRACE:0x117cb88c
0x113c2ce8 0x6e49b14 0x6e497db 0x6e494d4 0x6e42621 0x9ca5c85 0x9ca567c 0x9fea8a1
0x6e43aed 0x7f6242ae3555 0x5101aff
```

可使用操作系统提供的工具（如在 Windows 上的 netstat -ano | findstr <端口号>，在 Linux/UNIX 上的 netstat -tulnp | grep <端口号>）来查看该端口是否被其他进程占用。如果已被占用，那么可以选择结束占用该端口的进程或更改 OBserver 配置中的端口号。

（4）SSTable 损坏，报错信息如下。

```
start_1.log:[2023-08-30 10:54:41.052577] WDIAG [STORAGE.BLKMGR] do_check
(ob_block_manager.cpp:68) [50422][observer][T0][Y0-0000000000000000-0-0]
[lt=32][errcode=0] get super block(ret=0, super_block_={header:{version:1,
magic:1018, body_size:83, body_crc:-1758416432},
body:{Type:"ObServerSuperBlockBody", create_timestamp:1693298460774924,
modify_timestamp:1693298460774924, macro_block_size:2097152,
total_macro_block_count:102400, total_file_size:214748364800,
```

```
replay_start_point:ObLogCursor{file_id=1, log_id=1, offset=0},
tenant_meta_entry:[-1](ver=0,mode=0,seq=0)}})
```

该问题需要进行多方面的排查，如检查目录权限，确保 admin 用户具有足够的权限访问 OBServer 目录；是不是首次启动，需要确认/home/admin/oceanbase/store/目录是否存在以及相关的软连接是否正确设置；调查 OBServer 之前是否有断电或宕机发生，这需要检查文件系统是否损坏，如果发现基线数据损坏，那么需要清理 OBServer 并重新加入集群。

（5）schema 刷新问题。可以通过 grep -rn "Refreshing user tenant schema, need to wait" observer.log 指令查看错误信息，一般是每 10s 刷新一次。

（6）log replay 问题。首先要确保弱读服务可用，所以要 replay log 才能 start service。start_service_time 更新的前提是本机所有日志流的备机读时间戳不能落后太多，一般是 5s 以内。

observer.log 中的"waiting log replay..."关键字是租户等待回放的标志，可以每 5s 执行一次以下命令，根据 delta 判断回放进度。

```
grep -rn "waiting log replay..." observer.log
```

执行以下命令查看具体的日志流以及时间点。如果是动态的，则说明还在回放中。

```
grep -rn "current ls can not start service, waiting for replaying log" observer.log
```

observer.log 中的" current tenant start service successfully"关键字是租户启动服务成功的标志，可以执行以下命令确认租户启动服务成功。

```
grep -rn "current tenant start service successfully" obserser.log
```

observer.log 中的" check log replay and user tenant schema finished "关键字是所有业务租户 schema 刷新和日志重放结束的标志，这个标志后面是耗时，可以执行以下命令确认所有业务租户 schema 刷新和日志重放结束，并查看耗时信息。

```
grep -rn "check log replay and user tenant schema finished" observer.log
```

相较于 OceanBase 3.X 版本，OceanBase 4.X 版本在数据库日志可读性和参数上做了优化，方便问题定位。

◎ 新增 log_disk_percentage 的报错信息 OB_ALLOCATE_DISK_SPACE_FAILED。Clog 日志目录是预占式的，如果不设置，则容易导致初始化不成功。增加该日志后，可以方便问题定位。示例如下。

```
8549:[2023-09-07 19:53:22.722219] ERROR issue_dba_error (ob_log.cpp:1848) [67930][observer][T0][Y0-0000000000000000-0-0] [lt=1][errcode=-4388] Unexpected internal error happen, please checkout the internal errcode(errcode=-4290, file="ob_server_log_block_mgr.cpp", line_no=1121, info="::fallocate failed")
```

◎ 将旧版本的 NOTICE 更新为 OBSERVER_NOTICE。"scan process bar"成为历史，取而代之的是" waiting log replay... "。

- 磁盘仍然是预占式的，但是新增了 datafile_next 参数，可以自动扩展。datafile_maxsize 参数控制上限。
- 在 OceanBase 4.X 版本中，每个租户每 30s 输出一次 dump tenant info 日志，对于 OceanBase 3.0 及以下版本，每 10s 输出一次。

7.3.2 OBServer 的停止

目前，OceanBase 还没有关闭进程的命令，一般使用 kill(-15,-9) 来关闭 OBServer。kill -15 可能导致线程退出前受阻，进而影响 OceanBase 的关闭，所以更建议使用 kill -9 命令，OBServer 内部会保证 OBServer 进程再次启动后的正常运行。

7.4 OceanBase 日常管理操作

本节归纳总结了 OceanBase 的日常管理操作，以帮助用户高效地管理和维护系统的稳定运行。

7.4.1 集群运维管理

本节主要介绍一些对 Zone 的管理维护操作，相关语句仅支持在 sys 租户上执行。

（1）查看 Zone 的状态。

```
select * from __all_zone ;
```

（2）启动或停止 Zone。

```
ALTER SYSTEM {START|STOP|FORCE STOP} ZONE [Zone_Name];
示例 1: ALTER SYSTEM START ZONE Zone1;
示例 2: ALTER SYSTEM STOP ZONE Zone1;
```

在集群中启动或停止 Zone 的操作通常用于允许或禁止 Zone 内的所有 OBServer 节点对外提供服务的场景。如果在停止 Zone 以后 OBServer 服务进程还存在，那么执行启动 Zone 命令可以检测到 OBServer 服务进程存在，此时不会启动额外的 OBServer 服务进程。

（3）修改 Zone 信息。

```
ALTER SYSTEM {ALTER|CHANGE|MODIFY} ZONE [Zone_Name] SET [Zone_Option_List];
Zone_option_list : region , IDC, Zone_type (READONLY, READWRITE)
```

（4）添加 Zone 信息。

```
ALTER SYSTEM ADD ZONE [Zone_Name] [Zone_Option_List];
```

（5）删除 Zone 信息。

```
ALTER SYSTEM DELETE ZONE [Zone_Name];
```

在删除 Zone 信息时，如果 Zone 中存在 OBServer 节点则删除失败。报错示例：ERROR 4668 (HY000): The zone is not empty and can not be deleted. You should delete the servers of the zone. There are 1 servers alive and 0 not alive.

（6）隔离有故障的 Zone。

```
ALTER SYSTEM ISOLATE ZONE [Zone_Name];
```

7.4.2 OBServer 运维管理

（1）查看 OBServer 的信息。

```
select * from __all_server ;
select * from __all_server_event_history;
```

（2）管理 OBServer 的状态。

进程启动后，集群中的 OBServer 作为节点单元，与 Zone 的管理类似。

◎ Start Server 操作。

```
ALTER SYSTEM START SERVER 'ip:port' [,'ip:port'…] [ZONE='zone']
示例：alter system start server '192.168.100.1:2882'
```

◎ Stop Server 操作。

```
ALTER SYSTEM STOP SERVER 'ip:port' [,'ip:port'…] [ZONE='zone']
示例语：alter system stop server '192.168.100.1:2882' zone='z1'
```

需要注意的是，在 OceanBase 中，OBServer 的 stopped 状态并非等价于进程退出，进程可能仍然在运行，仅仅是集群认为该节点为 stopped 状态。如果需要操作 OBServer 进程，那么需要登录 OBServer 所在的宿主机。

（3）查看 OBServer 进程。

```
ps -ef |grep observer
```

（4）启动 OBServer 进程。

```
cd /home/admin/oceanbase/
./bin/observer [启动参数]
```

使用 ./bin/observer --help 查看 OBServer 启动参数的详细信息。

由于增删改数据均在内存中进行，OBServer 进程启动后需要将 Clog 日志或 SSTable 基线数据与其他副本同步，并通过 Clog 日志回放的方式恢复上一次合并后的内存数据，才能提供服务。如果 OBServer 的停机时间为分钟或小时级别，那么通常只需要同步 Clog 日志。如果 OBServer 停机时间达到天级别，Clog 日志落后太多，那么先同步 SSTable 基线数据，再同步合并后的 Clog 日志。整个过程的回放时间取决于内存中的数据量，可能需要数分钟。可以在停止 OBServer 服务前执行 "alter system minor freeze;" 语句进行转储操作，以加快 OBServer 服务恢复过程。

（5）停止 OBServer 进程。

```
kill -15 `pgrep observer`
kill -9 `pgrep observer`
```

先尝试通过 kill -15 命令"杀掉"OBServer 进程，等待 1 分钟，如果进程没有退出，则可以通过 kill -9 强制杀掉 OBServer 进程。此后，可以连接到其他节点查看 __ALL_SERVER 表，确认被"杀掉"的服务器的状态已经变为 inactive。

7.4.3 停机运维

服务器进行运维操作时，需要先停止 OceanBase 服务进程。

◎ 确定运维时长，如果大于 1 小时但小于 1 天，那么为了避免服务恢复后的同步操作，需要通过系统租户登录数据库设置永久下线时间。具体命令如下。

```
alter system set server_permanent_offline_time = ' 86400s'
```

◎ 将服务从当前 OBServer 切换至其他 OBServer，以保证对业务没有影响。如果该 OBServer 为主节点，数据库会自动进行切换主节点操作。

```
alter system stop server 'IP地址:2882';
```

◎ 检查主副本是否切换至其他 OBServer 中，若全部切换完成，那么以下 SQL 语句的返回值应为 0。

```
select count(*) from __all_virtual_table t,__all_virtual_meta_table m where
t.table_id=m.table_id and role=1 and m.svr_ip=' IP地址' ;
```

◎ 停止进程。

```
kill -15 <observer pid>
```

相关服务器运维操作结束后，需要恢复 OceanBase 服务进程。具体操作如下。

（1）开机。

（2）检查 NTP 时钟同步状态和服务运行情况。

检查服务器 NTP 时钟同步情况，是因为 OceanBase 从分区的多个副本中选出主副本对外提供服务时，需要检测集群内的时钟偏差。为避免 Paxos 的活锁问题，OceanBase 采用一种基于时钟的选举算法选主。OceanBase 3.X 版本容忍的集群内时钟偏差为 100ms。Paxos 选举协议会检查每个消息在发送端和接收端的时间差（即消息的延时），并且设置了允许的最大延时（100ms×2+200ms=400ms），同时考虑了 2 台服务器间的时钟延时上限（100ms）和 RPC 延时上限（200ms）。当延时超过上限后，消息就被认为是过期消息，会被选举模块忽略。

检查 NTP 时钟同步的方法为 ntpq -p，输出的 offset 应小于 50ms。OceanBase 4.X 版本允许的时钟偏差可以达到 2s，同时支持动态修改时钟，不会对数据正确性和集群稳定运行带来影响。

（3）使用 admin 用户启动 OBServer 进程。

（4）通过系统租户登录数据库，启动服务器。

```
alter system start server 'IP地址:2882';
```

启动完成后，检查__ALL_SERVER 表，如果 OBServer 的 status 字段值为 active 且 start_service_time 的字段值大于 0，则表示该 OBServer 已正常启动并开始提供服务。

（5）将永久下线时间改回默认值 3600s。

```
alter system set server_permanent_offline_time = '3600s'
```

7.4.4 替换故障节点

当服务器节点发生故障时，需要及时恢复故障节点，以保证数据库高可用能力不会降级。当存在冗余资源时，可以通过替换故障节点的方式，快速恢复服务，具体操作步骤如下。

（1）通过系统租户登录数据库，执行 stop server 命令，并确保主副本切换至其他 OBServer 服务器。

```
alter system stop server 'IP地址:2882';
```

（2）为目标 Zone 添加新的服务器。

```
alter system add server 'IP地址:2882' ZONE 'zone1';
```

（3）下线故障服务器。

```
alter system delete server 'IP地址:2882' ZONE 'zone1';
```

OceanBase 会自动将从 OBServer 服务器下线的 Unit 迁移至新添加的 OBServer 上。

（4）检查__ALL_SERVER 表的服务器状态，确认旧 OBServer 的信息已经不存在。

7.4.5 容量不足问题

作为一款准内存数据库，除了常规的存储容量不足，OceanBase 还要考虑内存容量不足的问题。

OceanBase 的任何写操作都需要消耗内存资源，只有合并和转储操作能够释放内存资源，所以当合并和转储速度长时间低于内存消耗速度时，内存将被耗尽，服务能力归零。常见的解决方案如下。

- ◎ 增加租户内存。
- ◎ 调整转储合并的策略，让 MemStore 能够更加及时地把脏数据写到磁盘上，然后将内存释放出来。
- ◎ 写入限流，按照内存余量对上层写入速度限流，以此提供更加平滑的用户体验。

针对存储容量不足的问题，主要的思路就是清理日志文件或扩容。清理日志文件包括 OBServer 的程序运行日志和 Clog 日志。

1. Clog 日志写满

Clog 日志盘使用率达到 95%后自动停止写入，无法再接收日志。具体阈值可以通过配置 clog_disk_usage_limit_percentage 进行调整，默认为 95；当 Clog 日志盘使用率达到 80%后，开始尝试复用。Clog 日志复用需要满足一定的条件。必须保证日志文件中所有分区对应的日志位点均转储完成，才能保证在发生故障时数据不会丢失。同时还有一些可选条件：（a）保证归档需求；（b）保证一阶段提交需求；（c）保证日志型副本需求。

清除 Clog 日志时不能直接删除 Clog 日志文件，这样可能会删除未转储的数据。应当首先临时提升阈值，观察是否有追加的 Clog 日志，并观察不同步的 Clog 日志数量是否减少。Clog 日志清理完成后，将阈值调回默认值。在通常情况下，Clog 日志盘使用率处于 79%时是稳定态。

2. 数据文件盘写满

对于数据文件盘写满，即真正的基线静态数据 SSTable 所在的磁盘写满，只能通过扩容或者清理过期数据、回收站的方式解决。

需要注意的是 data_disk_usage_limit_percentage 参数，该参数用于设置数据文件最大可以写入的百分比，默认为 95，表示数据盘使用率达到 95%后，加副本或者迁移 Unit 任务就会暂停。

一旦主机磁盘空间写满，合并状态报 ERROR 错误，OBServer 就没有办法自动恢复了，只能通过 DROP/ADD SERVER 补副本的方式来修复。

为避免磁盘空间写满的问题，可以排查在 OceanBase 合并过程中是否存在写入放大现象，即旧的 SSTable 只有在转储/合并完成之后才会释放。这意味着在合并过程中，如果宏块不能重用，那么在最坏的情况下可能需要占用 2 倍分区大小的存储空间。对于一些超大的分区及空间不足的场景，可能存在风险。

当然，也可以通过设置一些参数进行监控告警，例如在 OCP 中设置 ob_host_data_disk_percent_over_threshold 参数，一旦主机数据目录磁盘使用率超限就会发出告警，默认阈值为 97%。

7.5 数据库监控

OceanBase 的系统监控功能全面描绘了系统的运行状态，通过精准捕捉并分析各类监控数据，为准确评估系统（包括集群、租户、会话层面）的健康状况与性能表现提供了依据。系统监控指标包括集群、租户、会话和 SQL 语句等多个维度，对多样化的监控信息进行汇总，以满足不同场景的需求，包括系统监控、故障诊断、SQL 语句分析等。

OceanBase 目前包括 14 个大类，600 多个监控项，涵盖网络、请求队列、事务、SQL 语句、缓存、存储、资源配额、日志关键执行信息。在这些监控项中，部分指标对实时性要求较高，例如 QPS、TPS、QPS_RT、TPS_RT、Active_sessions 等，对于这类信息，OceanBase 支持秒级采集。对于其他信息，支持分钟级采集。

可以通过查看 GV$SYSSTAT 视图了解具体的监控项。在 OceanBase 4.0 版本中，主要包括以下 14 个大类：网络、请求队列、事务、SQL 语句、缓存、存储、资源、日志、Clog、选举、OBServer、Root Service、Analyze Report、TableAPI。

7.5.1 常见监控方法

每当一个 OBServer 启动后，其对应的 v$系列视图便可用于诊断查询。与 v$相关视图相比，GV$视图的不同之处在于，它汇总了集群中所有的 OBServer 查询结果并返回。对于等待事件和统计事件相关字段，时间类型单位如无特殊说明为 μs。

下面将介绍一些常见的监控方法。

1. 实时监控 Zone 状态

```
select * from __all_zone;
```

需要关注 is_merge_error 对应的 value 是否为 0，如果不为 0，则表示存在合并报错；关注 status 是否全为 ACTIVE，如果不是则表示该 Zone 没有正常工作。

2. 实时监控服务器状态

```
select zone, svr_ip, status from __all_server;
```

查看是否所有 server 状态都为 active。当服务器处于 inactive 状态时，说明对应服务器发生宕机 / 断网，或该主机的 OBServer 进程已退出。在这种情况下，应登录到相应的服务器上检查，并启动对应的 OBServer 服务。也可以通过检查 start_service_time / last_offline_time 判断服务是否正常运行。

3. 实时监控资源分配率

```
select zone, svr_ip, cpu_assigned_percent, mem_assigned_percent,
disk_assigned_percent from __all_virtual_server_stat;
```

如果某个 Zone 中所有服务器的某项指标（如 cpu_assigned_percent、mem_assigned_percent）都较高（如大于 90），那么后续添加租户或扩容租户资源时可能会因资源不够而执行失败，可以考虑进行集群扩容。

4. 实时监控服务器剩余资源

```
select b.zone, a.svr_ip, a.cpu_total, a.cpu_assigned cpu_ass, a.cpu_assigned_percent
cpu_ass_percent,round(a.mem_total/1024/1024/1024, 2) as mem_total,
round(a.mem_assigned/1024/1024/1024, 2)
mem_ass,round((a.mem_total-a.mem_assigned)/1024/1024/1024, 2) as
mem_free,a.mem_assigned_percent mem_ass_percent from __all_virtual_server_stat
a,__all_server b where a.svr_ip = b.svr_ip order by zone,cpu_assigned_percent desc;
```

5. 实时监控内存使用情况

```
select * from gv$memory where used>0;
```

GV$MEMSTORE 视图用于展示当前租户在所有 OBServer 上各个模块的内存使用情况，该视图基于 __ALL_VIRTUAL_MEMORY_INFO 创建，CONTEXT 对应模块名；COUNT 表示分配内存的次数，每次为该模块分配内存时 COUNT 值均会加 1；USED 表示模块使用的内存大小。

6. 实时监控 MemStore 使用情况

```
select * from gv$memstore;
```

GV$MEMSTORE 视图用于展示当前租户在所有 OBServer 上 MemStore 的信息，该视图基于 __ALL_VIRTUAL_TENANT_MEMSTORE_INFO 创建。active 表示活跃 MemTable 占用的内存；total 表示 MemStore 整体占用的内存，包括 active+frozen MemStore；freeze_trigger 表示触发冻结的内存大小。

7. 实时监控磁盘空间

```
select svr_ip, total_size/1024/1024/1024 total_G, free_size/1024/1024/1024 free_G,
(total_size - free_size) /1024/1024/1024 used_G from __all_virtual_disk_stat;
```

free_G 通常大于 800，根据实际配置情况会有区别。如果所有服务器都小于此值，则说明集群存储空间不够，应考虑集群扩容。

8. 实时监控检查租户分区表情况

```
select tenant_id, svr_ip, unit_id, table_id, sum(data_size) /1024/1024/1024 size_G
from __all_virtual_meta_table group by 1, 2, 3, 4;
```

__ALL_VIRTUAL_META_TABLE 记录了副本信息，可按租户、表统计磁盘空间使用情况。如果租户某 Unit 磁盘空间占用过多，例如大于 4TB，则应考虑增加租户 Unit。如果单表磁盘空间占用过多，例如大于 200GB，则应考虑对表进行分区。需要注意的是，__ALL_VIRTUAL_META_TABLE 中记录的信息只包含 SSTable 磁盘空间占用情况，不含 MemTable 内存中的数据。

9. 查看 SQL 语句执行情况

GV$SQL_AUDIT 视图用于展示所有 Server 上每次 SQL 请求的来源、执行状态等信息。该视图的功能极为强大。这里仅介绍一些常见的监控命令。

◎ 检查特定租户下 Top 10 的 SQL 语句执行时间。

```
select sql_id, query_sql,count(*), avg(elapsed_time), avg(execute_time),
avg(queue_time), avg(user_io_wait_time) from gv$sql_audit where tenant_id=1002 group
by sql_id having count(*)>1 order by 5 desc limit 10\G;
```

◎ 检查特定租户下消耗 CPU 最多的 SQL 语句。

```
select sql_id, avg(execute_time) avg_exec_time, count(*) cnt,
avg(execute_time-TOTAL_WAIT_TIME_MICRO) cpu_time from gv$sql_audit where
tenant_id=1002 group by 1 order by avg_exec_time * cnt desc limit 5;
```

10. 查看 SQL 语句相关统计信息

系统监控视图 GV$SQL 记录所有租户在 OBServer 上的 SQL 语句的统计信息，每个执行计划都对应表中的一行数据。

11. 查看缓存执行计划的统计信息

系统监控视图 GV$OB_PLAN_CACHE_PLAN_STAT 记录所有 OBServer 上当前租户缓存执行计划的统计信息，可以通过该表找到 TopSQL。每日合并（Merge）会触发计划淘汰，这个表会被更新，因此只能看到当天的信息。

12. 查看缓存计划的具体信息

系统监控视图 GV$OB_PLAN_CACHE_PLAN_STAT 记录当前租户在所有 OBServer 上的缓存计划的具体信息。每次查询需要提供 tenant_id（租户 ID）、ip（IP 地址）、port（端口号）、plan_id（执行计划 ID），否则将返回空值。

13. 实时监控集群级事件

```
select * from __all_rootservice_event_history order by gmt_create desc limit 10;
```

__ALL_ROOTSERVICE_EVENT_HISTORY 用于记录集群级事件，如 major freeze、合并、服务器上下线、修改 primary_zone 引发的切主操作、负载均衡任务执行等，会保留最近 7 天的记录。

如果发现一台服务器宕机，想要确认 OceanBase 探测到此服务器宕机的时间点，那么可以执行以下 SQL 语句。

```
select * from __all_rootservice_event_history where module = 'server';
```

14. 实时监控服务器级事件

__ALL_SERVER_EVENT_HISTORY 用于记录服务器级事件，如转储、用户发起的系统命令等，保留最近 7 天的记录。

查看转储次数的命令如下。

```
select * from __all_server_event_history where module like '%minor%' order by gmt_create desc limit 10;
```

7.5.2 性能监控

OceanBase 云平台集成了大量的监控能力，并通过可视化的方式呈现。在排查性能问题时应优先在 OceanBase 云平台中的集群入口→性能监控→数据趋势中查看每秒查询率（QPS）和每秒事务处理率（TPS），大致定位问题发生的时间。

同时，OceanBase 云平台会统计 TopSQL 和 SlowSQL，两者都能够有效地排查 SQL 问题。TopSQL 来源于 OceanBase 的内部视图（v$plan_cache_plan_stat），按照执行效率由高到低的顺序对 SQL 语句进行排序，取前 5000 条。SlowSQL 来源于 V$SQL_AUDIT 的 elapsed_time，将

所有超过慢查询阈值的 SQL 语句按消耗时间由高到低进行排序，可以通过调整 trace_log_slow_query_watermark 的值来调整慢查询的阈值，默认的阈值是 100ms。

TopSQL 的查询结果通常可反映出一个 OceanBase 集群/租户/服务器在某段时间内执行的所有 SQL 语句的性能差异，可以定位数据库中性能较差的 SQL 语句。SlowSQL 的查询结果通常可以反映出某条 SQL 语句在不同的时间段的性能变化，可以定位出 SQL 语句性能变化的原因。

OBServer 日志中会输出 slow query 消息，在 OBServer 日志中查找慢查询 SQL 语句的具体命令如下。

```
cd /home/admin/oceanbase/log
fgrep '[slow query]' observer.log |sed -e 's/|/\n/g' | more   <--查看日志中所有的 slow query
grep "<trace_id>" observer.log |sed -e 's/|/\n/g' | more   <---根据 trace_id 查询某个 slow query
```

日志中的 trace_id 与 GV$OB_SQL_AUDIT 里的 trace_id 字段对应，stmt 表示执行的 SQL 语句，u 代表每一步消耗的时间，单位是 μs，total_timeu 表示整个过程消耗的总时间。图 7-10 为一段慢查询日志的例子。

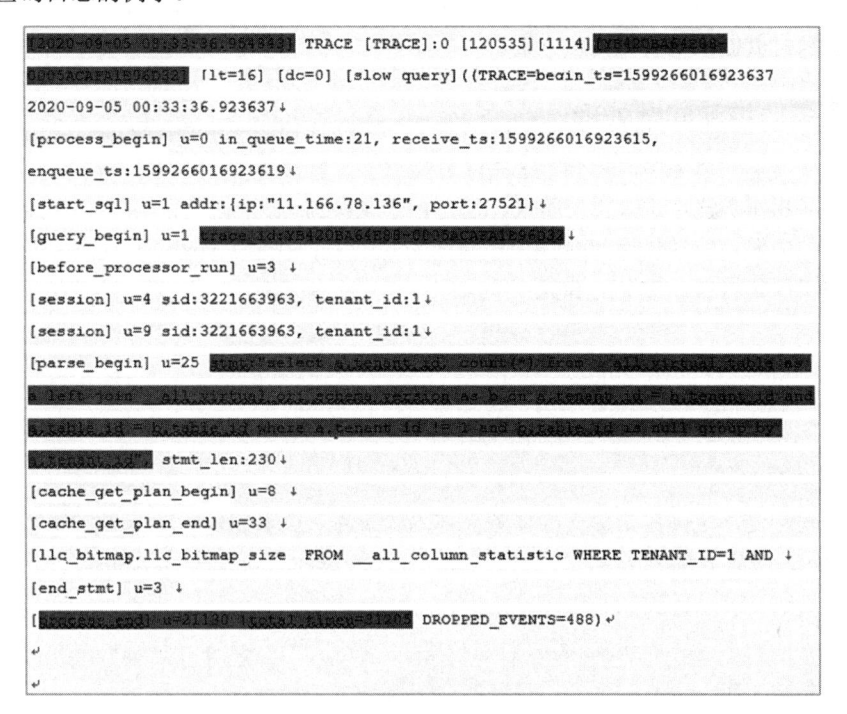

图 7-10　慢查询日志

除了日志，也可以通过 OceanBase 提供的虚拟表 GV$OB_SQL_AUDIT 和 V$SQL_AUDIT 进行查询，V$SQL_AUDIT 和 GV$OB_SQL_AUDIT 中记录最近一段时间 SQL 的执行历史。

V$SQL_AUDIT 记录本机的 SQL 语句执行历史,而 GV$OB_SQL_AUDIT 记录整个集群的 SQL 语句执行历史。

查询某租户执行时间超过 100ms 的 SQL 语句如下。

```
select *
from v$sql_audit
where tenant_id = <tenant id> and elapsed_time > 100000
limit 10;
```

查询 SQL 语句执行时间按秒分布的直方图。

```
select round(elapsed_time/1000000), count(*)
from v$sql_audit
where tenant_id = <tenant_id>
group by 1;
```

7.6 常见异常处理

针对事务处理、内存管理、锁机制、转储合并、Clog 日志操作及主备库同步等常见问题,本节深将入探讨其监控策略与处理方案。

7.6.1 事务监控和问题处理

在数据库常见的事务中,需要特别关注悬挂事务、长事务、大事务。

悬挂事务指事务已经进入提交阶段,但是由于某种原因无法成功提交。OceanBase 云平台中悬挂事务的告警阈值默认为 600s,采集周期为 60s,告警项为 ob_host_exists_expired_trans,该告警项属于严重告警。查询的 SQL 语句如下。

```
Select Count(1)
From __all_virtual_trans_stat
Where part_trans_action > 2
And ctx_create_time < date_sub(now(), Interval 600 Second)
And is_exiting != 1;
```

执行时间超过一定阈值未提交的事务被称为长事务。OceanBase 云平台中长事务的告警阈值默认为 30s,采集周期为 60s,告警项为 ob_server_exists_long_lived_trans,该告警项属于严重告警。查询的 SQL 语句如下。

```
Select Max(timestampdiff(Second, ctx_create_time, current_timestamp)) As
max_trans_duration_seconds
From __all_virtual_trans_stat
Where part_trans_action <= 2
And timestampdiff(Second, ctx_create_time, current_timestamp) >= 30
Having max_trans_duration_seconds Is Not Null;
```

在 OCP 中，如果事务满足下列条件之一，则可以判断为大事务。
- 单个参与者的日志产生量大于 0.5MB，事务参与者为数据库中 Partition 的 Leader。
- 事务已执行时间超过 500ms。

对事务的监控主要涉及表 __ALL_VIRTUAL_TRANS_STAT，事务状态内部表用于监控活跃事务，在监控和问题诊断过程中关注的字段说明如表 7-5 所示。

表 7-5 事务状态内部表字段说明

字 段 名	说　　明
trans_type	事务类型，0 为单分区事务，2 为分布式事务
trans_id	事务唯一标识
is_exiting	事务上下文是否正在退出
is_decided	是否进入两阶段
partition	事务上下文在哪个分区上创建
participants	事务的参与者列表
trans_consistency	0 为强一致性读事务，1 为弱读事务
ctx_create_time	事务上下文创建时间
expired_time	事务上下文超时时间，如果等于创建时间，则说明是回放出来的事务
state	事务的上下文状态，INIT/PREPARE/COMMIT/ABORT/CLEAR（0/1/2/3/4）
part_trans_action	当前语句处于执行阶段，如果为 1，则说明语句的 task 正在执行；如果为 2，则说明语句 task 执行完成；如果为 3，则说明进入了事务提交阶段；如果为 4，则说明事务正在回滚
lock_for_read_retry_count	在 table scan 过程中，是否遇到过锁冲突重试，值越大，表示冲突越严重
pending_log_size	说明事务内存中有多少数据量需要写 Clog 日志
flushed_log_size	说明事务已经有多少数据量多数派同步 Clog 日志

事务问题排查步骤如下。

（1）通过查询事务状态表 __ALL_VIRTUAL_TRANS_STAT，确定当前还未结束的事务上下文状态。

（2）确定事务开启的服务器，再到事务开启的服务器上检索对应的 trace_id，通常可以通过检索 sending error packet 来判断 SQL 语句的具体错误码以及 trace_id。

（3）通过检索 trace_id 对应的上下文可以找到对应事务的 trans_id。

（4）通过 trans_id 来检索和事务本身有关的全部日志。

获取日志后，通过分析报错确定问题的分类。根据事务的最终表现，可以将异常事务分为三类：事务对外报错、事务不结束和会话连接断开。

1. 事务对外报错

事务对外报错又可以分为事务回滚、执行超时、其他报错。

事务回滚的对外错误码均为-6002，内部错误码则为-6224, Transaction need rollback；-6223,

Transaction is exiting；-6211, Transaction is killed；-6213, Transaction context does not exist。针对这类问题，事务的日志中一般会包含 transaction killed success 的信息。在上下文中找到事务被杀的原因，常见检索方法如下。

- ◎ 日志检索关键字 participant leader revoke，判断是否存在 leader revoke 的信息，确认是不是切主导致事务被杀。
- ◎ 日志检索关键字 trans_expired_time，如果 trans_expired_time ≤ 事务被杀的时间，说明是因为事务超时导致的回滚。

执行超时对外错误码均为-4012，内部错误码则为-6212,Statement is timeout；-6210, Transaction is timeout。

对于语句超时的情况，根据 trace id 找到当前语句的 cur_query_start_time，如果超时时间减去 cur_query_start_time 等于 ob_query_timeout，则说明由于语句执行时间过长，达到 ob_query_timeout 阈值设置，触发了语句超时。

对于事务超时的情况，根据 trans_id 获取事务超时的时间。通过 trans_id 中的 t 和事务超时时间的间隔判断事务报错点是否已经到达 ob_trx_timeout。根据前事务的 SQL 语句数目，判断是否出现重试、当前租户队列是否出现堆积，涉及的日志关键字为 dump tenant info。如果超时检查符合预期（执行时间过长），则需要通过 GV$SQL_AUDIT 进一步分析业务模型。

其他报错对外错误码为-4013, No memory or reach tenant memory limit；-4030, Over tenant memory limits；-4121, RPC send error；-4122, RPC post error；-4124, Connect error；-4019, overflow。

其中，No memory or reach tenant memory limit 表示操作系统内存不足，Over tenant memory limits 表示租户内存不足。出现 RPC send error、RPC post error、Connect error 这三类错误码大概率是因为 RPC 出现了问题，需要使用 tsar 查看当时环境的网络状况。通过搜索 EASY SLOW 来检索 EASY 相关的日志，查看是否存在网络延时。如果存在大量 easy slow，则说明网络延时有问题；如果出现 size overflow，那么大概率存在队列积压情况，需要在发生问题时收集 pstack/obstack 信息进一步分析。

2. 事务不结束

根据所处阶段不同，可以将不结束事务分为处于非提交阶段的事务、处于提交阶段的事务和处于回放阶段的事务。这三类事务可以通过分析 __ALL_VIRTUAL_TRANS_STAT 确定，如果 state 为 0，则为处于非提交阶段的事务；如果 state 不为 0 或字段 part_trans_action 为 3，则为处于提交阶段的事务；如果 ctx_create_time 等于 expired_time，则为处于回放阶段的事务。

针对处于非提交阶段的事务，如果 part_trans_action = 1，则说明存在长时间执行未结束的大查询请求。如果 part_trans_action = 2，则说明当前语句执行报错后没有继续重试，或者是新的语句一直没有被执行。通过 dump tenant 查看是否存在租户队列堆积的情况。如果不存在队列堆积，则可能是客户端本身没有发起下一条语句，或 OBServer 端没有回包等问题导致的，建议联系 OceanBase 技术支持进一步分析。如果是事务间的死锁，则需要结合行锁虚拟表分析死锁的情况。如果是语句重试报错，则需要通过 trans_id 搜索事务的所有日志，找到语句重试的原因。

针对处于提交阶段的事务，在 ALL_VIRTUAL_TRANS_STAT 表中，通过 trans_id 找到所有事务参与者（participants）的上下文，选取 state 值最小的参与者，用 trans_id 在 OBServer 日志中搜索事务相关的上下文日志。提交阶段产生未结束事务的原因比较复杂，可能有以下几种。

◎ GTS 刷新问题，可能是无主或 Location Cache 请求失败等原因造成的事务 RPC 发送失败。

◎ 多数派的副本同步问题。

针对处于回放阶段的事务，通过 __ALL_VIRTUAL_TRANS_STAT 表的 partition 字段查找表分区 Leader 所在的服务器。如果 Leader 的参与者的上下文已经结束，则说明当前事务不结束是备机不同步导致的。接着查询 __ALL_VIRTUAL_CLOG_STAT，通过 last_log_id 是否落后来推断副本是否存在日志落后的情况。

3. 会话连接断开

通常有两种情况会导致会话连接断开，一种是会话连接空闲时间超过了 ob_trx_idle_timeout 设定的阈值；另一种是会话无法处理现在的异常。

会话断开问题的排查方法如下。

◎ 搜索 session is kill 关键字找到报错的 session_id。

```
grep 'session is kill' observer.log.2*
```

◎ 通过 session_id 找到对应的报错进行分析。

问题排查分析之后，需要做出相应的处理。针对长事务，可以通过如下步骤处理。

（1）查找 __ALL_VIRTUAL_TRANS_STAT 表 part_trans_action 字段小于或等于 2，且 ctx_create_time 在 10 分钟之前的事务上下文内容。其中，10 分钟的期限可按需求修改。

（2）根据 trans_id 查询 __ALL_VIRTUAL_GLOBAL_TRANSACTION，如果为空，则表明长事务非 XA 事务，按普通事务处理。如果有结果，则对应的结果即为 XA 事务。获取 XA 事务的 XID，在对应的业务租户上使用 dbms_xa.xa_rollback 回滚。

针对悬挂事务，可以通过如下步骤处理。

（1）获取 trans_id 并查询 __ALL_VIRTUAL_TRANS_STAT 表，过滤条件为 part_trans_action 字段大于 2，is_exiting 字段不等于 1，ctx_create_time 在 10 分钟之前的事务上下文内容。其中 10 分钟的期限可按需求修改。

（2）通过 trans_id 查询 __ALL_VIRTUAL_GLOBAL_TRANSACTION。对于 XA 事务，通过 __ALL_VIRTUAL_GLOBAL_TRANSACTION 可以直接获取 XA 事务的 XID，在对应的业务租户上使用 dbms_xa.xa_rollback 回滚即可。

导致悬挂事务的常见原因如下。

◎ 主节点上的事务结束不了，此时需要确认是否有无主、内存溢出 OOM（Out Of Memory）等问题，需要先处理异常，再处理悬挂事务。

◎ 备机日志回放慢,事务状态没有推进完。如果确认异常事务只在备机上落后,那么在紧急情况下,可以先通过 pstack/obstack 保留进程现场信息,再使用 kill -9 observer_pid 恢复。

7.6.2 内存监控和问题处理

OceanBase 对 500 租户内存和 OceanBase 租户内存进行监控。500 是一个特殊的虚拟租户,凡是共享性的、非实体租户消耗的内存都被 OceanBase 归为 500 租户。

接下来介绍几个常见的内存告警项。

在 OceanBase 云平台中,500 租户占用内存的默认阈值为 100GB,告警项对应 ob_tenant500_mem_hold_over_threshold,通过日志文件查询的方式如下。

```
grep 'tenant: 500' /home/admin/log/observer.log | awk -F 'hold:' '{{print $2}}' | awk 'END{{print $1}}'
```

ob_tenant500_mem_hold_percent_over_threshold 告警项指标值表示 OceanBase500 租户占用 OBServer 节点总内存的百分比,其值大于阈值时触发告警。OceanBase 云平台中超限的告警阈值为 95%,采集周期为 60s,告警等级为严重。查询的 SQL 语句如下。

```
Select Sum(hold), Sum(used)
From __all_virtual_memory_info
Where tenant_id = 500
And svr_ip = @svr_ip
And svr_port = rpc_port ();
```

tenant_active_memstore_percent_over_threshold 告警项指 OceanBase 租户活跃内存百分比超限时触发的告警。OceanBase 租户活跃内存百分比等于已使用活跃内存(active memstore used)/触发冻结的阈值(major freeze trigger)。OceanBase 云平台中超限的告警阈值为 110%,采集周期为 60s,告警等级为严重。查询的 SQL 语句如下。

```
Select /*+read_consistency (weak)*/
tenant_name, tenant_id, stat_id, Value
From v$sysstat, __all_tenant
Where stat_id In (130000, 130002)
And (con_id > 1000 Or con_id = 1)
And __all_tenant.tenant_id = v$sysstat.con_id;
```

在 stat_id 中,130000 为统计租户的活跃内存量,130002 为统计租户触发冻结的阈值。

tenant_memstore_percent_over_threshold 告警项用于监测租户的内存使用量是否超限,如果超限则上报告警。OceanBase 云平台中的告警阈值为 85%,采集周期为 60s,告警等级为警告。查询的 SQL 语句如下。

```
Select /*+read_consistency (weak)*/
tenant_name, tenant_id, stat_id, Value
```

```
From v$sysstat, __all_tenant
Where stat_id In (130001, 130004)
And (con_id > 1000 Or con_id = 1)
and __all_tenant.tenant_id = v$sysstat.con_id;
```

在 stat_id 中，130001 为统计租户已使用的内存总量，130004 为统计租户最多可使用的内存总量。

接下来介绍内存溢出 OOM（Out Of Memory）问题的分析方法。一般情况下，OOM 常见的报错信息如下。

◎ SQL 语句执行或客户端报错：请求返回-4013/-4030 错误信息。
◎ OBServer 日志报错：类似于 OOPS、alloc failed 字样。

针对内存 OOM 问题，在时间点附近搜索 OOPS 日志，根据 observer.log 中关键字判断分配失败的原因。表 7-6 为内存 OOM 问题的排查思路。

表 7-6 内存 OOM 问题的排查思路

内存限制	observer.log 中关键字	问题排查思路
租户某个上下文（context）上限	ctx memory has reached upper limit	当前租户的某个 context 达到上限，此时需要查看这个上下文中哪些 mod 占用异常。目前，OceanBase 中只有 WORK_AREA 与 MEMORY_CONTEXT 级别的内存设置有明确的限制，而对于其他 context 模块的内存使用，则统一遵循所在租户内存上限的约束
租户的内存上限	tenant memory has reached the upper limit	达到当前租户的内存使用上限，需要查看当前租户的哪些上下文内存占用超出预期，找到后继续细分
OceanBase 内存上限	server memory has reached the upper limit	达到 OceanBase 内存上限，此时需要查看哪些租户内存占用超出预期，找到后继续细分
物理内存上限	physical memory exhausted	一般由物理内存不足导致，通常与部署方式、参数有关。需要查看物理内存的大小、OBServer memory_limit 的配置、物理机上部署运行的 OBServer 个数以及其他消耗内存的进程的部署，通过这样的方式来拆解整个物理内存的消耗情况

针对工作区（work area）报内存不足，如果请求并发量较大，且每个请求占用的工作区内存较多，则可能出现工作区内存不足的报错。经常出现的场景有 union、sort、group by 等。可以通过适当调大工作区系统变量来规避，例如设置 ob_sql_work_area_percentage 为 10。

针对租户内存不足，如果客户端报错 Over tenant memory limits，错误码为 4030，则表示租户内存不足，通常需要进一步分析当前内存消耗的情况，确认哪个模块消耗的内存较多。可以通过查看__ALL_VIRTUAL_MEMORY_INFO 确认当前信息，或者通过 OBServer 日志查看当前和历史信息。

针对 OBServer 整体内存使用超限的情况，通过查询__ALL_VIRTUAL_SERVER_STAT 可

以看到实际的 OBServer 服务器配置及资源分配情况，命令如下。

```
select zone,svr_ip,cpu_total,cpu_assigned,round(mem_total/1024/1024/1024)
"Total_Mem_GB",round(mem_assigned/1024/1024/1024) "Total_Mem_GB"
from __all_virtual_server_stat
order by zone,svr_ip;
```

然后查看租户资源规格，OceanBase3.2.3 版本命令如下。

```
select unit_config_name,resource_pool_name,tenant_name,svr_ip,max_cpu,min_cpu,
min_memory,max_memory
from gv$unit;
```

在 OceanBase 4.2.1 版本中，内存无法超额分配，因此 min_memory,max_memory 内存分配参数被废弃，视图 GV$UNIT 也被废弃，需要通过视图 GV$OB_UNITS 查询租户规格，具体命令如下。

```
select unit_config_name,resource_pool_name,tenant_name,svr_ip,max_cpu,min_cpu,
memory_size
from gv$ob_units;
```

最后检查 memory_limit、memory_limit_percentage 参数的配置是否正确。如果参数配置没有异常，租户内存、可监控到的 mod 分配也没有异常，但仍然存在内存超限且整体趋势持续增长的情况，则怀疑是直接使用 malloc/mmap 从操作系统申请内存导致的内存泄漏，需要联合系统管理员一起分析原因。

针对 MemStore 内存溢出的场景，例如 OceanBase 2.X 版本转储与大事务的情况，应当控制事务大小和客户端并发量，OceanBase 2.X 版本中隐藏的配置参数_max_trx_size 限制了当前事务单个分区写入的事务大小，默认值为 100，单位为 MB，在 OceanBase 2.X 版本中不建议调大该参数。

针对写入速度快于转储速度的情况，需要分析转储速度瓶颈，尝试提高转储速度，或者通过调整写入速度来减缓、解决这类问题。转储可能存在的资源瓶颈集中在 CPU、I/O 层面。非基础设施瓶颈可以通过控制转储发生的时机及转储的线程个数解决。在生产环境中，建议采用逐步微调的方法，随时观察调整之后的转储速度及副作用，在适度提高转储速度之后，观察问题是否缓解。

7.6.3 锁监控和问题处理

锁等待可能导致极其严重的性能问题，包括锁冲突和死锁，必须进行监控。

1. 锁冲突

锁冲突可以分为写写冲突和读写冲突两种情况。

写写冲突的监控可以通过系统表 __ALL_VIRTUAL_TRANS_LOCK_STAT 和 __ALL_VIRTUAL_LOCK_WAIT_STAT 实现。__ALL_VIRTUAL_TRANS_LOCK_STAT 表记录了行锁

持有者信息，其中 rowkey 是发生冲突的行的主键信息；__ALL_VIRTUAL_LOCK_WAIT_STAT 表记录了行锁等待者信息，其中 lock_ts 表示该请求开始等锁的时间点；abs_timeout 表示该语句的绝对超时时间；try_lock_times 表示该语句曾经尝试过加锁的次数，值越大，表示锁冲突越严重；block_session_id 表示等在该行第一个等待事务的 session_id。

读写冲突是指在写操作提交的过程中，读操作需要等待写操作确定提交版本号来判断是否可以读取记录的一种形态。这种情况可以通过 __ALL_VIRTUAL_TRANS_STAT 事务状态信息表进行分析。其中，lock_for_read_retry_count 指事务内语句触发的重试次数，一般表示读操作在等待锁。

2. 死锁

当两个或多个参与者互相等待对方持有的锁时，会陷入死锁状态。

OceanBase 3.2 以下版本可以通过 OceanBase 云平台进行本地的死锁检测，在租户列表下的会话管理中查看死锁分析。

OceanBase 3.2 以上版本有自动死锁检测机制。_lcl_op_interval 可以控制死锁检测的周期，默认值为 0，单位为 ms，即不开启死锁检测。死锁检测功能需要消耗 2% 左右的性能，请谨慎开启。一般可以通过 __ALL_VIRTUAL_DEADLOCK_EVENT_HISTORY 查看自动检测和解决死锁问题的历史记录。

当发生死锁时，如果死锁没有结束，则可以根据被锁会话的已知信息（例如会话 id、table_id）在 __ALL_VIRTUAL_LOCK_WAIT_STAT 中查找 rowkey 信息；再根据 rowkey 信息在 __ALL_VIRTUAL_TRANS_LOCK_STAT 中查找 trans_id、session_id。trans_id 中的 hash 可以代入 GV$SQL_AUDIT 的 transaction_hash 中确认事务已知 SQL 语句的状态，根据源头事务的类别判断是否可以将其杀掉。在没有明确被锁对象信息时，可以根据 __ALL_VIRTUAL_TRANS_LOCK_STAT 中创建的最早事务来判断。

如果死锁已经结束，那么有两种方法进行检测。一种方法是通过 obproxy_digest.log 查看 proxy 侧的 trace_id，结合时间戳检索 obproxy.log，确认 OBServer 的具体地址和 server_trace_id。然后在 OBServer 节点上搜索该 server_trace_id 的上下文，确认是否有 lock failed、OB_ERR_EXCLUSIVE_LOCK_CONFLICT 等关键字，找到 trans_id，根据被锁的 trans_id 检索源头信息。另一种方法是直接在 OBServer 节点上搜索锁冲突信息的关键字。在生产环境中，建议通过配置 ob_trx_lock_timeout 参数来解决死锁问题，该参数建议设置为 30~60s，在死锁等待达到该阈值时，会话会回滚，自动改出死锁状态；在应用设计方面，建议存在大量并发更新的核心交易表尽可能避免使用宽表，以避免不同会话对同一条记录的不同字段频繁并发更新导致锁等待或死锁。

3. 锁监控和问题处理案例

案例 1：业务中使用了一个较大的超时事件，且存在一个会话中的未知长事务占有行锁，该锁阻塞了其他事务，该如何找到长事务并将其杀死。

方案 1：通过加不上锁的事务来找到一直占有锁的事务，具体步骤如下。

（1）根据加不上锁的事务的 session_id，找到等待锁的信息，可以通过 rowkey 行知道事务在主键为 oceanbase 的行上等待。

```
obclient> select * from __all_virtual_lock_wait_stat where session_id = 3221580756\G
*************************** 1. row ***************************
         svr_ip: 11.166.80.69
       svr_port: 48270
       table_id: 1101710651081554
         rowkey: table_id=1101710651081554 hash=779dd9b202397d7
rowkey_object=[{"VARCHAR":"oceanbase", collation:"utf8mb4_general_ci"}]
           addr: 140433355180784
      need_wait: 1
        recv_ts: 1600440077959302
        lock_ts: 1600440077960167
    abs_timeout: 1600450077859302
 try_lock_times: 1
time_after_recv: 1307610861
     session_id: 3221580756
block_session_id: 3221580756
           type: 0
      lock_mode: 0
1 row in set (0.01 sec)
```

（2）通过包含 oceanbase 关键字的主键可以找到对应的持有 oceanbase 行锁的事务 trans_id 及其 session_id。

```
obclient> select * from __all_virtual_trans_lock_stat where rowkey like
'%oceanbase%'\G
*************************** 1. row ***************************
      tenant_id: 1002
       trans_id: {hash:6605492148156030705, inc:3284929, addr:"11.166.80.69:48270",
t:1600440036535233}
         svr_ip: 11.166.80.69
       svr_port: 48270
      partition: {tid:1101710651081554, partition_id:0, part_cnt:0}
       table_id: 1101710651081554
         rowkey: table_id=1101710651081554 hash=779dd9b202397d7
rowkey_object=[{"VARCHAR":"oceanbase", collation:"utf8mb4_general_ci"}]
     session_id: 3221577520
       proxy_id: NULL
ctx_create_time: 2020-09-18 22:41:03.583285
   expired_time: 2020-09-19 01:27:16.534919
1 row in set (0.05 sec)
```

（3）杀掉对应会话的事务。

```
obclient> kill 3221577520;
Query OK, 0 rows affected (0.00 sec)
```

方案 2：通过执行较长时间的事务来找到一直占有锁的事务，具体步骤如下。

（1）找到执行时间最长且未结束事务的 trans_id。

```
obclient> select * from __all_virtual_trans_lock_stat order by ctx_create_time limit
5\G
*************************** 1. row ***************************
      tenant_id: 1002
       trans_id: {hash:6605492148156030705, inc:3284929, addr:"11.166.80.69:48270",
t:1600440036535233}
         svr_ip: 11.166.80.69
       svr_port: 48270
      partition: {tid:1101710651081554, partition_id:0, part_cnt:0}
       table_id: 1101710651081554
         rowkey: table_id=1101710651081554 hash=779dd9b202397d7
rowkey_object=[{"VARCHAR":"oceanbase", collation:"utf8mb4_general_ci"}]
     session_id: 3221577520
       proxy_id: NULL
ctx_create_time: 2020-09-18 22:41:03.583285
   expired_time: 2020-09-19 01:27:16.534919
1 row in set (0.05 sec)
```

（2）通过事务 trans_id 找到其持有的所有锁，明确是不是所需要杀掉的事务。

```
obclient> select * from __all_virtual_trans_lock_stat where trans_id like
'%hash:6605492148156030705, inc:3284929%'\G
*************************** 1. row ***************************
      tenant_id: 1002
       trans_id: {hash:6605492148156030705, inc:3284929, addr:"11.166.80.69:48270",
t:1600440036535233}
         svr_ip: 11.166.80.69
       svr_port: 48270
      partition: {tid:1101710651081554, partition_id:0, part_cnt:0}
       table_id: 1101710651081554
         rowkey: table_id=1101710651081554 hash=779dd9b202397d7
rowkey_object=[{"VARCHAR":"oceanbase", collation:"utf8mb4_general_ci"}]
     session_id: 3221577520
       proxy_id: NULL
ctx_create_time: 2020-09-18 22:41:03.583285
   expired_time: 2020-09-19 01:27:16.534919
*************************** 2. row ***************************
      tenant_id: 1002
       trans_id: {hash:6605492148156030705, inc:3284929, addr:"11.166.80.69:48270",
t:1600440036535233}
```

```
        svr_ip: 11.166.80.69
      svr_port: 48270
     partition: {tid:1101710651081554, partition_id:0, part_cnt:0}
      table_id: 1101710651081554
        rowkey: table_id=1101710651081554 hash=89413aecf767cd7
rowkey_object=[{"VARCHAR":"ob", collation:"utf8mb4_general_ci"}]
    session_id: 3221577520
      proxy_id: NULL
ctx_create_time: 2020-09-18 22:41:03.583285
  expired_time: 2020-09-19 01:27:16.534919
2 rows in set (0.05 sec)
```

(3) 若明确是对应的事务，则杀掉对应会话的事务。

```
obclient> kill 3221577520;
Query OK, 0 rows affected (0.00 sec)
```

案例 2：业务的某一行（给定 rowkey 部分字段）总是超时，需要确认是否有锁冲突。

假设 rokey 包含字符串 zhangfei，排查流程如下。

(1) 根据 rowkey 查询 __ALL_VIRTUAL_TRANS_LOCK_STAT，找到对应的持锁事务。

```
OceanBase (root@oceanbase)> select * from __all_virtual_trans_lock_stat where
memtable_key like '%zhangfei%'\G;
*************************** 1. row ***************************
     tenant_id: 1
      trans_id: {hash:6124095709354809361, inc:249476, addr:"10.101.194.52:59804",
t:1529075759177984}
        svr_ip: 10.101.194.52
      svr_port: 59804
     partition: {tid:1099511677778, partition_id:0, part_cnt:0}
  memtable_key: {table_id:1099511677778, hash_val:7893135555906369137,
buf:"table_id=1099511677778 hash=3fb183d083d6d9f1
rowkey_object=[{"VARCHAR":"zhangfei", collation:"utf8mb4_general_ci"}] "}
    session_id: 2147549190
      proxy_id: NULL
ctx_create_time: 2018-06-15 23:16:35.695821
  expired_time: 2018-06-15 23:32:39.177533
1 row in set (0.03 sec)
```

(2) 根据上述结果，查询活跃事务虚拟表 __ALL_VIRTUAL_TRANS_STAT，找到对应的事务和会话。

```
OceanBase (root@oceanbase)> select * from __all_virtual_trans_stat where trans_id
like '%6124095709354809361%'\G;
*************************** 1. row ***************************
     tenant_id: 1
```

```
          svr_ip: 10.101.194.52
        svr_port: 59804
         inc_num: 249476
      session_id: 2147549190
        proxy_id: NULL
      trans_type: 0
        trans_id: {hash:6124095709354809361, inc:249476,
addr:"10.101.194.52:59804", t:1529075759177984}
      is_exiting: 0
     is_readonly: 0
      is_decided: 0
active_memstore_version: 0-0-0
       partition: {tid:1099511677778, partition_id:0, part_cnt:0}
    participants: [{tid:1099511677778, partition_id:0, part_cnt:0}]
      autocommit: 0
trans_consistency: 0
 ctx_create_time: 2018-06-15 23:16:35.695821
    expired_time: 2018-06-15 23:32:39.177533
           refer: 1073741826
          sql_no: 1
           state: 0
part_trans_action: 2
lock_for_read_retry_count: 1
1 row in set (0.01 sec)
```

可以看到该事务是单分区事务（trans_type=0），在 2018-06-15 23:16:35.695821 时刻完成事务上下文的创建。该 context 最后一个动作为 END_TASK，一直没有收到 COMMIT 命令，因此怀疑客户端尚未 COMMIT，导致事务没有结束，从而引起行锁冲突。

当然，也有另外一种可能：客户端异常宕机导致 OBserver 内部残留的连接没有断开，从而导致事务悬空，即悬挂事务。可以通过下面的语句进一步排查会话的状态。

```
OceanBase (root@oceanbase)> select * from __all_virtual_processlist where
id=2147549190\G;
*************************** 1. row ***************************
      id: 2147549190
    user: root
  tenant: sys
    host: 10.101.194.50:60666
      db: oceanbase
 command: Sleep
    time: 466
   state: SLEEP
    info: NULL
  svr_ip: 10.101.194.52
```

```
    svr_port: 59804
    sql_port: 59805
proxy_sessid: NULL
1 row in set (0.01 sec)
```

由此可知，上述会话是创建者的，即客户端服务器 IP 地址为 10.101.194.50，此时可以在该服务器上排查客户端日志，进一步定位。

7.6.4 转储与合并监控和问题处理

OceanBase 的存储引擎基于 LSM-Tree 架构，数据大体上被分为 MemTable 和 SSTable 两部分，当 MemTable 的大小超过一定阈值时，就需要将 MemTable 中的数据转存到 SSTable 中以释放内存，这个过程被称为转储。转储会生成新的 SSTable，当转储的次数超过一定阈值时，或者在每天的业务低峰期，基线 SSTable 与之后转储的增量 SSTable 会被合并为一个 SSTable，这个过程被称为合并。只有通过转储与合并的方式才能释放 MemTable 的空间。如果 MemTable 的空间一直不能释放则会导致内存不足。

转储与合并监控常用的表和视图如下。

- ◎ __ALL_VIRTUAL_PARTITION_SSTABLE_IMAGE_INFO 表提供转储与合并的具体信息。
- ◎ __ALL_VIRTUAL_SERVER_COMPACTION_PROGRESS 用于以服务器为粒度统计全局 Compaction 的执行进度。
- ◎ __ALL_VIRTUAL_PARTITION_COMPACTION_PROGRESS 用于以 Partition 为粒度显示已经创建 Compaction 任务但是还未完成的信息，是 OceanBase 3.2 版本新增的表。
- ◎ GV$MERGE_INFO / __ALL_VIRTUAL_PARTITION_COMPACTION_HISTORY 用于展示内存中的 Compaction 历史记录。
- ◎ __ALL_VIRTUAL_COMPACTION_DIAGNOSE_INFO 用于诊断指定服务器上指定租户所有未完成指定类型 Compaction 任务的 Partition，判断其是否已经创建了对应的 Compaction 任务、是否执行失败、是否在执行过程中遇到异常，并分析合并速度是否合理、是否卡住。该表是 OceanBase 3.2 版本新增的表。

通过 __ALL_VIRTUAL_PARTITION_SSTABLE_IMAGE_INFO 查询合并进度的命令如下。

```
Select Zone, svr_ip, major_version, macro_block_count, use_old_macro_block_count,
merge_start_time, merge_finish_time, merge_process,
(merge_finish_time - merge_start_time) As cost_time,
(macro_block_count - use_old_macro_block_count) As merge_macro_block_count,
(macro_block_count - use_old_macro_block_count) /
(merge_finish_time - merge_start_time) As avg_per_sec
From __all_virtual_partition_sstable_image_info
Order By Zone, svr_ip, major_version;
```

通过 RS 日志搜索 check merge progress success 也能分析转储与合并的问题。当发现转储与合并的问题时，需要判断到底是转储还是合并出现了问题。

常见的确认合并状态的方式如下。

- ◎ 通过 __ALL_ZONE 表查看当前集群的合并情况，如果每个 Zone 都处于 MERGING 状态，则说明正在进行合并。
- ◎ 通过 __ALL_VIRTUAL_SERVER_COMPACTION_PROGRESS 表查看当前是否有合并任务、未完成的 Partition 数量等。
- ◎ 通过 __ALL_VIRTUAL_PARTITION_COMPACTION_PROGRESS 表可以看到未完成的数据量、预期完成时间等信息。
- ◎ 对于未出现在 Partition 进度表中的 Partition 或长时间未完成的 Partition，可以通过 __ALL_VIRTUAL_COMPACTION_DIAGNOSE_INFO 表查看是否出现了异常情况。

常见的确认转储状态的方式如下。

- ◎ 查看冻结的 MemTable 中是否存在处于提交阶段的事务。

```
select * from __all_virtual_table_mgr where table_type = 0 and is_active = 0;
```

- ◎ 查询 __ALL_VIRTUAL_PARTITION_COMPACTION_PROGRESS 表，可以看到未完成的数据量、预期完成时间等信息。
- ◎ 对于未出现在 Partition 进度表中的 Partition 或长时间未完成的 Partition，使用 __ALL_VIRTUAL_COMPACTION_DIAGNOSE_INFO 表查看是否出现了异常情况。

根据所处阶段不同，可以将转储遇到的问题分为冻结活跃的 MemTable、转储已经冻结的 MemTable、释放转储完成的 MemTable 三个阶段。

1. 冻结活跃的 MemTable 阶段

通过虚拟表 __ALL_VIRTUAL_TENANT_MEMSTORE_INFO 检查冻结情况，如果 active_memstore_used 大于 major_freeze_trigger，则说明冻结可能存在异常。检查 observer 日志，如果没有输出关键字 tenant manager timer task，则说明冻结线程卡住。

查看虚拟表 __ALL_VIRTUAL_TENANT_MEMSTORE_ALLOCATOR_INFO 获取异常 pkey，然后在 observer 日志中检索原因。

```
SELECT * FROM __all_virtual_tenant_memstore_allocator_info WHERE svr_ip=xxx AND tenant_id=xxx AND mt_is_frozen=0 ORDER BY mt_protection_clock limit 10;
```

或者根据关键字 fail to minor freeze 检索 observer 日志，获取 trace_id 并过滤出相关的日志来分析原因。

2. 转储已经冻结的 MemTable 阶段

通过虚拟表 __ALL_VIRTUAL_TENANT_MEMSTORE_INFO 检查转储情况，查看是否存在 total_memstore_used 大于 major_freeze_trigger 的服务器，如果存在，则表示转储已经冻结的 MemTable 阶段出现了问题。

查看虚拟表 __ALL_VIRTUAL_TENANT_MEMSTORE_ALLOCATOR_INFO 获取异常 pkey。

```
SELECT * FROM __all_virtual_tenant_memstore_allocator_info WHERE svr_ip=xxx AND
tenant_id=xxx AND mt_is_frozen=1 ORDER BY mt_protection_clock limit 10;
SELECT * FROM __all_virtual_table_mgr WHERE svr_ip='xxx' and table_id=xxx and
partition_id=xxx ORDER BY start_log_ts;
```

比较冻结 MemTable 和 SSTable 的 start_log_ts、end_log_ts 和 max_log_ts，如果有 SSTable 的 end_log_ts 大于或等于 MemTable 的 end_log_ts，则说明该 MemTable 已经成功转储，否则说明未转储。

进一步检查转储调度线程情况，如果 observer 日志中没有输出关键字 try minor merge all，则说明线程卡住，对单个分区调度转储，observer 日志关键字为 schedule merge sstable dag finish.*pkey。

如果 observer 日志有关键字 add dag success.*pkey、schedule one task.*pkey、task finish process.*pkey 或 dag finish.*pkey，则表示转储流程未完成。

3. 释放转储完成的 MemTable 阶段

检查 MemTable 释放情况，根据日志关键字 succeed to release memtable 判断对应的 MemTable 是否被释放。如果没有被释放，则需要根据 __ALL_VIRTUAL_TABLE_MGR 的 ref 列，确认是否存在引用计数泄漏。

```
SELECT table_id, partition_id, base_version, snapshot_version FROM
__all_virtual_table_mgr
WHERE svr_ip='xxx' AND table_type=0 except SELECT table_id, partition_idx,
base_version,
snapshot_version FROM __all_virtual_memstore_info WHERE svr_ip='xxx';
```

以上三个阶段对应的应急处理方案如下。

针对冻结活跃的 MemTable 阶段，如果 Frozen MemTable 个数达到上限，那么通常是写入量太大导致的，需要进行限流；针对活跃事务搬迁内存不足的情况，需要临时扩大 active 内存。

针对转储已经冻结的 MemTable 阶段，如果 Mini SSTable 个数达到上限，那么通常是写入量太大导致的，需要进行限流；如果事务未提交，则可以杀掉未提交事务；如果 Schema 信息（SQL 语句及系统正常运行所依赖的数据库对象的元信息）出现问题，那么通常是 Bug 导致的，可以临时删除问题副本，数据库会自动加回。

针对释放转储完成的 MemTable 阶段，对业务直接影响不严重，可以尝试重启该 OBServer。

7.6.5　Clog 日志监控和问题处理

Clog 日志指数据库事务日志，根据事务的操作类型及访问数据的分布，可以将事务分为本地单分区事务和分布式事务。本地单分区事务的信息的维护与访问数据在同一个 OBServer 节点上，且事务仅访问同一个数据分区内的数据。分布式事务指事务信息的维护与访问数据在不同节点上，或者事务访问多个数据分区。

__ALL_VIRTUAL_CLOG_STAT 是 OceanBase 监控 Clog 日志的内部表，以分区为单位记录

Clog 日志以及 Paxos 状态。表 7-7 为 __ALL_VIRTUAL_CLOG_STAT 字段说明。

表 7-7　__ALL_VIRTUAL_CLOG_STAT 字段说明

字 段 名	说　　明
role	当前分区副本的角色信息（Leader、Follower、Standby Leader、Standy Follower）
status	分区副本所处的状态（INIT、REPLAY、RECONFIRM、ACTIVE、TAKING_OVER、REVOKING）
Leader	分区 Leader 对应的 IP 地址及端口号
last_log_id	上一条已分配日志对应的 log_id
curr_member_list	当前成员列表
member_ship_log_id	成员变更日志对应的 log_id
is_offline	分区是否处于离线状态
is_in_sync	备机是否同步（备机读时间戳落后 5s 内，is_in_sync=1 表示已经同步）
start_id	分区滑动窗口左边界日志对应的 log_id
parent	级联相关的父亲节点
children_list	级联相关的成员列表
replica_type	副本类型
allow_gc	是否开启 gc
quorum	副本数
is_need_rebuild	是否需要 rebuild（当副本发现自己落后太多时，会开启 rebuild）
next_replay_ts_delta	备机读时间戳和当前时间的差距

__ALL_VIRTUAL_PARTITION_INFO 用于记录分区的存储、事务状态相关的信息。表 7-8 为 __ALL_VIRTUAL_PARTITION_INFO 字段说明。

表 7-8　__ALL_VIRTUAL_PARTITION_INFO 字段说明

字 段 名	说　　明
min_log_service_ts	该分区在 Clog 日志滑动窗口中下一条将要滑出或将要生成的日志的时间戳
min_replay_engine_ts	该分区尚未回放日志的时间戳最小值
min_trans_service_ts	该分区当前所有正在回放事务 prepare 日志的最小值

查看系统虚拟表 __ALL_VIRTUAL_CLOG_STAT 中 is_in_sync 状态，默认 Follower 副本与 Leader 副本的 Clog 日志差异在 5s 以内，is_in_sync 字段值为 true，否则认定 Follower 副本和 Leader 副本处于 Clog 日志不同步的状态。可以通过以下语句检查 Clog 日志同步状态。

```
select count(*) from __all_virtual_clog_stat where is_in_sync=0 and is_offline=0;
```

__ALL_SERVER_EVENT_HISTORY 用于记录 OBServer 级的历史事件，如转储完成、合并完成、切主、执行用户命令等。

Clog 日志盘写满问题根据节点数分为多数派节点 Clog 日志盘写满和少数派节点 Clog 日志

盘写满。对于多数派节点 Clog 日志盘写满的情况，如果业务侧还有大量并发 DML 语句的事务涌入，则建议先将业务负载暂停。对于少数派节点 Clog 日志盘写满的情况，快速分析节点是否有 I/O 层、网络层（基础设施层）的重大瓶颈，隔离少数派节点解决问题。

为解决 Clog 日志盘写满问题，常见的应急方案如下。

（1）修改盘满 server 参数 clog_disk_usage_limit_percentage，由默认的 95 调整至 98，落后的副本会立即触发追日志，如果落后很多则会触发 rebuild，从主节点复制数据和 Clog 日志。

（2）检查 Clog 日志不同步分区数是否减少。

```
select svr_ip, count(*) from __all_virtual_clog_stat where is_offline = 0 and is_in_sync = 0 group by 1;
```

（3）如果不同步分区数没有快速减少，则可能有副本触发了 rebuild，继续执行如下 SQL 语句，查询是否有正在做 rebuild 的副本。

```
select svr_ip, count(*) from __all_virtual_partition_migration_status where action != 'END' group by 1;
```

（4）若上述查询结果非 0，则继续检查 rebuild 任务并发相关的配置项，若 server_data_copy_in_concurrency、server_data_copy_out_concurrency 均为默认值 2，那么将二者均调整为 10，加快多个副本 rebuild 的并发。

（5）如果上述步骤不能缓解 Clog 日志盘写满的问题，则可以让 OBServer 停机，将 Clog 日志文件复制到存储空间更大的目录下，并将 Clog 日志文件软链接回原来的路径。在复制日志文件时要格外注意，避免操作错误。

（6）等待 is_in_sync= 0 的副本数量降为 0，还原上述调整的配置。

7.6.6 主备库监控和问题处理

主备同步是数据库高可用的重要组成部分，其状态监控极其重要。主备库之间会同步 REDO LOG 日志，以保持主集群和备集群的数据一致。在异步模式下，主备集群的日志传输是非实时的，备集群的日志同步可能存在一定延时。在正常情况下，该延时不会超过 10 分钟，如果大于 10 分钟，OCP 会触发告警。该告警指标为 ob_cluster_sync_delay_time_too_long，指标数据来源于备库的 V$OB_CLUSTER 的 CURRENT_SCN 字段，该字段表示主备库一致的时间点，用当前时间减去该字段的值可以计算出同步延时。表 7-9 介绍了 OceanBase 主备库监控视图及说明。

表 7-9　OceanBase 主备库监控视图及说明

视 图 名	说　　明
v$ob_cluster	用于展示本集群的基本信息
v$ob_standby_status	如果是主集群，则显示所有备集群的状态和配置信息；如果是备集群，则显示为空
v$ob_cluster_stats	用于展示本集群所有租户的统计项

续表

视图名	说明
v$ob_cluster_event_history	用于显示本集群主备库相关的事件历史，用于跟踪主备库运维、切换流程详细信息、报错日志等
v$ob_cluster_failover_info	用于展示每次 Failover 操作的每个租户的 Failover 信息，包括系统表快照点、用户表表快照点、Schema 版本等
v$ob_all_clusters	用于展示主备库配置中所有集群的信息

监控 OceanBase 同步状态的命令如下，其中 CUR_PROCESS 代表当前的同步进度，DELAY 代表同步延时。

```
SELECT USEC_TO_TIME(CURRENT_SCN) AS CUR_PROCESS, NOW(6) - USEC_TO_TIME(CURRENT_SCN)
AS DELAY FROM V$OB_CLUSTER;
```

常见的备集群延时问题排查思路如下。

（1）判断是否为主备集群网络故障引起的延时问题，可以登录对应服务器，通过 ping 命令检查。

（2）判断是不是主备集群健康状态引起的延时问题，可以通过 __ALL_SERVER 检查主备集群状态不正常的服务器。

（3）当数据库负载过高或资源不足时，一般会有其他告警，可参考对应告警排除故障。

（4）检查备集群所有租户创建状态，可通过 GV$OB_CLUSTER_STATS 检查 REFRESHED_SCHEMA_VERSION 来比较系统租户的 Schema 版本。

（5）检查备集群系统租户同步情况是否存在异常，可以通过 __ALL_ENANT 检查主备集群租户差异，或者通过 __ALL_DDL_OPERATION 检查主库卡住租户相关 DDL 的时间。通过 __ALL_CORE_TABLE 查看卡住 DDL 的时间段内是否进行了 freeze 操作，如果有 freeze 操作，则会出现循环依赖问题。

（6）检查用户表同步是否卡住。表 7-10 为用户表同步问题的分类及分析思路。

表 7-10 用户表同步问题的分类及分析思路

问题分类	分析思路	脚本说明
是否有卡住的 DDL	分别在主库和备库以目标租户为条件查询，对比主库和备库的查询结果，排查不同步的 DDL，以及 DDL 执行时间	SELECT * FROM __ALL_VIRTUAL_DDL_OPERATION WHERE TENANT_ID IN (1001,1002,1003) ORDER BY GMT_CREATE \G
是否存在日志不同步的分区	在备库上查询日志不同步的分区有多少个 如果存在日志不同步的分区，则选择一个查看其状态	SELECT COUNT(*) FROM __ALL_VIRTUAL_CLOG_STAT WHERE IS_IN_SYNC = 0; SELECT * FROM __ALL_VIRTUAL_CLOG_STAT WHERE IS_IN_SYNC = 0 LIMIT 1\G;

续表

问题分类	分析思路	脚本说明
同步进度最小的分区信息	在备库上查询最小备机读时间戳是否向前推进，是否和当前时间一致	SELECT * FROM ALL_VIRTUAL_PARTITION_INFO ORDER BY WEAK_READ_TIMESTAMP LIMIT 1\G
备库是否一直处于补副本状态	在备库上查询是否有补副本任务。如果补副本任务较多，则可能是备库添加副本失败导致的	SELECT * FROM ALL_VIRTUAL_REBALANCE_TASK_STAT; SELECT * FROM ALL_VIRTUAL_REPLICA_TASK; --主库和备库比较，主库 role 为 1 和备库 role 为 2 的数量比较 SELECT TENANT_ID, COUNT(*) FROM ALL_VIRTUAL_META_TABLE WHERE ROLE = 1 GROUP BY TENANT_ID; SELECT * FROM ALL_ROOTSERVICE_EVENT_HISTORY WHERE MODULE ='BALANCER' AND EVENT LIKE '%ADD REPLICA%' ORDER BY GMT_CREATE DESC LIMIT 50;
主备库是否配置不同	分别在主备库查询资源规格，比较主备库两边的资源配置。如果备库资源比主库少，则会导致主备库不同步	SELECT TENANT_ID FROM __ALL_TENANT WHERE TENANT_NAME = 'XXX' ; SELECT UNIT_CONFIG_ID FROM __ALL_RESOURCE_POOL WHERE TENANT_ID = XXX; SELECT * FROM __ALL_UNIT_CONFIG WHERE UNIT_CONFIG_ID = XXX;
没有错误，主备库同步速度较慢，导致出现同步延时	观察当前是否一直从主库复制副本，在备库服务器上查看入口网络流量	SHOW PARAMETERS LIKE '%DATA COPY%' ; ALTER SYSTEM SET DATA_COPY_CONCURRENCY = 60; ALTER SYSTEM SET SERVER_DATA_COPY_IN_CONCURRENCY = 10; ALTER SYSTEM SET SERVER_DATA_COPY_OUT_CONCURRENCY = 10;

7.7 管理维护实战案例集锦

在 OceanBase 的日常运行过程中，数据库管理员需要具备快速排查问题的能力以确保数据库稳定、高效运行。

7.7.1 OBServer 参数设置错误导致启动失败

1. 问题描述

测试环境某系统 OBServer 启动失败，错误信息如下。

```
[timestamp] WARNN [SERVER] set_io_config (ob_io_manager.cpp:637) 
[1052][0][Y0-xxxxxx] [lt=25][dc=0] invalid argument, (conf=(sys_io_low_percent=77, 
sys_io_high_percent=3, user_iort_up_percent=100, cpu_high_water_level:1200, 
write_failure_detect_interval=60000000, read_failure_blacklist_interval=30000000,
```

```
retry_warn_limit:2, retry_error_limit:5, disk_io_thread_count:8,
callback_thread_count:8), ret=-4002)
[timestamp] ERROR [SERVER] init_io (observer.cpp:997) [1052][0][Y0-xxxxxx] [lt=25]
[dc=0] config io manger faile. (ret=-4002) BackTrace: ...
```

2. 问题分析

根据错误信息中"sys_io_low_percent=77, sys_io_high_percent=3"可知，sys_io_low_percent 的值高于 sys_io_high_percent 阈值导致 OBServer 启动失败。

其中，sys_bkgd_io_low_percentage 与 sys_bkgd_io_high_percentage 这两个配置项用于控制 OceanBase 的吞吐量。

一般情况下，OceanBase 使用 ./observer 命令启动 OBServer 服务。实际上，./observer 命令很贴心地为用户提供了非常有价值的"-o"选项，当数据库配置参数错误导致 OBServer 进程启动失败时，用户可以加上"-o"选项，即在启动 OBServer 进程时临时指定正确的配置参数将 OBserver 服务拉起，既可以使用"-o"选项指定集群配置项，也可以采用 key@tenant_id=value 的形式指定租户配置项，示例如下。

```
./observer -o
"freeze_trigger_percentage@1001=30,freeze_trigger_percentage@1003=30,enable_mono
tonic_weak_read=false"
```

示例中的 freeze_trigger_percentage 只对 tenant_id 为 1001 和 1003 的租户生效，enable_monotonic_weak_read 对所有租户生效。需要注意的是，在使用"-o"选项时，等号两侧不能有空格。

如果用户使用了错误的 OceanBase 配置参数，例如将 system_memory 参数设置为 50MB，导致 500 租户内存过小，进而导致数据库无法启动，那么使用"-o"选项指定集群或租户的配置项可以提供临时性的配置参数，例如将 system_memory 参数设置为 50GB，来启动 OBServer 进程，但是"-o"选项设置的配置项不会持久化到数据库配置参数文件 observer.config.bin 中，用户在使用"-o"选项设置临时启动配置参数启动 OBServer 进程后，需要立即登录 OceanBase，这将导致 OBServer 服务无法启动的错误配置项被修正，持久化到数据库配置参数文件 observer.config.bin 中。

3. 解决方案

启动 OBServer 进程时指定启动参数，将 sys_bkgd_io_low_percentage 设置为小于 sys_bkgd_io_high_percentage。若未指定这两个参数的值，则 OceanBase 会采用默认值。其中，sys_bkgd_io_low_percentage 的默认值为 0，sys_bkgd_io_high_percentage 的默认值为 90。启动 OBServer 服务的命令如下。

```
[admin@hostname ~]$ cd oceanbase
[admin@hostname oceanbase]$ ./bin/observer -o
'sys_bkgd_io_low_percentage=0,sys_bkgd_io_high_percentage=90'
```

使用 sys 租户登录修改配置项。

```
ALTER SYSTEM SET sys_bkgd_io_low_percentage =0;
ALTER SYSTEM SET sys_bkgd_io_high_percentage = 90;
```

上述解决方案也适用于其他配置参数错误导致 OBServer 无法启动的场景，例如 SYSTEM_MEMORY 过小导致 OBServer 无法启动，示例如下。

```
./observer -I xxx.xxx.xxx.xxx -P 2882 -p 2881 -z zone1 -n demo1 -c 1 -d /home
/user_name/path_to_store/store -l INFO -r 'xxx.xxx.xxx.xxx:2882:2881;xxx.xxx.xxx.
xxx:2884:2883' -o "system_memory=16G"
```

7.7.2 系统等待事件时间未能观测

数据库的可观测性对于快速定位问题非常重要，目前 OceanBase 的时间模型还处于优化阶段，系统等待事件消耗的时间尚未计入时间模型。那么在定位涉及后台系统等待事件耗时的问题时，我们应该如何排查呢？下面分享一个用 retcode 错误码数量替代系统等待事件耗时进行问题排查的案例，该案例具有一定的推广价值。

1. 问题描述

在生产环节，某系统的周预警、预提、月度下载等批处理任务高负载运行一段时间后，会出现 OceanBase 集群整体性能变差的现象，这时需要重启服务器。

2. 问题排查

在进行性能问题排查时，缩小问题复杂度以及精准的可观测性很重要。因此，我们建议选择耗时最长、且存在问题的某子公司月度下载 "channel.sp_lp_spool_month_dt(989,'2024-03-31')" 模块进行跟踪排查。当集群只有该任务执行时，耗时 1140s，但是当重复执行这个任务时，耗时 2199s，出现异常。

问题 SQL 语句相关信息如下。

```
sql_id                             | trace_id                           | plan_id | 总耗时
|执行次数     | Avg(get_plan_time) | Avg(execute_time) | max(execute_time) | avg_cpu
| query_sql
|
+----------------------------------+------------------------------------+---------
--+--------------+--------------------+--------------------+--------------------+
------------+--------------------+------------------------+
| 50EAEE34095A53FD8F7A3C89AD571C82 | YB4215353996-000615ABD05850A6-0-0 |        0 |
2199372932 |           1 |      137.0000 |    2199372787.0000 |        2199372787 |
```

```
2199372932.0000 | BEGIN --U8格式脚本 sp_lp_spool_month_dt(989,'2024-03-31'); END;
|
```

由于存储过程的 plan_id 通常为 0，因此我们可以通过 plan_id=0 这个条件获取存储过程 sp_lp_spool_month_dt(989,'2024-03-31') 的 trace_id，该 trace_id 的值为 'YB4215353996-000615ABD05850A6-0-0'。在 OceanBase 存储过程中执行的所有 SQL 语句的 trace_id 值都相同，这给存储过程中的 SQL 语句性能问题排查带来了方便。

我们通过 trace_id 等于'YB4215353996-000615ABD05850A6-0-0'的条件，找出存储过程中总耗时排在前 30 位的高开销 SQL 语句。

```
Select /*+ query_timeout(500000000) read_consistency(weak)
*/sql_id,trace_id,plan_id,svr_ip,svr_port,
    Sum(elapsed_time - queue_time) sum_t,
    Count(*) cnt,
    Avg(get_plan_time),
    Avg(execute_time),
    max(execute_time),
     Sum(elapsed_time - queue_time)/Count(*) avg_cpu,
--     query_sql,
      min(substr(Replace(query_sql, '\n', ' '), 1, 400)) query_sql
 From gv$sql_audit
 Where tenant_id = 1001 and trace_id='YB4215353996-000615ABD329BADA-0-0'
   and svr_ip='XX.XX.XX.XX'
   And is_executor_rpc = 0
   And query_sql != ''
   And sql_id !='' and (ret_code<>0 or retry_cnt>0 or rpc_count>0)
   And usec_to_time(request_time) >= '2024-04-10 15:00:00'
 Group By sql_id
 Order By sum_t Desc Limit 30;
```

通常，总耗时排在前 30 位的高开销 SQL 语句占存储过程的总耗时超过 80%以上，但此次收集的高开销 SQL 语句的总耗时仅有 64s，与存储过程总耗时 2199s 相差悬殊。我们假设总耗时排在前 30 位的高开销 SQL 语句占 SQL 语句总耗时的 80%，那么，离奇丢失的时间为 2199–64/0.8=2119s。这些时间到哪里去了呢？很显然，如果不定位丢失时间的原因，光靠优化 SQL 语句，性能最多提升 80s，根本无法解决问题。

这里借鉴 Oracle 的时间模型优化方法论的思路。Oracle 10g 从应用优化的角度引入系统响应时间 DB Time。DB Time 是所有活动的用户进程花费的数据库时间（包括 CPU 时间、I/O 时间和其他非空闲等待时间），这个时间不包括应用服务器层花费的时间，也不包括网络延时花费的时间。这里需要注意，DB Time 不包括后台进程花费的时间，也不包括空闲等待的时间。

我们可以在 V$SYSSTAT 视图查询到 DB Time 相关信息，命令如下。

```
select *from v$sysstat where name='DB time';
```

查询结果如图 7-11 所示，这里 DB Time 的单位是 μs。

图 7-11 DB Time 查询结果

从"DB Time=所有活动的用户进程花费的服务时间+非空闲等待时间"推测，时间缺失大概率是未统计系统等待事件消耗的时间所致。那么该怎么判断是什么事件引起的呢？我们知道 GV$SQL_AUDIT 视图中的每个 SQL 语句都对应一个 ret_code 字段，表示报错原因，如果我们对其进行聚合运算，就可以获取出现最多的错误以及出现错误最多的 SQL 语句，从而间接找到系统等待事件消耗大量时间的"罪魁祸首"。下面我们改写一下 SQL 语句，将 ret_code 字段聚合如下。

```
select sum(pl_time), avg(pl_time), sum(elapsed_time), avg(elapsed_time), count(*),
ret_code, request_type, sql_id, query_sql from (
select lead(request_time) over(order by request_time) - (request_time + case when
request_type = 2 then 0 else elapsed_time end) as pl_time,
    elapsed_time,
    request_time,
    ret_code,
    request_type,
    sql_id,
    query_sql as query_sql
from gv$sql_audit where trace_id = 'YB4215353996-000615ABCC488CFC-0-0')
group by ret_code, request_type, sql_id, query_sql;
```

结果如下。

```
| 总耗时|错误次数|错误码|SQL 语句
|25231459|  98456 |-4026 |select "SC"."CODENAME" from "TEST"."TEST_CODES" "SC" where
("SC"."CODEVALUE" = :0) and ("SC"."CATEGORYID" = (select "CC"."ID" from
"TEST"."S_CATEGORY" "CC" where ("CC"."CVALUE" = 'LPHZHF'))) and (rownum = 1)
|
|34238431|  98953 |-4026 |select "SC"."CODENAME" from "TEST"."TEST_CODES" "SC" where
("SC"."CATEGORYID" = (select "SCA"."ID" from "TEST"."S_CATEGORY" "SCA" where
("SCA"."CVALUE" = 'FRBM'))) and ("SC"."CODEVALUE" = :0)
|
|34939182|  98953 |-4026 |select "SC"."CODENAME" from "TEST"."TEST_CODES" "SC" where
("SC"."CATEGORYID" = (select "SCA"."ID" from "TEST"."S_CATEGORY" "SCA" where
```

```
("SCA"."CVALUE" = 'FRBK'))) and ("SC"."CODEVALUE" = :0)
|
|15337431|  63596 |-4026 |select "SC"."CODENAME" from "TEST"."TEST_CODES" "SC" where
("SC"."CATEGORYID" = (select "SCA"."ID" from "TEST"."S_CATEGORY" "SCA" where
("SCA"."CVALUE" = 'LP_BDBM'))) and ("SC"."CODEVALUE" = :0)
|
```

从查询结果中可以发现，报错以-4026 为主，且每次重复执行存储过程时-4026 报错均大幅增加。通过观察 GV$PS_STAT 视图，可以发现对应租户消耗 PL 内存大幅增加。

-4026 错误是 OceanBase 预定义的，表示找不到数据（NO_DATA_FOUND）。当在 OceanBase 的 PL SQL 模块中执行 SELECT INTO 语句时，如果语句没有读到数据或无返回值，就会抛出-4026（NO_DATA_FOUND）异常。如果用户定义了异常捕获逻辑，就进入异常捕获逻辑，否则向上层继续抛出异常；如果直到最外层都没发现异常捕获逻辑，则 OceanBase 日志会记录 read nothing 错误。我们发现，-4026 报错最多的几个 SQL 语句都和 TEST.TEST_CODES 表有关，且报错数量前三的 SQL 语句对应的-4026 报错数大致相同，这说明问题出现在同一个业务处理逻辑模块。此外，这些 SQL 语句都有同一个传参条件 ""SC"."CODEVALUE" = :0"。我们可以在程序侧增加"SC"."CODEVALUE"是否为空的判断逻辑，如果为空，就不传入业务处理逻辑模块，从而避免执行无效的 SQL 语句，减少因空参数导致的-4026 错误，降低异常处理带来的系统开销，提升整体性能。从该系统整体层面看，-4026 报错超过百万次，报错数量约为总 SQL 语句数量的 34%，消耗了大量的系统层面内部等待时间。

我们采取的解决方案如下。

（1）在应用改造前，临时方案在批处理执行前或者很慢的场景中刷新某系统租户的 PL Cache 来释放内存提升性能，以避免服务器重启影响业务可用性。具体语句示例如下。

```
alter system flush pl cache tenant='';
```

（2）应用侧增加空值判断逻辑，避免数据库侧 PL SQL 处理模块处理大量空值异常，包括如下步骤。

- ◎ 针对存储过程入参为空的情况，通过 IF ELSE 判断入参是否为空，如果为空则不处理，否则执行后续脚本。
- ◎ 针对 SELECT INTO 空值报错情况，通过 COUNT 聚合函数返回结果是否为 0，判断查询结果是否为空，如果 COUNT 聚合函数返回结果为 0 则不处理，否则执行后续脚本。
- ◎ 针对多层异常嵌套 SELECT INTO，通过 UNION ALL 获得各种值数据，通过 rownum=1 获取优先级高的值。

（3）将-4026 报错性能提交 OceanBase 厂商研发侧，进行源码级分析。

OceanBase 厂商研发侧最终确认海量-4026 报错导致了性能问题，这是由于 PL 底层异常捕获采用了和 GCC 相同的机制，使用了 GCC 内部的_Unwind_Find_FDE 函数，这个函数的时间复杂度是 $O(n)$的，运行耗时会随 PL Cache 数量增长呈线性增长。当 PL Cache 增加，并且 PL 异常增加时，整个 PL 的异常处理性能也会越来越差。

在应用侧对-4026报错数量超过1万的SQL语句进行优化后,问题得到有效缓解。以某分公司4月1日预提批处理为例,在该分公司超过10万份的保单中,只有4份保单有查询数据,其余查询全是空值。PL一直在处理空保单,大量耗时用于处理异常。在优化前,8小时都不能完成该任务;从应用侧修改该分公司查询条件,过滤空值后,不到5分钟完成任务。

在本案例的优化过程中,我们还对一条产生高频-4026错误的SQL语句进行了改写。以下SQL语句的每条记录都做了14次NVL操作,数据量较大,大量重复不必要的NVL操作导致额外开销较高,从业务逻辑上建议用LNNVL替代。这样,对于单条记录,可以减少7次NVL操作,由于是高频执行的SQL语句,不改变其访问数据的方式,而是减少不必要的数据库操作,有一定优化效果。

```
select "T"."ID" from "TEST"."TEST_POLICY" "T" where ("T"."POLICYNO" = :0) and
("T"."CLASSCODE" = :1) and ("T"."PAYDATE" = :2) and ("T"."DATAOWNER" = :3) and
(("T"."ISMERGERISK" = '0') or (("T"."ISMERGERISK" = '1') and ("T"."POLICYSUM" = 1)))
and (NVL("T"."PCODE",'aaa') = NVL(:4,'aaa')) and ((NVL("T"."EMPNO",'aaa') =
NVL(:5,'aaa')) or (NVL("T"."EMPNO",'aaa') = NVL(:6,'aaa'))) and
(NVL("T"."YEARNUM",999) = NVL(:7,999)) and (NVL("T"."YEARS",999) = NVL(:8,999)) and
((NVL("T"."BP_OPTION_NEW",'aaa') = NVL(:9,'aaa')) or (NVL("T"."BXQX",'aaa') =
NVL(:9,'aaa')))
```

7.7.3 超高频TRUNCATE语句引发的性能问题

1. 问题现象

某系统所在集群出现内存不足的现象,应用访问报-4013错误,错误信息如下。

```
ORA-00600: internal error code, arguments: -4013, No memory or reach tenant memory
limit.
```

2. 问题分析

OceanBase厂商根据项目组提供的日志发现错误码信息如下。

```
错误码=4015, 错误名称=OB_ERR_SYS,
错误详情=[2022-07-22 13:42:15.403425]
ERROR [SERVER] check_task_status (ob_partition_table_updater.cpp:109)
[3342833][530][YB4215353946-0005DD56BFF85402] [lt=6] [dc=0]
partition table update task cost too much time to
execute(*this={part_key:{tid:1101710652498679, partition_id:31, part_cnt:0},
data_version:0, first_submit_time:1658467873951248, is_remove:false,
with_role:false},
safe_interval=120000000, cost_time=661452175, interval=1800000000)
BACKTRACE:0xd3b434a 0x349da52 0x9de4097 0x9de47f5 0x9de49e8 0x9de4acb 0x9e034ce
0x9da97a0 0x601c3ca 0x3ba05ac 0xd166957 0xd1646b0 0xd16246f
```

OceanBase厂商专家进一步分析认为,该应用存在跑批大事务,并且频繁使用TRUNCATE表,导致计划缓存频繁更新,消耗的内存快速增加,直至写满,无法申请新内存。OceanBase

内核研发侧专家分析该问题是 PL 语句导致的，已经在 OceanBase 2.2.77 BP12 版本中修复，即当发现内存不足时，通过重置计划缓存的方法释放内存，避免 OOM 无可用内存。

厂商提出的根本解决方案如下。

OceanBase 升级到 2.2.77 BP12 版本，OBServer 集群通过 OCP 升级到 OceanBase2.2.77 BP12 版本，按照开发环境→功能测试环境→性能测试环境→生产环境的顺序升级。对于生产环境，受客观条件限制，短期没有合适的升级窗口，需要尽快变更升级，避免风险隐患。

临时应急方案如下。

当日志出现以下关键字时，可以增加租户内存资源。

```
No memory or reach tenant memory limit--租户内存不足
Over tenant memory limits---MemStore 不足
```

定期清理 PL Cache，避免内存不足。

（1）清理内存前查看租户内存使用情况。

```
select tenant_id,svr_ip,mod_name,hold/1024/1024 hold_MB from
__all_virtual_memory_info where hold<>0 order by hold_MB desc limit 20;
```

（2）清理内存前查看 PL 内存使用情况。

```
select * from v$ps_stat;
```

（3）开始清理内存。

```
alter system flush pl cache tenant=...;
alter system flush plan cache tenant=...;
alter system flush ps cache tenant=...;
```

（4）确认清理效果。

```
select tenant_id,svr_ip,mod_name,hold/1024/1024 hold_MB from
__all_virtual_memory_info where hold<>0 order by hold_MB desc limit 20;
select * from v$ps_stat;
```

根据厂商专家提交的分析报告，该系统所在集群需要进行数据库版本升级，但受客观条件限制，短期没有合适的升级窗口，面临较大生产隐患。为了确保生产系统的安全稳定运行，进一步定位高频 TRUNCATE 截断表的根因，从应用角度看该操作是否合理。由于 TRUNCATE 截断表属于 DDL 语句，可以通过 sys 租户下的 __ALL_VIRTUAL_DDL_OPERATION 系统内部表查询相关信息。我们使用以下语句对下午 1 点到 2 点内存溢出时间段不同表的 TRUNCATE 截断表操作进行聚合。

```
select ddl_stmt_str,count(*) from __all_virtual_ddl_operation where tenant_id=1002
and gmt_create between '2022-08-02 13:00:00' and '2022-08-02 14:00:00' and
ddl_stmt_str like 'truncate table%' group by ddl_stmt_str order by 2 desc;
```

查询结果如图 7-12 所示。

	ddl_stmt_str	count(*)
1	TRUNCATE TABLE TEMP_ZRR_CUSTOMER_DJ_ZL_DS_O	5422
2	Truncate table tmp_phone_ffid_a	14
3	Truncate table tmp_address_ffid	14
4	Truncate table tmp_BLACKCUST_ffid_a	14
5	Truncate table tmp_job_ffid	14
6	Truncate table tmp_CERT_ffid_a	14

图 7-12 业务高峰时间段高频的 TRUNCATE 截断表操作信息

从图 7-12 中可以看出，TRUNCATE 截断表操作主要发生在 TEMP_ZRR_CUSTOMER_DJ_ZL_DS_O 表上，在下午 1 点到 2 点的 1 小时执行了 5000 余次，这个频度异乎寻常。

我们再以 1 天为维度，查询 sys 租户下的 __ALL_VIRTUAL_DDL_OPERATION 系统内部表，结果发现在 TEMP_ZRR_CUSTOMER_DJ_ZL_DS_O 表中，1 天执行了近 80000 次 TRUNCATE 截断操作，几乎每秒就执行一次，这个频度已远远超出正常范畴。24 小时 TRUNCATE 截断表操作信息如图 7-13 所示。

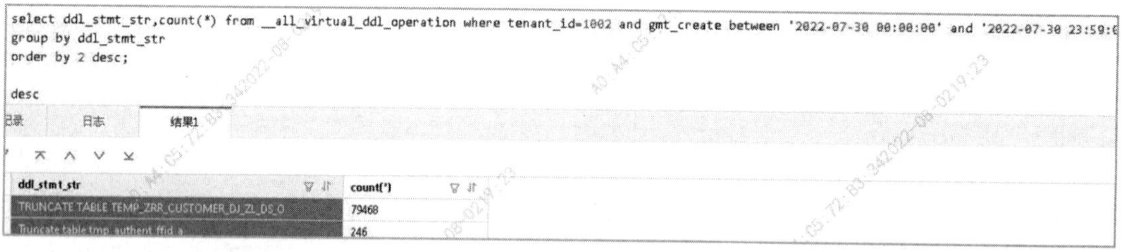

```
select ddl_stmt_str,count(*) from __all_virtual_ddl_operation where tenant_id=1002 and gmt_create between '2022-07-30 00:00:00' and '2022-07-30 23:59:0
group by ddl_stmt_str
order by 2 desc;
```

ddl_stmt_str	count(*)
TRUNCATE TABLE TEMP_ZRR_CUSTOMER_DJ_ZL_DS_O	79468
Truncate table tmp_authent_ffid_a	246

图 7-13 24 小时 TRUNCATE 截断表操作信息

经过与项目组沟通，我们确认这是一个客户分级等级临时表功能，已无须使用。在通过修改应用逻辑关闭该功能后，消除了高频 TRUNCATE 截断表操作，解决了 PL Cache 的内存大量挤占问题，避免了升级 OceanBase 版本。

通过这个案例可以知道，除了临时性刷新 PL Cache、升级数据库补丁包等"治标"的方法，还可以从应用侧"治本"的角度去分析、优化，消除触发 Bug 的诱因，"标本并治"是降低金融企业硬件和人力成本，保证系统稳定运行的长远举措。

第8章 核心客服系统大库评估及改造

某头部保险公司积极响应国家号召，根据业务场景和数据库特性，因地制宜开展数据库选型工作。

8.1 核心客服系统改造概况

8.1.1 核心客服系统改造背景及上线情况

核心客服系统改造项目于 2022 年 5 月启动，在项目启动时，国产分布式数据库普遍处于由可用向好用演进的中间状态，急需头部金融企业核心复杂业务场景打磨。当时，国产分布式数据库的成熟度普遍有待提升，主要体现在 Bug 数量较多、金融业非功能性需求需要适配或提供解决方案、数据库开发及运维管理平台不够友好，以及数据库周边工具功能不足等方面。此外，数据库最核心的 SQL 优化器也需要核心金融场景迭代打磨、逐步完善，没有办法一蹴而就。

从数据库特性、兼容性、业务场景、成本等方面综合考虑，某头部保险公司深入分析系统需求，梳理出十个系统改造关键问题，综合比较各厂商方案，最终于 2022 年 5 月 24 日完成数据库选型调研，选择了 OceanBase 进行适配改造。

当时，核心客服系统改造就像在一片白茫茫的雪地上"蹚路"，没有先例可以借鉴，每向前艰辛跋涉一步，就会留下一个脚印，最后，这一连串的脚印变成一条供后人前行的路。

某头部保险公司与 OceanBase 厂商组成产用联合攻坚组，克服各种困难，解决了技术卡点问题，于 2022 年 8 月 31 日完成针对核心场景的功能开发，于 2022 年 12 月 18 日完成第一个子系统迁移上线，于 2023 年 5 月 6 日完成报表库迁移上线，于 2023 年 5 月 13 日完成最难的核心主库迁移上线，标志着某头部保险公司核心客服系统攻坚成功。截至本书写作时，核心客服系平稳运行 600 多天，实现了业务成功交易率不低于 99.99%、交易总平均响应时间少于 1s、整体并发量不少于 2000 人等目标。在保持高运行性能、高可用能力的同时，数据库软硬件成本大幅降低，特别是通过 OceanBase 的高级压缩技术，结合"数据库瘦身"，存储容量平均节省 80%以上；结合应用优化，数据报表 Oracle 侧与 OceanBase 侧批处理性能对比如表 8-1 所示。

表 8-1 核心客服系统性能对比

模块名称	Oracle 侧用时（分钟）	OceanBase 侧用时（分钟）	性能提升
承保回访统计跑批	30	1	30 倍
案件统计跑批	14	1	14 倍
系统报表整体跑批	482	172	2.8 倍

升级后的应用系统弹性扩/缩容、处理速度、数据加工能力大幅提升,为后续业务发展奠定了坚实的技术基础。

OceanBase 产品体现了较好的存储透明压缩特性,从 Oracle 迁移至 OceanBase,平均可以将占用空间压缩至原来的 1/3。在 Oracle 中占用 30TB 的数据迁移到 OceanBase 后,占用空间约为 10TB;并且,OceanBase 厂商研发能力很强,修复 Bug 速度快;此外,OceanBase 对 Oracle 的兼容能力在国产数据库中处于第一梯队。

8.1.2 核心客服系统攻坚思考

在数据库转型过程中,处理适配问题 237 个,占据某头部保险公司的前 5 位系统问题的 53%,真正起到了"核心攻坚牵引"的作用,促进了数据库转型知识的沉淀,收集数据库转型知识超过 1000 条,为其他项目的推进铺平了道路。

处理核心客服系统问题的方法可以分为 5 大类。在转型过程中,通过打磨 OceanBase 产品、修复 Bug 解决问题 20 个,对促进国产数据库生态繁荣做出很大贡献,此外,通过应用侧替代方案解决问题 63 个,通过性能优化解决问题 82 个,详细情况如图 8-1 所示。

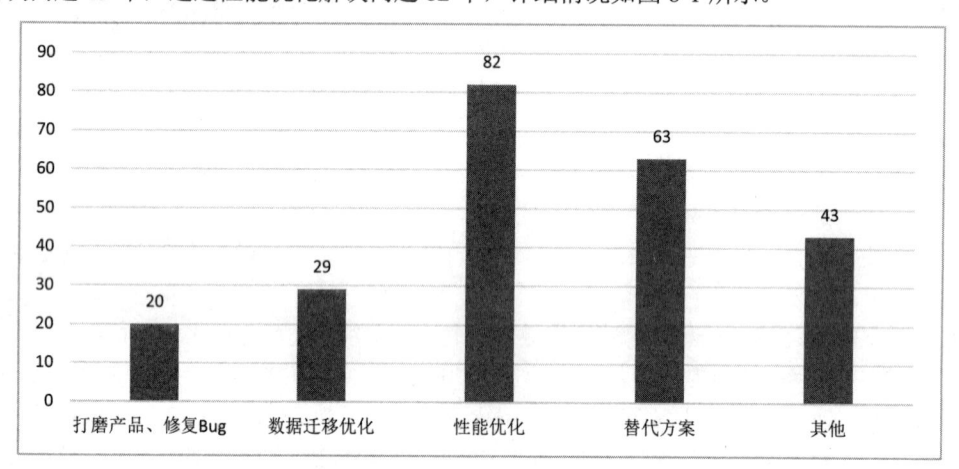

图 8-1 各方法处理的核心客服系统问题

我们作为历史"大变局"中一个渺小的个体,在产业链升级、架构升级的漩涡中可能会"当局者迷",只有在复盘时才能看清楚最终的意义。那么核心客服系统改造带给我们哪些启示呢?

(1)头部金融核心系统产、用联合攻坚是国产数据库产品向"好用"演进的加速器。

(2)金融企业用户需要判断核心系统改造是在应用侧实现,还是在数据库产品侧实现更合理。金融企业用户总是希望,在保证应用系统稳定性的前提下,尽可能由数据库厂商改进数据库产品,以降低数据库应用改造成本。虽然从产品侧改造可以降低成本,但是也要评估其合理性,以及是否存在较大的性能问题。例如:在 Oracle 中,提供了 ROWID 伪列,用来表示某条记录的位置,伪列的行为类似于一个表的普通列,它实际上并没有存储在表中。可以通过伪列执行 SELECT 操作，但不能对它们的值执行 INSERT、UPDATE、DELETE 操作。伪列类似于没有参数的 SQL 函数。不带参数的函数通常为结果集中的每一行返回相同的值，而伪列通常为每一行返回不同的值。Oracle 应用开发人员常常在编写程序删除大表中部分记录时，在 WHERE 条件子句中，加上 ROWID 伪列判断条件，从而快速定位需要删除的记录，提升删除性能。下面我们尝试使用 Oracle 的 DBMS_ROWID 包，查看 Oracle 中 ROWID 字段的内部存储结构。我们执行如下 SQL 语句。

```
select rowid, dbms_rowid.rowid_object(rowid) obj_id,
dbms_rowid.rowid_relative_fno(rowid) fileno,
dbms_rowid.rowid_block_number(rowid) blockno,
dbms_rowid.rowid_row_number(rowid) rowno
from t1 where rownum<5;
```

ROWID 为 18 位的字符串，其中 6 位记录对象号、3 位记录数据文件号、6 位记录数据块号、3 位记录数据块的位置。Oracle 中的 ROWID 字段的内部存储结构如图 8-2 所示，第一个字段 ROWID 表示每条记录对应的 ROWID 实际值。之后的字段 OBJ_ID 为对象号、字段 FILENO 为数据文件号、字段 BLOCKNO 为数据块号、字段 ROWNO 为记录在数据块中的位置。

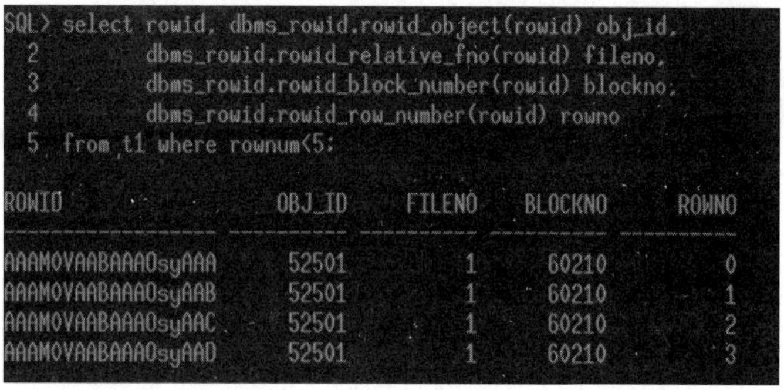

图 8-2　ROWID 字段的内部存储结构

可以发现，ROWID 字段深度绑定了 Oracle 存储结构，包含的 Oracle 文件号、块号、对象号、行号都是 Oracle 存储的特性；而 Oceanbase 主键表兼容 ROWID 特性实际是对主键进行哈希计算，再通过 Base64 编码转换生成。因此，在遇到将数据从 Oracle 迁移到 OceanBase 导致的 ROWID 相关的性能问题或 Bug 时，保留深度绑定 Oracle 存储特性的 ROWID 关键字没有意义，可以选择在应用侧根据业务逻辑进行优化改造，例如直接按主键字段删除记录，效果可能更加理想，同时可以避免复杂的 SQL 逻辑引入 Bug。

（3）金融数据库转型不是生搬硬套、照猫画虎，而是需要优化架构。Oracle 垄断金融数据库市场数十年，非常强大，承载了很多不适合放在数据库中的对象、功能，我们在进行数据库转型时，要从业务、应用特性、数据生命周期管理、数据库能力等角度分析，优化架构，将重负载系统数据库"瘦身"、将重 OLAP 场景入数据中台、评估大字段对象是否可以从数据库中剥离。例如，在某头部金融企业的电子保单系统中，Oracle 占据的存储空间为 21TB，需要将其中的数据迁移到 OceanBase。项目组经调研发现，数据库中大量的保单信息是大字段对象，因此提出了优化方案，从数据库中剥离 19TB 大字段对象保存到对象存储中，仅在数据库中保留对应对象所在的路径。对架构进行优化后，数据库占用的存储空间缩至 2TB，大幅提升了迁移效率，系统迁移后的性能、稳定性显著提高，运维人力成本及硬件成本大幅降低。

（4）核心系统改造需要考虑工具创新、方法创新、架构创新。国产分布式数据库架构与 Oracle 相比有很大的变化，我们不能刻舟求剑，原来在集中式商业数据库上沉淀的优化、排障方法论，需要改变甚至颠覆性创新；此外，在核心系统改造的过程中，对于各种复杂场景，产品无解或者产品功能发布周期不能匹配系统上线计划的情况并不鲜见，需要从实践中来到实践中去，进行方案、工具创新，解决数据库转型过程中的卡点、问题，做到"产品无解，问题有解"。

（5）头部金融企业核心系统改造催熟数据库生态。数据库转型工作最重要的是信心。头部金融企业核心系统改造成功会起到示范效应，在催熟数据库产品、解决方案、标准的同时，给更多项目组和企业使用经过复杂金融场景打磨的国产数据库产品的信心，从而形成越用越好用的良性循环。

8.2 核心客服系统集群架构设计与优化

8.2.1 核心客服系统集群架构设计

OceanBase 采用 Shared-Nothing 架构，各节点之间完全对等，每个节点都有自己的 SQL 引擎、存储引擎，运行在普通 PC 服务器组成的集群之上，具有可扩展、高可用、高性能、低成本、云原生等特性。

核心客服系统集群架构如图 8-3 所示，上海主机房部署 OceanBase 主集群，采用 2-2-2 架构，由 3 个故障高可用区（Zone）组成，每个故障高可用区由两台物理服务器组成，物理服务器被称为数据节点（OBServer 节点）。成都灾备机房部署 OceanBase 备集群，主集群和备集群的故障高可用区内的物理服务器数量保持一致。与 Oracle DataGuard 高可用机制类似，数据库主集群与数据库备集群之间通过传输 Clog 日志的方式进行数据同步。

应用程序不会直接与 OBServer 建立连接，而是连接 OBProxy，然后由 OBProxy 转发 SQL 请求到合适的 OBServer 节点。OBProxy 是无状态的服务，多个 OBProxy 节点通过网络负载均衡设备（F5）为应用提供统一的网络地址。主集群承载实际业务压力，备集群仅有从数据库主集群获取 Clog 日志的压力，因此，主集群服务器的 CPU 负载明显高于备集群服务器的 CPU 负载，与之对应，主、备集群每个副本对应的服务器资源配比如下。

- ◎ 主、备集群每个副本对应的 CPU 资源配比为 1:0.7。
- ◎ 主、备集群每个副本对应的内存资源配比为 1:1。
- ◎ 主、备集群每个副本对应的存储资源配比为 1:1。OceanBase 数据压缩率比较高，数据从 Oracle 迁移至 OceanBase，OceanBase 单副本存储空间最多仅为 Oracle 数据存储空间的 1/3。灾备集群存储不强制使用 SSD 硬盘，可根据需要灵活配置。

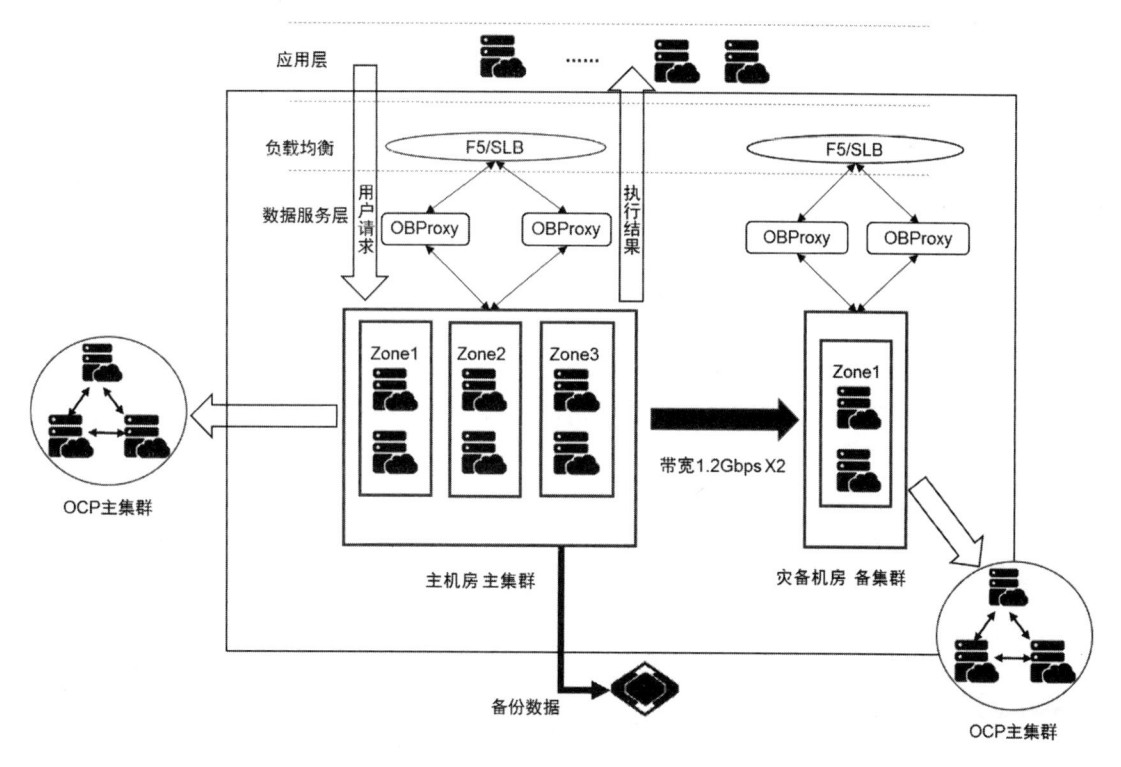

图 8-3 核心客服系统集群架构

集群设计的原则如下。
- 集群类型根据业务性能指标需求进行适配。
- 控制实际集群规模和集群总量,原则上不配置超大规模集群。在功能测试环境中,租户规格较低,单台服务器上部署租户较多,集群控制在 5-5-5 以内,避免单集群超过 150 个租户。
- 大规模集群在运维难度、容灾配置、管理合并时间、备份配置规划等方面存在难点,避免集群服务器数量超过 18 台。
- 实际集群规模要考虑业务评估及增长需求。可以定期评估,先建集群,再根据负载情况扩容。
- 扩容包括横向扩容和纵向扩容,横向扩容通过增加集群规模提升集群整体承载量,可以认为无特别上限,租户资源可以跨服务器配置,不同租户可以动态迁移。竖向扩容通过提升租户规格来增加租户占用资源量,上限为单服务器能力上限。原则上单个租户的主副本不会跨 OBserver 服务器分布,如果租户规格过低,则需要经过测试才能跨 OBserver 服务器分布。

与集群负载均衡、分区(Partition)分布相关的最重要参数是 primary_zone、enable_rebalance 和 enable_auto_leader_switch,下面分别讲述设置这 3 个参数的注意事项。

(1）primary_zone 参数。创建租户时，primary_zone 参数不能设置为 random，必须明确指定主分区副本所在的 Zone，以确保租户的主分区副本不跨服务器随机分布，避免造成访问数据的额外开销。primary_zone 参数是租户的属性，用来指定租户的数据主副本分布的优先策略，用户可通过租户级配置，设置或修改租户的 primary_zone 参数，使租户下分区的主副本分布在指定的 Zone 上，此时称主副本所在的 Zone 为 Primary Zone。Primary Zone 是一个 Zone 集合，用分号（;）分隔不同的优先级，用逗号（,）分隔相同的优先级。OceanBase 的 RootService 服务会根据用户设置的 Primary Zone，尽可能把分区 Leader 调度到更高优先级的 Zone 内，并在同一优先级的 Zone 中将 Leader 打散到不同的服务器上。如果不设置 Primary Zone，则认为租户的所有 Zone 都是同一优先级，RootService 会把租户分区 Leader 打散在所有 Zone 内的服务器中。用户可通过租户级配置，设置或修改租户的 Primary Zone，示例如下。

租户创建时设置 Primary Zone，优先级 z1 = z2 > z3。

```
obclient> CREATE TENANT mysql_tenant RESOURCE_POOL_LIST =('resource_pool_1'),
primary_zone = "z1,z2;z3", locality ="F@z1, F@z2, F@z3"
Set ob_tcp_invited_nodes='%',ob_timestamp_service='GTS';
变更租户 Primary Zone，优先级 z1 > z2 > z3。
obclient> ALTER TENANT mysql_tenant set primary_zone ="z1;z2;z3";
变更租户 Primary Zone，优先级 z1 = z2 = z3。
obclient> ALTER TENANT mysql_tenant set primary_zone =RANDOM;
```

由于 OceanBase 主副本与从副本资源开销差距很大，因此，建议不同的租户将主副本交叉指定分布在不同的服务器上，以充分利用服务器资源，但是同一个租户的主副本分区需要分布在同一台服务器上。

（2）enable_auto_leader_switch 参数。enable_auto_leader_switch 参数用于设置是否开启自动切换主副本。建议设置为 on，以确保发生故障时 Zone 间自动切换。该参数从 OceanBase 4.0 版本开始被废弃，OceanBase 4.2 版本能够实现在 8s 内自动切换主副本。

（3）enable_rebalance 参数。enable_rebalance 参数用于设置是否开启自动负载均衡的功能，建议设置为 off，以避免 Zone 内分区漂移，导致 PL 产生 4038 无主副本错误。

在 2-2-2 OBServer 集群架构下，核心客服系统在上海机房内具备 OceanBase 三副本的高可用能力，RPO=0 且 RTO<30s。在异地容灾能力上，OceanBase 的主备集群提供 RPO≈0、RTO 在分钟级别的保护能力。

核心客服系统 OceanBase 版本为 OceanBase 3.2.3 BP10，OceanBase 3.2.3 支持集群级别备份、租户级别恢复。采取的备份策略是每周末全量备份+每日增量备份+每日日志备份。OceanBase 对于备份资源的开销可以通过调整参数进行控制，关键的备份参数说明如下。

◎ sys_bkgd_net_percentage：控制后台线程带宽，默认是网卡的 60%，会影响数据备份、数据恢复、日志恢复。

◎ backup_concurrency：控制数据备份的并发参数，默认为 0，在 OceanBase 2.2 版本中是 10，如果数据备份不够快则可以按需调大。

◎ log_archive_checkpoint_interval：控制日志备份的间隔，默认为 2 分钟，如果备份性能不足，则建议调整为 10 分钟。
◎ log_archive_concurrency：控制日志备份的并发数量，默认为 0，在 OceanBase 2.2 版本中是 20 个并发线程。

针对某头部保险公司的预发布环境，采用存储快照的方案进行架构设计，该方案的部署架构如图 8-4 所示。在灾备机房内通过备集群挂载存储快照的方式，在一个单独的 VLAN 或者 VPC 内拉起 OceanBase 实例，提供预发布环境。

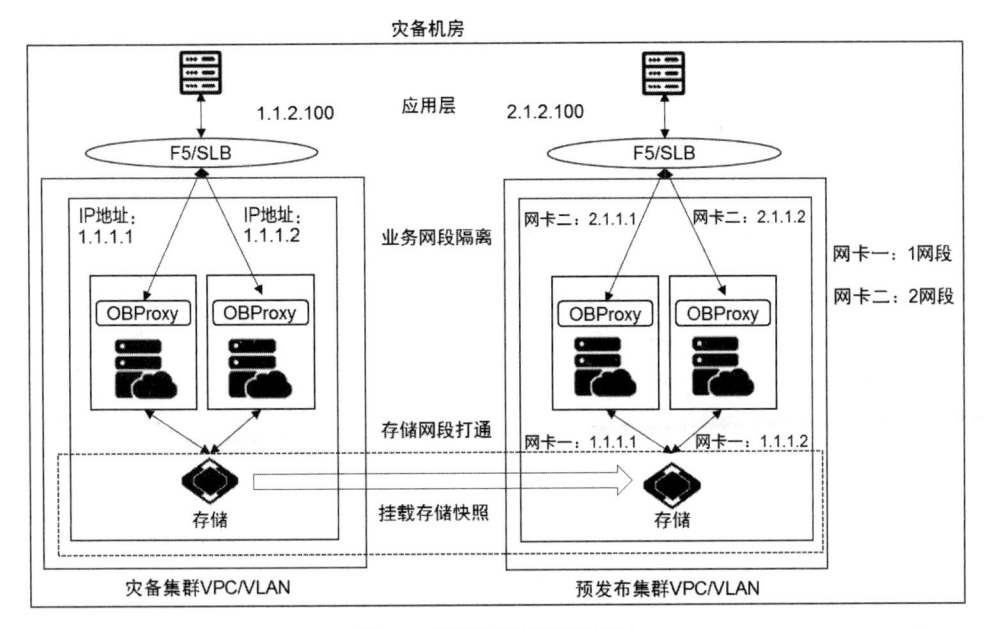

图 8-4 存储快照方案部署架构

OceanBase 存储快照方案以集群维度部署，预发布 OceanBase 集群服务器数量和灾备集群保持一致，单独为预发布集群划分 VPC/VLAN。OBServer 服务器配置双网卡，网卡一配置与灾备集群相同的 IP 地址，用于启动 OBServer 集群；网卡二配置预发布网段的 IP 地址，用于业务访问和运维管理。预发布 OBServer 集群服务器网卡一的网段供 OceanBase 内网通信使用，通过 VPC/VLAN 与外部网络隔离；网卡二的网段提供对外服务。单 Zone 内的 OBServer 服务器连接同一个 SAN 光纤交换机进行存储，确保存储快照的数据一致性。

8.2.2 核心客服系统应用优化

OceanBase 与传统商业数据库 Oracle 有较大区别，需要量体裁衣，根据其特性进行优化，以充分发挥 OceanBase 的优势。

1. 分布式设计优化

OceanBase 与传统数据库的区别在于分布式计划。OceanBase 分布式计划包含两种情况：如果查询涉及的数据分布在多台服务器上，则需要执行分布式计划，跨多个节点访问数据，性能弱于从本地获取数据；如果数据库未跨节点，那么由于 OceanBase 是原生分布式数据库，当并行执行或全局索引跨多个分区访问数据时，也可能需要执行分布式计划。考虑分布式设计优化，减少交易系统跨机访问造成的网络开销，进行如下设计。

◎ 高并发交易场景避免频繁执行的语句使用 parallel 并行，避免交易高峰并发执行造成 CPU 资源瓶颈，并行语句通过将任务分解成多部分，并在多个处理器或核心上同时执行这些部分，加快了数据的处理速度，但是也会带来额外的调度开销，会消耗更多的 CPU 资源，可能导致系统整体负载增加。因此，在高负载或资源有限的环境中，过度并行可能导致 CPU 出现明显瓶颈，需要禁止高并发交易场景使用 parallel 并行。

◎ 优化二级分区及全局索引。二级分区尽可能改成一级分区以减少后台开销；全局索引尽可能改成本地索引，从而减少分布式 SQL 语句，以避免在更新、删除时使用全局索引跨大量分区访问数据，以此优化性能。根据测试，对于拥有 3500 万个数据的大表，其二级分区表创建全局索引的耗时是创建本地索引的 5 倍。

◎ 对于跨多分区、重负载更新、删除语句，应尽可能加上分区键，利用 OceanBase 的分区消除特性，只访问需要进行更新、删除操作的分区，以充分利用 OceanBase 的性能。

◎ 对于分区主副本跨服务器分布的租户，应通过表组设计将不同表的关联性数据放在相同节点，从而避免分布式访问。注意，租户分区主副本跨服务器分布需要充分进行资源评估，只有当单台服务器在计算资源、存储资源层面不能承载特定租户的业务负载时，才采取分区主副本跨服务器分布的设计，同机房跨服务器的访问延时约在毫秒级。在金融场景下，租户分区主副本跨服务器分布需要更多的架构设计优化、索引优化、SQL 优化、表组设计，表组是 OceanBase 在数据库产品层面提供的单元化能力，让关联的表或分区分布在同一台服务器中，避免跨服务器访问。在 OceanBase 3.X 版本中，表组定义包含分区的类型及分区数量，表组中的表分区方式必须与表组的分区方式完全一致，否则无法加入表组，使用上有较多限制。从 OceanBase 4.2 版本开始，表组没有了分区的概念，只需要定义 SHARDING 属性，就可以灵活地将不同分区方式的表加入。如果要限制别的表加入表组，那么可以修改表组的属性，表组管理更灵活。只有做到服务器负载均衡、数据均衡以及减少跨节点访问数据，才能使用好跨节点分布主副本的租户。一般来说，银行业务，例如信用卡，较容易按照信用卡号做哈希运算，实现单元化。保险业务比银行业务复杂，通常可以按照分公司或者业务流程拆解。按分公司实现单元化，需要注意金融企业分公司数据量、负载是不均匀的。目前 OceanBase 中的数据按照分区数均匀分布，因此，在实现时可以考虑，创建列表（List）分区时，根据数据量将不同子公司尽量均匀地分布到不同的分区中，并且提前创建公司分区号以满足创建新子公司的需求。

2. 存储优化

如图 8-5 所示，OceanBase 存储引擎基于 LSM-Tree 架构，基线数据和增量数据分别保存在磁盘（SSTable）和内存（MemTable）中。对数据进行增量修改，只写 MemTable 内存。读取数据时，需要把内存里更新过的版本与持久化存储里的基线版本合并，获得一个最新版本。

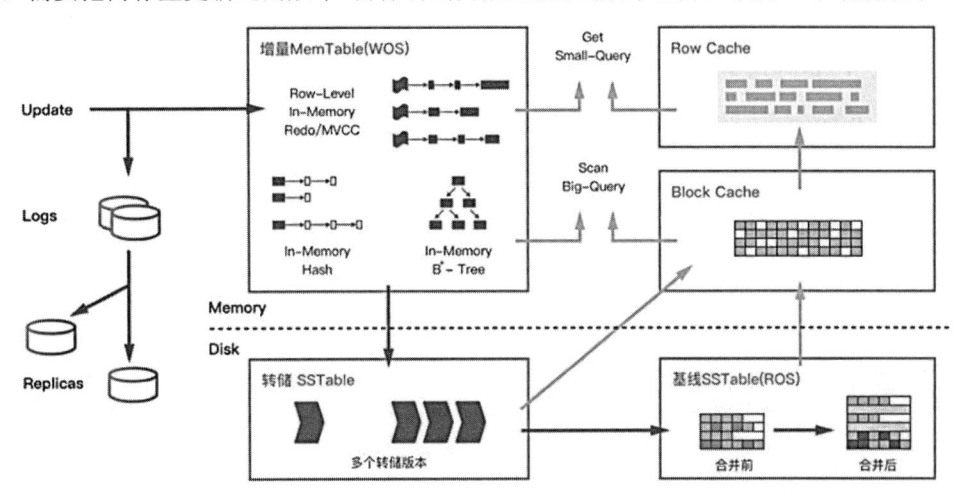

图 8-5　OceanBase 内存架构图

转储是在分区层面选取一个或多个小的、相邻的 SSTable 与若干（可以为 0）Memtable，将它们合并成一个更大的 SSTable。合并是在集群层面将所有的转储 SSTable 和 Memtable 合并成一个 SSTable，这个过程会清理被删除的数据。合并时间通常较长，且资源开销较大。

某头部保险公司对于 OceanBase 应用设计的原则是尽可能让数据的访问、操作在内存中完成，每天定期合并释放 MemStore 并删除记录空间，尽可能减少不必要的写放大、读放大。基于 OceanBase 存储架构，核心业务系统集群独立部署，控制集群租户数量、合理利用分区优化数据生命周期管理，以最小化容灾、备份数据集，减少转储次数，进而避免非计划合并。非关键、低容量、没有频繁 DML 操作的数据库共用一个共享集群，租户互相隔离，集群采用高配以节省软件成本。在规划集群时，应避免个别租户频繁转储导致整个集群合并，使其他租户成为受害者，尽可能避免写放大对性能产生影响。

某头部保险公司迁移系统创新性地将"数据库瘦身"与 OceanBase 压缩特性结合，以降低存储容量。迁移系统通过以下规则结合脚本识别冗余大表、索引，累计缩容超过 40TB。

◎ 如果大表或大表上的分区较长时间只有插入，没有更新、删除，则需要考虑是否对部分数据归档。
◎ 实例启动以来（超过 3 个月），主键索引没有物理读的大表（主键非 sequence）。
◎ 实例启动以来（超过 3 个月），所有索引都没有物理读的大表（主键为 sequence）。
◎ 实例启动以来（超过 3 个月），没有物理读的较大索引（超过 1GB）。
◎ 较长时间没有进行插入、删除、修改的大表。

由于基线是只读数据，而且内部采用连续存储的方式，因此 OceanBase 能够提供较高的压缩比。根据经验，传统集中式数据库中的数据迁移到 OceanBase 后，通过压缩结合"数据库瘦身"，存储容量平均能节省 80% 以上，经济效益可观。

3. 数据库代理服务模块及优化

OceanBase 的用户数据以多副本的形式存储在各个 OBServer 上，ODProxy 接收用户发出的 SQL 请求，并将 SQL 请求转发至最佳目标 OBServer，最后将执行结果返回给用户。对于包含大 SQL 事务的应用系统，应尽可能让分区的 Leader 和 Scheduler 在同一台服务器上，以降低远程 SQL 语句的影响。

8.2.3 核心客服系统迁移

核心系统数据迁移是一项重大且系统的工程，它包括结构迁移设计、数据迁移设计、工具选择、硬件设计、校验方案设计、应急预案设计这 6 个环节。

（1）结构迁移设计。结合应用系统特性，识别数据对象，确定迁移的数据库结构，设计迁移顺序，同时要做好兼容性评估和优化改造方案。迁移顺序通常为表/索引/除外键的其他约束迁移→数据迁移→停机→源端重新导出序列→启用外键、导入触发器等对象。

（2）数据迁移设计。目前常见的方式有 3 种。

- ◎ 冷热数据分离迁移。在一般的业务数据库中，数据具有自己的生命周期，数据的高频访问具有冷热特点。例如，除了在审计回查场景中，流水表历史数据、日志表历史数据很少甚至不被访问，这部分数据通常比较多，数据迁移的开销较高，迁移时间延长，被称为冷数据，而访问频率较高的数据被称为热数据。对于热数据，可全量迁移+增量迁移或实时迁移，对于冷数据，则建议提前或延后迁移，进行离线迁移或静态迁移。
- ◎ 不同容量数据类型的链路优化。对于无 LOB 类型的表的迁移，因为单位迁移的数据量较小且稳定，内存需求可控，所以可适度增加并发度以提高迁移速度，使用较高的并发度和预读批次单链路或多链路迁移。对于 LOB 类型且占用空间较大的表，每一批次迁移的数据会在原始行的基础上显著增加，因此，建议单独对 LOB 类型的表建立链路，采用较小的并发、较低的批次，防范 JVM OOM 风险。同时，为了提高整体迁移的速度，可以多链路并行。
- ◎ 大库多链路并发迁移。单台 OMS 可以支持多个迁移任务，但是共享数据网络出口。鉴于大库数据的持续拉取，可以将大库的迁移分散至不同 OMS 节点，减少大数据网络流量的争用。如图 8-6 所示。

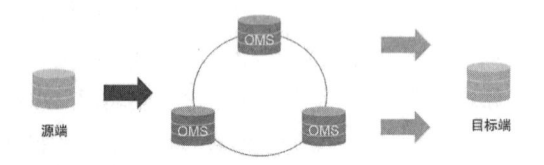

图 8-6 大库多链路并发迁移设计

（3）工具选择。表 8-2 给出了不同迁移场景的特性及适用工具。

表 8-2 不同迁移场景的特性及适用工具

场　　景	特　　性	适用工具
结构迁移	Oracle/MySQL SQL 迁移至 OceanBase 兼容性评估	OMA
	Oracle/MySQL 向 OceanBase 对象结构转换	Dbcat + 自定义脚本
数据迁移	文本数据离线迁移至 OceanBase	DataX、OBLoader
	异构关系型数据库数据实时/离线迁移至 OceanBase + 数据验证	OMS
	异构关系型数据库数据离线迁移至 OceanBase	DataX
	异构关系型数据库数据实时迁移至 OceanBase 后回写源端	OMS
综合场景	异构数据库实时迁移至 OceanBase + 验证 + 回写	DBcat + OMA + OMS
	异构数据库离线迁移至 OceanBase	DBcat+OMA+OMS / DataX / OBLoader

（4）硬件设计。OMS CPU 和内存配置所需资源包括基础服务及管控资源、链路资源、全量任务并发线程所需资源。OMS 磁盘空间所需资源包括基础服务及管控、链路资源。基础服务及管控的标准资源规格以及单链路资源规格可参考表 8-3 和 8-4。

说明：以上内容适应于典型场景，业务场景不同，硬件规格会有变化，需要具体分析。

表 8-3 基础服务及管控的标准资源规格

资源类型/组件	基础服务	管　　控	总　　计
CPU	1C	4C	5C
内存	1GB	7GB	8GB
硬盘	100GB	100GB	200GB

说明：一条数据迁移链路包含了增量同步组件（Store+JDBCWriter）、全量迁移和全量校验组件（Checker）。实际运行时，全量迁移和全量校验进程不会同时存在，所以估算链路资源占用时，全量校验只计入一份。另外，全量任务并发线程消耗的 CPU 和内存资源按照每个线程 1 核 CPU、1GB 内存进行计算。

OMS CPU 计算公式如下。

OMS 迁移所需 CPU 总资源=单个 OMS 节点所需基础 CPU 资源×OMS 节点数+
每条链路所需 CPU 资源×链路数+全量任务并发每线程消耗 CPU 资源×
每条链路全量阶段设置并发度×链路数

OMS 内存计算公式如下。

OMS 迁移所需内存总资源=单个 OMS 节点所需基础内存资源×OMS 节点数+
每条链路所需内存资源×链路数+全量任务并发每线程消耗内存资源×
每条链路全量阶段设置并发度×链路数

示例如下。

某业务系统设计使用 OMS 进行迁移，已知规划使用 5 条链路迁移数据，每条链路全量阶段并发度均设置为 16。

某业务系统 OMS 迁移所需 CPU 总资源=5C×OMS 节点个数+8C×5+1C×16×5

某业务系统 OMS 迁移所需内存总资源 OMS=8G×OMS 节点个数+20G×5+1G×16×5

假设部署 OMS 的服务器的规格为 64C 128GB，则需要 3 台 OMS 服务器提供 135C / 204GB 的计算资源。

表 8-4　单链路资源规格

资源类型/组件	Store	JDBCWriter	Checker	总　　计
CPU	4C	2C	2C	8C
内存	8GB	8GB	4GB	20GB
硬盘	取决于数据库端增量日志的生产速度和 OMS 中增量数据的保存时间	5GB	5GB	>10GB

说明：OMS 一条链路对应至少一个 Store，创建的时候默认创建一个 Store，创建之后可以手动增加 Store 设置拉取位点。Store 保存源端增量日志的解析结果，供下游数据实时更新，数据量大小可以按照源端的日志生成量 1∶1 进行评估，比如源端每天归档日志 500GB，预计保留 7 天，那么 OMS Store 对磁盘大小需求为 500GB×7=3.5TB

（5）校验方案设计。校验方案需要对数据和结构分别校验。可参考表 8-5。

表 8-5　建议校验方案

分　　类	场景/类型	建议校验方案
数据校验	小数据场景	OMS 全量校验
	大数据、无足够停机窗口场景	1.全量校验 2.数据优先级拆分：核心数据全量校验；次要数据逻辑校验；冷数据不校验或者业务逻辑校验 3.停止 ADG 增量应用，开启静态校验，提高速度 4.按需选择结果集校验，缩小校验范围，减少时间
结构校验	数量校验	各类型对象数量对比
	功能校验	测试阶段校验 + 切换之前冒烟测试

（6）应急预案设计。目前常见的有回流和双写两种方式。

◎　回流原理。如图 8-7 所示，调整链路方向，将源端和目标端互换，将目标端产生的数据变更实时回流到源端，降低数据迁移至目标端的失败风险。OceanBase 业务发生故障时，依旧可以连接至源端数据库进行操作。

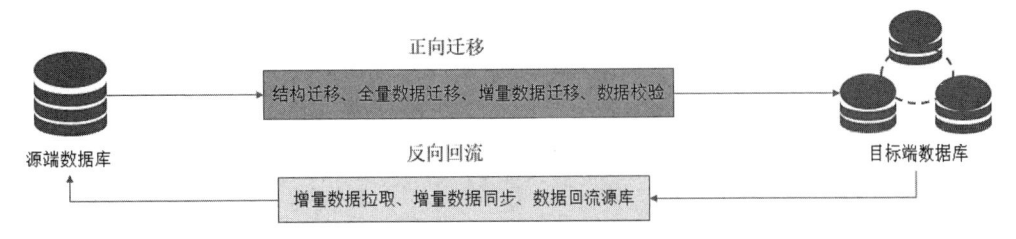

图 8-7 应急预案的回流原理

◎ 双写原理。如图 8-8 所示，基于数据迁移的风险，应用侧设计一个入口，同时将数据更新请求发送至源端数据库以及目标端数据库，观测窗口期并行双跑并验证，确定系统正确性和稳定性无误后，切换至目标端数据库。双写方式的改造成本比回流方式高。

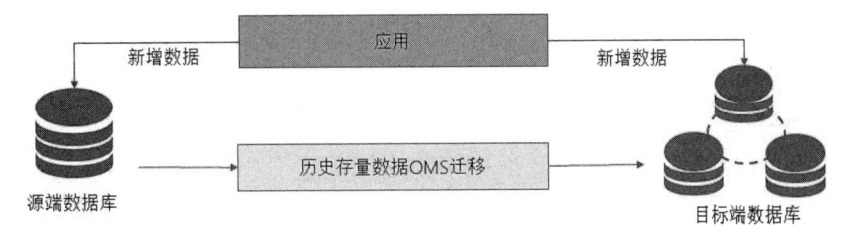

图 8-8 应急预案的双写原理

某核心系统由 Oracle 迁移至 OceanBase，该系统数据容量约为 12TB，由于其业务属性特殊，所以停机窗口时间远小于普通业务系统，只有 4 小时。按照上述 6 大环节，设计迁移思路如下。

（1）结构迁移设计。迁移前，提前完成 Oracle 数据结构对象的兼容适配改造，并准备好改造后的视图、外键约束和函数定义脚本。同时，确定迁移顺序，由 OMS 迁移表、索引和视图、停机窗口进行序列定义导出，以及外键和函数的导入。

（2）数据迁移设计。目前 OMS 单链路同步数据的速度约为 100GB/h，单链路情况下全量同步需要 5 天。将所有的表按照大小拆分至多条链路中，数据总量尽可能均匀分布，可以将全量同步数据的时间缩短，例如在两条链路并行的情况下，全量同步将缩短至 2.5 天。考虑到核心系统停机窗口过短，我们使用了全量同步+增量同步+全量数据校验的方式。

（3）工具选择。在对迁移工具进行多维度评估后，选择 OMS 完成数据迁移工作。

OMS 是 OceanBase 提供的一种支持同构或异构 RDBMS 与 OceanBase 之间进行数据交互的服务，它提供了数据的实时及增量同步的迁移能力，支持的场景包括在线数据迁移、跨城异地数据灾备等。另外，在将业务应用切换到 OceanBase 后，OMS 可以启用反向数据同步链路，以便在紧急情况下回切数据。目前 OMS 支持的源端数据库包括 Oracle、MySQL、DB2、OceanBase 等。OMS 的技术架构如图 8-9 所示。

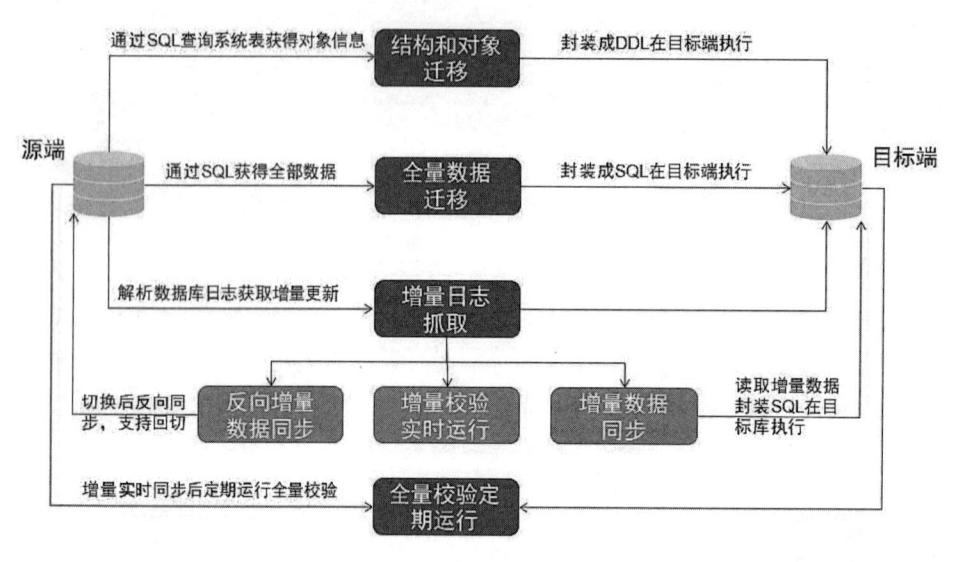

图 8-9 OceanBase OMS 的技术架构

（4）硬件设计。
◎ OMS 采用多节点集群部署，保证链路高可用。
◎ 总体 CPU 和内存规格需要满足要求，单节点磁盘资源需要满足上述磁盘空间要求。
◎ 满足 Oracle 数据库备库、OMS 集群与 OceanBase 业务集群的网络连通和带宽要求。

（5）校验方案设计。我们使用了全量同步+增量同步+全量数据校验的方式，在停机前完成最后一次增量前的数据校验，大大缩短了停机窗口时间。同时，在全量数据迁移完成后，OMS 会自动发起一轮针对源库配置的数据表和目标端表的全量数据校验任务。针对校验出来的不一致数据，OMS 会提供以源端为基准，在目标端做订正操作的 SQL 脚本，在后续增量数据同步过程中，全量校验还会继续进行验证。为确保数据完整性，在停机切换时，要验证核心业务表数据的一致性。

（6）应急预案设计。采用 OMS 数据回流，保证两边数据一致，随时提供应用切换回源能力。对于无须分批次切换、无须与关联系统数据交互的非核心系统，可以直接回流到主库。对于分批次切换、需要与关联系统数据交互的核心系统，可以回流到备库（需要先将备库拉起为主库再回流）。
◎ 确保数据追齐，校验结果一致。
◎ 取消源端数据库外键及触发器。
◎ 启动反向增量数据同步链路，数据实时写回 Oracle。

8.2.4 租户关键参数配置

核心客服系统主库租户关键参数配置如表 8-6 所示。

表 8-6 核心客服系统主库租户关键参数配置

主库租户参数名称	配置参数值
writing_throttling_trigger_percentage	80
ob_enable_truncate_flashback	off
recyclebin	off
wait_timeout	86400
ob_query_timeout	7200000000
ob_trx_idle_timeout	1000000000
ob_trx_timeout	7200000000
undo_retention	3600
ob_sql_work_area_percentage	20
nls_date_format	YYYY-MM-DD HH24:MI:SS
nls_timestamp_format	YYYY-MM-DD HH24:MI:SS:FF6
ob_sql_audit_percentage	5
ob_plan_cache_percentage	10
parallel_servers_target	512
parallel_max_servers	512
ob_trx_lock_timeout	10000000
net_write_timeout	6000
max_allowed_packet	64MB
open_cursors	3000

下面对核心客服系统主库租户关键参数配置进行详细说明。

1. writing_throttling_trigger_percentage

writing_throttling_trigger_percentage 是用于触发写入限流的 MemStore 使用百分比，这个参数用于在 MemStore 遇到内存瓶颈时，控制写入 OceanBase 的 MemStore 的速度，当 MemStore 已使用的内存百分比达到 writing_throttling_trigger_percentage 参数设置的阈值时，触发租户写入限速。当该配置项的值为 100 时，表示关闭写入限速机制。OceanBase 的默认值为 100，即关闭写入限速机制。writing_throttling_maximum_duration 参数表示触发限流后，期望剩余的 memstor 内存可提供服务的时间，默认值为 1 小时，这个参数与 writing_throttling_trigger_percentage 参数配合使用。下面我们看一个例子。

假设租户的 MemStore 大小为 10GB，并做了如下配置。

```
writing_throttling_trigger_percentage = 90;
writing_throttling_maximum_duration = '1h';
```

那么限速的速率是多少呢？

当租户的 MemStore 写满 90%时，触发写入限速，限速的速率为：

$$10 \times 1024\text{MB} \times (1-0.9) / 3600\text{s} = 1024\text{MB} / 3600\text{s} = 0.28\text{MB}/\text{s}$$

应用租户建议开启 writing_throttling_trigger_percentage，核心客服系统设置 writing_throttling_trigger_percentage 为 80，以避免这个阈值设置得过高，导致在写入流量突然增高的场景下，MemStore 可能在 OceanBase 做出适当的限流控制之前被打爆；同时避免可用内存过低导致影响应用系统的响应时间。

那么，有的读者可能会好奇，我们设置 writing_throttling_trigger_percentage 对应用系统可能会有什么影响呢？开启限速后，因为 MemStore 上的内存申请被延时，DML 语句的执行时间会变长，所以我们需要在开启限流的同时，检查 ob_query_timeout 与 ob_trx_timeout 超时参数的值是否需要相应调大。在加载大量数据时，建议开启 writing_throttling_trigger_percentage 限流，以避免 MemStore 内存耗尽，导致任务失败，通过降速减少对 MemStore 的压力，从而确保加载数据成功。

通常，在 MemStore 遇到内存瓶颈时，治标的方法除了设置 writing_throttling_trigger_percentage 参数，还可以调大 minor_freeze_time 和转储内部并发数 minor_freeze_concurrency，加快转储的速度以尽快释放 MemStore。治本的方法是从优化应用的角度解决 MemStore 内存瓶颈，例如减少应用并发、清理冗余索引以及避免多层 FOR 循环嵌套等，效果更加显著。注意，限速参数为租户级配置项。在系统 sys 租户下设置 writing_throttling_trigger_percentage 参数，需要显式地指定租户名称，如果不指定，则修改系统 sys 租户的写入限流阈值。

从 OceanBase 4.0 开始，writing_throttling_trigger_percentage 参数默认值从 OceanBase 3.2.3 的 100 改为 60，即 OceanBase 3.2.3 默认不设置写入限流，而 OceanBase 4.0 的 MemStore 达到 60% 以上即开启写入限流。

2. ob_enable_truncate_flashback 和 recyclebin

ob_enable_truncate_flashback 用于设置是否启用表截断的闪回，recyclebin 是回收站功能，但是不能自动释放空间，需要显式使用 purge 命令清理。一般生产环境下不建议开启 ob_enable_truncate_flashback 和 recyclebin。

3. ob_sql_work_area_percentage

ob_sql_work_area_percentage 用于限制 SQL 语句执行的租户内存百分比。默认为 5，即 ob_sql_work_area_percentage 内存占租户内存的 5%。建议将 ob_sql_work_area_percentage 的值设置为 ≤20，如果混合负载排序、哈希连接较多，则可以增大，设置为 30~50。

4. ob_query_timeout

ob_query_timeout 用于设置对 SQL 语句操作（包含 DML）的超时时间，单位是 μs，这个参数的值在生产环境上线时，配置要保持与性能压测环境一致，如果生产环境中的 ob_query_timeout 参数值明显小于性能压测环境中的，则可能有执行时间较长的 SQL 语句报超时错误。

5. ob_trx_idle_timeout

ob_trx_idle_timeout 用于设置事务空闲超时时间，即事务中两条语句的执行间隔超过该值时超时，单位为 ms。该参数可以全局修改，也可以进行会话级别的设置，它的最小值为 100，没有上限，单位为 s，在 OceanBase 3.2.3 版本中，ob_trx_idle_timeout 的默认值为 1200，单位为 s，从 OceanBase 4.0 版本开始默认值为 8400000000。

6. ob_sql_work_area_percentage

ob_sql_work_area_percentage 用于限制 SQL 语句执行的租户内存百分比。默认为 5，即 ob_sql_work_area_percentage 内存占租户内存的 5%。建议将 ob_sql_work_area_percentage 的值设置为≤20，如果混合负载排序、哈希连接较多，则可以加大，设置为 30～50。

7. wait_timeout

wait_timeout 用于设置服务器关闭非交互连接之前等待活动的时间，默认值为 28800，单位为 s。该参数可以全局修改，也可以进行会话级设置，最小值为 1，最大值为 31536000。在会话启动时，会根据全局 wait_timeout 的值或全局 interactive_timeout 的值来初始化会话 wait_timeout 的值，具体根据全局 wait_timeout 的值还是全局 interactive_timeout 的值，取决于客户端类型。客户端类型由 mysql_real_connect() 的连接选项 CLIENT_INTERACTIVE 定义。一般建议设置为 86400，即 24 小时。

8. ob_trx_timeout

ob_trx_timeout 用于设置事务超时时间，单位为 ms。该参数可以全局修改，也可以进行会话级设置，它的最小值为 100，没有上限，单位为 s。从 OceanBase 4.0 版本开始，默认值由 100000000 调整为 86400000000。

9. undo_retention

undo_retention 用于设置系统应保留的多版本数据范围，在转储时控制多版本数据的回收，单位为 s。undo_retention 的最小值为 100，最大值为 4294967295。在 OceanBase 4.0 版本之前，undo_retention 为系统变量，仅支持全局修改。从 OceanBase 4.0 版本开始，由系统变量调整为配置项，需要通过 ALTER SYSTEM SET 语句修改。

当 undo_retention 的值为 0 时，表示未开启多版本转储，即转储文件仅保留当前最新版本的行数据。当 undo_retention 的值大于 0 时，表示开启多版本转储，并且转储文件保留这段时间（单位为 s）内的多版本行数据。租户开启多版本转储后，大版本合并会保留对应的增量转储文件，但 Major SSTable 中不会存储多版本数据。建议不要将该参数设置得过大，防止保留的 SSTable 数量超限。

10. ob_plan_cache_percentage

ob_plan_cache_percentage 用于设置计划缓存可使用内存占租户内存的百分比，默认值为 5，即 ob_plan_cache_percentage 内存占租户内存的 5%。计划缓存最多可使用内存为租户内存上限×ob_plan_cache_percentage/100。

11. parallel_servers_target

parallel_servers_target 用于设置每个 Server 上的并行查询排队条件。当多条并行执行的 SQL 语句消耗的总线程数超过并行查询排队条件后，后继并行执行的 SQL 语句需要排队等待。parallel_servers_target 仅作为全局参数，它的最小值为 0，OceanBase 3.X 版本中的最大值为 9223372036854775807，OceanBase 4.X 版本中的最大值为 4294967295。

parallel_servers_target 是一个租户级变量，在创建租户时，如果语句里指定了 parallel_servers_target 的值，则该租户按照指定值来设定 parallel_servers_target。如果创建租户时没有指定 parallel_servers_target 的值，则在 OBServer 节点内部创建租户的过程中，会自动根据 min_cpu 计算出一个值。

parallel_servers_target 一般根据资源单元（resource unit）设置的 CPU 数进行设置，建议设置 parallel_servers_target 变量的值为 CPU 数×10×服务器数×0.8，假设 CPU 为 26，且有 3 台服务器，那么 parallel_servers_target 的值为 26×10×3×0.8，等于 624。

12. ob_trx_lock_timeout

ob_trx_lock_timeout 用于设置事务的等待锁超时时长，单位为 ms。该参数可以全局修改，也可以进行会话级设置，它的最小值为 0，单位为 s，表示不等待，没有上限，默认值为−1，表示该参数不生效。调整该参数会影响业务被阻塞时的等待时长，建议根据应用系统调整。

13. open_cursors

open_cursors 用于限制单个会话可以同时打开的游标数量，当一个会话中同时打开的游标数量超过此限制时，报错：

```
ORA-01000: maximum open cursors exceeded.
```

该配置项仅适用于 OceanBase Oracle 模式，它的最小值为 0，最大值为 65535，默认值为 50。对于从 Orcale 迁移过来的系统，在测试环境中可以根据 Oracle 的配置进行配置，若出现配置过大（大于 2000 时）的情况，则建议在测试阶段减小，并通过观察判断生产环境的值，避免过多消耗系统资源。对于新系统，需要根据实际情况进行调整，测试环境中建议初始配置为不大于 500，生产环境中建议不大于 1000。

14. net_write_timeout

net_write_timeout 用于设置中断写数据之前等待块写入连接的时间，单位为 s。该参数可以全局修改，也可以进行会话级设置，需要注意的是，对于通过 OBProxy 连接的集群，当该变量的生效范围设置为全局级别时，需要重启 OBProxy 才会生效。net_write_timeout 的最小值为 1，最大值为 31536000，默认值为 60。

15. max_allowed_packet

max_allowed_packet 用于设置最大网络包大小，单位是字节。max_allowed_packet 的最小值为 1024，最大值为 1073741824，从 OceanBase 4.2.1 版本开始，默认值由 4194304 调整为 16777216。建议将该变量设置为 67108864，即 64MB。

max_allowed_packet 参数可以通过 SET GLOBAL 语句在全局级别修改，不能在会话级别修改。会话级别仅支持查看 max_allowed_packet 参数，且会话级别的值只能与全局级别的值相同。

8.3 OceanBase 大库改造评估与优化

8.3.1 国产服务器 CPU 性能快速评估方法

在性能压测环境完成测试、待投产时，建议对生产环境的 CPU 性能进行基准测试，以避免在性能压测环境中使用英特尔服务器，而在生产环境中使用国产服务器，性能可能存在差异的情况。可以使用以下存储过程对比测试环境和生产环境的 CPU 性能，其思路是调用 CPU 消耗较高的幂函数运算进行比较，同样的思路也可以在操作系统层面用脚本实现，存储过程脚本如下。

```
CREATE PROCEDURE test_cpu
IS
 test_power    number;
t1 timestamp;
t2 timestamp;
BEGIN
select curent_timestamp into t1
from dual;
  for v in 1..1000000 loop
    select power(32,64)
    into test_power
    from dual;
  end loop;
END test_cpu;
select curent_timestamp into t2
from dual;
 dbms_output.put_line('cpu 耗时（秒）：'||t2-t1);
/
```

对英特尔服务器和某国产服务器分别进行测试，英特尔服务器执行了 13.739s，某国产服务器执行了 25.921s，英特尔服务器 CPU 性能与某国产服务器 CPU 性能之比约为 1 ∶ 0.53，说明某国产服务器 CPU 性能与英特尔服务器性能存在较大差距。很多在英特尔服务器 CPU 开销较高的 SQL 语句，在迁移到国产服务器后，需要进行较多性能优化。通过国产服务器提升硬件性能的空间是有限的，而通过对应用侧进行极致地优化，往往能取得更大幅度的性能提升。

8.3.2 OceanBase 租户 CPU 设计

OceanBase 租户配置项包括 max_cpu、min_cpu，分别指定租户配置的最大逻辑 CPU 核数和最小逻辑 CPU 核数，生产环境中通常将同一个租户的 max_cpu、min_cpu 设为相同的值。SQL

语句执行过程中常会有 I/O 等待、锁等待等，因此一个线程往往无法用满 CPU 的一个核，OceanBase 为我们提供了一个关键参数，即 cpu_quota_concurrency，用来控制 OceanBase 租户的 CPU 超卖系数。这个参数控制租户在一个逻辑核上可以启动的活跃线程数，默认值为 4，即 OBServer 会为每个 CPU 启动 4 个线程，设置范围为 1~10，动态修改生效。活跃线程表示能正常处理请求的线程，不包括挂起线程，租户的活跃线程数受配置项和 Unit 规格共同决定。活跃线程数=unit_min_cpu×cpu_quota_concurrency。

如果将租户规格配置为 10 个逻辑核，而 cpu_quota_concurrency 参数设置为 4，则能同时运行的活跃线程是 40，最大 CPU 使用率为 400%，最多可以使用 40 个逻辑核。

根据经验，OBProxy 的 CPU 性能是租户的 CPU 使用率的 1/7 左右，对于海光 64 物理核 CPU，则对应 128 个逻辑核，预留 10 个逻辑核供操作系统和 sys 租户使用，则最多可使用 118 个逻辑核。考虑到 cpu_quota_concurrency 的因素（默认值为 4，一般不做调整），如果一台服务器上同时存在 OBProxy 和 OBServer，那么租户的 CPU 逻辑核数为 26 时，CPU 达到峰值时可能把 118 个逻辑核用满，即使租户配置的逻辑核数目增加，性能也不能获得任何提升，因此不建议单个租户的逻辑核超过 26 个。同理，如果一台服务器上仅有 OBServer 服务没有 OBProxy 服务，那么单个租户的逻辑核建议不超过 30 个。

假设服务器 CPU 逻辑核数为 128，租户配置 20 个逻辑核，cpu_quota_concurrency 设置为 4，租户主副本 CPU 使用率为 50%，不考虑其他因素，则租户所在服务器的 CPU 使用率为：

$$20×4×50\%÷128=31.25\%$$

随着 CPU 核数增加，服务器引入了 NUMA 架构。在 NUMA 架构下，CPU 被分为多个节点，内存也被划分到不同的节点中，分为本地内存、远程内存，访问本地内存与访问远程内存的速度相差约一倍，不过和物理 I/O 相比，还是高出数个数量级。

OceanBase 厂商建议，英特尔服务器不开启 NUMA，而海光服务器开启 NUMA。我们在开启 NUMA 时，需要关注在超过服务器真实物理核数后，超卖 CPU 核数性能的大幅下降。我们使用 sysbench 工具进行开启 NUMA 后的 CPU 性能测试，观察随并发线程数增长的每秒事件数（Per Second，ESP），结果如下。

（1）并发线程达到 64 个（即真实的 CPU 核数量）时，EPS 曲线出现拐点，并发线程达到 128 个时，EPS 达到最大值，为 82192，与 64 个线程的 EPS 相比仅提升 14%，如图 8-10 所示。

计算每个线程的 EPS，64 个线程时其值为 1126；120 个线程时其值为 680；128 个线程时其值为 640；160 线程时其值为 514，如图 8-11 所示。

（2）并发线程数在 200 以下时客户端响应时间相同，并发线程数在 240 以上时响应时间大幅增加，如图 8-12 所示。

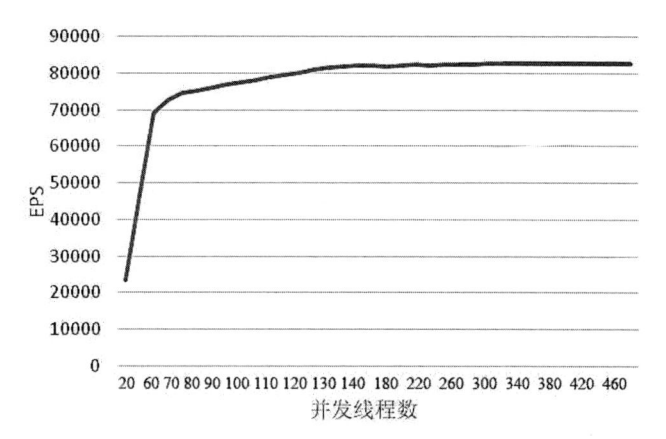

图 8-10　并发线程数与 EPS 的关系

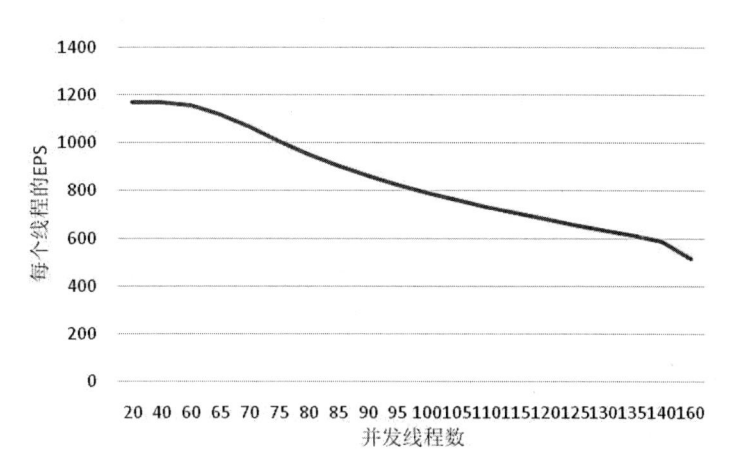

图 8-11　并发线程数与每个线程的 EPS 的关系

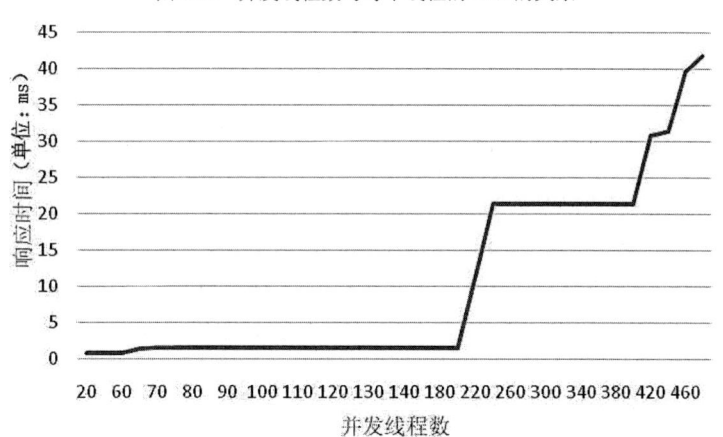

图 8-12　并发线程数与响应时间的关系

用户在设置 NUMA 的同时，也需要注意设置 NUMA 产生的影响。
- 在开启 NUMA 后，当并发线程数超过真实物理核数时，性能会出现拐点。
- 当并发线程等于服务器逻辑核数时，性能最高。
- 当并发线程数超过真实物理核数时，每个线程的处理性能会下降，当并发线程数超过逻辑核数时，每个线程的处理性能会明显下降。
- 当并发线程数超过逻辑核数的两倍时，应用响应时间会明显下降。

8.3.3 迁移资源换算标准

应用系统从 Oracle 迁移到 OceanBase 时，资源应该如何换算呢？这是金融企业数据库转型最常遇到的问题。

一般来说，我们会根据源库的峰值 CPU 使用率换算 CPU，公式如下：OceanBase 目标数据库 CPU 逻辑核数=Oracle 源库服务器 CPU 逻辑核数×平时业务高峰 CPU 使用率×开门红等促销场景资源需求放大倍数÷OceanBase CPU 放大系数×OceanBase 目标数据库副本数。

OceanBase 硬件资源换算示例如表 8-7 所示。

表 8-7 OceanBase 硬件资源换算示例

OceanBase 硬件资源参考调整因素 1：主库 CPU 利用率（副本需要×3）					
系统名称	Oracle 源库服务器 CPU 逻辑核数	平时业务高峰值 CPU 使用率	开门红资源需求放大倍数	Oracle 开门红实际使用 CPU 逻辑核数	OceanBase CPU 放大系数（1.5）	OceanBase CPU 使用率上限（0.7，即最大不超过70%）
系统 1	24	10%	3	7.2	10.8	15.428571429
OceanBase 硬件资源参考调整因素 2：每日重做日志量					
参考内存量：	假设每日日志量 100GB，参考内存量 100/0.7×2=285GB				

从表 8-7 中可以看出，Oracle 源库服务器 CPU 逻辑核数是 24，平时业务高峰 CPU 使用率为 10%。示例业务系统存在开门红促销场景，资源需求放大系数是 3。

因此，Oracle 源库在开门红活动时使用的 CPU 逻辑核数为 24×0.1×3=7.2。考虑到 OceanBase 优化器通常弱于 Oracle，尤其在兼容 Oracle 原生 PL 特性部分时，一般会消耗更多 CPU，因此引入 CPU 放大系数 1.5，OceanBase 单副本需要的逻辑核数为 7.2×1.5=10.8。此外，数据库服务器的 CPU 使用率不能保持在 100%，根据经验，数据库服务器的 CPU 使用率通常不大于 70%。考虑到 CPU 资源还需要保留 30% 的冗余量，因此，OceanBase 单副本所需的逻辑核数为 10.8÷0.7=15.428571429，即 16。如果应用系统集群是三副本的，则这个租户需要的逻辑核数为 16×3=48；如果应用系统集群是五副本的，则这个租户需要的逻辑核数为 16×5=80。通常，三副本集群负载能力是单副本的 1.5 倍，五副本集群负载能力是单副本的 2 倍。

在确定了应用系统迁移到 OceanBase 后需要的 CPU 逻辑核数后，由于 OceanBase 是内存数据库，对内存资源需求量很大，所以通常可以按照 1 逻辑核对应 8GB 内存进行换算。此外，我们还可以按照日志量进行计算，假设每日日志量是 100GB，考虑到 MemStore 与 KV Cache 通常各占一半左右，内存资源也和 CPU 资源一样，需要保留 30%的冗余量，因此对应的内存需求为 100GB×2÷0.7=285GB。

在资源估算中，也需要注意以下原则。

◎ OBServer 集群设计遵循先建后扩原则，集群规模不要过大，推荐 2-2-2 架构，不能超过 6-6-6 架构，尽可能按照业务条线划分。由于 OceanBase 主副本资源开销明显高于从副本，需要考虑通过系统混布、硬件降配等措施降低集群中重要系统的密度。

◎ 为避免应用租户出现突发高 CPU 开销需求，OBServer 集群也要避免过度缩容，当 Oracle 源库的 CPU 使用率低于 10%时，CPU 使用率按照 10%计算；当 Oracle 源库 CPU 使用率大于 50%时，OceanBase 目标库核数按照 Oracle 源库当前逻辑核数×1.5（CPU 放大系数）×OceanBase 目标库副本数（通常为 3）计算。

◎ 如果 Oracle 源库是 RAC 实例，并且仅有单个实例承载业务或批处理任务，则选择计算 RAC 实例 CPU 使用率最高的实例所在服务器的 CPU 逻辑核数，不计算其他实例的 CPU 逻辑核数。如果多个实例均承载业务或批处理任务，则需要计算承载业务或批处理任务的实例的 CPU 使用逻辑核数。

◎ 集群服务器数量为 3 的整数倍。

◎ 当多个业务系统共享一个实例时，需要对核数去重，并尽量打包迁移任务。

8.3.4 大库改造标准

在进行资源估算后，需要考虑 OceanBase 是否引入分布式设计，也就是将一个租户的分区主副本分布在不同的服务器上。由于分布式数据库和集中式数据库的数据分布存在差异，分布式数据库会遇到如下挑战。

◎ 规划表组。对于分布式数据库，多个表中的数据可能分布在不同的服务器上，在执行连接查询或跨表事务等复杂操作时涉及跨服务器的通信，带来额外的性能开销。

◎ 估算副本数量。对于 OceanBase，需要提前规划好租户的副本数量、节点的副本数量、单表的分区数量、数据量、数据增长速度，当数据分布不均匀时会触发副本迁移，可能对业务产生影响。

◎ 选择分区键。分区键决定了数据如何分布，需要平衡数据分布和程序 SQL 语句之间的关系，必须根据数据表的用途正确选择分区键。数据分区不当可能导致大量的跨节点取数，严重影响应用的性能，纠错成本很高。

◎ 分片数据的 SQL 语句开发。合理的表组设计需要合理的开发手段，一些针对单体数据库的操作方式不再适用，例如批量查询，需要考虑一次查询的数据是否在同一个节点上，如果不是，那么需要进行多次查询。

由于 OceanBase 分布式设计需要更多的分布式改造和后续维护成本，因此不能为分布式而做分布式设计，只有在单台服务器从计算资源或者存储资源角度无法满足未来业务的负载需求时，应用系统才采用分布式设计。数据库层面需要采用包括表组设计、配置参数设计、表分区设计、索引设计、应用设计等方法保证分布式数据库的服务器数据分布均匀、负载均匀，且尽可能减少（无法彻底消除）跨服务器的数据访问。

那么，我们该如何判断单台服务器从计算资源或者存储资源角度无法满足业务负载需求呢？下面介绍如何评估大库资源。

OceanBase 服务器处理能力和服务器的型号、主频、个数相关，此外也会受 SQL 语句的复杂程度、远程 SQL 语句、分布式事务的影响。OceanBase 服务器的处理能力主要通过 TPS、QPS、RT 等指标衡量，涉及的术语如下。

◎ TPS：每秒完成的事务请求数量。
◎ QPS：每秒完成的查询请求数量，与 TPS 有关，在 oltp_read_write 压力模型中，1TPS=20QPS。
◎ RT：客户端统计的每个事务的响应时间，单位是 ms。

以英特尔服务器为例（国产服务器可以根据与英特尔服务器 CPU 性能差异进行换算），OceanBase 服务器逻辑核处理能力如下。

◎ 对于以读为主的业务，逻辑 CPU 的 QPS 为 1000~2000。
◎ 对于以更新交易为主的业务，逻辑 CPU 的 TPS 为 100~200。TPS 与交易类型和交易的 SQL 语句数有关，这里按照一个交易 10~20 条 SQL 语句来估算。

考虑到 OBProxy、sys 租户、操作系统等额外开销，以及需要将 OceanBase 服务器的 CPU 使用率控制在 70% 以下，对于 64 物理核 x86 服务器，QPS 需要控制在 70000 以下，或 TPS 控制在 7000 以下。当符合以下任何一个条件时，单台服务器的计算资源或存储资源可能出现瓶颈，需要通过应用架构、代码优化，或通过 OceanBase 产品分布式能力进行分布式设计，以解决相应计算资源或存储资源的瓶颈问题。

◎ 单租户 QPS 超过 70000。
◎ 单租户 TPS 超过 7000。
◎ 单租户数据库容量超过 20TB。
◎ 单租户数据库 CPU 逻辑核数超过 70。

8.4 某金融核心大库改造预评估案例

8.4.1 资源评估

某金融核心系统 RAC 包含两个实例，XX.XX.XX.3 用于对外提供读写服务，Oracle 定时调度任务随机分布在 XX.XX.XX.1 和 XX.XX.XX.3 服务器上。服务器 CPU 的 6 月峰值为 20% 左右，此外 XX.XX.XX.1、XX.XX.XX.3 服务器上还运行着其他应用的一个历史归档数据库 testarc，估算某金融核心系统 CPU 资源需要排除 testarc 实例开销，查询 testarc 归档历史库日志负载高峰期为 23：00~00：00，抓取 AWR 报告，获取 CPU 负载信息。

Operating System Statistics - DetailDB/Inst: testARC/testarc1 Snaps: 28663-

```
Snap Time          Load     %busy    %user    %sys     %idle    %iowait
---------------    -------- -------- -------- -------- -------- --------
Jun 23:00:26       6.4      N/A      N/A      N/A      N/A      N/A
27-Jun 00:00:40    6.9      4.5      2.2      2.2      95.5     0.7
```

某金融核心系统 CPU 峰值约为 0.2－0.04=0.16

使用以下脚本获取当前数据总量为 30TB，索引总量为 13.8TB。

抓取数据库表数据总量大小（单位 MB）脚本如下。

```
With userlist As
 (Select username As username
   From dba_users
   Where username Not In
      (...
      )
  Union
  Select owner
   From dba_dependencies
   Where referenced_owner In
      (Select username
         From dba_users
         Where username Not In
           (...
           )))
Select s.owner, Sum(bytes) / 1024 / 1024
 From dba_segments s
 Where s.owner In (Select username From userlist)
   And s.segment_type Like 'TABLE%'
 Group By s.owner
 Order By 2 Desc;
```

抓取数据库索引数据总量大小（单位 MB）脚本如下。

```
With userlist As
 (Select username As username
   From dba_users
   Where username Not In
      (...
      )
  Union
  Select owner
   From dba_dependencies
   Where referenced_owner In
      (Select username
         From dba_users
         Where username Not In
```

```
                    (...
                    )))
Select s.owner, Sum(bytes) / 1024 / 1024
  From dba_segments s
 Where s.owner In (Select username From userlist)
   And s.segment_type Like 'INDEX%'
Group By s.owner
Order By 2 Desc;
```

将应用迁移至OceanBase，CPU、存储迁移资源估算如表8-8所示。

表8-8 大库改造资源估算表

大库改造CPU资源					
CPU逻辑核数	CPU峰值使用率	高可用架构系数	迁移到OceanBase的CPU放大系数	业务放大系数	租户CPU规格警戒水位
144	0.16	2	1.5	1	0.7
OceanBase单Zone所需CPU逻辑核数	98.74	单物理机独立租户所需CPU逻辑核数			115.74
大库改造存储容量估算					
存量数据（TB）	年增量数据（TB）	增量数据保留周期	OceanBase压缩比	磁盘使用警戒值	OceanBase数据副本比例
43.8	12	3	0.35	0.7	1.3
迁移至OceanBase所需磁盘容量（TB）	28.47	迁移至OceanBase所需标准磁盘数			9
迁移至OceanBase应用侧数据最大容量（TB）	51.87	迁移至OceanBase应用所需最大标准磁盘数			16

计算公式说明如下。

（1）OceanBase单Zone所需CPU逻辑核数=CPU逻辑核数×CPU峰值使用率×高可用架构系数×迁移到OceanBase的CPU放大系数×业务放大系数÷租户CPU规格警戒水位。某金融核心系统包含两个实例，均承载业务，CPU峰值接近，考虑到双十一业务量还有放大系数，因此高可用架构系数按2计算。

（2）单物理机独立租户所需CPU逻辑核数=OceanBase单Zone所需CPU逻辑核数+sys租户CPU逻辑核数+OBProxy所需CPU逻辑核数+预留CPU逻辑核数。

（3）当前数据迁移至OceanBase所需磁盘容量=存量数据×OceanBase压缩比÷磁盘使用警戒值×OceanBase数据副本比例。

（4）当前数据迁移至OceanBase所需标准磁盘数=当前数据迁移至OceanBase所需磁盘容量÷标准磁盘可用容量，标准磁盘可用容量按3.28TB计算。大规格磁盘容量可按照两倍计算。

（5）迁移至OceanBase应用侧数据最大容量=（存量数据+年增量数据×增量数据保留周期）×OceanBase压缩比/磁盘使用警戒值×OceanBase数据副本比例。

（6）OceanBase数据日志所需空间（未包含在应用侧空间需求）=OceanBase服务器物理内

存×4。

因此，得出以下结论。

- 计算资源评估：单服务器计算资源不能承载负载。OceanBase 单 Zone 所需 CPU 逻辑核数为 99，单物理机独立租户所需 CPU 逻辑核数为 116，超过大库改造评估单服务器承载 CPU 阈值 70 逻辑核。考虑到 OceanBase 服务器的所有 CPU 不可能同时达到峰值，高可用系数（包含双十一放大系数 1.3）按照最小值 1.8 计算，OceanBase 单 Zone 所需 CPU 逻辑核数为 88，单物理机独立租户所需 CPU 逻辑核数为 106。计算资源需求处于高位。在 Oracle 侧，某金融核心系统与双十一高并发、多频次、大流量场景适配，采用 RAC 技术进行计算节点分布式扩展。而在 OceanBase 侧，也需要从应用架构重构减负、应用优化或分布式设计角度，解决单服务器计算资源不能承载负载的性能瓶颈问题。
- 存储资源评估：存储容量超过标准服务器存储容量规格。Oracle 侧当前数据库大小为 43.8TB，其中表数据大小为 30TB，索引数据大小为 13.8TB。迁移至 OceanBase 后大小为 28.47TB，需要 9 块标准盘（不包括日志盘）。远期 OceanBase 应用侧数据最大容量 51.87TB，需要 16 块标准盘（不包括日志盘）。

8.4.2 数据库大表容量与设计优化

根据保险行业业务特点，大表生命周期管理包括初始配置表归档；备份表、临时表、日志表清理或迁移；历史数据归档；无主键表历史数据清理、保全信息合并；索引架构优化、清理未使用的索引；从数据库中剥离大对象字段等。

结合某头部保险公司自研应用改造预评估工具"指南针"，我们可以给项目组提出以下优化建议。

- 通过对历史数据做归档、拆库或对该系统做分布式设计实现数据库转型。梳理出有效迁移数据集以减少迁移及未来 OceanBase 应用系统运行的整体成本。可归档大表数据总量约 10TB，当前迁移有效数据约 43.8TB−10TB=33.8TB，迁移至 OceanBase 侧的数据的详细信息如表 8-9 所示。

表 8-9　迁移至 OceanBase 侧的数据的详细信息

表　名	表数据大小（MB）	索引数据大小（MB）	说　明
TEST_SUMMARY1_TD	4555239.31	3031267.44	备份表，后续移到归档库
TEST_TD	734881.5	786851.75	该表未做冷热分区
TEST_DAILYREPORT_DETAIL	8119257.44	957548.375	后续移到归档库
总计可归档数据量（MB）	10065788.38		

- 采用 7.86TB 磁盘部署，在设计时，需要从厂商获取 7.86TB 磁盘的 IOPS 规格，整体磁盘的 IOPS 能力需要满足业务系统 IOPS 峰值需求。

- 保单明细表 TEST_TD 未做分区，数据量为 734GB，建议结合表访问方式，评估优化分区设计。
- 表单表 TEST_TD 数据量为 763GB，索引大小为 953GB，该表索引大小超过表数据大小，说明该表为窄表，且存在较多索引（12 个）。鉴于该表存在高频 DML 操作，建议结合访问需求对该表索引设计的合理性进行评估。该表上的索引进行了较多分区，需要结合业务评估索引分区的合理性。

8.4.3 迁移链路规划

会计核算系统数据量为 30TB 左右，每日归档量为 2TB 左右，200GB 以上的大表数据量约占 75%，建议创建三条迁移链路，200GB 以上的大表使用两条链路，其他表使用一条链路，需要使用的迁移工具占用的服务器资源分别为 32GB 专用资源和 SSD 磁盘。如果有静态归档数据，则可以考虑创建归档链路，提前迁移。

考虑到会计核算系统的重要性，无法进行长时间停机，建议搭建 Oracle 的 DataGuard 备库，配置链路时停止主库与 DataGuard 备库之间的数据同步，使得 DataGuard 备库中的数据为静态，将全量迁移和全量校验的时间放在割接的窗口期外，完成全量迁移和全量校验后再启动 Oracle 主库和备库的数据同步，此时增量数据同时进入 Oracle 备库和 OceanBase。

在实际割接的窗口期内无须进行全量数据校验，仅对核心表进行业务逻辑校验。

全量迁移时间估算：按照默认速度 150GB/小时进行迁移，大约三天可以完成存量数据迁移。

全量校验时间估算：按照默认速度 150GB/小时进行全量校验，大约三天可以完成全量数据校验。

8.4.4 大库设计分析

1. 大库改造分布式设计思路

大库改造设计思路通常包括从业务角度拆库；剥离部分报表功能到数据中台；梳理关键业务场景涉及 SQL 语句，利用数据库产品分布式能力进行改造；大表生命周期管理。

某头部保险公司客服系统目前采用冷热分离的方案，冷节点承载的数据量约 8~9TB，冷热分离方案主要解决计算资源不存在瓶颈，而存储资源存在瓶颈、需要跨服务器扩展的问题。在设计该方案时，考虑日后维护的需要，我们在热节点上部署了冷节点表信息配置表用于上线后的表监控、批量维护操作。这个方案的优点在于核心思想以热节点为主、有限扩展；Primary Zone 分布服务器数量有限，相对于全分布式架构问题可控、排查问题方便；改造工作量较小，分布式方案易于实现。局限性在于只适用于 CPU 规格较低的系统，不能完全利用 CPU 资源；后续新增表可能被分配到冷节点，需要通过监控或巡检方式，用自动脚本将新增表迁移到热节点。

针对会计核算系统存在较突出计算资源瓶颈，且采用较多以分公司为维度的分区表设计，建议项目组评估以分公司为维度的"列表分区表+配置表"的分布式架构可行性，在这种架构下，采用表组避免表分区之间的分布式事务。评估需要充分覆盖全业务场景的 SQL 语句。

在 OceanBase 3.2.3 版本中，OceanBase 复制表可以指定在租户的每台服务器上都有一个备副本，并且通过全同步策略使主副本与所有备份的数据保持强同步。复制表解决了其他表与该表的连接需要跨物理机访问的问题，主要用于以只读为主的表，例如业务代码配置表。在没有复制表的情况下，业务代码配置表与其他跨多台服务器分布的大表做表连接会产生跨机分布式 SQL 访问。

OceanBase 表组是 OceanBase 提供的单元化能力，在 OceanBase 3.2.3 版本中，具有相同分区方式的情况下，针对同一个事务或者单条查询一起访问的场景，可以将操作本地化，降低分布式查询/事务的代价。

OceanBase 约束如下。
- ◎ 集合中的所有表必须拥有相同的 Locality（包括副本类型、个数及位置），相同的 Primary Zone（包括 Leader 位置及优先级）。
- ◎ 一个表组内所有表的分区方式（分区方法、分区字段个数、分区个数）必须完全一致，并且和表组的分区定义一致；但不同表的分区字段名称不要求一致。
- ◎ 表组里的表不支持单独做分区更改操作。
- ◎ 表组内的表不能删除。

OceanBase 表组的适用场景如下。
- ◎ 在同一个事务中，前面的 SQL 语句是本地执行的，但是中间某条 SQL 语句是远程执行的，如果这条远程执行的 SQL 语句和前面的 SQL 语句使用的表分区方式完全相同，则可以将这两张表绑定表组，保证事务都在本地进行，而不需要跨机。
- ◎ 两张表经常在一个 SQL 中访问，并且具有相同的分区方式，或者是非分区表，则可以绑定表组，避免该分布式查询需要跨机交换数据。

OceanBase 设计要点如下。
- ◎ 基础信息（系统基础信息如功能开关等、业务基础信息如险种等）设计为复制表。复制表要限制使用，适用于数据量小、读多写少、关联频率高的场景。
- ◎ 设计保单相关信息时将分公司作为分区键的分区表。
- ◎ 将业务数据表设计成分区表，涉及业务员的交易型场景中的所有操作都要能在单分区中获取，数据分布相对均匀。
- ◎ 在跑批场景设计中，采用与将分公司/分支机构作为分区键相同的方式，将分区表绑定为表组。
- ◎ 使用表组设计，确保汇总报表所需数据在一个数据库节点上，避免分布式事务带来的网络开销。

应用改造要点如下。
- ◎ 交易链路上涉及分区表的 SELECT、UPDATE、DELETE 操作必须将分区键作为条件。
- ◎ 对于分区表，可以以分区为单位进行分批处理，例如，UPDATE test1 PARTITION(p0) SET c3 = c3+1。

◎ 尽量避免在一条 SQL 语句或一个事务中执行大批量的数据插入、更新与删除操作。

2. 表组细化设计

分布式设计的核心在于表组设计,以减少跨服务器、非必要分布式 SQL(分布式查询、分布式 DML、分布式 DDL)的开销,同时兼顾服务器上数据分布均匀及 CPU 负载均匀。较为明确的是表组可以包括子公司表组、公共表组。

从数据库中分析,目前子公司分区键是子公司字段,包括 44 个分区。

未分区表可按子公司改造为列表(List)分区表,需要项目组根据实际情况进一步评估,评估原则为:当数据量较大、与分区表有关联时,可实现分区消除,智能连接的表可改造为分区表;对于无表关联、数据量极小的表可不改造。

最终,表组暂定为子公司分区表组、未分区公共表组,其余表组根据压测实际情况、CPU 负载情况、业务范围分区表或非分区表实际需求进行调整。表组确定后,对于子公司分区表组包含的表进行全局索引本地化评估和改造。性能压测中对卡点 SQL 语句进行本地化和拆分改造。

3. 集群及配置参数建议

经过初步评估,2-2-2 架构可以满足会计核算系统相当长一段时间的资源需求。

enable_rebalance 用于设置是否开启自动负载均衡的功能,设置为 off,以避免 Zone 内分区漂移,导致 PL 产生 4038 错误。

enable_auto_leader_switch 用于设置是否开启自动切主,设置为 on,以确保故障时 Zone 间自动切主。

primary_zone 暂时设置为以 random 方式打散,根据压测情况进一步评估调整。目前 OceanBase 服务器的负载均衡根据分区数目分布,存在缺陷,根据压测实际情况,将小分区合并后进一步优化。

4. 应用改造预评估分析

PL 包(Package)整体代码量约 15 万行,改造量较大,需要注意以下几点。

(1)索引改造分析及建议。

OceanBase 不兼容的索引类型包括位图索引、聚簇、域索引等。索引组织表也需要在 Oracle 侧进行改造,OceanBase 表的物理存储结构其实就是按照主键进行排序,因此 Oracle 侧的索引组织表在 OceanBase 侧没有保留意义,且索引组织表迁移性能远低于普通表。此外,在对函数索引定义进行排查后发现,在会计核算系统中,大部分函数索引对日期字段用函数 trunc 做了截断,有单列索引也有联合索引,联合索引需要关注逻辑是否可能存在 Bug。建议对这些函数索引进行优化,使用 trunc 函数取消函数索引,根据日期字段对筛选结果创建索引,改造示例如下。

```
旧示例:
select ***
from  t where trunc(OPDATE,'y') = to_date('01-jan-2019','dd-mon-yyyy');
推荐示例:
```

```
select ***
where OPDATE >= to_date('01-jan-2019','dd-mon-yyyy')
  and OPDATE <  to_date('01-jan-2020','dd-mon-yyyy');
```

(2)表分区改造分析及建议。

OceanBase 的高可用基于 Paxos 协议，是分区级别，分区过多会导致较高的 CPU 开销，单租户分区数通常控制在 20000 以内，单表分区数尽可能不超过 400。当前会计核算系统数据库分区数为 60323，需要通过优化减少分区数，从而降低 CPU 开销。当前表的二级分区数为 19000，索引二级分区数在 30000 左右，在 OceanBase 二级分区表上创建全局索引的时长约是一级分区的 5 倍，建议尽可能将二级分区表改造成一级分区表，以避免性能大幅下降。需要评估二级分区索引是否有存在的必要，尽可能在表上进行分区，本地索引分区特性与表保持一致。

(3)数据类型评估。

OceanBase 不兼容的数据类型包括 LONG、LONG RAW、UROWID、RAW、BFILE 等，此外，OceanBase 的 CLOB、BLOB 类型最长支持 48MB，而 Oracle 侧的 CLOB、BLOB 类型最长支持 4GB。OceanBase 的 OMA 工具会将 Oracle 的 NCLOB 类型转化为 NVARCHAR2 类型，最大长度为 32KB，当 NCLOB 超过 32KB 时，如果 Oracle 字符集为 AL32UTF8，则评估是否需要在 Oracle 侧将字符集转换为 CLOB 类型。

在 Oracle 侧执行以下语句查询 CLOB、BLOB 字段的最大长度。

```
select max(dbms_lob.getlength(ROLES))
from TEST_TD ;
```

确认会计核算系统 CLOB、BLOB 类型均未超界，OceanBase 的 Varchar2 字段长度为 32KB，建议针对 AMS 用户 AMS_GX_CALLBACK_TD、AMS_TRANSFER_BILL_SUB_TD 表的 DATAJSON 字段评估是否使用 Varchar2 类型，以获得更好的性能。

(4)PL 代码改造部分。

对会计核算系统 PLSQL 部分的代码改造建议如下。

- ◎ 会计核算系统有大量对打开游标进行 FOR 循环的代码，FOR 循环会将循环内的 OceanBase 与 Oracle 的性能差异放大一个量级，优化思路是将循环内的部分拆离出来或对循环内的高开销 SQL 语句进行优化，例如，将子查询改为外连接或者索引优化设计等。
- ◎ 会计核算系统也使用了 interval 分区，这部分的改造思路是编写相应分区创建脚本，由数据库组进行预创建，但是需要注意创建的分区数尽可能不要超过单表中分区的数量(400 个)。此外，也要注意 maxvalue 的影响，不属于指定分区的数据会进入 maxvalue 分区，如果日期型分区未被及时创建，那么分区键字段没有对应日期分区的记录，会进入 maxvalue 分区，可能导致 maxvalue 分区数据倾斜。
- ◎ TRUNCATE 截断表操作属于 DDL 语句，OceanBase 执行该操作会调用 Root ServiceRoot Service 模块，TRUNCATE 操作需注意控制执行频度，如果分钟级

TRUNCATE 操作过于频繁，则开销较大，会影响系统性能。TRUNCATE 表或分区后面不能直接跟 INSERT 操作。

◎ 代码中使用了 BULK...COLLECT 操作，这个操作一般与 FORALL 配套使用，都是对集合数据进行批量操作，OceanBase 目前没有等价方案，只能通过一般 DML 语句改写，在转换时需要注意及时提交，一次操作结果集不宜过大。

◎ 无主键表评估。系统存在较多无主键表，无主键表会影响数据回写，OceanBase 3.2.3 版本无主键表不能添加主键，不支持 ALTER TABLE ADD...PRIMARY KEY 命令，需在 Oracle 侧评估并添加主键，OceanBase 4.X 版本新特性支持使用 ALTER TABLE ADD...PRIMARY KEY 命令对无主键表添加主键。如果需要在 OceanBase 侧添加主键，那么逻辑上可以先对相关字段执行 ALTER TABLE ...(列名) NOT NULL 操作，然后在相关字段上创建唯一索引，使其逻辑上等价于 primary key，但是 OceanBase 表是按照主键排序的，因此在物理存储结构上，not null+唯一索引不能等同于主键。

◎ 公共包对象部分评估。会计核算系统里存在包对象依赖关系，对于 AMS_ERRORLOG_PKG 等公共调用的包对象，实现从包中取出，以避免 AMS_ERRORLOG_PKG 失效导致大量包级联失效，从而引发大量重编译导致 CPU 开销过高。

8.5 核心客服系统改造实战案例

8.5.1 V$SESSION 视图报错问题

在核心客服系统改造过程中，各类卡点问题层出不穷，有的卡点问题需要开拓思路、使用非常规排障定位手段。如何定位导致 V$SESSION 视图报错的语句，是核心客服系统改造出现的第一个重大卡点问题，如果不解决这个问题，那么核心客服系统改造就会失败，数据库转型路线也没有说服力。本节介绍 OceanBase 将语义级报错转化为 SQL 异常，从而定位改造卡点的思路。

1. 问题描述

核心客服系统使用的 Hibernate 框架版本为 3.3.2.GA，调用 spring-data-jpa 进行更新和查询时报错，根据报错信息描述得知报错原因是找不到 V$SESSION 视图。我们知道，V$SESSION 是 Oracle 中定义的视图，在 OceanBase 中并不存在，但是在 OceanBase 的 proxy 日志、observer 日志中均未能抓取到访问 V$SESSION 视图的 SQL 语句。项目组在代码层面也未发现调用 V$SESSION 视图的对应问题的 SQL 语句。

应用故障信息如下。

```
Caused by: com.alipay.oceanbase.jdbc.exceptions.jdbc4.MySQLSyntaxErrorException:
ORA-00942: table or view 'TEST.V$SESSION' does not exist
```

2. 问题分析及 Oracle 侧排查

V$SESSION 视图在 OceanBase 中并不存在，当有 SQL 语句调用 V$SESSION 视图时，就

会报错，当务之急是找到调用 V$SESSION 视图的 SQL 语句。在 OceanBase 侧无法找到该语句，而 Oracle 侧包含 V$SESSION 视图，应用系统调用 spring-data-jpa 进行更新和查询时运行是正常的，我们可以利用 SQL_TRACE 功能抓取调用 V$SESSION 视图的问题 SQL 语句。

（1）在 Oracle 侧执行以下脚本启用跟踪。

```
BEGIN
   FOR sess_rec IN ( SELECT sid, serial#
                     FROM v$session
                     where username like 'TEST%' and program='JDBC Thin Client')
   LOOP
      sys.dbms_system.set_sql_trace_in_session
         ( sess_rec.sid, sess_rec.serial#, TRUE );
   END LOOP;
END;
/
```

（2）调用框架执行相应更新操作。

（3）执行以下操作关闭跟踪。

```
BEGIN
   FOR sess_rec IN ( SELECT sid, serial#
                     FROM v$session
                     where username like 'TEST%' and program='JDBC Thin Client')
   LOOP
      sys.dbms_system.set_sql_trace_in_session
         ( sess_rec.sid, sess_rec.serial#, FALSE );
   END LOOP;
END;
```

（4）抓取日志并使用 Oracle 的 tkprof 命令格式化日志文件，最终抓取到以下 SQL 语句。

```
update TEST_BUSINESS_ATTR_VALUE set ATTR_ID=:1, PARENT_ATTR_VALUE_ID=:2,
 ATTR_VALUE_CODE=:3, ATTR_VALUE_CN=:4, ATTR_VALUE_ABBR=:5, ATTR_VALUE_1=:6,
 ATTR_VALUE_2=:7, ATTR_VALUE_3=:8, ATTR_VALUE_4=:9, ATTR_VALUE_5=:10,
 ATTR_VALUE_6=:11, ATTR_VALUE_DESC=:12, Crt_User_ID=:13, CRT_DTTM=:14,
 LastUpt_User_ID=:15, LastUpt_Dttm=:16, ENABLE_FLG=:17, ATTR_VALUE_ORDER=:18
where
 ATTR_VALUE_ID=:19

SELECT MACHINE, TERMINAL, SYS_CONTEXT('USERENV', 'IP_ADDRESS'),
  SYS_CONTEXT('USERENV', 'OS_USER')
FROM
 V$SESSION A, (SELECT * FROM V$MYSTAT WHERE ROWNUM = 1) B WHERE A.SID = B.SID
  AND ROWNUM = 1
```

3. 问题解决

在 Oracle 侧抓取到问题 SQL 语句,并将其提交给相关方,但在核心客服系统程序代码、框架代码及 OceanBase 日志中,仍不能定位该 SQL 语句。让我们重新审视一下在 Oracle 侧抓取的这条查询 V$SESSION 视图的 SQL 语句。

```
SELECT MACHINE, TERMINAL, SYS_CONTEXT('USERENV', 'IP_ADDRESS'),
  SYS_CONTEXT('USERENV', 'OS_USER')
FROM
 V$SESSION A, (SELECT * FROM V$MYSTAT WHERE ROWNUM = 1) B WHERE A.SID = B.SID
 AND ROWNUM = 1
```

可以发现,该 SQL 语句从当前会话获取用户名 OS_USER 字段、IP 地址 IP_ADDRESS 字段,结合这是核心客服系统,可以合理推测这条语句的目的是获取当前登录信息,用以审计。审计信息可能会记录到某个审计表中,而在获取信息放入变量时,Oracle 有一个内建异常 NO_DATA_FOUND。当 SQL 查询期望返回至少一行数据,但实际上没有返回任何数据时,如果 PL/SQL 块没有适当处理这种情况,Oracle 就会抛出 NO_DATA_FOUND 异常,而抛出 NO_DATA_FOUND 异常时,也会同时抛出错误模块的名字。如果设法触发 NO_DATA_FOUND 异常,使应用模块抛出相应错误,我们就可以设法定位问题模块。而找不到 V$SESSION 视图是一个语义级的报错,如果我们设法消除这个语义级的报错,"骗"过 OceanBase 优化器,把语义解析报错转化为 SQL 引擎层 NO_DATA_FOUND 逻辑校验异常,就可以根据问题模块的名称定位调用 V$SESSION 视图的 SQL 查询语句。具体处理方法如下。

(1) 根据问题 SQL 语句构造表 tmp_session、tmp_mysql 如下。

```
create table tmp_session
(
Sid number(10),
Machine varchar(20),
Terminal varchar(20),
Id_address varchar(20),
Os_user varchar(20)
)
Create table tmp_mysql
(
Sid number(10)
)
```

(2) 构造视图 V$SESSION、V$MYSTAT 如下。

```
create v$session as select *from tmp_session;
create v$mystat as select *from tmp_mysql;
```

在执行完构造伪表、构造伪视图的操作后,不仅查询 V$SESSION 视图语句用到的 V$SESSION、V$MYSTAT 视图都已存在,而且这个语句用到的所有字段都已被封装。

这里需要注意，查询 V$SESSION 视图语句还用到了 Oracle 的特有函数 SYS_CONTEXT，具体如下。

```
SELECT SYS_CONTEXT('USERENV', 'IP_ADDRESS'),  SYS_CONTEXT('USERENV', 'OS_USER')
...
...
```

查询 OceanBase 关于 SYS_CONTEXT 函数的命令空间'USERENV'支持参数，可以发现 OceanBase 对 Oracle 提供了对 IP 地址、用户名称的兼容，因此不需要额外构造 SYS_CONTEXT 函数。

再次调用 spring-data-jpa 进行更新和查询操作，报错信息发生了改变。

在构造完伪视图 V$SESSION、V$MYSTAT 后，调用框架，由于伪视图 V$SESSION、V$MYSTAT 的基表 tmp_session、tmp_mysql 没有任何数据，因此报出 ORA-01403:no data found 错误，同时抛出了问题模块的名字 TRG_ATTR_VALUE，其中 TRG 是 trigger 触发器的缩写，TRG_ATTR_VALUE 的定义语句如下。

```
CREATE OR REPLACE TRIGGER "TEST"."TRG_ATTR_VALUE"
AFTER UPDATE OR DELETE OR INSERT
ON TEST_BUSINESS_ATTR_VALUE
FOR EACH ROW
/*
CREATE TABLE TEST_BUSINESS_ATTRVAL_T AS
SELECT * FROM TEST_BUSINESS_ATTR_VALUE ;
ALTER TABLE TEST_BUSINESS_ATTRVAL_T ADD (TRG_TIME DATE, IP_ADDR VARCHAR2(100),
MACHINE_NAME VARCHAR2(100), TERIMAL_NAME VARCHAR2(100));

ALTER TABLE TEST_BUSINESS_ATTRVAL_T ADD (OLD_ATTR_VALUE_CODE VARCHAR2(100),
OLD_ATTR_VALUE_CN VARCHAR2(180));
*/
DECLARE
V_IP_ADDR VARCHAR2(100);
V_MACHINE_NAME VARCHAR2(100);
V_TERIMAL_NAME VARCHAR2(100);
V_OSUSER VARCHAR2(100);
BEGIN
SELECT MACHINE, TERMINAL, SYS_CONTEXT('USERENV', 'IP_ADDRESS'),
SYS_CONTEXT('USERENV', 'OS_USER')
INTO V_MACHINE_NAME, V_TERIMAL_NAME, V_IP_ADDR, V_OSUSER
FROM V$SESSION A, (SELECT * FROM V$MYSTAT WHERE ROWNUM = 1) B
WHERE A.SID = B.SID
AND ROWNUM = 1;

IF UPDATING THEN
INSERT INTO TEST_BUSINESS_ATTRVAL_T
```

```
     (ATTR_VALUE_ID,ATTR_ID,PARENT_ATTR_VALUE_ID,ATTR_VALUE_CODE,ATTR_VALUE_CN,ATTR_V
ALUE_ABBR,ATTR_VALUE_DESC,ATTR_VALUE_1,ATTR_VALUE_2,ATTR_VALUE_3,ATTR_VALUE_4,CR
T_USER_ID,CRT_DTTM,LASTUPT_DTTM,LASTUPT_USER_ID,
     ENABLE_FLG,ATTR_VALUE_ORDER,TRG_TIME,IP_ADDR,OSUSER,MACHINE_NAME,TERIMAL_NAME,OL
D_ATTR_VALUE_CODE,
     OLD_ATTR_VALUE_CN)
     VALUES
     (:OLD.ATTR_VALUE_ID,:OLD.ATTR_ID,:OLD.PARENT_ATTR_VALUE_ID,:OLD.ATTR_VALUE_CODE,
:OLD.ATTR_VALUE_CN,
     :OLD.ATTR_VALUE_ABBR,:OLD.ATTR_VALUE_DESC,:OLD.ATTR_VALUE_1,:OLD.ATTR_VALUE_2,:O
LD.ATTR_VALUE_3,:OLD.ATTR_VALUE_4,:OLD.CRT_USER_ID,:OLD.CRT_DTTM,:OLD.LASTUPT_DT
TM,:OLD.LASTUPT_USER_ID,:OLD.ENABLE_FLG,:OLD.ATTR_VALUE_ORDER,SYSDATE,V_IP_ADDR,
V_OSUSER,V_MACHINE_NAME,V_TERIMAL_NAME,:NEW.ATTR_VALUE_CODE,:NEW.ATTR_VALUE_CN);
     ELSIF INSERTING THEN
     INSERT INTO TEST_BUSINESS_ATTRVAL_T
     (ATTR_VALUE_ID,ATTR_ID,PARENT_ATTR_VALUE_ID,ATTR_VALUE_CODE,ATTR_VALUE_CN,ATTR_V
ALUE_ABBR,ATTR_VALUE_DESC,ATTR_VALUE_1,ATTR_VALUE_2,ATTR_VALUE_3,ATTR_VALUE_4,CR
T_USER_ID,CRT_DTTM,LASTUPT_DTTM,LASTUPT_USER_ID,
     ENABLE_FLG,ATTR_VALUE_ORDER,TRG_TIME,IP_ADDR,OSUSER,MACHINE_NAME,TERIMAL_NAME,OL
D_ATTR_VALUE_CODE,
     OLD_ATTR_VALUE_CN)
     VALUES
     (:NEW.ATTR_VALUE_ID,:NEW.ATTR_ID,:NEW.PARENT_ATTR_VALUE_ID,:NEW.ATTR_VALUE_CODE,
:NEW.ATTR_VALUE_CN,
     :NEW.ATTR_VALUE_ABBR,:NEW.ATTR_VALUE_DESC,:NEW.ATTR_VALUE_1,:NEW.ATTR_VALUE_2,:N
EW.ATTR_VALUE_3,:NEW.ATTR_VALUE_4,:NEW.CRT_USER_ID,:NEW.CRT_DTTM,:NEW.LASTUPT_DT
TM,:NEW.LASTUPT_USER_ID,:NEW.ENABLE_FLG,:NEW.ATTR_VALUE_ORDER,SYSDATE,V_IP_ADDR,
V_OSUSER,V_MACHINE_NAME,V_TERIMAL_NAME,'INSERTING','新增');
     ELSE
     INSERT INTO TEST_BUSINESS_ATTRVAL_T
     (ATTR_VALUE_ID,ATTR_ID,PARENT_ATTR_VALUE_ID,ATTR_VALUE_CODE,ATTR_VALUE_CN,ATTR_V
ALUE_ABBR,ATTR_VALUE_DESC,ATTR_VALUE_1,ATTR_VALUE_2,ATTR_VALUE_3,ATTR_VALUE_4,CR
T_USER_ID,CRT_DTTM,LASTUPT_DTTM,LASTUPT_USER_ID,
     ENABLE_FLG,ATTR_VALUE_ORDER,TRG_TIME,IP_ADDR,OSUSER,MACHINE_NAME,TERIMAL_NAME,OL
D_ATTR_VALUE_CODE,
     OLD_ATTR_VALUE_CN)
     VALUES
     (:OLD.ATTR_VALUE_ID,:OLD.ATTR_ID,:OLD.PARENT_ATTR_VALUE_ID,:OLD.ATTR_VALUE_CODE,
:OLD.ATTR_VALUE_CN,
     :OLD.ATTR_VALUE_ABBR,:OLD.ATTR_VALUE_DESC,:OLD.ATTR_VALUE_1,:OLD.ATTR_VALUE_2,:O
LD.ATTR_VALUE_3,
     :OLD.ATTR_VALUE_4,:OLD.CRT_USER_ID,:OLD.CRT_DTTM,:OLD.LASTUPT_DTTM,:OLD.LASTUPT_
USER_ID,:OLD.ENABLE_FLG,
     :OLD.ATTR_VALUE_ORDER,SYSDATE,V_IP_ADDR,V_OSUSER,V_MACHINE_NAME,V_TERIMAL_NAME,'
DELETEING','删除');
```

```
END IF;
END;
/
ALTER TRIGGER "TEST"."TRG_ATTR_VALUE" ENABLE;
```

可以发现，触发器 TRG_ATTR_VALUE 的定义中确实包含了 V$SESSION 视图的问题 SQL 语句，该核心客服系统已上线近二十年，历时久远，代码量巨大，深度使用了 Oracle 的各种特性，应用程序在触发器中调用 V$SESSION 视图确实给排查造成了很大困难，在定位问题 SQL 语句后，我们通过重构触发器应用代码解决了该适配问题。

8.5.2　OceanBase 兼容 Oracle 特性内存挤占问题

Oracle 已经在金融行业形成了事实标准和技术壁垒，金融行业长期沉淀、积累的 Oracle 核心代码和技能是宝贵的无形资产。考虑降低企业数据库转型的成本，国产分布式数据库不仅需要在功能上兼容 Oracle 关键应用特性，还需要在性能上满足金融企业业务系统需求，实现数据库的平滑迁移。包括 OceanBase 在内的国产数据库兼容 Oracle 过程化语言特性的性能或资源使用问题是对数据库稳定性的重大挑战，而金融核心系统深度绑定 Oracle 的业务场景，是打磨数据库产品的最好磨刀石，下面我们讲解一个在核心系统改造过程中发生的 OceanBase 兼容 Oracle 特性内存挤占问题的高级诊断案例。

1. 问题描述

在性能测试环境中，某核心系统数据库租户的内存大小为 45TB，当前数据库版本为 OceanBase 3.2.3 BP7。触发 500 租户占用内存超过 100GB 的严重告警如图 8-13 所示。

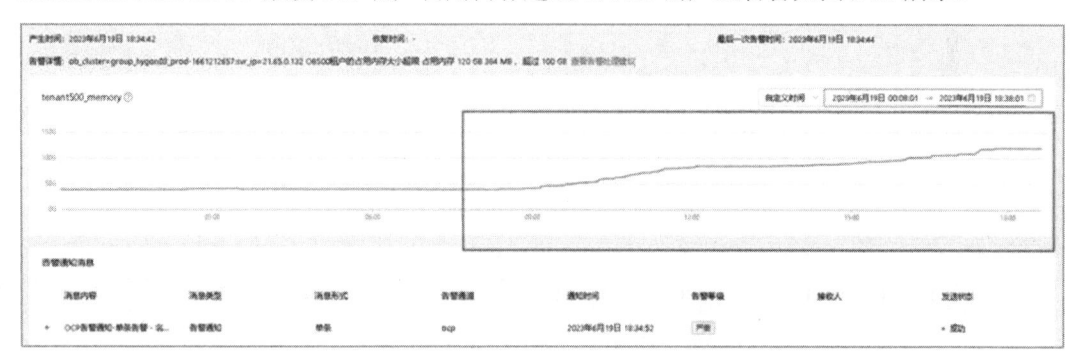

图 8-13　500 租户内存告警

500 租户是 OceanBase 内部租户，由 OceanBase 内部各模块使用，其内存大小由 system_memory 参数设置，需要注意，system_memory 参数的值不是一个期望值，在特定情况下其内存大小可能超过 system_memory。

我们通过 OCP 监控系统 500 租户的内存使用情况，发现其占用的内存自 9：00 持续增长，且不能释放，至 16：05 超过 100GB 阈值，触发严重报警。

服务器物理内存为1TB，系统触发报警时，空闲内存仅剩约122GB，如下所示。

```
[admin@observer065000132 ~]$ free -g
total used free shared buff/cache available
Mem: 995 796 122 0 76 190
Swap: 0 0 0
```

2. 问题排查

那么，当我们遇到 500 租户内存大量挤占的问题时，该如何排查呢？首先，我们需要知道 500 租户的内存使用量是否被 V$MEMORY 和 GV$MEMORY 视图统计，我们可以通过单独查询 sys 租户的内部表 __ALL_VIRTUAL_MEMORY_INFO 获取 500 租户内部模块内存使用情况。详细查询语句如下。

```sql
SELECT tenant_id, svr_ip, mod_name, sum(hold) / 1024 / 1024 / 1024 module_sum_gb
FROM
    __all_virtual_memory_info
WHERE tenant_id =500 AND hold <> 0 AND mod_name NOT IN ('OB_NVSTORE_CACHE',
'OB_MEMSTORE')
GROUP BY tenant_id, svr_ip, mod_name
ORDER BY sum(hold) / 1024 / 1024 / 1024  DESC limit 10;
```

在上述查询语句中，hold 字段的单位为字节，我们剔除 MemStore 对应的模块 OB_MEMSTORE 和 KV Cache 对应的模块 OB_KVSTORE_CACHE，按照租户、服务器、模块进行分组，返回占用内存最多的 10 个模块的信息，详细查询结果如图 8-14 所示。

tenant	svr_ip	mod_name	module_sum_gb
500	1.1.1.1	PlTemp	72.397582054138
500	1.1.1.2	CO_STACK	8.007636889814
500	1.1.1.1	CO_STACK	7.936589464545
500	1.1.1.3	CO_STACK	7.844819873571
500	1.1.1.4	CO_STACK	7.844819873571
500	1.1.1.5	CO_STACK	7.844819873571
500	1.1.1.6	CO_STACK	7.841859564185
500	1.1.1.1	OB_KVSTORE_CACHE	6.726950094104
500	1.1.1.4	OB_KVSTORE_CACHE	6.726950094104
500	1.1.1.6	OB_KVSTORE_CACHE	6.726950094104
500	1.1.1.2	OB_KVSTORE_CACHE	6.726950094104

图 8-14 500 租户内存占用前 10 位的模块信息

从返回结果可以看出，PLTemp 模块占用 72GB 内存，从而导致 500 租户内存超过 100GB 阈值。通常，PLTemp 模块与 OceanBasePL 对象相关，一般不会超过 10GB，我们可以推测，很有可能是 OceanBasePL 对象产生了内存泄漏。

监控 PLTemp 内存泄漏的命令如下。

```
alter system set leak_mod_to_check='Pltemp' server = 'ip:svr_port';
--开启 Pltemp 内存泄漏监控
```

```
select * from __all_virtual_mem_leak_checker_info order by alloc_count;
--有内容后将结果保留成文本格式
```

根据抓取日志，OceanBase 研发侧专家反馈 OceanBase 3.2.3 BP7 已知 Bug 存在 PL 内存泄漏问题，建议从 OceanBase 3.2.3 BP7 升级到 OceanBase 3.2.3 BP8，临时解决方案是每日维护窗口计划性重启 OBServer 保养，释放 500 租户内存。

目前解决方案的痛点是从 OceanBase 3.2.3 BP7 升级到 OceanBase 3.2.3 BP8 需要 1 个月左右，在此期间，运维人员需要每晚计划性重启数据库进行保养，而在数据库补丁包升级后，OceanBase 3.2.3 BP8 也有可能带来新的未知问题。因此，有必要在 OceanBase 当前的版本 OceanBase 3.2.3 BP7 上尝试定位问题 SQL 语句，进而探索应用侧改造方案。但是，定位问题 SQL 语句犹如大海捞针，又该从哪里寻找头绪呢？首先，根据 OceanBase 研发侧提供的信息，我们将排查范围缩小到嵌套表、关联数组、变长数组的初始化。随后，我们分析并提取嵌套表、关联数组、变长数组的共性关键字（TABLE OF、VARRAY、VARYING ARRAY），扫描源码，定位了 11 个可疑的数据库对象，与项目组确认后，只有两个语法相似的自定义函数对象正在使用，它们分别包含一个嵌套表。最后，为了复现内存泄漏场景，我们提取了自定义函数中可能导致内存泄漏的初始化模块，模拟包含嵌套表初始化以触发内存泄漏的函数 test_leak 如下。

```
create or replace function test_leak RETURN VARCHAR2
AS
  TYPE TIARRAY IS TABLE OF INTEGER;
  TYPE TCARRAY IS TABLE OF CHAR(1);
  W       TIARRAY;
  A       TCARRAY;
  output varchar2(128);
BEGIN
  W := TIARRAY(7, 9, 10, 5, 8, 4, 2, 1, 6, 3, 7, 9, 10, 5, 8, 4, 2, 1);
  A := TCARRAY('1', '0', 'X', '9', '8', '7', '6', '5', '4', '3', '2');
FOR i IN W.FIRST .. W.LAST
LOOP
output := output || NVL(TO_CHAR(W(i)),'NULL') || ' ';
END LOOP;
FOR i IN A.FIRST .. A.LAST
LOOP
output := output || A(i) || ' ';
END LOOP;
return(output);
END;
```

循环调用函数 test_leak 执行 10 万次的脚本如下。

```
declare
  x varchar2(128);
begin for i in 1..100000
```

```
loop
select test_leak() into :x from dual;
end loop;
end;/
```

通过执行以下脚本观察 500 租户内存的变化。

```
SELECT tenant_id, svr_ip, mod_name, sum(hold) / 1024 / 1024 / 1024 module_sum_gb
FROM
  __all_virtual_memory_info
WHERE
  tenant_id =500 AND hold <> 0 AND mod_name NOT IN ('OB_NVSTORE_CACHE', 'OB_MEMSTORE')
GROUP BY
  tenant_id, svr_ip, mod_name
ORDER BY
  sum(hold) / 1024 / 1024 / 1024  DESC limit 10;
```

在执行前，我们可以观测到 PLTemp 模块内存大小为 356.43GB，脚本执行前 500 租户内存占用前 10 位模块信息如图 8-15 所示。

tenant_id	svr_ip	mod_name	module_sum_mb
500	1.1.1.1	PlTemp	356.425086915492
500	1.1.1.3	CO_STACK	8.262223497032
500	1.1.1.4	CO_STACK	8.232620403170
500	1.1.1.6	Co_STACK	8.200056999921
500	1.1.1.9	Co_STACK	8.182295143604
500	1.1.1.2	CO_STACK	8.140850812196
500	1.1.1.1	CO_STACK	8.120128646492
500	1.1.1.5	Co_STACK	8.093485862017
500	1.1.1.7	CO_STACK	8.093485862017
500	1.1.1.8	CO_STACK	8.075724005698

图 8-15　脚本执行前 500 租户内存占用前 10 位模块信息

执行两次内存泄漏模拟脚本后 PLTemp 模块占用的内存为 357.96GB。

通过测试结果可以看出，执行模拟内存泄漏脚本两次，内存泄漏为 357.96–356.43=1.5GB，问题严重。随后，尝试将嵌套表初始化时的成员个数修改为 1，然后重复测试，发现仍然存在严重的内存泄漏问题。

可以得出以下结论。

◎ 嵌套表初始化存在 Bug，会产生严重的内存泄漏。
◎ 内存泄漏严重程度与初始化时成员个数无关。
◎ 机制相似的嵌套表、关联数组、变长数组初始化只要包含 1 个以上成员，就会存在严重的内存泄漏。

我们尝试将故障模拟代码修改为嵌套表初始化时不包含任何成员，然后执行 extend 命令，再给嵌套表成员逐个赋值，修改后的脚本如下。

```
create or replace function test_noleak RETURN VARCHAR2
AS
   TYPE TIARRAY IS TABLE OF INTEGER;
   TYPE TCARRAY IS TABLE OF CHAR(1);
    W       TIARRAY;
A       TCARRAY;
    output varchar2(128);
BEGIN
    W := TIARRAY();
    A := TCARRAY();
    W.extend(18);
   W(1) := 7;
    W(2) :=9;
    W(3) :=10;
    W(4) :=5;
    W(5) :=8;
    W(6) :=4;
    W(7) :=2;
    W(8) :=1;
    W(9) :=6;
    W(10) :=3;
    W(11) :=7;
    W(12) :=9;
    W(13) :=10;
    W(14) :=5;
    W(15) :=8;
    W(16) :=4;
    W(17) :=2;
    W(18) :=1;
   A.extend(11);
   A(1) := '1';
   A(2) := '0';
   A(3) := 'X';
   A(4) := '9';
   A(5) := '8';
   A(6) := '7';
   A(7) := '6';
   A(8) := '5';
   A(9) := '4';
   A(10) := '3';
   A(11) := '2';
FOR i IN W.FIRST .. W.LAST
LOOP
output := output || NVL(TO_CHAR(W(i)),'NULL') || ' ';
END LOOP;
```

```
FOR i IN A.FIRST .. A.LAST
LOOP
output := output || A(i) || ' ';
END LOOP;
return(output);
END;
```

反复执行，PLTemp 内存始终保持初值 367.18GB 不变，嵌套表不包含成员初始化时 500 租户内存占用前 10 位的模块信息如图 8-16 所示。

tenant_id	svr_ip	mod_name	module_sum_mb
500	1.1.1.1	PlTemp	367.189701139927
500	1.1.1.3	CO_STACK	8.262223497032
500	1.1.1.4	CO_STACK	8.232620403170
500	1.1.1.6	CO_STACK	8.200056999921
500	1.1.1.9	CO_STACK	8.182295143604
500	1.1.1.2	CO_STACK	8.140850812196
500	1.1.1.1	CO_STACK	8.120128646492
500	1.1.1.5	CO_STACK	8.093485862017
500	1.1.1.7	CO_STACK	8.093485862017
500	1.1.1.8	CO_STACK	8.075724005698

图 8-16 嵌套表不包含成员初始化时 500 租户内存占用前 10 位的模块信息

最终，确定使用上述改造方案，即两个包含嵌套表的自定义函数，在嵌套表初始化时不包含任何成员，然后扩展嵌套表，逐个为成员赋值，这样就可以解决 OceanBase 3.2.3 BP7500 版本下租户 PLTEMP 模块内存挤占问题。按上述方案改写应用代码并下发，终于成功以极小的改造成本，解决了重要系统 500 租户 PLTEMP 模块内存挤占问题。解决该性能压测环境问题共花费两小时，节约补丁包升级测试、每晚系统重启、升级人力等成本超过 10 万元，性价比很高。

第 9 章
金融核心业务系统优化改造典型案例

数字化时代,保险行业正经历着前所未有的变革,高效处理海量数据、优化系统性能以应对高并发场景是转型的关键。本章将围绕某头部保险公司在实际运营中遇到的三大核心挑战——事务处理(Transaction Processing,TP)场景下的海量并发优化、分析处理(Analytical Processing,AP)场景下的海量数据优化,以及核心资金交易系统的改造与迁移,深入剖析其应对策略与实践成果,为保险行业的转型提供宝贵参考。

9.1 事务处理场景海量并发优化

在海量并发交易系统中,高频执行的 SQL 语句通常是短 SQL 语句,最高效的方式是单表通过主键检索少量数据,尽量避免多表关联。此外,平均执行时间超过 1s 的高频 SQL 语句也是优化时需要重点关注的对象,通常可以通过索引设计来提升数据检索效率。

以某头部保险公司产险车险理赔核心系统优化为例,产险车险理赔核心系统每日处理案件上万件,作业人员上万人,系统业务流程包含报案、查勘、车估损、车核价、车核损、单证、理算、核赔、人伤首次、人伤跟踪、人伤调解等,全理赔流程复杂、高频交易、存储过程庞杂,业务数据量高达数十 TB。车险理赔系统采用案卷模型作为理赔业务数据模型基础,通过案卷树与节点扩展存储理赔数据。案卷模型通过横表、竖表关联查询,随着案件增加,系统查询次数呈指数级增加,存在大量高频查询 SQL 语句,主节点 QPS 峰值超 10 万。优化前 CPU 使用率平均超 80%,峰值超 87%。

针对上述情况,可从 GV$SQL_AUDIT 视图中抓取影响性能的高频 SQL 语句,并做出相应的优化处理。具体命令如下。

```sql
Select /*+ query_timeout(500000000) read_consistency(weak) */sql_id,plan_id,
    Sum(elapsed_time - queue_time) sum_t
     From gv$sql_audit
 Where tenant_id = xx
   and svr_ip='xx'
   and is_executor_rpc = 0
   and query_sql != ''
   and sql_id !=''
   and usec_to_time(request_time) >= '20xx-xx-xx xx:xx:xx'
--   and usec_to_time(request_time) <= '20xx-xx-xx xx:xx:xx'
 Group By sql_id
 Order By sum_t Desc Limit 30;
```

9.1.1 Queuing 表优化

抓取高频调度的待优化 SQL 语句如下。

```sql
SELECT
    test.id AS id1_53_,
    test.bo_actual_id AS bo_actual_id2_53_,
    test.claim_variable_id AS claim_variable_id3_53_,
    test.create_time AS create_time4_53_,
    test.memo AS memo5_53_,
    test.message AS message6_53_,
    test.notification_no AS notification_no7_53_,
    test.proc_inst_id AS proc_inst_id8_53_,
    test.STATUS AS status9_53_,
    test.task_def_key AS task_def_key10_53_,
    test.task_id AS task_id11_53_,
    test.task_variable_id AS task_variable_id12_53_,
    test.top_actual_id AS top_actual_id13_53_,
    test.update_time AS update_time14_53_
FROM
    TEST_TASK_PARA test
WHERE
    1 = 1
    AND test.STATUS = '0'
    AND MOD ( test.top_actual_id, 13 )= 4
    AND rownum < 100
ORDER BY
    test.id ASC
```

相应的执行计划如下。

```
-------------------------------------------------------------
|ID|OPERATOR                  |NAME       |EST. ROWS|COST |
-------------------------------------------------------------
|0 |SORT                      |           |1        |20728|
|1 | SUBPLAN SCAN             |VIEW1      |1        |20728|
|2 |  LIMIT                   |           |1        |20728|
|3 |   PX COORDINATOR         |           |1        |20728|
|4 |    EXCHANGE OUT DISTR    |:EX10000   |1        |20728|
|5 |     LIMIT                |           |1        |20728|
|6 |      PX PARTITION ITERATOR|          |1        |20728|
|7 |       TABLE SCAN         |test       |1        |20728|
=============================================================
|test:table_rows:32, physical_range_rows:52480, logical_range_rows:32
```

通过分析可知，调度任务参数表 TEST_TASK_PARA 过滤条件较差，只能进行全表扫描，预估记录 32 条，而扫描记录却高达 52480 条。实际上，该表有效数据仅有几十条，出现了大量无效数据的扫描，为何会出现这种情况呢？这是因为该表日常存在大量的删除操作。OceanBase 不会立即进行物理删除，而是在内存中将对应记录加上删除标记，直到每日合并时才会将其真正删除，致使 SQL 语句查询性能急剧下降。

当在某张表上频繁地执行插入操作，同时进行批量删除，或者有大量的并发更新操作时，可能遇到一种现象：表中的数据行数并不多，但是查询和更新的性能明显下降，这种现象在 OceanBase 中被称为 Queuing 表效应。针对这种现象，OceanBase 从 OceanBase 2.2.7 版本开始引入 Queuing 表模式，当 Queuing 表删除记录达到_ob_queuing_fast_freeze_min_count 参数阈值时，租户会触发 Buffer Minor Merge 转储，该转储基于 Major SSTable 和最新的增量数据，以当前的读快照时间生成一个 Buf Minor SSTable，此次 Compaction 动作将消除增量数据里的所有删除标记，后续查询则基于新生成的 Buf Minor SSTable，因此可以避免原有的大量无效扫描动作。将表设置为 Queuing 表模式的命令如下。

```
ALTER TABLE user_table TABLE_MODE = 'queuing';
```

_ob_queuing_fast_freeze_min_count 参数默认值为 500000，需要注意的是，该参数目前只能在租户级别统一设置，因为数据库中可能存在多个 Queuing 表，各个表的删除频率可能有很大差异。更合理的设计是，允许在 Queuing 表级别设置删除转储属性阈值。对于高峰时间段有高频删除操作的场景，其实不适合使用 Queuing 表，因为高峰时间段的高频 buffer minor merge 转储操作也会消耗较高 CPU，不能起到很好的优化效果。下面介绍业务高峰期间大量删除表的优化案例。

9.1.2 业务高峰期大量删除表优化

抓取的待优化 SQL 语句如下。

```
SELECT
    test.id AS id1_68_,
    test.dispatch_task_type AS dispatch_task_type2_68_,
    test.task_def_key AS task_def_key3_68_,
    test.task_state AS task_state4_68_,
    test.task_variable_id AS task_variable_id5_68_,
    test.task_weight AS task_weight6_68_,
    test.unit_code AS unit_code7_68_,
    test.user_code AS user_code8_68_,
    test.user_group AS user_group9_68_,
    test.count AS count10_68_,
    test.create_time AS create_time11_68_,
    test.memo AS memo12_68_,
    test.STATUS AS status13_68_,
    test.update_time AS update_time14_68_
FROM
```

```
    TEST.TEST_DETAIL testuse0_
WHERE
    1 = 1
    AND TEST.STATUS = '0'
    AND rownum < 1000
ORDER BY
test.id ASC
```

相应的执行计划如下。

```
--------------------------------------------------------------
|ID|OPERATOR                   |NAME         |EST. ROWS|COST |
--------------------------------------------------------------
|0 |SORT                       |             |918      |44164|
|1 | SUBPLAN SCAN              |VIEW1        |918      |42233|
|2 |  LIMIT                    |             |918      |42219|
|3 |   PX COORDINATOR          |             |918      |42205|
|4 |    EXCHANGE OUT DISTR     |:EX10000     |918      |39576|
|5 |     LIMIT                 |             |918      |39576|
|6 |      PX PARTITION ITERATOR|             |918      |39562|
|7 |       TABLE SCAN          |TESTUSE0_    |918      |39562|
--------------------------------------------------------------
```

通过分析可知，表 TEST_DETAIL 预估记录 2704 条，而扫描包含的删除记录达到 100704 条，查询性能较差，且该表已经设置为 Queuing 表。进一步检查表转储情况，可以发现表 TEST_DETAIL 在业务高峰时间段存在大量转储，1 小时内转储 28 次。

目前 Queuing 表转储存在如下痛点：TEST_DETAIL 高峰时间段转储频繁，且转储删除阈值 _ob_queuing_fast_freeze_min_count 参数设置为 30000。调整该参数影响较大，提高阈值可能导致其他 Queuing 表无法及时转储；降低阈值又会导致 TEST_DETAIL 表转储过频，在产品侧没有较好的解决方案，因此可以采取以下优化方案解决 Queuing 表高频转储问题。

◎ 针对 TEST_DETAIL 表新增 deteled_status 字段，删除时将该字段设置为 1，否则设置为 0。
◎ 在 deleted_status 字段上增加如下索引。

```
create index status_idx on TEST_DETAIL(case deleted_status when '0' then '0' end)
```

◎ 在应用侧改写 SQL 语句，添加如下过滤条件。

```
where status='0' and (case deleted_status when '0'then '0' end)= '0'
```

◎ 每日错开合并时间段，在凌晨业务空闲时间段批量清理 deleted_status 为 1 的记录。

9.1.3 插入性能优化

在抓取高频 SQL 语句过程中，我们发现部分高频 INSERT 语句性能较差，经排查，这些性能较差的 INSERT 语句调用了序列，且创建序列时没有显式设置缓冲池的大小，因此，该序列的缓冲池值为默认的 20。一般情况下，建议优化序列的缓冲池值设置为 2000 以上，这样可以降低应用系统业务繁忙时序列分配新值的开销。经测试，在相同配置下，序列的缓冲池值设为 2000 时的插入性能约是缓冲池值设为 20 时的 2.71 倍；我们也发现，在缓冲池值超过 2000 后，继续增加缓冲池值，插入性能不会有明显的提升。

实际上，在将数据从 Oracle 迁移至 OceanBase 的过程中，OMS 工具也会自动将序列的缓冲池值设为 3000，而在迁移工作之外，应用的开发人员创建的序列容易忽视缓冲池值的设置，因此我们需要要求业务侧在新建序列时显式指定缓冲池的值为 2000。

9.1.4 更新优化

抓取的待优化 SQL 语句如下。

```
UPDATE test_ods SET status = 'S' WHERE BATCHNO = 'xx'
```

相应的执行计划如下。

```
-----------------------------------------------------------
|ID|OPERATOR   |NAME              |EST. ROWS|COST    |
-----------------------------------------------------------
|0 |TABLE SCAN|TEST_ODS|140485    |5576337|
...
|7 |    TABLE SCAN   |RUNTIMEUSE0_|918      |39562|
-----------------------------------------------------------
TEST_ODS:table_rows:14190397, physical_range_rows:14194466,
logical_range_rows:14190397, index_back_rows:0, output_rows:140484,
est_method:local_storage, optimization_method=cost_based
```

查看执行计划发现，高频更新语句的 WHERE 条件会导致对超过 1400 万条记录的大表做全表扫描。

进一步查看表 test_ods 的索引信息，BATCHNO 在索引第二个字段，具体如下。

```
+--------------------------------+-------------+-----------------+
| INDEX_NAME                     | COLUMN_NAME | COLUMN_POSITION |
+--------------------------------+-------------+-----------------+
| TEST_ODS_INDEX                 | STATUS      |               1 |
| TEST_ODS_INDEX                 | BATCHNO     |               2 |
+--------------------------------+-------------+-----------------+
```

查看 batchno 与 status 数据的相关性，发现 batchno 与 status 数据完全相关，索引仅包含 batchno 字段即可，无须包含 status 字段。故可优化为，在 batchno 字段单独创建索引，并删除包含 batchno、status 字段的联合索引。

9.2 分析处理场景海量数据优化

在分析处理场景中,通常数据加工量大、SQL 语句逻辑复杂、子查询和外连接较多,并且会用到过程化语言特性,对 SQL 语句优化技能要求很高。从 Oracle 转型到 OceanBase,优化方法也需要根据数据库特性进行改变。以某头部保险公司系统海量数据加工场景为例,做出如下优化。

9.2.1 支付清单报表模块优化

在 OceanBase 中,支付清单报表模块实施批处理时未能跑出结果。优化思路是在并行处理部分将全局索引改为本地索引,3500 万条记录的插入性能提升了 20%~30%;此外,将开销较大的标量子查询改为外连接,性能提升了 20%~30%。需要注意,Oracle 9i 版本引入了标量子查询,经常使用标量子查询优化外连接性能,而 OceanBase 虽然支持标量子查询,但是标量子查询的性能通常弱于外连接。因此,在 OceanBase 中,将标量子查询改为外连接可以作为一种将数据从 Oracle 迁移到 OceanBase 的反向优化手段;此外,结合业务逻辑,改变 WHERE 条件的连接字段,使用了分区键,实现分区消除,性能得到了较大提升。

优化完成后,在 OceanBase 中批处理的实施时间为 8 小时,能够满足业务需求。

9.2.2 固定费用报表模块优化

迁移至 OceanBase 后,批处理未能跑出结果,而在 Oracle 侧的批处理实施时间为 13 小时。优化思路是把多余的业务分组去掉,以减少 FOR 循环的次数。FOR 循环优化是特别需要注意的,一般需要考虑减少 FOR 循环的嵌套层次,将 FOR 循环内的逻辑部分拿到 FOR 循环外处理,并对 FOR 循环内的 SQL 语句进行精心优化;在 in 条件集合中如果包含大量离散值,则采用嵌套表构造虚表进行优化;在查询一些中间表时优化相应索引设计。

在 Oracle 中,固定费用报表模块批处理耗时为 13 小时,优化完成后,在 OceanBase 中相关批处理耗时仅为 1 小时 40 分钟,在服务器 CPU 性能相对较差的情况下,耗时仅为 Oracle 的 12.82%。

9.2.3 全成本模块优化

在 Oracle 中,全成本模块批处理耗时为 25.2 分钟,迁移至 OceanBase 后,经过优化,相关批处理耗时仅为 18 分钟,在服务器 CPU 性能相对较差的情况下,耗时仅为 Oracle 的 71.43%。优化思路是通过 Oracle 脚本识别冗余索引,然后结合业务访问方式清理冗余索引,以提升海量更新性能。此外,由于 test_finance 表的 cc.status = '00'条件筛选度较好,将 test_finance 表下推到子查询提前做关联,以便更好地提前筛选数据。

优化前的 SQL 语句如下。

```
update
  test_finance cc
set
  test.budget_type = '3',
  cc.issue_status = '00'
where
  cc.status = '00'
  and cc.budget_type is null
  and cc.issue_status is null
  and exists (
    select
      1
    from
      test_account_result r,
      test_payments_to t,
      test_draw d,
      test_budget_draw dr
    where
      cc.bill_num = r.render_no
      and r.dailyaudit_no = t.dailyauditno
      and t.w_no = d.w_no
      and d.w_no = dr.w_no
      and d.draw_type = '5'
      and dr.status = '01'
      and dr.budget_type in ('00','01')
  )     and dr.budget_type in ('00','01')
  )
```

优化后的 SQL 语句如下。

```
update
  test_finance cc
set
  cc.budget_type = '3',
  cc.issue_status = '00'
where
  exists (
    select
      1
    from
      test_finance ce
      join test_account_result r on ce.bill_num = r.render_no
      join test_payments_to t on t.dailyauditno = r.dailyaudit_no
      join test_draw d on d.w_no = t.w_no
      join test_budget_draw dr on dr.w_no = d.w_no
```

```
  where
    ce.status = '00'
    and ce.budget_type is null
    and ce.issue_status is null
    and d.draw_type = '5'
    and dr.status = '01'
    and dr.budget_type in ('00','01')
)
```

优化完成后，OceanBase 的批处理性能与 Oracle 相当。

9.2.4 实收模块优化

对于海量批加工业务系统，SQL 语句逻辑复杂，我们既要关注应用性能，又要关注 CPU、内存等资源的使用情况。某海量批加工系统实收模块加工逻辑极复杂，有近 5000 行代码，3 个存储嵌套，OceanBase 中的 FOR 循环达到 7 层。OceanBase 中的 FOR 循环会占用内存保存集合临时数据，只有在最外层循环结束时才会释放内存，导致 OceanBase 内部 sqlexecutor 模块的内存挤占达 108GB。我们知道 FOR 循环是数据密集型循环，而 WHILE 循环是数据稀疏型循环，OceanBase 设计者没有必要为 WHILE 循环分配内存保存集合临时数据，鉴于该模块的 FOR 循环集合数量较少，我们将 FOR 循环改造为 WHILE 循环，以极低的改造成本将内存开销降低了 88.5%。

9.3 核心资金交易系统改造迁移

核心资金交易场景普遍对性能、稳定性有很高要求，同时，其连续性要求对迁移的时间窗口有严格限制，是数据库转型改造的痛点和难点，需要根据业务特点精心设计迁移方案。

9.3.1 改造和迁移难点

某头部保险公司核心资金交易系统具有系统关联关系复杂、传统集中式数据库绑定程度深、业务影响大、海量数据等特点，承载着整个集团的资金收付交易任务。该系统现已与数十个业务系统对接，年处理交易上亿笔，总金额达数千亿元。在峰值交易日，系统需要处理高达数十万笔交易，日处理金额达到数十亿元。因此，系统的稳定性和性能对于公司的正常运营至关重要。

核心资金交易系统技术改造难点如下。
- ◎ 系统核心功能大量关键业务使用 Oracle 的全局临时表进行会话逻辑隔离。在迁移到 OceanBase 时，需要兼顾全局临时表相应改造方案的稳定性和应用改造成本。
- ◎ 在业务层面，迁移过程需要保证服务的稳定性、连续性和数据一致性。任何数据错误都可能对企业的资金交易产生影响，造成重大损失。系统需要支持全集团 7×24 小时交易，即使经过多方协调，停机切割时间也非常有限，需要在尽可能短的时间窗口完成切换。

9.3.2 改造优化方案

核心资金交易系统中使用了大量全局临时表，在迁移到 OceanBase 时，为了降低应用改造工作量，在保证性能稳定的前提下，使用了相关数据库产品兼容全局临时表特性，但是对于高频调用全局临时表的场景，需要结合应用逻辑做表设计和应用极致优化，以满足性能要求。批处理高频调用全局临时表优化案例如下。

在性能压测阶段，核心资金交易系统批处理性能存在瓶颈，与应用开发人员沟通确认批处理的存储过程名称 proc_name。

（1）执行以下 SQL 语句，定位与存储过程 proc_name 相关的 TRACE_ID。

```sql
SELECT
/*+query_timeout(500000000) read_consistency(weak)*/
    trace_id
FROM
    gv$sql_audit
WHERE
    svr_ip = 'xx'
    AND tenant_id = xx
    AND query_sql LIKE '% proc_name %'
    AND usec_to_time ( request_time ) >= '20xx-xx-xx xx:xx:xx';
```

输出结果的简要内容如下。

```
SVR_IP: xx
            SVR_PORT: xx
          REQUEST_ID: xx
         SQL_EXEC_ID: xx
            TRACE_ID: trace_id
…
           PLAN_TYPE: 0
…
        REQUEST_TIME: 1705746671414321
        ELAPSED_TIME: 3392020420
…
        EXECUTE_TIME: 3392020338
…
```

PlAN_TYPE 为 0 表示是存储过程，即批处理存储过程共计耗时 3392s，且均为执行开销。

（2）通过 TRACE_ID 定位存储过程开销前 30 位的 SQL 语句如下。

```sql
SELECT
/*+ query_timeout(500000000) read_consistency(weak) */
    sql_id,
    trace_id,
    plan_id,
```

```sql
    svr_ip,
    svr_port,
    Sum( elapsed_time - queue_time ) sum_t,
    Count(*) cnt,
    Avg( get_plan_time ),
    Avg( execute_time ),
    max( execute_time ),
    Sum( elapsed_time - queue_time )/ Count(*) avg_cpu,--      query_sql,
    min(
    substr( REPLACE ( query_sql, '\n', ' ' ), 1, 300 )) query_sql
FROM
    gv$sql_audit
WHERE
    tenant_id = xx
    AND svr_ip = 'xx'
    AND trace_id = 'trace_id'
    AND is_executor_rpc = 0
    AND query_sql != ''
    AND sql_id != ''
    AND usec_to_time ( request_time ) >= '20xx-xx-xx xx:xx:xx'
    --  And usec_to_time(request_time) <= '20xx-xx-xx xx:xx:xx '
GROUP BY
    sql_id
ORDER BY
    sum_t DESC
    LIMIT 30;
```

对开销前30位的SQL语句进行分析，前两位（SQL语句1和SQL语句2）共耗时2985s，占批处理时间的88%，并且均是高频扫描临时表造成的。虽然涉及的SQL语句单次执行时间为20~50ms，耗时不算高，但是由于高频执行，导致总开销时间较长。对SQL语句1和SQL语句2进行详细分析。

（3）SQL语句1的相关信息如下。

SQL语句1如下，执行该SQL语句的总耗时为1499s，每次执行约耗时20ms。

```sql
INSERT INTO "TEST"."TEST__BILL_ORDER_T" ( "ID", "BILL_NO", "ENTRY_SEQ", "ORDER_NO",
"ORDER_ORG", "ORDER_FORG_NO", "ORG_TYPE", "ORDER_AMOUNT", "CREATE_DATE",
"CREATE_USER", "LAST_UPDATE", "UPDATE_USER" ) SELECT
"TEST"."TEST__BILL_ORDER_T_S"."NEXTVAL",: 0,: 1,
"TMP"."ORDERNO",
"TMP"."ORDERUNIT",
"TMP"."ORDERUNITNUM",(
    CASE
    
        WHEN (
```

```
                    SUBSTR( "TMP"."ORDERUNITNUM", 1, 1 ) = to_nchar ( 'L' )) THEN
                    'L'
                WHEN (
                    SUBSTR( "TMP"."ORDERUNITNUM", 1, 1 ) = to_nchar ( 'J' )) THEN
                    'J' ELSE 'P'
                END
            ),
            "TMP"."AMOUNT",
            sysdate,-(1),
            sysdate,-(1)
        FROM
            "TEST"."TEST_TMP_SUBORDER" "TMP"
        WHERE
        (
    "TMP"."SEQ" = : 2)
```

SQL 语句 1 的简要执行信息如下。

```
AFFECTED_ROWS: 1
…
        ELAPSED_TIME: 19556
           NET_TIME: 0
      NET_WAIT_TIME: 0
         QUEUE_TIME: 0
        DECODE_TIME: 0
      GET_PLAN_TIME: 0
       EXECUTE_TIME: 19556
…
MEMSTORE_READ_ROW_COUNT: 26342
```

SQL 语句 1 的执行计划如下。

```
+---------+-------------------+------------------------------+------+------+
| plan_id | operator          | name                         | rows | cost |
+---------+-------------------+------------------------------+------+------+
| 4047904 | PHY_INSERT        | NULL                         |  1   |  91  |
| 4047904 |  PHY_SUBPLAN_SCAN | NULL                         |  1   |  91  |
| 4047904 |   PHY_SEQUENCE    | NULL                         |  1   |  91  |
| 4047904 |    PHY_TABLE_SCAN | TMP(IDX1_TEST_TMP_SUBORDER)  |  1   |  91  |
+---------+-------------------+------------------------------+------+------+
```

分析上述信息发现，大多数开销是扫描临时表"TEST"."TEST_TMP_SUBORDER"造成的，处理 1 条数据就扫描了 2 万多条记录。

（4）SQL 语句 2 的相关信息如下。

抓取的 SQL 语句 2 如下，执行该 SQL 语句的总耗时为 1486s，每次执行约耗时 50ms。

```
delete from "TEST"."TEST_TMP_SUBORDER" where ("TEST"."TEST_TMP_SUBORDER"."SEQ"
= :0)
```

SQL 语句 2 的简要执行信息如下。

```
AFFECTED_ROWS: 1
…
        ELAPSED_TIME: 53835
            NET_TIME: 0
       NET_WAIT_TIME: 0
          QUEUE_TIME: 0
         DECODE_TIME: 0
       GET_PLAN_TIME: 0
        EXECUTE_TIME: 53835
…
MEMSTORE_READ_ROW_COUNT: 62058
```

SQL 语句 2 的执行计划如下。

```
+---------+----------------+-----------------------------------------+------+------+
| plan_id | operator       | name                                    | rows | cost |
+---------+----------------+-----------------------------------------+------+------+
| 3474177 | PHY_DELETE     | NULL                                    | 1    | 92   |
| 3474177 | PHY_TABLE_SCAN | TEST_TMP_SUBORDER(IDX1_TEST_TMP_SUBORDER)| 1    | 91   |
+---------+----------------+-----------------------------------------+------+------+
```

分析上述信息发现，SQL 语句 2 与 SQL 语句 1 类似，处理 1 条数据就扫描了 6 万多条记录。

SQL 语句 1 和 SQL 语句 2 的执行计划本身并不存在问题，主要开销均来自扫描临时表 "TEST"."TEST_TMP_SUBORDER"，虽然只处理了 1 条数据，但扫描了数万条记录。尽管单条 SQL 语句每次执行时间为 20~50ms，但是由于执行频率过高，总耗时较长。

（5）最终确定优化方案如下。

- 将 TEST_TMP_SUBORDER 表从全局临时表改为普通表，且将表模式设为 Queuing 表，以便对删除记录进行快速转储，提升查询性能。
- TEST_TMP_SUBORDER 增加 SEQUENCE 字段，字段含义为批次中每笔交易的唯一序列。
- 在 SEQUENCE 字段上增加组合索引。

```
CREATE INDEX "TEST"."TEST_INCOME_SUBORDER_IDX1" on "TEST"."TEST_INCOME_SUBORDER" (
 "SEQ",
 "SEQUENCE"
) GLOBAL;
```

- 在应用侧改写 SQL 语句，在 INSERT 和 SELECT 时增加 SEQUENCE 字段，保证数据的正确性，不再每次都 DELETE。

◎ 每个批次处理完成后，都通过 Sequence 字段一次性 DELETE 该批次所有数据。

通过全局临时表设计及应用程序优化，资金交易系统的批处理加工性能提升了 5 倍，满足了业务需求。

9.3.3 迁移方案

针对资金系统数据量达数十 TB、7×24 小时运行、停机切割时间有限的特点，核心资金交易项目组确定了异构双活、逐步分流、分步切换、服务连续的原则，交易类功能"分批迁移"，管理后台"一步迁移"的总体方案。整个系统分三批次进行迁移，在单次迁移中，数据迁移与校验的时长控制在 3 小时内，停机时间控制在 4 小时内。系统整体架构图如 9-1 所示。

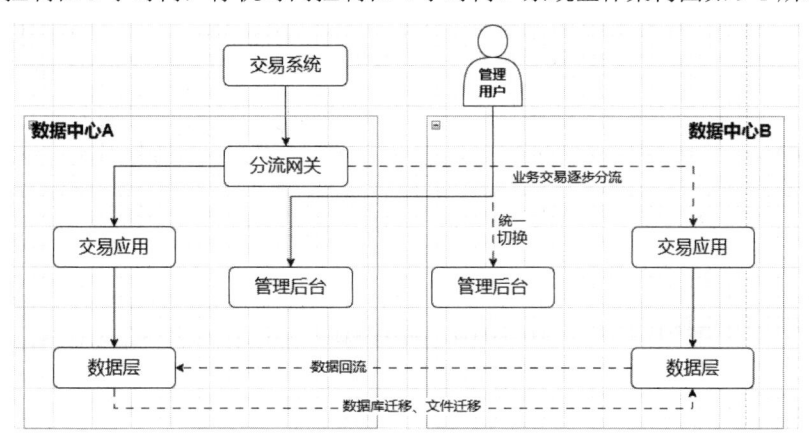

图 9-1 系统整体架构

针对交易类业务，核心资金交易项目组设计了交易路由，支持交易在 OceanBase 环境和 Oracle 环境双活运行，可以实时在新旧环境中切换交易流量。通过这种方式，即使在迁移过程中出现问题，也能够迅速切换到原数据库，保证服务的连续性。在整体迁移过程中，通过前期引流业务量较小的公司验证各个交易功能，待前期功能验证完毕，再针对业务量较大的公司进行迁移，降低整体迁移的风险。项目组梳理出了交易量相对较小、时效要求相对较低的业务场景，在相关团队的支持下，用 1 个月左右的时间充分验证环境和交易渠道的正确性，降低后续系统运行的整体风险。

系统管理后台主要提供对内的银行账户管理、资金划款、线上审批等非交易类功能。这些功能流程相互嵌套，单业务时间长，不宜进一步拆分，因此该模块计划一步迁移。

数据迁移也是本次升级的一大难点。原始系统的存量数据库达到数十 TB，不同公司的业务数据并未分库分表存储，后续双活运行时，存在对两个异构数据库中的同一张表进行操作的情况，需要整合这些数据。针对这种情况，项目组对系统中所有的表进行了分类，划分为基础配置类表、历史归档类表、实时交易类表。在分批次迁移过程中，针对不同类型的表，设计了不同的迁移、合并策略，以保证完整、正确、高效地完成各个批次的迁移。

基础配置类表在第一批次迁移时同步后，需要根据信创环境的信息进行调整，此后两套环境的配置信息有差异时，此类表无须再次同步。

历史归档类表存储归档的交易数据，数据量大、同步时间长，项目组对迁移期间的数据增量进行评估，提前归档部分数据后暂停了归档跑批，保证这类数据在整个迁移期间保持静态。因此，只需在第一次迁移时进行全量迁移，待所有批次迁移后再打开归档跑批，在整个迁移过程中无须归档。

实时交易类表中的数据需要在 OceanBase 环境和 Oracle 环境中修改，项目组提前规划两个数据库中相同表的序列等信息，保证后续迁移时两份数据能顺利合并。第一批次迁移是全量迁移，根据业务所属公司不同，新的业务流量分别在 OceanBase 环境和旧 Oracle 环境中运行。第二批次根据设计好的序列信息查找迁移批次公司的增量数据，并将其插入 OceanBase，从而将该批次的业务流量切换到 OceanBase 中。第三批次将全量数据迁移到 OceanBase 的新表中，并将 OceanBase 中的增量数据插入新表，OceanBase 的新表通过重命名的方式替换旧表。将数据迁移到 OceanBase 并完成割接后，利用 OceanBase 的 OMS 同步工具将数据反向写回 Oracle，确保能够回退。

第 10 章
OceanBase备份与恢复

数据是金融企业最宝贵的资产，数据丢失往往会造成难以衡量和弥补的损失。而在 OceanBase 中，保证数据不丢失的最后一道防线正是数据库备份。对数据进行备份和恢复，是数据库管理系统最重要的功能之一，是否具备灵活、健全的数据备份与恢复机制，也是衡量关系型数据库系统是否稳定、是否安全的重要指标之一。OceanBase 产品提供了健全的备份、恢复功能，以方便用户实施满足自己业务需求的数据保护策略。

10.1 OceanBase 备份恢复概述

曾经有一位金融企业数据库管理员在交流转型经验时提过一个问题：既然 OceanBase 是多副本架构，那么进行数据库备份是否有必要？

实际上，虽然 OceanBase 是多副本架构，但做数据库备份仍然很有必要。在数据库丢失多数派副本无法启动，或者由于人为、应用逻辑等问题导致数据库数据产生问题时，数据库备份是保证数据不丢失的最后手段，金融企业对数据备份也有监管方面的严格要求。

尽管有预防措施，但期望永远不出现故障仍然是一种幼稚的想法。数据库出现故障后，数据库管理员（Database Administrator，DBA）必须尽快使之恢复运行，以减少数据损失。常见的数据库异常问题及解决方式如下。

（1）针对单服务器的磁盘错误、磁盘损坏、宕机等场景，通常通过 OceanBase 的多副本的容灾复制能力就能解决问题。

（2）针对影响多台服务器的丢失少数派副本问题，OceanBase 库的多副本机制能够保证在缺少副本时正常运行，并且在故障节点恢复后自动补全数据。PAXOS 协议最多允许有 7 个副本，如果 OceanBase 是 3 副本架构，则最多允许丢失 1 个副本；如果 OceanBase 是 5 副本架构，则最多允许丢失 2 个副本，如果 5 副本架构中有 1 个副本丢失，则自动降级为 3 副本架构，这时允许丢失 1 个副本。

（3）针对影响多台服务器的丢失多数派副本的问题，OceanBase 的多副本机制无法自动恢复数据。如果部署了备库，则建议优先将备库切主作为恢复服务的应急措施。如果没有部署备库，则建议使用备份恢复数据，通常情况下，冷备的恢复时间比热备的恢复时间长。

（4）常见的人为操作导致的数据库问题包括删表、删库、删行、错误的程序逻辑造成的脏数据等。生产环境中通常不会开启 OceanBase 的回收站功能，对于一般的误删表、库的操作，在没开启回收站功能的情况下，通常需要通过备份恢复数据；对于行级别的误操作或者更为复杂的程序逻辑错误造成的大规模数据的污染，也可以通过备份恢复功能来恢复数据。

通过上述内容可以知道数据库备份恢复的重要性，作为 OceanBase 高可用特性的核心组件，备份恢复能避免因各种故障造成的数据丢失，降低灾难性数据丢失的风险。

在备份恢复中，有两个重要的基本概念，分别是平均恢复时间（Mean Time To Repair, MTTR）和平均故障间隔时间（Mean Time Between Failure，MTBF），下面分别讲解这两个概念的含义。

- 平均恢复时间指系统或设备在发生故障后恢复到正常工作状态所需的平均时间。在金融和其他关键业务场景中，低平均恢复时间是至关重要的，因为它直接关系到业务连续性和用户体验。OceanBase 通过其分布式架构和多副本机制，能够实现在遇到故障时快速恢复，从而保持较低的平均恢复时间。数据库管理员的日常工作之一就是确保数据库的平均恢复时间尽可能短，以满足业务系统的恢复时间目标（Recovery Time Objective，RTO），从而最大程度地缩短数据库的不可用时间。
- 平均故障间隔时间是衡量数据库系统或组件可靠性的重要指标。具体来说，平均故障间隔时间指数据库系统或组件在连续运行过程中，相邻两次故障之间的平均工作时间，也称平均故障间隔，它衡量数据库在无故障状态下持续运行的时间。这个时间越长，说明数据库的可靠性越高。对于 OceanBase 这样的高可用系统来说，平均故障间隔时间通常很长，能够支持关键业务场景中的连续运行需求。这是由 OceanBase 的如下特点决定的。
  - 多副本机制：数据在多个节点上有副本，即使某些节点发生故障，其他节点仍能提供服务。
  - 故障转移：当某个节点或组件发生故障时，系统能够自动地将服务切换到健康的节点上，以减少故障的影响。OceanBase 3.2.3 版本可以实现 30s 内自动切换，OceanBase 4.X 版本可以实现 8s 内自动切换。
  - 容错架构：OceanBase 采用了一种能够容忍部分节点失败但仍保持整个系统可用的设计。

数据库管理员和相应的管理层都应定期对备份和恢复策略的有效性进行检查，以缩短平均恢复时间并延长平均故障间隔时间，这一点至关重要。总而言之，数据库备份恢复对于确保数据安全性、业务连续性，以及满足金融监管要求等方面都具有重要意义。

OceanBase 主要有两种备份方式：逻辑备份和物理备份。其中，出现较早的是逻辑备份，管理员通过 OCP 创建逻辑备份、恢复任务后，OceanBase 集群发起将备份恢复到存储介质中的任务，如图 10-1 所示。

从逻辑备份架构图上，我们可以看到 OceanBase 集群是需要备份的源数据库，而源数据库存储备份恢复的参数表及任务表，备份恢复组件是一个常驻进程，它控制整个基线和增量数据备份的发起、取消，也会随着任务的推进更新状态。每隔一段时间，备份恢复就会查询源数据库中有无备份任务。存储介质可以为阿里云 OSS 或者网络文件系统（Network File System, NFS），备份恢复组件从源数据库拉取数据后写入存储介质，存储介质中含有恢复数据库到某个时间点的所有数据。

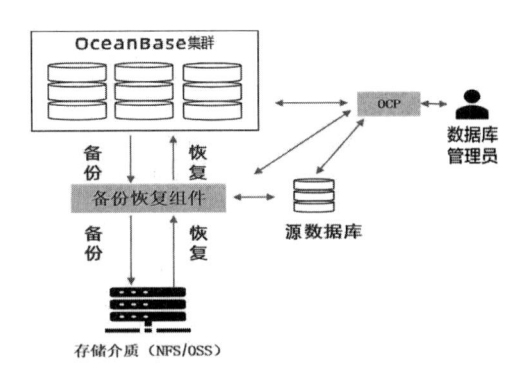

图 10-1 逻辑备份架构图

OceanBase 从 OceanBase 2.2.52 版本开始支持集群级别的物理备份，如图 10-2 所示。

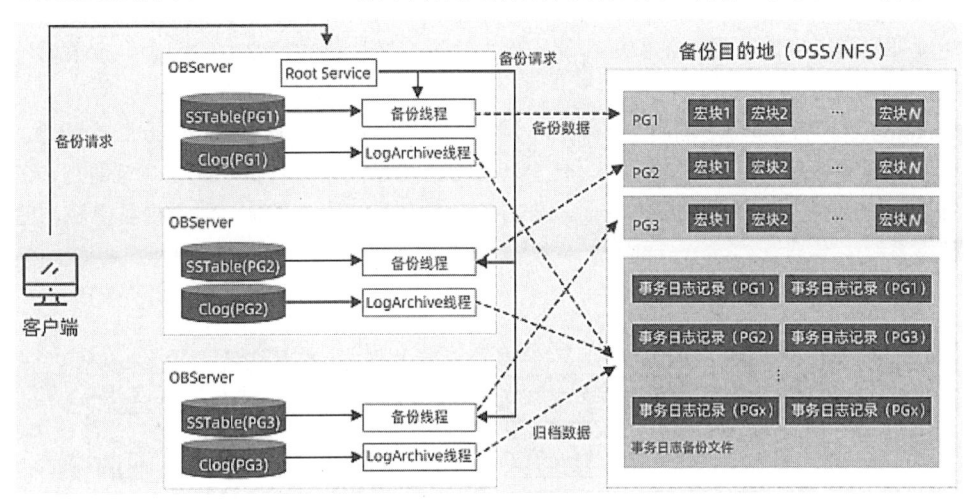

图 10-2 物理备份架构图

OceanBase 的物理备份是一种热备，即在备份基线数据时仍允许读写数据。物理备份包括数据备份、日志归档。数据备份指的是备份存储层的基线数据和转储数据，也就是时刻的 Major SSTable 和 Minor SSTable，数据备份功能包括全量备份和增量备份。全量备份是指备份所有需要基线的宏块，增量备份是指备份上一次备份以后新增和修改过的宏块。日志归档指日志数据的自动归档功能，OBServer 节点会定期将日志数据归档到指定的备份路径，这个动作是自动执行的，不需要外部触发。有效日志备份是指备份 SSTable 之后修改数据对应事务层生成的 Clog 日志。

逻辑备份和物理备份都包含全量备份、增量备份及归档日志这 3 部分，但由于历史原因，逻辑备份需要依赖额外的组件。由 OCP 发起，通过第三方源数据库存储备份恢复的参数表及任务表，备份恢复组件从 OceanBase 集群中拉取数据后，写入存储介质，存储介质中含有恢复数据库到某个时间点的所有数据。

物理备份类似于传统数据库备份恢复的功能，将备份恢复能力整合到 OceanBase 集群内部。物理备份恢复的一致性控制比逻辑备份更好，所有操作都是从数据库内部发起的。不同于逻辑备份必须通过白屏操作，物理备份可以通过黑屏操作。

由于逻辑备份在 OceanBase 4.0 版本中被淘汰。本章后续介绍的备份默认指物理备份。

10.2 OceanBase 备份恢复架构

10.2.1 备份原理

OceanBase 的物理备份是一种热备，即在备份基线数据时仍允许读写数据。在物理备份时，如果数据库的数据发生了修改，那么 OceanBase 怎么处理这种情况呢？OceanBase 会基于还原点（restore point）的能力做数据快照，确保备份期间数据的全局一致性。但是保留快照数据也会消耗额外的磁盘空间，如果备份机器的磁盘水位线超过配置的警戒值，则会导致数据备份失败。

OceanBase 3.2.3 版本仅支持集群备份，不支持租户备份。从 OceanBase 4.0 版本开始，支持租户级别的物理备份，但是不支持 sys 租户和 Meta 租户的物理备份。需要注意的是，在进行物理备份时，需要先开启日志归档模式。数据备份时会备份系统变量，但不会备份租户的配置项及私有系统表数据。

备份架构图如图 10-3 所示。

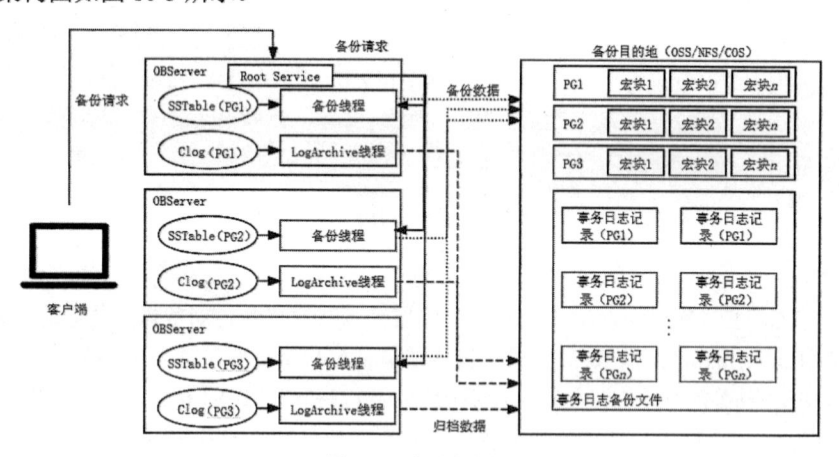

图 10-3　备份架构图

当用户发起数据备份请求时，该请求首先会被发送到 RootService 节点，由 RootService 节点根据当前租户和租户包含的分区组生成备份请求，将备份请求分发给集群中的其他节点。每个节点的 OBServer 在收到备份请求后，会从 SSTable 上以分区组为单位把各个宏块备份到指定的目的地。数据备份包括全量备份和增量备份。全量备份指备份所有的需要基线的宏块。增量备份指备份上一次备份以后新增和修改过的宏块。

与传统数据库不同，日志归档是备份任务的一部分，只需要用户发起一次 ALTER SYSTEM ARCHIVELOG 命令，就会把日志源源不断地归档到备份目标位置。日志归档由每个 Leader 节点的 LogArchive 线程组执行，集群的 RootService 会定期收集信息并更新系统表。

OceanBase 是云中立产品，既可以将数据备份到阿里云 OSS、腾讯云 COS，也可以将数据备份到 NFS。

OceanBase 的数据备份既可以通过备份命令操作，也可以通过 OCP 平台操作，OceanBase 常用的备份命令如下。

1. 数据备份

在发起备份前，需要使用 sys 租户的 root 用户在源数据库配置备份目的地。OceanBase 支持将基于 NFS 和 OSS 备份介质的文件目录作为备份目的地。

```
obclient> alter system set backup_dest='file:///backup';
```

OceanBase 2.2.77 版本在执行全量备份任务前，需要对集群进行一次合并，而 OceanBase 3.2.3 版本没有这个要求。这是因为 OceanBase 2.2.77 版本只备份了基线数据，没有备份转储数据，所以在第一次备份时，需要先合并一次，以保证日志归档的数据和基线数据是连续的。OceanBase 3.X 版本上备份了转储数据，也就是基线数据、转储数据和 Clog 日志是连续的，所以不再强制要求合并。全量备份需要备份磁盘上的 SSTable，备份前做一次合并可以有效减少 SSTable 上的碎片、空洞，提高备份的效率。命令如下。

```
obclient> alter system major freeze;
```

发起全量备份的命令如下。

```
obclient> alter system backup database;
```

发起增量备份前需要确保已经存在全量备份，发起增量备份的命令如下。

```
obclient> ALTER SYSTEM BACKUP INCREMENTAL DATABASE;
```

下面我们讲述 OceanBase 全量备份和增量备份的原理。OceanBase 的基线宏块具有全局唯一的逻辑标识，这个逻辑标识提供了增量备份重用宏块的能力。在 OceanBase 中，一次增量备份指全量的元信息备份+增量的数据宏块备份。增量备份和全量备份的恢复流程基本是一致的，性能上也没有差别，只是会根据逻辑标识在不同的备份集之间读取宏块。

2. 日志备份

在启动 OceanBase 的日志归档前，需要执行转储操作并等待转储完成。

为什么在启动数据库的日志归档前，要先做转储呢？

这是因为日志归档的起点是最近一次转储的位点，开启归档前做一次转储，可以减少日志备份启动的时间。转储的命令如下。

```
ALTER SYSTEM MINOR FREEZE;
```

发起日志备份的命令如下。

```
ALTER SYSTEM ARCHIVELOG;
```

这里需要知道，虽然 Oceam Base 中 "ALTER SYSTEM ARCHIVELOG" 命令的语法与 Oracle 中的相同，但是其功能与在 Oracle 中是有区别的，它在 OceanBase 中作为备份日志操作的一部分，而在 Oracle 中仅仅用于归档重做日志。Oracle 另外有备份归档日志的命令 "BACKUP ARCHIVELOG..."，OceanBase 4.X 版本将备份数据命令引入了 "PLUS ARCHIVELOG" 的子项，支持在备份数据的同时备份归档日志。

可以通过以下命令确认日志备份任务是否开始。当 STATUS 为 DOING 时，表示日志备份任务已经开始，只有状态为 DOING 时，才能继续进行全量备份。

```
SELECT * FROM CDB_OB_BACKUP_ARCHIVELOG;
```

OceanBase 中的备份主要分为数据备份和日志备份。

单次的数据备份对应一个 backup_set。用户每次运行 alter system backup database 都会生成一个新的 backup_set 目录，该目录包含本次备份的所有数据。

进行日志备份时可以由用户指定是否按天拆分目录：如果配置了按天拆分目录，那么每一天的日志数据目录对应一个 backup_piece；如果没有配置按天拆分目录，那么整个备份的日志数据目录对应一个 backup_piece。

在 OceanBase 中，备份恢复的元信息指 backup_set 的信息、backup_piece 的信息和租户信息。

- ◎ backup_set：在备份介质上保存在租户下面的 tenant_data_backup_info 文件中，在原备份集群上保存在 oceanbase.__all_backup_set_files 内部表中。
- ◎ backup_piece：在备份介质上保存在租户下面的 tenant_clog_backup_info 文件中，在原备份集群上保存在 oceanbase.__all_backup_piece_files 内部表中。
- ◎ 租户信息：在备份介质上保存在 tenant_name_info 文件中，在原备份集群上保存在 oceanbase.__all_tenant 和 oceanbase.__all_tenant_history 内部表中。

OceanBase 4.X 版本对于备份做了很多增强，OceanBase 4.2.1 版本包括如下语法。

```
ALTER SYSTEM backup_action [DESCRIPTION [=] 'desprition'];
backup_option:
BACKUP DATABASE [PLUS ARCHIVELOG]
| BACKUP TENANT [=] {tenant_name[, tenant_name]...} [PLUS ARCHIVELOG]
| BACKUP INCREMENTAL DATABASE
| BACKUP INCREMENTAL TENANT [=] {tenant_name[, tenant_name]...}
obclient> SELECT * FROM CDB_OB_BACKUP_ARCHIVELOG;
```

OceanBase 4.2.1 新特性包括同时备份数据和归档日志，在数据备份中添加 "PLUS ARCHIVELOG" 关键字，可以在数据备份过程中，将归档日志一起备份，最终备份目录下会生成一个带有归档日志的完整数据集。由于该数据集具备恢复能力，因此用户可以不依赖归档日志，使用该数据集将租户的数据恢复到备份集最新可恢复的 SCN（MIN_RESTORE_SCN 位点），这样可以更便捷地恢复。

此外，可以对特定租户进行备份，系统租户使用"TENANT = 租户名"选项指定要备份的租户。系统租户可以同时指定多个要备份的租户，不同租户名之间使用英文逗号（,）分隔。如果需要指定所有用户租户，则需要在系统租户下执行 ALTERSYSTEM BACKUP [INCREMENTAL] DATABASE 语句。注意，用户租户只能备份自己，因此不能使用"TENANT = 租户名"子句备份其他租户。

假设当前集群中有 3 个租户，分别是 sys、mysql_tenant 和 oracle_tenant，且租户 mysql_tenant 和 oracle_tenant 均已完成发起数据备份前的准备工作。我们来看一下 OceanBase 4.2.1 新特性使用示例。

在系统租户下，对集群中的所有用户租户发起全量数据备份。

```
ALTER SYSTEM BACKUP DATABASE;
```

语句执行后，系统会对集群中的 mysql_tenant 租户和 oracle_tenant 租户发起全量数据备份。

在系统租户下，对租户 mysql_tenant 发起全量数据备份。

```
obclient [oceanbase]> ALTER SYSTEM BACKUP TENANT = mysql_tenant;
```

在系统租户下，对租户 mysql_tenant 发起带归档日志的全量数据备份。

```
obclient [oceanbase]> ALTER SYSTEM BACKUP TENANT = mysql_tenant PLUS ARCHIVELOG;
```

语句执行后，系统会在该租户的数据备份路径下生成一份带有归档日志的完整数据集。

在系统租户下，对集群中的所有租户发起增量数据备份。

```
obclient [oceanbase]> ALTER SYSTEM BACKUP INCREMENTAL DATABASE;
```

本示例中，语句执行后，系统会对集群中的 mysql_tenant 租户和 oracle_tenant 租户发起增量数据备份。

在系统租户下，对租户 mysql_tenant 发起增量数据备份。

```
ALTER SYSTEM BACKUP INCREMENTAL TENANT = mysql_tenant;
```

在用户租户 mysql_tenant 下，对本租户发起全量数据备份。

```
ALTER SYSTEM BACKUP DATABASE;
```

在用户租户 oracle_tenant 下，对本租户发起带归档日志的全量数据备份。

```
ALTER SYSTEM BACKUP DATABASE PLUS ARCHIVELOG;
```

在用户租户 mysql_tenant 下，对本租户发起增量数据备份。

```
ALTER SYSTEM BACKUP INCREMENTAL DATABASE;
```

10.2.2 恢复机制

OceanBase 恢复是根据已有的备份重建数据的过程，包含还原（restore）和恢复（recover）两个阶段，OceanBase 会在一个恢复命令中将两个阶段全部完成。还原阶段相当于盖房子打地基，会找到恢复所需要的基线数据，并在目标集群中将基线数据还原为备份时刻的状态；恢复阶段会在还原的基线数据的基础上恢复需要的增量备份，然后恢复归档日志，就相当于在地基上添加砖头砌房子，最后将四周垒平，房子就盖好了。OceanBase 恢复架构图如图 10-4 所示。

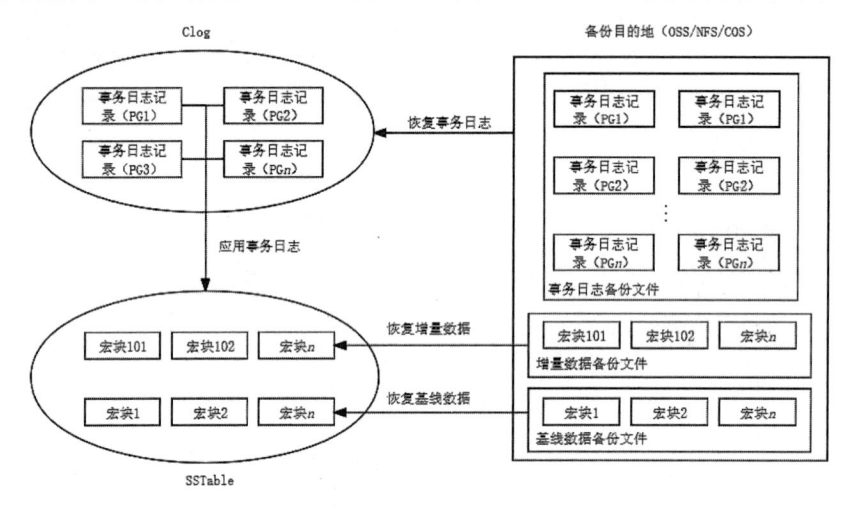

图 10-4 OceanBase 恢复架构图

恢复前需要在目标集群创建恢复租户需要的资源单元（Unit）与资源池（Resource Pool）。数据恢复支持恢复某个租户或特定表。

需要注意的是，OceanBase 4.0 之前的版本不支持恢复到原数据库，即使只想恢复租户中的一张表，也需要新建租户，然后把表恢复到新租户中。

恢复租户通过远程方法调用（Remote Process Call，RPC）调度 RootService 的 restore_tenant 方法，由多个线程合作，通过系统表中的恢复任务信息进行驱动。

在进行恢复操作前，请务必确认待恢复的备份数据的版本，OceanBase 当前仅支持将低版本的备份数据恢复到同版本或高版本中，不支持同版本下的小版本之间的逆向恢复。例如 OceanBase 3.2.3 BP10 版本的备份数据，将不能恢复到 OceanBase 3.2.3 BP7 版本的数据库中。

恢复包括租户全量恢复和表级恢复，在恢复前需要检查恢复配置。打开恢复配置，检查 restore_concurrency 是否为 0，如果为 0，则执行以下语句。

```
obclient>alter system set restore_concurrency = 50;
```

执行租户的全量恢复任务的命令如下。

```
obclient> ALTER SYSTEM RESTORE <dest_tenant_name> FROM <source_tenant_name> at 'uri'
UNTIL 'timestamp' WITH 'restore_option';
```

执行表级恢复任务的命令如下。

```
obclient> ALTER SYSTEM RESTORE <table_name_list> FOR <dest_tenant_name> FROM
<source_tenant_name> AT 'uri' UNTIL 'timestamp' WITH 'restore_option' ;
```

其中，restore_option 支持指定 pool_list、locality、primary_zone 和 concurrency，建议 locality 和 primary_zone 参数的值尽量与源租户对应参数的值相同，否则恢复后可能产生负载均衡操作，影响性能。

10.2.3 备份目录文件格式

下面我们来讲述 OceanBase 的备份目录的文件格式，备份后形成的目录结构及文件如下。

```
$pwd
/data/nfs/backup  //备份路径
└── test_cluster  //集群名
    └── 11  // 集群ID
        └── incarnation_1
            ├── 1001  // 租户ID
            │   ├── clog  // 备份日志目录
            │   │   ├── 1_1_20220803
            │   │   ├── 1_2_20220804
            │   │   ├── backup_piece_info
            │   │   └── tenant_clog_backup_info
            │   └── data  // 备份数据目录
            │       ├── backup_set_1_full_20220803
            │       ├── backup_set_2_inc_20220803
            │       ├── tenant_backup_set_file_info
            │       └── tenant_data_backup_info
            ├── clog_info
            │   └── 1_xxx.xxx.xxx.xxx_1234
            ├── cluster_clog_backup_info
            ├── cluster_data_backup_info
            ├── tenant_info
            └── tenant_name_info
```

顶层目录/data/nfs/backup 是用户指定的备份目标位置，第 2 级目录是集群的名称（例如 test_cluster），第 3 级目录以集群 ID 命名（例如 11），第 4 级目录 incarnation_1 才是真正的备份数据。备份数据包括租户的备份数据目录、clog_info 目录以及多个以 "info" 结尾的全局信息文件，我们按照展示的目录架构依次描述如下。

1. 租户的备份数据目录

以该租户的 ID 为目录名。包括 data 和 clog 两个子目录，分别保存数据备份和 Clog 归档日志。

data 目录下以备份集为单位组织数据备份。每一次的全量数据备份都会对应一个备份集。

数据备份目录下形成一个名为 backup_set_XXXX 的目录，XXXX 为备份集的编号。还有一个 tenant_data_backup_info 的文件，其中记录了该租户的所有备份信息。

clog 目录下按照归档日志轮次数组织日志归档目录。什么是归档日志轮次数？当 OceanBase 取消归档，再设置归档时，就会产生一个新的归档日志轮次，每个轮次中产生的日志会被归档在以该轮次命名的日志归档目录中，其中，data 子目录下存放 Clog 归档日志文件，文件名从 1 开始编号，index 子目录下记录 Clog 归档日志的索引文件，其中的信息可以用来快速定位属于该分区组的某条日志。

2. clog_info 目录

包含一个以"集群编号_IP 地址_端口号"命名的文件，文件中记录着相应 OBServer 的起始归档时间，这个起始归档时间仅对当前归档轮次有效，重新开始归档后，该值会被新的时间覆盖。如果发生宕机，那么 clog_info 目录下以"集群编号_IP 地址_端口号"命名的文件将用于恢复。

3. 全局信息文件（目录结构树底部以"_info"结尾的文件）

主要包括以下四个文件。

- cluster_clog_backup_info：集群级的日志归档信息。
- cluster_data_backup_info：集群级的数据备份信息。
- tenant_name_info：租户名称与租户 ID 的映射关系。
- tenant_info：最新的租户信息。

10.3 OceanBase 备份恢复配置

OceanBase 是云中立产品，既可以备份到阿里云 OSS、腾讯云 COS，也可以备份到 NFS。本节介绍备份配置的常见参数、配置的注意事项和恢复的注意事项。

10.3.1 NFS 参数配置

NFS 包括软件和硬件，由于软件 NFS 不稳定，容易出现 NFS 无响应的情况，导致备份任务卡住或挂载 NFS 的机器无法正常工作，因此建议使用专用的 NFS 硬件设备。

一些重要的 NFS 参数及说明如表 10-1 所示。

表 10-1 NFS 参数及说明

参数	参数说明
nfsvers=4.1	由于备份依赖 NFS4 原生的文件锁，推荐使用 NFS4.1 及以上版本。NFS4.0 有一个已知 Bug，在重命名文件以后可能读到旧文件
sync	使用同步写保证数据能及时刷到服务端，从而保证数据的一致性
lookupcache=positive	用于避免并发访问目录或文件时误报目录或文件不存在的问题，保证数据的一致性

续表

参　数	参数说明
hard	在 NFS 不可用的情况下，系统会暂停应用的读写请求，以保证数据的一致性。不能使用 soft 选项，以免发生数据错误
timeo	用于指定 NFS 客户端在重试向文件系统发送请求之前等待响应的时间，默认为 0.1s，建议不要设置得过大，推荐值为 600
wsize	表示写的数据块大小，建议设置为 1048576
rsize	表示读的数据块大小，建议设置为 1048576
namlen	表示 NFS 客户端或服务器配置中指定的文件名长度限制，也就是 NFS 协议在执行读取目录等操作时，可以传输的最大单个文件名长度。namelen 参数的单位是字节，建议将其值设置为 255，这是大多数操作系统支持的最大文件名长度

在备份前操作 NFS 有以下注意事项。

◎ 如果需要将挂载路径写入 /etc/fstab，则需要确保 NFS 服务端稳定可访问，否则可能导致 NFS 客户端机器重启流程僵持。

◎ 使用 NFS 环境时，需要保证先挂载 NFS，再开启备份。如果备份期间 NFS 出现问题，则需要先停止数据备份和日志备份，再解决 NFS 的问题。

◎ 由于 OceanBase 的备份需要依赖 NFS4 的文件锁功能进行并发控制，因此在挂载 NFS 时，建议使用 NFS 4.1 及以上版本，不能使用 NFS 3 版本。

◎ 在使用 NFS 作为备份介质时，必须保证所有 OBServer 都挂载了同一台服务器的 NFS。同时，为保证备份顺利进行，务必使用推荐的参数挂载 NFS，sync 参数不能设为异步，否则可能影响 OBServer 的状态。

◎ 在重启 OBServer 时，需要先启动 NFS，再启动 OBServer。

◎ 在添加新的机器后，启动 OBServer 前需要保证新的机器挂载 NFS 成功或者可以备份到其他介质。

10.3.2 OSS 参数配置

OSS 参数主要包括 OSS 账号、存储空间（Bucket）、Endpoint（访问域名）和 AccessKey（访问密钥）。其中，AccessKey 包括访问身份验证中用到的 AccessKeyId 和 AcessKeySecret。

在配置 OSS 时需要注意以下事项。

◎ 如果备份目的地为阿里云专有云环境的 OSS，那么访问时需要 disable cname，否则会影响物理备份和恢复，在 OCP 创建物理备份策略时，存储配置测试 OSS 地址失败，报错"[ResponseError]: Signature Does Not Match"。解决方案是将 OCP 系统参数 ocp.backup.oss.support.cname 设置为 false，并重启 ocp-server 服务，注意该参数默认为 true。

◎ OSS 需要将 delete_mode 设置为 delete。delete 模式表示直接删除满足要求的备份文件，

tagging 模式表示对满足清理要求的备份文件设置 Tag，备份文件将仍然保留。

10.3.3 二次备份

一次备份通常会存储在性能较好的备份介质上，而这种介质的容量比较有限，保留备份的时间比较短；二次备份则是把一次备份的数据转移到空间更大、保留时间更长、成本更低的介质上。

二次备份包括日志的二次备份和数据的二次备份。OceanBase 提供了内置的二次备份功能，支持用户调度 OBServer 将一次备份的数据转移到指定的目录中。目前二次备份支持 OSS 和 NFS 两种介质。

在进行二次备份前，必须确保存在一份有效的备份数据。以下为二次备份的操作命令。

◎ 二次备份单一目录。

```
alter system backup backupset [= N] [backup_backup_dest = uri];
alter system backup backuppiece [= N] [backup_backup_dest = uri];
```

◎ 二次备份多目录。

```
alter system backup backupset all not backed up N times;
alter system backup backuppiece all not backed up N times;
```

10.3.4 备份校验

为了保证准确恢复，OceanBase 提供备份校验的功能，以保证备份数据的有效性和完整性。备份数据的有效性主要指数据文件是否有位翻转等情况，可以通过计算和 Checksum 校验来判断。备份数据的完整性主要指数据文件是否丢失。

下面介绍一些常见的备份校验命令。

◎ 校验本集群备份集和日志的命令如下。

```
obclient> ALTER SYSTEM VALIDATE DATABASE;
```

◎ 校验集群内指定路径备份集和日志的命令如下。

```
obclient> ALTER SYSTEM VALIDATE BACKUPSET backup_set_id;
obclient> ALTER SYSTEM VALIDATE BACKUPPIECE backup_piece_id;
obclient> ALTER SYSTEM VALIDATE DATABASE backup_dest='xxx';
obclient> ALTER SYSTEM VALIDATE BACKUPSET backup_set_id backup_dest = 'xxx';
obclient> ALTER SYSTEM VALIDATE BACKUPPIECE backup_piece_id backup_dest ='xxx';
```

◎ 校验跨集群的指定路径的备份数据的命令如下。

```
obclient>ALTER SYSTEM VALIDATE DATABASE backup_dest='xxx' WITH
'backup_cluster_name=yyy&backup_cluster_id=zzz';
```

在完成校验后可以通过 Root 用户登录 sys 租户，进入 OceanBase 查看校验结果。

CDB_OB_BACKUP_VALIDATION_JOB 表用于展示备份校验进度，只保留正在执行的任务；CDB_OB_TENANT_BACKUP_VALIDATION_TASK 用于展示租户级别的备份校验任务；相应地，CDB_OB_BACKUP_VALIDATION_JOB_HISTORY 保留了所有历史任务的备份校验进度；CDB_OB_BACKUP_VALIDATION_TASK_HISTORY 保存了所有历史的租户级别的备份校验任务。

◎ 查看进行中的校验任务的命令如下。

```
obclient> USE oceanbase;
obclient> SELECT * FROM CDB_OB_BACKUP_VALIDATION_JOB;
obclient> SELECT * FROM CDB_OB_TENANT_BACKUP_VALIDATION_TASK;
```

◎ 查看已完成的校验任务的命令如下。

```
obclient> USE oceanbase;
obclient> SELECT * FROM CDB_OB_BACKUP_VALIDATION_JOB_HISTORY;
obclient> SELECT * FROM CDB_OB_BACKUP_VALIDATION_TASK_HISTORY;
```

10.3.5　备份清理

考虑到存储资源的成本，备份不能无限制地存储下去，需要定期清理已过期备份。

OceanBase 支持自动清理备份功能，开启后系统会自动清理已过期的备份数据。当前仅支持集群级别备份数据的自动清理。

自动清理主要涉及 backup_dest_option 配置项中的 recovery_window 和 auto_delete_obsolete_backup 参数。recovery_window 参数用于控制备份数据可恢复的时间窗口，以及判断备份数据是否过期。auto_delete_obsolete_backup 参数表示是否启动自动清理功能。

10.3.6　备份注意事项

确保设置的备份路径是空目录，如果报错"cannot set backup dest with old backup data"，表示当前目录已经有同名集群的备份数据，需要将备份路径设置为空目录。

开启备份任务前，需要确保备份路径正确，否则日志备份任务会一直处于 BEGINING 状态，执行"ALTER SYSTEM NOARCHIVELOG"命令后，日志备份任务一直处于 STOPPING 状态，无法成功停止日志备份任务，导致无法发起新的备份。这时，可以通过执行"alter system cancel all backup force;"命令强制撤销所有备份任务，然后重新设置正确的备份路径。

建议通过 backup_dest_option 设置备份参数，例如：

```
ALTER SYSTEM SET
backup_dest_option =
'recovery_window=7d&auto_delete_obsolete_backup=true&log_archive_piece_switch_interval=1d';
```

执行"ALTER SYSTEM CANCEL BACKUP;"命令停止备份时，常常因为备份介质上写或读元数据停止不了,需要执行"ALTER SYSTEM CANCEL BACKUP FORCE;"命令。需要注意,停止备份命令加"FORCE"关键字后,会导致清空备份配置、归档目录无法使用等问题。

为确保及时且完整地恢复数据,建议定期使用 VALIDATE 命令对数据备份和日志备份进行有效性和完整性验证。

如果在执行"ALTER SYSTEM ARCHIVELOG;"命令时,报错为日志中断或未启动,那么可以执行"ALTER SYSTEM NOARCHIVELOG;"命令手工处理。

如果租户写入量较大,导致归档速度跟不上集群的 Clog 日志快速刷盘速度,那么会报"OB_CURSOR_NOT_EXIST"的错误,即待查询的日志在本地不存在。这时,可以通过在 sys 租户中执行"ALTER SYSTEM NOARCHIVELOG; ALTER SYSTEM ARCHIVELOG"解决。

10.3.7 恢复注意事项

恢复数据库时有以下注意事项。

(1) 在进行恢复操作前,请务必确认待恢复的备份数据的版本。OceanBase 当前仅支持将低版本的备份数据恢复到同版本或高版本中,不支持同版本下的小版本之间逆向恢复。例如 OceanBase 3.2.3 BP10 版本的备份数据,将不能恢复到 OceanBase 3.2.3 BP10 版本。

(2) 注意监控索引状态,避免生产环境索引失效。若当前 OceanBase 3.2.3 低于 BP8 版本或 OceanBase 3.2.4 低于 BP2 版本,并且部分索引状态为 UNUSABLE,则对该数据库进行异机恢复操作,会导致索引的 max_valid_index_info 和 min_log_id_bigger 比集群的 log_id 大,从而报 4016 的错误号,表示 OceanBase 内部错误,在这种情况下,需要在原备份集群删除并重建 unuseable 的索引,备份后重新恢复。

(3) 注意原备份集群、恢复目标集群 Zone 的命名要相同,RS 在恢复时会比对租户的 locality 和 primary_zone 信息,如果 RESTORE 命令中不指定 locality 和 primary_zone,则使用备份集群的 locality 和 primary_zone 信息。当备份集群的 locality 和 primary_zone 信息与恢复集群不一致时,则会报错"zone not exist"。我们可以明确指定 locality、primary_zone 的值为恢复集群的配置参数值,避免 OceanBase 在恢复时使用错误的备份集群 locality、primary_zone 信息,示例如下。

```
ALTER SYSTEM RESTORE XX FROM XX
'...&locality=F@ZONE_1,F@ZONE_2,F@ZONE_3&primary_zone=ZONE_1;ZONE_2;ZONE_3';
```

(4) 在恢复前,需要确保恢复目录存在,且目录权限为对应用户的正确权限,若恢复目录不存在、没有挂恢复盘或恢复目录权限不正确,那么恢复任务会一直卡在"系统副本恢复中",报"fail to opendir(ret=-4009)"错误。

(5) 在选择恢复的时间点时,需要确保其在日志归档时间之内,否则会找不到日志,报"OB_LOG_ARCHIVE_BACKUP_INFO_NOT_EXIST"错误。

(6) 在恢复前,需要确保日志和备份集之间连续,不能有断流,否则恢复过程会报错,包含"OB_ISOLATED_BACKUP_SET"关键字,这时可以重新做全备,再进行恢复。

10.4 OceanBase 备份策略

OceanBase 数据库目前支持集群级别的备份和租户级别的恢复,允许通过白名单机制指定恢复的表或库。

- ◎ 每周至少进行一次全量备份。
- ◎ 进行增量备份前至少需要进行一次全量备份。
- ◎ 如果业务是批量业务,每天都需要重新导入数据,则建议每天进行一次全量备份,不启用增量备份。
- ◎ 建议至少保留 1 个月的备份文件,如果会将备份迁移至专门的存储设备,则保留时间可以减少至 15 天。
- ◎ 全量、增量备份对 CPU 和 I/O 资源有较高开销,建议安排在业务空闲时间。

10.4.1 备份空间评估

为了对备份服务器的存储空间进行规划,在迁移至 OceanBase 前,要评估所需空间,计算公式如下。

$$sum = (full\_set×n1+inc\_set×n2+7\ Log)×周数\ /\ 备份磁盘告警阈值$$

其中,各个参数的含义如下。

full_set:全量备份空间大小,其值为基线版本宏块与转储空间大小的和。

n1:一周内全量备份的次数。

inc_set:增量备份空间大小,其值为基于全量备份的修改宏块大小与转储空间大小的和。

n2:一周内增量备份次数。

Log:每日生成 Clog 日志文件大小,开启压缩后,Clog 日志文件存储空间约节省 75%。

下面通过一个示例进行说明。假设系统中每个 Zone 内有 4 台 OBServer,单个 Zone 的大小为 1TB,单次转储总空间为 100GB,每日转储 5 次,每台服务器每日生成 Clog 文件 1000 个,备份告警阈值设置为 0.8。如果在打开日志备份的情况下,每周只做 1 次全量备份,且备份保留 14 天,那么应该设计多大的备份空间?

计算过程如下:全量备份空间大小为 1TB×2=2TB,全量备份的转储空间大小为 100GB×5×2 = 1TB,日志文件大小为 64MB×1000×4×14/4≈1TB,因此所需的备份总空间为(2+1+1)/ 0.8 = 5TB。

10.4.2 备份恢复参数

一些常见的备份恢复相关参数如表 10-2 所示。

表 10-2 备份恢复相关参数表

参数名称	说明
sys_bkgd_net_percentage	控制后台线程带宽,默认是网卡的 60%,会影响数据备份、数据恢复、日志恢复

续表

参数名称	说　　明
backup_concurrency	控制数据备份的并发参数，默认为 0，在 OceanBase 2.2.77 版本中默认为 10，当数据备份不够快时可以按需设置
log_archive_concurrency	控制日志备份的并发数，默认为 0，在 OceanBase 2.2.77 版本中默认为 20，可以按需设置
restore_concurrency	控制数据恢复的并发数，默认为 0，表示禁止恢复。建议设置为 10，测试性能时建议设置为 50
log_restore_concurrency	控制日志恢复的并发数，该配置项从 V4.1.0 版本开始生效，范围调整为租户级；从 V4.2.0 版本开始，默认值从 1 调整为 0，取值范围由 [1,100] 调整为 [0,100]
_restore_idle_time	RS 调度恢复任务的空闲时间，单位为 s，可以根据转储停顿时长设置，建议设置为 10
server_data_copy_in_concurrency server_data_copy_out_concurrency	恢复复制多副本并发数，建议设置为 10
balancer_idle_time	RS 调度恢复的空闲间隔，单位为 s，建议设置为 10
ob_minor_merge_schedule_interval	调度转储的间隔时间，单位为 s，默认为 20，建议设置为 3~10
minor_compact_trigger	控制分层转储触发向下一层下压的阈值。默认值为 2，建议调大，恢复后复原
minor_freeze_times	设置多少次转储触发一次全局合并，默认值为 5，建议调大

下面重点介绍配置项 backup_dest_option 中的参数 auto_delete_obsolete_backup、recovery_window 和 backup_copies。

（1）auto_delete_obsolete_backup 参数用于控制是否启动自动清理功能。如果不开启参数 auto_delete_obsolete_backup，那么备份的数据过期后，需要手动清理过期的备份数据；开启参数时，备份的数据过期后，系统会按照一定的规则自动清理过期的数据。

集群级别配置项 auto_delete_expired_backup 也可以用于开启自动清理功能，但是更推荐通过 backup_dest_option 配置项设置 auto_delete_obsolete_backup 参数来开启，因为 auto_delete_expired_backup 后续会被弃用。

如果不通过 backup_dest_option 配置项设置自动清理功能，则默认使用集群级别的配置项 auto_delete_expired_backup 的值。如果 backup_dest_option 和 auto_delete_expired_backup 参数均未设置，则系统会使用默认值 false 表示不自动清理过期的备份数据。如果 backup_dest_option 和 auto_delete_expired_backup 参数值均已设置，则以 backup_dest_option 配置的值为准。建议使用配置项 backup_dest_option 来设置。

设置自动清理的命令如下。

```
obclient> ALTER SYSTEM SET
BACKUP_DEST_OPTION = 'AUTO_DELETE_OBSOLETE_BACKUP=TRUE';
```

当然，OceanBase 也支持手动清理，命令如下。

```
obclient> ALTER SYSTEM DELETE BACKUPSET backup_set_id;
obclient> ALTER SYSTEM DELETE BACKUPPIECE piece_id;
```

注意，当待清理的 backup_set_id 的 backup_dest 与 backup_dest 配置项中设置的备份目的端相同时，至少保留一份完整的有效备份数据，最后一份备份数据无法清理；backup_set 需要按照 backup_set_id 从小到大的顺序清理。

（2）recovery_window 参数用于控制备份数据可恢复的时间窗口，并判断备份数据是否过期，设置时需要带单位。"当前时间－备份时间点≥ recovery_window"的备份均被视为过期备份。例如，参数 recovery_window=7d，表示到当前时间为止，7 天内的数据可以恢复，备份早于 7 天的全量备份数据将被视为过期备份。

以图 10-5 中的备份时间轴为例，介绍一下哪些备份为过期备份。

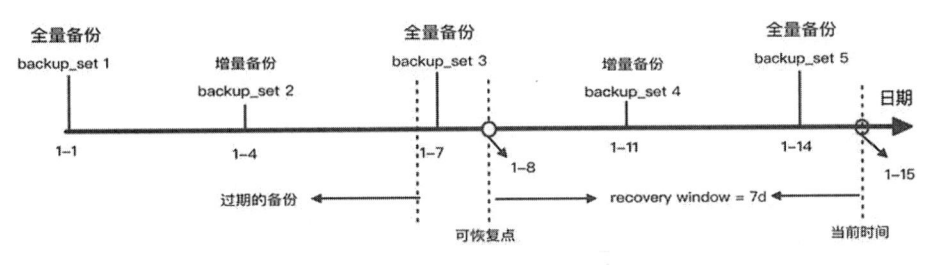

图 10-5 备份时间轴

第一组备份：1 月 1 日全量备份 backup_set 1，1 月 4 日增量备份 backup_set 2。
第二组备份：1 月 7 日全量备份 backup_set 3，1 月 11 日增量备份 backup_set 4。
第三组备份：1 月 14 日全量备份 backup_set 5。

当前时间为 1 月 15 日，最早恢复点为 1 月 8 日，即 1 月 8 日至 1 月 15 日的备份数据保证可恢复。由于 1 月 11 日的增量备份 backup_set 4 的恢复需要依赖 1 月 7 日的全量备份 backup_set 3，故系统会保留 backup_set 3，1 月 7 日之前的备份数据均被视为过期备份，即第一组备份 backup_set 1 和 backup_set 2 为过期备份。当启用自动清理功能时，这些过期备份将被清理。

如果不通过配置项 backup_dest_option 设置备份数据可恢复的时间窗口，则默认使用集群级别的配置项 backup_recovery_window 的值。如果 backup_dest_option 和 backup_recovery_window 参数均未设置，则使用默认值 0，即备份数据不过期。如果配置项 backup_dest_option 和 backup_recovery_window 均已设置，则以 backup_dest_option 配置的值为准。建议使用配置项 backup_dest_option 来设置。

（3）backup_copies 参数用于指定一个备份级的冗余度，默认为 0。该参数仅适用于二次备份，如果 backup_copies 的值小于 2，则在清理备份时，系统不会考虑二次备份是否成功。

如果将 backup_copies 设置为 2，则仅当成功将数据二次备份到 backup_backup_dest 后，才会自动清理 backup_dest 下的备份数据。如果未设置二次备份，则建议将此参数设置为 0。

10.5 OceanBase 备份恢复监控

OceanBase 中的备份恢复进程监控都会被存入相关的系统表，在实际生产运维过程中，可以通过查询系统表，实现对备份恢复运行状况的监控。

10.5.1 备份恢复相关视图

在 OceanBase 中命名为 CDB_OB_XXXX 的视图为与备份恢复相关的系统视图，如表 10-3 所示。

表 10-3　与备份恢复相关的视图

视图名	作用
CDB_OB_BACKUP_SET_EXPIRED	根据现有的 recovery window 计算出的过期备份，手动清理
CDB_OB_BACKUP_BACKUPSET_TASK_HISTORY	用于展示已完成的备份基线任务的信息
CDB_OB_BACKUP_PIECE_FILES	用于展示备份集中 Piece 的状态，状态为 deleted 即为删除
CDB_OB_BACKUP_SET_FILES	用于展示备份集的文件状态，状态为 deleted 即为删除
CDB_OB_BACKUP_PROGRESS	用于展示正在执行的备份任务
CDB_OB_BACKUP_SET_DETAILS	用于记录备份集详细信息
CDB_OB_BACKUP_ARCHIVELOG	用于记录日志备份进度状态，里面一般是 DOING 状态
CDB_OB_RESTORE_PROGRESS	用于记录恢复任务结果
CDB_OB_RESTORE_HISTORY	用于记录恢复历史
__ALL_ROOTSERVICE_EVENT_HISTORY	用于记录 RootService 上发生的事件
__ALL_VIRTUAL_PG_BACKUP_LOG_ARCHIVE_STATUS	用于记录分区日志归档信息

10.5.2 备份恢复监控

对于数据和日志备份，分别通过不同的视图监控。

数据备份主要通过以下视图监控。

- ◎ CDB_OB_BACKUP_PROGRESS：展示数据库备份任务的进度。
- ◎ CDB_OB_BACKUP_JOB_DETAILS：展示备份任务的详细信息。
- ◎ CDB_OB_BACKUP_SET_DETAILS：展示备份集的详细信息。
- ◎ CDB_OB_BACKUP_SET_FILES：展示备份集的文件状态。
- ◎ CDB_OB_BACKUP_PIECE_FILES：展示备份集中 Piece 的状态。

日志备份主要通过以下视图监控。

- ◎ CDB_OB_BACKUP_ARCHIVELOG：展示正在归档的日志状态。
- ◎ CDB_OB_BACKUP_ARCHIVELOG_SUMMARY：展示日志归档的任务信息。
- ◎ CDB_OB_BACKUP_ARCHIVELOG_PROGRESS：展示单个分区的归档进度信息。

◎ __all_virtual_pg_log_archive_stat：展示单个分区归档任务的状态细节。

接下来介绍几个常用的监控语句。

（1）查看系统表的恢复状态信息的语句如下。

```
Select svr_ip, role, is_restore, Count(*)
 From __all_root_table As a,
     (Select Value From __all_restore_info Where Name = '<目标租户名>') As b
 Where a.tenant_id = b.value
 Group By role, is_restore, svr_ip Order By svr_ip, is_restore;
```

其中，role 字段值的含义为：1 表示 Leader，2 表示 Follower，3 表示备库的 Leader，4 表示恢复中的 Leader。

（2）查看租户表的恢复状态信息的语句如下。

方法一。

```
Select svr_ip, role, is_restore, Count(*)
 From __all_virtual_meta_table As a,
     (Select Value From __all_restore_info Where Name = '<目标租户名>') As b
 Where a.tenant_id = b.value
 Group By role, is_restore, svr_ip
 Order By svr_ip, is_restore;
```

其中，is_restore 字段值的含义为：0 表示正常副本，1 表示逻辑恢复的副本，2 表示物理恢复需要恢复基线和转储的副本，3 表示正在裁剪数据的副本，4 表示等待 Clog 回放的副本，5 表示正在回放 Clog 的副本，6 表示等待 MemTable 转储的副本，7 表示 MemTable 转储完成的副本，8 表示正在设置 Member List 的副本。

方法二。

```
Select svr_ip, is_restore, Count(*)
 From __all_virtual_partition_store_info
 Where tenant_id = < 目标租户 id >
 Group By svr_ip, is_restore
 Order By svr_ip, is_restore;
```

其中，is_restore 字段值的含义为：0 表示正常副本，1 表示逻辑恢复的副本，2 表示物理恢复需要恢复基线和转储的副本，3 表示正在裁剪数据的副本，4 表示等待 Clog 回放的副本，5 表示正在回放 Clog 的副本，6 表示等待 MemTable 转储的副本，7 表示 MemTable 转储完成的副本，8 表示正在设置 Member List 的副本。

10.6　OceanBase 备份及恢复问题处理案例

在实际应用中，OceanBase 备份、恢复可能会遇到一些问题。本节针对常见的 OceanBase 备份及恢复问题处理案例展开介绍。

10.6.1 日志延时问题排查

在使用 OceanBase 的过程中发现，即使数据库压力不大，日志备份的操作也可能持续存在 100~200s 的延时。低负载情况下的日志延时通常与 OceanBase 的冷分区有关。OceanBase 中有一个可以控制冷分区日志备份的参数 log_archive_checkpoint_interval，该参数用于设置冷数据的日志归档检查点的时间间隔，默认值为 120，单位为 s。可以尝试调小该参数的值，等待 5 分钟左右，查看日志备份延时是否缩短，如有明显缩短，则说明该问题与冷分区有关系。

这是因为在日志备份过程中，有日志写入的分区可以通过 Clog 归档来推进归档进度；而冷分区没有日志写入，因此需要引入 Checkpoint 任务推进冷分区的归档进度。需要注意，虽然调小 log_archive_checkpoint_interval 参数可以缩短日志归档的延时，但会增加一定的资源消耗。

10.6.2 备份异地恢复报错

在某次通过 OCP 恢复异地备份文件时，报如下错误。

备份对象 ObOfflineBackupObject(clusterName=szrcbprd,obClusterId=1,tenantName= tmptobtenantId=1004)无法恢复至时间点 2022-10-26T05:00:00，不在可恢复时间区间内。该时间点前 7 天的可恢复时间区间为:[]。

尝试通过命令行方式恢复，依然报错 ERROR 9011 (HY000)：cannot find backup file。

通过排查发现，这是由于备份文件复制得不完整，恢复时找不到部分所需数据文件所致，这时，需要重新从原备份目录复制备份文件到指定目录。

可以通过如下 SQL 语句查询备份文件的路径，进而准确完整地将其复制到异地进行恢复。

```
ALTER SYSTEM RESTORE dest_tenant_name
FROM source_tenant_name AT 'uri' UNTIL 'timestamp' WITH 'restore_option'
PREVIEW;
```

10.6.3 NFS 备份报错

NFS 备份进程长时间运行且报 9012 错误，日志中错误提示信息为"failed to get last backup Info"。

查询备份任务状态，发现 sys 租户的备份状态为 DOING，且该租户有正常的备份任务。查询命令如下。

```
select * from CDB_OB_BACAUP_PROGRESS;
select * from _all_virtual_sys_task_status;
```

这时可以认为 OceanBase 侧的备份任务正常，因此，继续对 NFS 侧进行排查，发现 NFS 中的 mount 参数没有按照官方建议配置 SYNC，导致元信息没有落盘，最终丢失数据。

为解决该问题，需要修改 NFS 配置，将 NFS mount 参数设置为 SYNC，然后重新挂载。

10.6.4 恢复任务报错

在一个正常运行且有业务的 OceanBase 中，通过备份数据恢复租户到新的集群时，恢复任务报错：- 4016 Last_restore_log_id is not match with local,unexpected。

通过分析集群状态，发现备份集群一直有数据更新操作，且日志归档在持续进行。在数据恢复的过程中，恢复的分区发生了切主，这通常是恢复集群压力过大，Leader 和 Follower 之间的心跳机制失效导致的。

备份集群一直存在新的日志归档，恢复的分区切主后，新旧 Leader 在拉取恢复日志时判断的日志终点位置（last_restore_log_id）不同，导致该错误。

为进一步确认报错的原因，我们深入研究了 OceanBase 恢复功能的实现，发现为了优化大量分区场景下归档日志过多的问题，冷分区不再定期写入 Checkpoint 信息，而是在租户级统计一个当前可恢复的位点。这个优化会对恢复流程中确认恢复日志终点（last_restore_log_id）的正确性造成影响。

考虑如下时序的场景。

（1）分区 P1 是一个冷分区，在可恢复位点为 T1 时，已经归档的最大 log_id 为 10。

（2）恢复 P1 时有 A、B、C 三个副本，第一任 restore_leader 是 A，restore_engine 为它从归档存储路径中拉取日志，拉取到 10 号时发现没有新的日志，故认为检查完毕。此时副本 A 将本地的 last_restore_log_id 设置为 10，last_restore_log_id 会被持久化到 pg_meta 中，并进入转储阶段。而此时副本 B、C 还未开始恢复。

（3）归档存储路径中又写入了 10 条日志，最大的 log_id 为 20。

（4）副本 A 宕机重启，副本 B 当选为新的 restore_leader，重新开始恢复流程。restore_engine 再次为它拉取日志，假设 11~20 号日志全部是事务日志，且没有 Checkpoint 信息，那么副本 B 会在拉取 20 号日志后结束，并将本地的 last_restore_log_id 设置为 20。

（5）副本 A 启动后会推进恢复状态结束，并从副本 B 拉取 11~20 号日志。由于本地的回放事务过滤逻辑会根据 last_restore_log_id 进行过滤,而本地的 last_restore_log_id 是 10，导致 11~20 号日志无法被过滤。

（6）结果就是副本 A 与副本 B、C 的数据不一致。

导致这个问题的直接原因是对于同一个恢复位点（restore_snapshot_version），OceanBase 无法保证每次返回的日志位点是一样的，根本原因是分区的日志流中没有快照的明确边界。

为了避免这个问题，可以先采用单副本恢复数据，恢复完成后再通过 locality 变更的方式将其扩展为多副本。